기업 뇌물과 형사책임

– 뇌물공여죄의 문제점과 개선방안을 중심으로 –

기업 뇌물과 형사책임

- 뇌물공여죄의 문제점과 개선방안을 중심으로 -

오택림 지음

景仁文化社

머리말

과연 우리 뇌물법은 기업 뇌물(corporate bribery)에 대한 대응 수단으로 적절한가? 형법 제133조 단 한개 조문으로 규율되는 뇌물공여죄에는 기업형사책임이 인정되지 않는다. 개인에 대한 벌금형 상한 역시 2천만원에 불과하여 너무 낮고, 뇌물공여자의 범죄수익을 몰수하기도 어렵다. 따라서 기업이 뇌물을 제공하여도 그 기업을 형사 처벌할 수도 없고, 그 기업에 귀속된 뇌물로 얻은 범죄수익도 박탈할 수 없는 현실이다. 기업이 뇌물을 주는 주체로 등장한지 오래이며, 기업 뇌물의 사회적 폐해가 심각한 수준임에도 우리 뇌물공여죄는 기업 뇌물 대응에 사실상 속수무책이다. 뿐만 아니라 국내법 안에서도 모순과 불균형이 존재한다. 현재우리 법은 외국 공무원에 대한 뇌물에 대해서는 기업형사책임을 인정하면서 정작 국내 공무원에 대한 뇌물에 대해서는 기업형사책임을 부정한다. 또한 뇌물로 보기 힘든 접대나 선물 제공 행위에 대해서는 부정청탁금지법상 기업형사책임을 인정하면서 정작 정식 뇌물 제공 행위에 대해서는 기업형사책임을 부정하는 모순을 노정하고 있다.

본 연구는 위와 같은 문제의식에서 시작되었으며 이에 대한 해결책을 모색하는 과정이 본 연구의 주된 내용이다. 특히 우리 뇌물법과 서구 선진국들의 뇌물법에 대한 비교법적 고찰을 통해 필자 나름대로 우리 뇌물법의 문제점을 파악하고, 이에 대한 개선방안을 입법론을 포함하여 제시해 보았다.

이 책은 필자가 2018년 2월 서울대학교 법과대학원에 제출한 박사학위논문을 토대로 출간하였다. 기본적으로는 거의 같은 내용이며 박사학위논문 발표 이후에 새롭게 변경된 사항이나 알게 된 내용을 일부 추가하였다. 따라서 이 책은 전적으로 박사학위논문에 많은 가르침과 지도를 해 주신 교수님들 덕분에 발간될 수 있었다고 해도 과언이 아니다. 우선 지도교수로서 논문 구상부터 마무리 작업까지 수시로 많은 조언과 자상한 가르침을 주신 이상원 교수님께 진심으로 감사하다는 말씀을 드리고 싶다. 또한 논문 심사 과정에서 한편으로는 부족한 점과 미진한 부분에 대해 많은 지도를 해주시고, 한편으로는 보다 나은 논문이 될 수 있도록 여러 아이디어 제공과 격려도 해주신 한인섭 교수님, 이용식 교수님, 김성돈 교수님, 김재봉 교수님께도 이 자리를 빌려 다시 한 번 감사의 말씀을 올린다.

끝으로 논문 작성을 성원해 준 사랑하는 가족에게 감사의 마음을 전하고 싶다. 특히 필자의 박사학위 취득을 누구보다도 기뻐하고 자랑스러워하신 어머니와 안타깝게도 이 책의 발간을 끝내 보지 못하고 돌아가신 존경하는 아버지께 이 책을 바친다.

2019년 4월
오택림

목차

제1장
서론

제1절 연구의 목적 및 필요성

우리나라는 이미 OECD 가입국일 뿐만 아니라 세계 10위권의 경제대국으로 성장하였음에도 불구하고 아직도 언론을 통해 대형 부패사건을 심심치 않게 목격할 수 있다. 매 정권 말기마다 대통령 친인척 관련 비리 사건도 반복적으로 발생하고 있으며, 방위산업비리, 원전비리 등 특정 산업분야의 '기업 뇌물(corporate bribery)'[1] 사건들도 계속 반복되고 있다. 그 때마다 검찰 등 수사기관은 강도 높은 수사를 하였고, 언제나 뇌물죄는 가장 핵심적인 죄명으로 등장하였다. 이런 대형 부패 사건이 반복되는 원인 규명 및 이를 방지하기 위한 대책 마련도 계속 있었겠지만,[2] 우리 뇌물법 자체의 문제나 미비점에 대한 진지한 성찰은 별로 없었다. 설령 있다고 해도 뇌물수수자에 대한 형을 보다 가중처벌 하거나, 뇌물수수자가 받은 뇌물 또는 그 파생이익을 보다 완벽하게 몰수·추징하거나, 혹은 뇌물수수자의 직무관련성 요건을 완화하는 방안을 강구하는 등 뇌물수수자에 초점이 맞춰져 있었다. 특히 권력형 비리 사건이나 특정 산업분야의 대형 뇌물 사건에 거의 예외 없이 기업들이 관련되어 그동안 무수히 많은 기업들이 수사를 받았지만, 그 기업들이 뇌물죄로 거액의 벌금 등 형사처벌을 받았다는 소식은 접할 수 없었다. 그리고 이는 사실 당연하게 받아들여졌는데, 우리 형법상 뇌물공여죄에는 기업형사책임(corporate criminal liability)이 없기 때문이다.

---

1) 본 논문에서 '기업 뇌물(corporate bribery)'은 기업이 범하는 뇌물 사건(혹은 범죄)을 의미하는 용어로 사용한다. 실제 행위는 임직원 등 개인이 하더라도 그 기업의 업무에 관하여 범한 뇌물 사건(혹은 범죄)으로서 그 범죄수익이 기업에 귀속되는 특징이 있다.

2) 이에 관해서는 한인섭(b), "권력형 부패의 구조와 통제의 범죄학", 법과 사회, 법과사회이론학회, (1996), p.8 이하 참조.

하지만, 이러한 현실은 외국기업이나 외국법조인에게 한국의 뇌물법에 대해 설명할 때 당연하게 받아들여지지 않는다. 주지하다시피, 오늘날 세계 각국의 기업들은 국경과 상관없이 전 세계를 대상으로 비즈니스를 하고 있으며, 특히 미국의 해외부패방지법(Foreign Corrupt Practices Act, 이하 FCPA라고 한다)을 비롯하여 선진 각국에서 외국 공무원에게 뇌물을 제공하는 해외뇌물죄를 처벌하는 입법을 하다 보니 기업이나 그 기업에 자문을 제공하는 로펌 등이 자국법 뿐만 아니라 현지 외국법에 대해서도 지대한 관심을 보이곤 한다. 그런데, 필자 경험에 의하면 외국변호사나 외국기업인들이 우리 형법상 뇌물공여죄에 기업형사책임이 전혀 없다는 사실에 놀라는 경우가 많다. 기업의 자금으로 뇌물이 지급되었고, 뇌물제공을 통해 얻은 경제적 이익도 기업이 누리는데 정작 기업 자체는 전혀 형사 제재를 받지 않는다는 점을 매우 의아하게 생각한다. 특히 기업에 대한 형사처벌은 별론으로 하더라도, 최소한 기업이 뇌물제공을 통해 얻은 경제적 이익을 박탈할 수 있는 형사적 혹은 행정적 수단이 거의 없다는 사실에 또 한 번 놀라곤 하는데, 적어도 기업이 뇌물제공을 통해 얻은 이익은 범죄수익에 해당하여 이는 기업이 계속 보유할 수 있는 이익이 아니라고 생각하기 때문이다.

사실 이러한 의문에 대한 대답이 생각보다 쉽지 않았다. 우리 법상 법인은 원칙적으로 범죄의 주체가 될 수 없기 때문에, 기업형사책임을 전혀 인정하지 않은 형법상 뇌물공여죄로 기업을 형사 처벌할 수 없다고 설명하는 것이 고작이다. 하지만 필자에게도 이런 식의 설명이 완전하다고 보이지 않는다. 사실 우리 법상 형법을 제외한 수없이 많은 특별법에 양벌규정의 형태로 기업형사책임을 인정하는 경우가 이미 많기 때문이다. 멀리 찾을 필요도 없이 외국 공무원에게 뇌물을 제공하는 행위를 처벌하는 "국제상거래에 있어서 외국 공무원에 대한 뇌물방지법(이하 국제뇌물방지법이라고 한다)"만 보아도 양벌규정을 통해 기업형사책임을 인정하고 있다. 기본적으로 같은 성격의 뇌물죄이지만, 오히려 외국 공무원에게 뇌물을 제공한 기업은 형사 처벌하면서, 정작 국내 공무원에게 뇌물을 제공한 기업은 형사 처벌하지 않는 우리의 법현실을 합리적으로 설명할 길이 없었다. 그리고 본 연구 논문의 테제는 바로 이와 같은 의문에서 시작되었고, 이 의문들을 보다 깊이 연구하여 그 해결책을 찾는 과정의 결과물이 바로 본 논문의 내용이다.

필자가 제기한 문제의식은 단순히 기업형사책임 일반론과는 차원이 다르다. 우선 비교법적으로 고찰해 보면, 뒤에서 설명하는 바와 같이 '단체는 범죄의 주체가 될 수 없다'는 도그마는 영미법계 국가뿐만 아니라 프랑스, 스위스 등 다수의 대륙법계 국가에서조차 극복된 지 오래이다. 대륙법계 국가 중에서 그나마 독일이 여전히 이 도그마를 유지하는 국가인데, 그렇다고 우리나라가 독일처럼 이 도그마를 일관되게 지키고 있는 나라도 아니다. 형법을 제외한 많은 특별법에서 양벌규정의 형태로 너무도 다양한 범죄유형에 기업형사책임을 인정하고 있기 때문이다. 따라서 우리 법을 "원칙적으로" 기업형사책임을 인정하지 않는 법제라고 소개하기도 어려운 현실이다. 나아가 독일은 아직은 기업형사책임을 철저하고 일관되게 부인하고 있지만, 그로 인한 공백을 질서위반법을 통해 상당부분 해소하고 있다. 즉, 기업"형사"책임을 인정하지 않을 뿐이지 뇌물죄를 포함한 형법상 범죄에 "기업책임"은 우리와 달리 확실하게 묻고 있다. 따라서 우리 법이 비교법적으로 참고가 될 만한 선진국들의 흐름에 뒤처져 있는 것도 문제이지만, 사실 적어도 뇌물죄에 있어서 기업형사책임이 필요하다고 인식하였다면 우리도 진작 특별법을 통해 양벌규정의 형태로 뇌물공여죄에 기업형사책임을 인정하는 입법은 충분히 가능했을 터인데 그럼에도 그런 시도나 주장이 거의 없었다는 점이 문제의 핵심이라고 생각한다.

그렇다면 왜 우리는 그동안 뇌물죄(정확하게는 뇌물공여죄)에 기업형사책임을 도입할 시도를 하지 못했을까. 더구나 앞서 언급한 권력형 비리나 특정 산업분야의 대형 비리 사건들이 사실상 기업이 뇌물을 제공한 기업 뇌물 사건으로 볼 수 있는데, 왜 뇌물공여죄에 기업형사책임의 필요성을 제대로 인식하지 못했을까라는 문제를 곰곰이 따져 볼 필요가 있다. 나아가 뇌물수수자가 받은 뇌물 또는 그 파생이익에 대해서는 몰수나 추징의 대상으로 삼는 특별법들을 잇달아 제정하면서도 뇌물공여자가 뇌물제공을 통해 얻은 범죄수익을 박탈하는 노력은 게을리 한 이유가 무엇일까도 함께 고민해 보아야 한다. 그리고 필자는 이런 이슈들의 근간에는 그동안 우리 뇌물법의 영역에서 학술적으로나 실무적으로 지나치게 뇌물수수자 혹은 뇌물수수죄 쪽에만 초점을 맞추었던 프레임 혹은 관행이 있었다는 생각에 이르렀다.

통상 뇌물죄를 공무원이 직무행위에 대한 대가로 법이 인정하지 않는 이익을 취득함을 금지하는 것을 내용으로 하는 범죄라고 설명한다.[3] 즉, 공무원의 지위를 개인적 이익취득을 위하여 남용하거나 공무원이 금전 때문에 국가의 기능을 부패하게 하는 경우를 말한다고 한다. 그러면서 뇌물죄의 보호법익은 국가기능의 공정성에 있으며, 그 본질은 직무행위의 불가매수성이라고 해석한다. 이런 식의 설명이 그 자체로 틀린 것은 아니나 가만히 음미해 보면 수뢰죄와 증뢰죄를 구분하지 않고 한데 묶어서 설명하고 있음을 알 수 있다. 보다 정확하게는 수뢰죄를 기준으로 뇌물죄의 의의, 법적성격, 보호법익을 설명하고 있는 것이다. 급기야 수뢰죄와 증뢰죄의 관계를 필요적 공범관계로 보면서 양 죄는 1개의 범죄의 양면이라거나 증뢰죄는 수뢰죄에 대한 공범의 형태를 별도로 규정한 것이라고 보기도 한다.[4]

이와 같은 설명이 그 자체로 옳은지 여부를 떠나서, 적어도 이런 프레임에서 보면 그 동안 뇌물죄를 다루면서 뇌물수수자 혹은 뇌물수수죄 쪽에 주로 초점을 맞추었던 이유가 어느 정도 이해된다. 증뢰죄를 수뢰죄의 종속개념으로 보고 증뢰자를 수뢰자에 대한 신분 없는 공범으로

---

3) 이재상, 형법각론(제5판), (2006), pp.709-710.
4) 이재상, 형법각론(제5판), (2006), p.711 이하 참조.

보는 상황에서는 증뢰죄, 즉, 뇌물공여죄 고유의 독자성을 간과하기 쉽기 때문이다. 이런 시각에서는 증뢰자에 대한 법정형이 수뢰자 보다 가벼울 수밖에 없으며, 수뢰자가 받은 뇌물 혹은 그 파생이익에 대해서는 당연히 몰수 또는 추징의 대상으로 생각하겠지만, 증뢰자가 그 뇌물을 제공해서 얻은 경제적 이익은 관심 밖의 영역으로 놓치기 쉽다. 더구나 국가기능의 공정성 혹은 직무행위의 불가매수성만을 강조하다 보면 증뢰자가 개인인 경우와 기업인 경우를 굳이 달리 볼 이유를 찾기 어려울 수 있다.

그런데, 과연 증뢰죄, 즉, 뇌물공여죄의 법적 성격, 보호법익 등을 위와 같이 수뢰죄, 즉, 뇌물수수죄의 그것과 같이 보거나 수뢰죄의 종속개념으로 보는 것이 타당할까. 만약 음주단속 중인 경찰관에게 뇌물을 주고 단속을 회피하는 경우, 혹은 불법 노점상으로 근근이 생계를 유지하는 상인이 단속 공무원에게 정기적으로 금품을 상납하고 노점상 운영을 계속하는 경우 등을 상정한다면 기존의 시각이 별로 문제되지 않을지 모른다. 뇌물공여자가 뇌물제공을 통해 얻은 이익을 경제적 이익으로 보기 어렵거나 설령 경제적 이익을 얻었다고 하더라도 별로 크지 않아서 침해당한 국가기능의 공정성이나 직무행위의 불가매수성과 별도로 평가해야 할 유인이 별로 없기 때문이다. 하지만, 기업 뇌물의 경우에도 여전히 그렇게 볼 수 있을지는 의문이다. 대규모의 이권이 걸린 국책사업의 인허가를 받기 위해 혹은 그 사업권을 따내기 위해 기업이 뇌물을 제공하는 경우, 방산비리, 원전비리 등과 같이 기업이 국가 혹은 공기업 등과 대규모의 관급계약을 체결하거나 혹은 그 과정에서 가격 등 유리한 계약 조건을 얻어 내기 위해 뇌물을 제공하는 경우 등에도 뇌물죄의 법적 성격, 보호법익 등에 관한 기존 견해가 그대로 유지될 수 있을까. 혹은 기존 견해로 온전히 모두 포섭할 수 있을까 하는 의문이 든다. 이런 유형의 뇌물죄에도 국가기능의 공정성이나 직무행위의 불가매수성이 침해당하는 측면이 있는 것은 물론이지만, 그와 별도로 뇌물공여자가 불법 수단을 통해 부당한 경제적 이익을 취하는 측면이 함께 있으며, 통상 뇌물공여자가 취한 부당한 경제적 이익은 상대편인 수뢰자가 속한 조직이나 단체에 국고 손실 등과 같은 유무형의 경제적 손해를 수반하는 경우가 대부분이기 때문이다. 물론 모든 뇌물공여죄가 부당한 경제적 이익을 노리는 것은 아니지만, 문제는 여러 뇌물죄의 유형 중에 오늘날에는 이와 같이 부당한 경제적 이익을 노리고 뇌물을 제공하는 유형, 특히 그 중에서도 기업이 뇌물을 제공하는 기업 뇌물이 더욱더 중요해졌다는 점에 주목할 필요가 있다.

이런 상황에서 증뢰죄를 수뢰죄의 종속개념으로 보거나 증뢰자를 수뢰자에 대한 신분 없는 공범으로 보는 기존의 견해를 계속 유지한다면 증뢰자가 뇌물을 제공하는 이유에 대한 정확한 파악도 실패하고, 증뢰자가 뇌물제공을 통해 얻은 경제적 이익도 간과하며, 그로 인해 초래된 국고 손실 등 국가나 공기업 측의 경제적 손해를 회복하는 방법도 강구하기 어려워진다. 즉, 그 동안 뇌물죄에 대해 지나치게 뇌물수수자와 뇌물수수죄에 초점을 맞춘 나머지 뇌물공여죄의 본질과 법적 성격에 대한 정확한 파악이나 온전한 평가에 실패하였고, 이로 인해 뇌물죄에 기업형사책임의 부재나 뇌물공여자의 범죄수익 박탈 수단의 부재 등이 초래한 많은 문제점에 대해 제대로 인식하지 못하는 상황에 처해 있었다.

하지만, 오늘날 우리 법상 뇌물공여죄에 관한 이러한 법적 허점이나 공백은 더 이상 방치하기 어려운 문제이다. 우선 뇌물죄를 효과적으로 대응하기 위해서는 뇌물수수자나 수뢰죄뿐만 아니라 뇌물공여자나 증뢰죄에 대해서도 함께 대처해야 그 효과를 거둘 수 있기 때문이다. 아무리 뇌물수수자나 수뢰죄를 엄하게 처벌하고 뇌물 또는 그 파생이익을 몰수하거나 뇌물의 몇 배에 해당하는 금전적인 제재를 가한다고 하더라도 뇌물공여자나 증뢰죄에 대한 대응과 처벌에 허점이 있으면 실효를 거두기 어렵다. 특히 경제적 이익 추구를 목적으로 뇌물죄를 저지르는 기업 뇌물에 대한 정확한 이해와 평가가 수반되지 않고서는 뇌물죄에 대한 효과적인 대응뿐만 아니라 뇌물로 입은 손해에 대한 회복도 쉽지 않다. 그리고 이러한 우리 법상 뇌물공여죄 차원의 법적 허점은 비교법적 관점에서의 후진성을 보여 주는데, 이는 단순히 학술적 차원의 문제에 그치지 않는다. 실제 우리나라에서 뇌물공여죄를 범하는 증뢰자에는 내국인 혹은 내국기업만 있는 것이 아니다. 경제활동에 국경이 무의미해진 오늘날 외국인 또는 외국기업들도 우리 공무원이나 공무원으로 의제되는 공기업 임직원에게 뇌물을 제공하는 일이 빈번해 지고 있다. 이때 이런 외국인과 외국기업에 대해서는 자국의 해외뇌물법이나 경우에 따라서는 미국의 FCPA가 적용되는 경우가 많이 있다. 예컨대, 미국 기업이 우리나라에서 공무원(의제 공무원 포함)에게 뇌물을 제공한 경우 우리에게는 형법상 뇌물죄 조항이 적용되는 국내뇌물죄 사건이지만 이는 동시에 미국의 FCPA가 적용되는 해외뇌물죄 사건이기도 하다. 이때 뒤에서 살펴보는 바와 같이 그 미국 기업은 해외뇌물죄를 처벌하는 자국의 FCPA가 적용되어 거액의 형사 벌금을 부과 받을 뿐만 아니라 이익환수금(disgorgement) 제도를 통해 뇌물로 얻은 이익을 박탈당할 수 있다. 하지만, 정작 범죄발생지가 우리나라이고, 우리 공무원에게 뇌물을 제공한 사건이며, 그로 인해 우리의 국고가 손실을 입었다고 하더라도 오히려 우리 법으로는 해당 미국 기업 자체에 대해서는 어떠한 형사처벌도 할 수 없고, 그 미국 기업이 뇌물제공을 통해 얻은 경제적 이익도 환수할 수 없는 현실이다. 즉, 이러한 비교법적 차원의 후진성은 단순히 학술적 차원의 문제에 그치지 않고 실질적인 법집행의 극명한 대조를 통해서 우리 측의 허점과 손해를 고스란히 보여준다.

더구나 이러한 우리 법과 외국 법의 기업 뇌물에 대한 대응 방식의 비대칭은 기업들의 행동 양식과 대처 방법에도 차이를 가져오고 있다. 즉, 최근 외국 혹은 다국적 기업들은 미국 FCPA에 대응하기 위해서 기업 내부적으로 뇌물 이슈가 있으면 이를 은폐하기보다 적극적으로 내부조사를 통해 확인하고, 실제로 문제가 있다고 판단되면 관련 당국에 자발적으로 신고하는 실무관행을 형성하고 있다. 나아가 애초에 기업 자체적으로 효율적인 반부패 컴플라이언스를 수립하고 운영하는 사전 예방적 시스템 구축과 유지에 보다 더 심혈을 기울이고 있다. 이러한 기업들의 행동 방식과 실무관행은 미국 FCPA 등 선진 각국의 반부패법상 기업형사책임이 엄중함에서 기인한 것으로 우리에게도 시사하는 바가 크다. 심지어 국내 대기업들조차 미국 FCPA의 영향으로 국내외에서 발생한 뇌물사건에 대해 우리 법보다 바다 건너 미국 법에 더 신경을 쓰는 촌극이 실제로 발생하고 있는 실정이다.[5]

이런 차원에서 본다면 우리 형법상 뇌물공여죄에 대한 문제점을 파악하고 이를 개선하여 소위 글로벌 기준에 맞추는 작업은 그 의미와 실익이 매우 크다. 또한 이를 단순히 기업형사책임 일반론 차원에서 다룰만큼 한가한 이슈라고 보이지도 않는다. 물론 기업형사책임의 도입이 필요한 기업범죄로 뇌물죄만 있는 것은 아니지만, 현재 뇌물죄가 우리 사회에 미치는 악영향, 특히 기업 뇌물이 초래하는 국가 사회적 손실 등을 감안하면 일반론적인 기업형사책임 도입 논의에 함몰되어 더 이상 시간을 지체하기 어렵다. 따라서 뇌물공여죄 고유의 독자성에 대한 새로운 이해를 바탕으로 기존 우리의 뇌물 관련 법규 사이의 불균형 및 부조화를 파악하고 또 외국 법제에 대한 비교법적인 고찰을 통해 우리 뇌물공여죄의 문제점을 분석하고 그 개선방안을 도출하는 시도가 무엇보다도 시급하다.

---

5) 최근 소위 '최순실 게이트'에 연루된 국내 대기업들이 미국 FCPA에 의해 처벌받을 수 있다는 우려를 표시하는 기사들이 다수 있었다. http://www.thebell.co.kr/free/content/ArticleView.asp?key=20170816010002592000l569&svccode=00&page=1&sort=thebell_check_time; http://www.sedaily.com/NewsView/1L52TQE3RA (2018. 1. 15. 최종방문)

제2절 연구의 범위와 방법

우선 본 연구는 기업 뇌물에 효과적인 대응을 위한 형사책임 도입이라는 주제에 충실히 부합하는 내용으로 연구범위를 한정한다. 따라서 우선 뇌물죄와 관련한 여러 이슈 중에서도 뇌물공여죄에 초점을 맞추어서 예컨대, 직무관련성이나 대가성 이슈, 제3자 뇌물죄 등 뇌물수수죄 혹은 수뢰자 관련 이슈에 대해서는 필요한 경우가 아니면 다루지 않는다. 또한 뇌물공여죄 영역에서도 그 범죄의 구성요건과 관련한 이슈 보다는 주로 형벌과 관련한 이슈 혹은 형사정책 이슈를 다룬다. 사실 뇌물수수죄와 달리 뇌물공여죄와 관련해서는 그 범죄의 유형도 다양하지 않고 구성요건과 관련한 이슈도 별로 없는 형편이기도 하지만, 본 연구의 목적이 우리 뇌물공여죄가 기업 뇌물에 제대로 대응할 수 있는 제재수단을 갖추고 있는가를 살펴보는 것이므로 주로 뇌물공여죄라는 범죄 자체 보다는 그에 대한 형벌 혹은 형사정책에 보다 초점을 맞춘다. 따라서 비교법적 고찰에서도 각국의 뇌물법에 대해서 설명을 하지만 주로 뇌물공여죄를 중심으로 설명하고, 그 중에서도 뇌물공여죄에 부과하는 형사책임의 수준과 내용에 보다 초점을 맞추고 설명한다. 다만 외국 공무원에게 뇌물을 제공하는 해외뇌물죄 혹은 국제뇌물방지법에 대해서는 근본적으로 형법상 뇌물공여죄와 같은 성격이므로 많은 부분에서 함께 비교하거나 시사점을 찾을 수 있는 대상으로서 상세히 검토한다. 특히 미국의 FCPA와 같이 외국의 해외부패방지법도 가급적 풍부하게 소개할 예정인데, FCPA가 최근 반부패법 영역에서 전 세계적으로 가장 뜨거운 이슈이기도 하지만, 우리 형법상 뇌물공여죄와의 비교 목적으로는 오히려 미국 국내뇌물죄보다 더 좋은 수단이기 때문이다. 예컨대, 미국기업이 우리나라에서 뇌물을 제공할 경우 우리 형법상 뇌물공여죄가 적용되지만, 미국 법상으로는 해외뇌물죄에 해당하여 FCPA가 적용되므로, 동일한 뇌물사건을 놓고 양국 법의 대응방식의 차이를 극명하게 비교할 수 있는 장점이 있다.

다음으로, 본 연구에서 뇌물죄의 기업형사책임 이슈가 중요한 부분을 차지할 수밖에 없는 것은 당연하지만, 그렇다고 해서 기업형사책임의 일반론을 다루는 작업은 본 논문의 주제와 범위를 벗어난다. 즉, 뇌물죄 영역에서 기업형사책임 부재가 초래하는 심각성과 그 극복방안 등이 본 연구에서 매우 중요한 부분이지만, 그렇다고 법인의 범죄주체성 여부부터 다양한 기업형사책임의 종류에 이르기까지 기업형사책임의 일반론 전반을 심도 있게 다루는 것은 본 연구의 범위를 벗어날 뿐만 아니라 필자의 능력 밖이기도 하다. 따라서 기업형사책임 이슈와 관련해서는 본 연구의 주제에 부합하고 필요한 범위 내에서 선별적으로 검토한다.

같은 맥락에서 몰수 또는 추징 역시 뇌물공여자의 범죄수익 박탈 수단으로서 검토할 뿐 우리 법상 몰수 또는 추징의 일반 이슈나 문제점에 대해 전반적으로 다루지 않는다. 특히 그 동안 우리 법상 몰수 또는 추징과 관련해서는 여러 형태의 문제제기가 있었고, 현재도 형법상 몰수 조항에 대한 전면적인 개정 시도나 다양한 견해가 제시되고 있는 실정이다. 이런 여러 이슈나 견해들을 전면적으로 다루는 작업은 기업형사책임 일반론과 마찬가지로 본 논문의 주제를 벗어날 뿐만 아니라 필자의 능력을 뛰어 넘는 작업이므로 여기서는 철저히 뇌물공여자가 뇌물제공을 통해 얻은 범죄수익을 박탈할 수 있는 수단 중에 하나로 검토하는 데 그친다.

끝으로 본 논문의 기술 순서는 다음과 같다. 우선 제2장에서는 현재 우리 뇌물법 현황을 광범위하고 자세하게 파악해 본다. 우리 형법상 뇌물공여죄를 비롯하여 특정범죄 가중처벌 등에 관한 법률(이하 특가법이라고 한다), 국제뇌물방지법, 부정청탁 및 금품 등 수수의 금지에 관한 법률(이하 부정청탁금지법이라고 한다) 등 우리 법상 광의의 뇌물 관련 규정을 일별하고 거시적인 차원에서 포착되는 뇌물 법규 사이의 불균형 혹은 부조화를 살펴본다. 아울러 뇌물공여자가 뇌물제공을 통해 얻은 범죄수익을 박탈할 수단으로서 형법 또는 여러 특별법상의 몰수 또는 추징제도가 제대로 기능할 수 있는지 여부를 확인한다.

다음 제3장에서는 비교법적 고찰을 통해 선진 각국의 뇌물 관련 규정 및 입법태도를 뇌물공여죄 차원에서 살펴본다. 이를 통해 미국과 영국 등 영미법계 뿐만 아니라 프랑스, 스위스 등 대륙법계 국가에서도 뇌물공여죄에 기업형사책임을 묻고 있음을 확인한다. 특히 미국의 경우 최근 FCPA를 통해 기업형사책임의 정수를 보여 주고 있을 뿐만 아니라 다른 국가들의 법에도 상당한 영향을 미치고 있으므로, 미국에서 기업형사책임이 어떻게 발전되어 어떤 식으로 운영되며, 현재 기업들의 행동 양식에 어떤 변화를 초래하고 있는지 상세하게 살펴본다. 또한 여전히 기업형사책임을 인정하지 않고 있는 독일의 경우에도 질서위반법을 통해 뇌물죄 영역에서 기업형사책임의 부재가 초래하는 공백을 커버할 수 있음을 알아보고 나아가 독일조차도 기업형사책임 도입 시도가 활발함을 소개한다. 한편 선진 각국이 뇌물공여자의 범죄수익 박탈 수단을 어떤 형식으로 구비하고 있는지도 함께 살펴본다.

다음으로 제4장에서는 이런 비교법적 고찰 내용을 염두에 두고 우리 법상 뇌물공여죄의 문제점을 분석해 본다. 우선 우리 뇌물죄 혹은 뇌물법이 지나치게 뇌물수수죄 혹은 수뢰자에 초점을 맞춘 나머지 뇌물공여죄 고유의 독자성을 간과하고 있음을 지적한다. 뇌물공여죄 고유의 특성, 법적 성격, 보호법익 등을 파악해야 이에 걸맞은 형벌 및 형사정책 등 대응 수단을 강구할 수 있으며, 기업형사책임의 부재와 뇌물공여자 범죄수익 박탈 수단의 부재 등도 모두 근본적으로는 뇌물공여죄의 독자성을 제대로 파악하지 못한 데에서 기인함을 밝힌다. 다음으로 뇌물공여죄에 기업형사책임의 부재가 초래하는 여러 문제들에 대해 살펴본다. 아울러 기업 뇌물의 심각성과 그 대응의 중요성이 날로 커지는 요즘에 뇌물공여죄에 기업형사책임의 도입을 위한 다양한 이론적 시도 및 정책적 필요성을 다각도로 부각한다. 끝으로 뇌물공여자의 범죄수익을 박탈할 수단이 없는 법적 공백을 지적하고 그 허점이 초래할 문제점에 대해 살펴본다. 특히 기업 뇌물을 포함해서 오늘날 많은 유형의 뇌물이 부정한 이익 추구를 위해 저질러지는 상황에서 뇌물공여자의 범죄수익을 박탈할 수 있는 최소한의 법적 수단도 없는 현실은 형평의 관점에서 공정하지도 않을 뿐만 아니라 범죄 억지력 등 형사정책적 관점에서도 크나큰 허점으로 작용할 수 있음을 강조한다.

이와 같은 여러 문제점에 대한 분석을 토대로 제5장에서는 우리 뇌물공여죄에 대한 개선방안을 제시한다. 우선 기업형사책임과 관련해서는 형법을 개정하는 방식, 특가법을 개정하는 방식, 뇌물 관련 특별법을 제정하는 방식 등을 차례로 살펴본다. 궁극적으로는 우리 형법도 기업형사책임을 정면으로 도입해야 한다고 생각하지만, 여러 현실적 어려움과 시간이 오래 소요되는 단점으로 인해 가장 신속하면서도 효율적으로 입법의 공백과 허점을 메울 수 있는 특가법 개정 방식을 대안으로 제시한다. 한편 과도기적으로는 영국 뇌물법(UK Bribery Act)과 같이 뇌물 관련 특별법을 제정하는 것도 또 다른 대안으로 가능함을 보여준다. 뇌물공여자의 범죄수익 박탈 수단과 관련해서는 우리 뇌물공여죄의 지나치게 낮은 벌금형 상한의 개정이 필요함을 지적하고 특히 국제뇌물방지법과 같이 '범죄행위로 얻은 이익' 개념을 벌금형 상한의 기준으로 도입하는 것이 필요함을 주장한다. 또한 벌금형과 별도로 뇌물공여로 얻은 이익 자체를 몰수 또는 추징할 수 있는 방안이 필요함을 역설하면서 '범죄수익은닉의 규제 및 처벌 등에 관한 법률(이하 범죄수익은닉법이라고 한다)' 등 기존의 몰수 관련 특별법을 활용하여 뇌물공여자의 범죄수익을 몰수할 수 있는 방안을 탐색한다. 또한 이러한 엄중한 기업형사책임의 도입과 뇌물공여자의 범죄수익 박탈 수단의 도입 등 '채찍'을 레버리지로 삼아 기업의 자율적인 사전 예방시스템 구축을 유도할 수 있는 방안을 제시한다. 최근 전 세계적으로 반부패법 영역에서 화두가 되고 있는 반부패 컴플라이언스를 우리 법상 조화롭게 도입하기 위한 최선의 방안을 고민하고, 우리 양벌규정상 '상당한 주의·감독'의 기준 혹은 내용으로서 반부패 컴플라이언스의 가능성을 살펴본다. 또한 기업의 자발적 신고를 유도하고 정식 기소를 통하지 않으면서 형사정책적 목적을 달성할 수 있는 방안으로서 법인의 자수감면, 조건부 기소유예제도 등도 함께 검토한다.

끝으로 제6장에서는 본 연구가 단순히 기존 법의 문제점을 진단하고 개선하는데 머무는 것이 아니라 뇌물법 영역에서 새로운 기업문화를 선도하여 하나의 선순환 생태계를 조성하고자 하는 바램과 비전을 피력한다. 즉, 기업 스스로 뇌물을 사전에 예방하거나 자체적으로 적발할 수 있는 유인을 제공하여 기업의 인적 물적 자원과 사회적 재원을 사전 예방시스템 구축과 기업문화 개선에 사용하도록 유도하고, 만약에 문제가 발생하면 기업의 자발적인 신고와 수사 협조 등을 통하여 향후 형의 감면을 받는 방향으로 법제와 실무 관행을 정착한다면 뇌물법 영역에서 선순환 생태계를 구축할 수 있음을 제안한다.

제2장
한국 뇌물법 현황

영국과 달리 우리나라에는 "뇌물법"이라고 부를 수 있을 만큼 단일법으로 뇌물 관련 법규를 집대성한 특별법은 없다. 따라서 여기서 한국 뇌물법이라고 함은 형법을 비롯하여 많은 특별법들에 산재된 광의의 뇌물 관련 법규들을 총칭하는 개념이다. 우리는 흔히 뇌물죄라고 하면 형법상 뇌물죄만을 생각하기 쉬우나 넓은 의미에서 뇌물죄의 성격을 공유하는 범죄유형은 다양하며, 형법 외에 많은 특별법에 관련 조항이 산재해 있다. 이런 광의의 뇌물 관련 법규들을 하나로 묶어 한국의 뇌물법이라고 칭하였다. 본 연구의 주된 초점은 형법상 뇌물공여죄에 맞춰져 있지만, 여기서 한국의 뇌물법 전체 현황을 일별하는 이유는 그런 과정을 통해 형법상 뇌물공여죄의 문제점을 보다 더 뚜렷하게 확인할 수 있기 때문이다. 즉, 형법상 뇌물공여죄만 봐서는 보이지 않던 점들이 비슷한 성격과 유형의 범죄를 규율하는 다른 법조항들과 비교검토를 통해 보다 더 잘 파악될 수 있다는 의미이다.

형법상 뇌물죄를 포함해서 여러 특별법에 산재해 있는 광의의 뇌물 관련 법규를 체계적으로 검토하기 위해서는 뇌물죄의 유형화가 필요하다. 통상 뇌물죄는 수수자를 기준으로 그 유형을 나눌 수 있다. 우선 뇌물수수자가 국내 공무원인지 외국 공무원인지에 따라 국내뇌물죄(domestic bribery)와 해외뇌물죄(foreign bribery)로 나눌 수 있다. 최근 미국 FCPA의 영향으로 전 세계적으로 해외뇌물죄가 반부패법 영역에서 화두가 됨에 따라 자주 등장하는 구분이다. 여기서도 일단 국내뇌물죄와 해외뇌물죄로 크게 나누었다.

수수자를 기준으로 뇌물죄를 나누는 또 다른 방식은 공적영역의 뇌물과 사적영역의 뇌물이다. 통상 뇌물죄라고 하면 흔히 공무원에 대한 뇌물만 생각하기 쉬우나 배임증재·배임수재로 대표되는 사적영역의 뇌물도 그 본질적 성격에 있어서는 뇌물죄와 크게 다르지 않다. 특히 형법상 뇌물죄의 적용에 있어서 공무원으로 의제 되는 범위가 여러 특별법에 의해 크게 확장되어 있는 점을 감안할 때 일반인인 뇌물공여자 입장에서 양자의 차이를 구분하기 쉽지 않은 상황이다. 또한 뒤에서 살펴보는 바와 같이 제약, 건설 등 뇌물에 취약한 특정 산업분야의 경우 그 산업분야를 규율하는 특별법에 고유의 뇌물 관련 법조항을 따로 마련해 놓는 경우가 종종 있는데 이 역시 사적 영역의 뇌물로서 함께 살펴 볼 실익이 있다.

한편 수수자를 기준으로 한 분류는 아니지만, 형법상 뇌물공여죄의 문제점을 부각할 수 있는 좋은 비교대상으로 반드시 살펴보아야 할 법이 바로 최근에 제정된 부정청탁금지법이다. 동법은 불법 뇌물과 적법한 사례 사이의 회색지대를 규율하는 법으로서 동법이 정한 일정한 요건을 갖춘 접대, 선물 등 금품을 수수했을 경우 처벌할 수 있는 조항을 마련해 놓았다. 동법 자체적으로도 뇌물법상 흥미로운 여러 이슈가 있겠지만, 여기서는 형량과 양벌규정의 차원에서 형법상 뇌물공여죄와 비교를 위해 검토할 예정이다.

끝으로 엄밀한 의미에서 뇌물 관련 법규라고는 할 수 없지만, 뇌물공여자의 범죄수익을 박탈할 수 있는 법적 수단에 관한 검토를 위해 형법 및 여러 특별법상의 몰수·추징 제도에 대해서도 일별해 보도록 하겠다.

제1절 국내뇌물죄

1. 공적 영역의 뇌물

우선 국내뇌물죄 중에 공적 영역의 뇌물에 관한 기본법은 물론 형법이다. 형법 제129조부터 제134조까지 뇌물죄에 대해 규정하고 있는데, 그 중 제129조부터 제132조까지가 뇌물을 수수하는 측, 즉 공무원(또는 중재인)을 규제하는 조문이고, 제133조가 뇌물을 제공하는 측을 규제하는 조문이다. 형법 제134조는 몰수 및 추징에 대해 정하고 있다.

형법 제133조에서 정한 뇌물공여죄의 형량은 5년 이하의 징역 또는 2천만 원 이하의 벌금이다. 형법상 기업형사책임은 인정되지 않기 때문에 개인에 대한 형량이다. 그렇다고 하더라도 현재의 경제규모, 소득수준 등을 감안할 때 벌금형 상한으로 2천만 원이란 액수는 지나치게 낮아 보인다. 후술하는 바와 같이 현재 뇌물공여자의 범죄수익을 박탈하기 어렵다는 점을 감안하면 더욱 그렇다. 더구나 벌금형을 징역형에 병과할 수도 없다.

반면 뇌물수수자는 단순수뢰, 사전수뢰, 알선수뢰, 사후수뢰, 수뢰후 부정처사, 제3자 뇌물 등 그 형태에 따라 형량이 다르다. 우선 단순수뢰, 제3자뇌물, 퇴직후 사후수뢰(제131조 3항)의 경우에는 5년 이하의 징역 또는 10년 이하의 자격정지이고, 사전수뢰, 알선수뢰의 경우에는 3년 이하의 징역 또는 7년 이하의 자격정지이며, 수뢰후 부정처사, 부정처사후 수뢰(제131조 2항)의 경우에는 1년 이상의 유기징역이다. 형법상으로는 뇌물수수의 경우에 벌금형은 없다. 하지만, 위와 같이 형법상 뇌물수수자에게 정해 놓은 형량은 특가법에 의해 가중된다. 특가법 제2조 제1항에 의하면 형법 제129조, 제130조, 제132조에 규정된 죄를 범한 사람은 그 수수, 요구 또는 약속한 뇌물의 가액(수뢰액)에 따라 가중처벌한다고 규정한다. 즉, 수뢰액이 1억 원 이상인 경우는 무기 또는 10년 이상의 징역, 수뢰액이 5천만 원 이상 1억 원 미만인 경우는 7년 이상의 유기징역, 수뢰액이 3천만 원 이상 5천만 원 이하인 경우는 5년 이상의 유기징역에 처한다고 규정하여 수뢰액에 따라 형법상 형량을 대폭 상향하였다. 또한 동조 제2항에 의하면 형법 제129조, 제130조, 제132조에 규정된 죄를 범한 사람은 수뢰액의 2배 이상 5배 이하의 벌금을 병과한다고 규정하여 벌금형의 필요적 병과를 가능케 하였다.

하지만, 이러한 특가법상 가중처벌은 뇌물수수자에게 해당될 뿐 뇌물공여자에게는 적용되지 않는다. 따라서 뇌물공여자에게 대해서는 형법 제133조에서 정한 형량이 최종적인 형량이다.[1] 이는 결국 뇌물공여자의 경우 뇌물액수와 상관없이 법정형이 동일하다는 의미이며, 벌금형의 필요적 병과도 가능하지 않다는 의미이다. 또 뒤에서 보는 바와 같이 해외

---

1) 매우 이례적으로 형법 제133조에 대한 가중처벌을 인정하는 법이 있다. 바로 2015년부터 시행된 "원전비리 방지를 위한 원자력발전사업자 등의 관리·감독에 관한 법률(이하 '원전비리방지법'이라 한다)"이다. 당시 원전비리로 인해 전국적으로 대대적인 수사가 진행되기도 하였는데 그 여파로 동법이 제정되기에 이르렀다. 특이한 점은, 동법 제31조 제1항에 가중처벌조항을 두면서 원자력발전공공기관 및 협력업체의 임직원이 원자력발전소의 건설·운영에 필요한 물품 등을 구매 또는 거래함에 있어서 형법 제129조부터 제133조까지의 죄를 범하는 경우 그 죄에 대하여 정한 형의 2분의 1까지 가중하여 처벌할 수 있도록 한 점이다. 대상범죄에 형법 제133조를 명시적으로 적시하였고 법문에 협력업체의 임직원을 명시하여, 뇌물공여죄에 대해서 형법상 형량의 2분의 1까지 가중처벌할 수 있는 점은 의문의 여지가 없다. 형법상 뇌물공여죄의 형량이 너무 낮다 보니 개별 산업분야의 비리를 대응하기 위한 특별법에 가중처벌을 위한 별도의 조항을 신설한 예라고 할 수 있다. 또 한 가지 문제는 동법 제31조 제2항에 수뢰액의 5배 이상 10배 이하의 벌금을 병과할 수 있도록 한 부분이다. 형법 제133조가 명시되어 있는 점은 제1항과 같지만, 그 대상으로 협력업체의 임직원이 빠져 있는 점은 다르다. 또한 '수뢰액'이라는 표현을 사용하여 공여자에 대한 벌금형의 병과 조항으로 해석되기에는 여러 의문을 낳고 있다.

뇌물죄에서 인정되는 방식인 범죄행위로 얻은 이익의 2배에 해당하는 금액을 벌금형 상한으로 정하는 방식도 도입되어 있지 않다. 결국 뇌물로 제공한 액수가 얼마이든, 나아가 뇌물제공으로 얻은 이익이 얼마이든 전혀 상관없이 2천만 원의 벌금이 금전적인 제재수단으로는 최고형이란 의미인데, 지나치게 낮은 설정이다. 더구나 징역형을 선택할 경우에는 그나마 벌금형을 병과할 수 없어 금전적인 제재가 전무하게 된다. 특히 기업 뇌물에 대한 대응 차원에서 현재 개인에 대한 벌금형은 실질적인 기능을 전혀 할 수 없다.

양형 단계에서는 어떨까. 현재 양형위원회에서 시행중인 양형기준 중에 뇌물범죄 부분[2]을 보면 뇌물 액수가 뇌물수수 뿐만 아니라 뇌물공여에서도 형량의 기준으로 작용한다. 뇌물공여의 경우 뇌물액수에 따라 3천만 원 미만, 3천만 원 이상 5천만 원 미만, 5천만 원 이상 1억 원 미만, 1억 원 이상 등 4구간으로 나누어 기본 징역형 구간을 정하고 양형인자에 따라 이를 가중, 감경을 하는 구조이다. 즉, 뇌물공여자의 경우에도 뇌물액수만 양형기준에 반영되어 있을 뿐 뇌물로 얻은 이익은 양형기준에 전혀 반영되지 않는다. 뇌물수수자의 경우는 뇌물액수 즉, 수뢰액을 통상 뇌물로 얻은 이익으로 볼 수 있어 별 문제 없지만, 뇌물공여자의 경우에는 같은 액수의 뇌물을 주었다고 하더라도 그 뇌물로 얻은 이익은 범죄 상황에 따라 각기 다를 수 있는데 정작 뇌물로 얻은 이익은 뇌물공여자의 양형기준에 전혀 반영되지 않는 점은 문제라고 생각한다. 심지어 감경이나 가중요소로 작용하는 특별양형인자 혹은 일반양형인자 어디에도 '뇌물로 얻은 이익' 항목은 발견되지 않는다.[3]

---

2) http://sc.scourt.go.kr/sc/krsc/criterion/criterion_02/bribe_01.jsp (2018. 1. 15. 최종방문)

3) 이는 배임증재의 경우도 마찬가지이다. http://sc.scourt.go.kr/sc/krsc/criterion/criterion_25/malpra_01.jsp (2018. 1. 15. 최종방문)

2. 사적 영역의 뇌물

만약 국내뇌물죄의 범위를 사적 영역의 뇌물까지 확장하면 형법 제 357조의 배임수재와 배임증재가 포함된다. 형법은 동조항을 배임죄와 함께 규정하고 있지만, 본죄는 배임죄라기보다 공무원의 뇌물죄에 상응하는 규정이며, 타인의 사무를 처리하는 자에 대한 뇌물죄라고 할 수 있다.[4] 원칙적으로는 뇌물을 수수한 자가 공무원인지 아닌지에 따라 뇌물죄가 적용될지, 아니면 배임수증재가 적용될지 달라질 수 있으나, 개별법과 판례에 의한 공무원의제를 통해 형법상 뇌물죄가 적용될 수 있는 공무원 범위가 확장될 수 있음을 주의하여야 한다.

우선 형법의 뇌물죄 적용대상이 되는 공무원의 범위[5]는 특별법에 의해 확장되어 있다. 가장 대표적인 것이 특가법으로 동법 제4조 및 동법 시행령 제2조에 규정된 기관 또는 단체의 간부직원은 형법 제129조부터 제132조까지의 규정을 적용할 때 공무원으로 본다. 뇌물죄 적용에 있어서 공무원의 범위를 확대하는 법은 그 외에도 공공기관의 운영에 관한 법이 있다. 동법 제53조에 의하면 동법상 공공기관의 임직원은 형법 제129조 내지 제132조의 적용에 있어서는 이를 공무원으로 본다.[6] 그 외에도 개별법으로 공무원의제를 정하는 조항은 다수 있다.[7] 또한 판례에

---

4) 이재상, 형법각론(제5판), (2006), p.428.
5) 형법에는 공무원의 개념이나 범위에 관한 조항이 없다. 국가공무원법이나 지방공무원법에 정의 규정이 있을 뿐이다. 판례에 의하면 형법상 공무원이라 함은 국가 또는 지방자치단체 및 이에 준하는 공법인의 사무에 종사하는 자로서 그 노무의 내용이 단순한 기계적·육체적인 것에 한정되어 있지 않은 자를 말한다고 한다(대법원 1978. 4. 25. 선고 77도3709 판결; 대법원 1997. 6. 13. 선고 96도1703 판결 등 참조).
6) 원래 동법상 공공기관 중 공기업 또는 준정부기관의 임직원에 대해서만 형법상 뇌물죄 적용에 있어서 공무원으로 의제하였을 뿐 기타 공공기관의 임직원은 해당되지 않았으나, 2016. 3. 22. 동법 개정에 따라 기타 공공기관까지 포함하여 공무원 의제 대상이 공공기관의 임직원으로 확대되었다.

의하면 비록 명시적인 공무원의제 조항이 없다고 하더라도 해당 근거 법령에 의하여 공무에 종사하는 사람이라면 형법 제129조에 규정된 수뢰죄의 주체인 공무원으로 볼 수 있다고 한다.8) 이는 수뢰죄가 공무집행의 공정성과 이에 대한 사회의 신뢰에 기초한 매수되어서는 아니 되는 속성을 보호법익으로 삼는 것임을 감안할 때, 그 죄의 주체인 공무원에 해당하는지의 여부는 담당자의 주된 신분에 의하여만 결정될 것이 아니라 담당하는 업무의 공정성 등이 보호될 필요가 있는가에 따라 결정되어야 하기 때문이라고 한다.

위와 같이 뇌물죄에서 공무원의 범위는 여러 특별법들과 판례에 의해 광범위하게 확장될 수 있는데, 뇌물을 제공하는 일반인 입장에서 사전에 이를 명확히 아는 것은 매우 어려울 뿐만 아니라 사실 범행 당시에 이를 크게 의식 하지 못하는 것이 현실이다. 즉, 뇌물을 수수하는 자가 공무원으로 의제되어 형법상 뇌물죄가 적용될지, 아니면 배임수증재가 적용될지는 사후적으로 수수자의 신분과 업무의 성격에 따라 개별법과 판례에 의해 결정되는 것이 일반이다. 하지만, 실제 법적용에 있어서 형법상 뇌물수수죄가 적용되는지 아니면 배임수증재가 적용되는지는 형량에 큰 차이를 가져온다. 이는 수수자뿐만 아니라 공여자측도 마찬가지이다. 형법 제357조 제1항에 규정된 배임수재의 형량은 5년 이하의 징역 또는 1천만 원 이하의 벌금이고, 동조 제2항에 규정된 배임증재의 형량은 2년 이하의 징역 또는 500만 원 이하의 벌금이다. 배임수재는 형법상 단순수뢰죄와 징역형 상한이 5년으로 동일하고, 수수한 금품도 몰수 대상이 된다는 측면에서 형량의 차이가 크지 않다고 생각할지 모르나, 특가법상 가중처벌까지 감안하면 형량의 차이가 크다. 배임증재 역시 형법상 뇌물공여죄와 형량 차이가 크다. 징역형의 상한도 크게 다르지만,

---

7) 예컨대, 지방공기업법 제83조, 도시및주거환경정비법 제84조, 건설기술진흥법 제84조, 방송법 제104조 등 다수이다.

8) 대법원 2002. 11. 22. 선고 2000도4593 판결 참조.

무엇보다 문제인 것은 벌금형 상한이 불과 500만 원에 불과하다는 점이다. 형법상 뇌물공여죄도 벌금형 상한이 2천만 원에 불과하여 문제인데, 사적 영역의 뇌물공여죄인 배임증재의 벌금형 상한은 그 보다도 훨씬 낮은 500만 원이어서 사실상 금전적 제재로서의 기능과 역할을 제대로 할 수 있는 수준이 아니다. 나아가 범죄행위로 얻은 이익을 박탈할 수 있는 수단으로 활용될 가능성도 없음은 물론이다.

사실 뇌물죄가 적용될 수 있는 의제공무원의 범위가 굉장히 광범위한 현실에서 뇌물공여와 배임증재를 본질적으로 다르게 보거나 형량의 큰 차이를 두는 것이 옳은지 의문이다. 예컨대, 한국전력과 KT를 상정해 보자. 전자는 공기업으로 그 임직원이 공무원으로 의제되어 형법상 뇌물죄가 적용되지만, 후자는 민영화되어 단순 배임수증재만 문제될 수 있다. 하지만, 어떤 기업이 한국전력 혹은 KT에 납품하면서 뇌물을 제공한다고 할 때 적어도 뇌물을 제공하는 그 기업 입장에서 각 행위의 성격에 차이가 있다고 생각하지 않을 것이다. 이런 차원에서 본다면 형법상 뇌물공여죄와 배임증재는 그 본질적 성격이 같다고 할 수 있으며, 특히 여러 특별법과 판례에 의해 뇌물죄가 적용되는 의제공무원의 범위가 확장되는 추세를 감안할 때 양자의 차이(특히 벌금형 형량의 차이)가 큰 것은 타당하지 않다. 뒤에서 살펴보는 바와 같이 뇌물공여죄를 뇌물수수죄의 종속개념으로 보아 독자적인 성격이 간과되고 있는데, 배임증재 역시 마찬가지로 보인다. 하지만 오늘날 배임증재는 사실 전형적인 이윤추구를 위한 사적 영역의 뇌물죄로서의 성격이 강하다. 이러한 배임증재의 성격을 제대로 파악하지 못한 채 벌금형 상한을 불과 500만 원으로 설정하고, 범죄행위로 얻은 이익을 박탈할 수단도 강구하지 않으면서, 기업형사책임조차 인정하지 않는 입법태도는 큰 허점이자 문제이다.

이와 같은 문제점은 특정 산업분야의 뇌물을 규율하는 법조항과 비교하면 더욱 선명해 진다. 원래 사적 영역의 뇌물은 기본적으로 형법상 배임수재·증재로 규율하고 있으나, 경우에 따라서는 뇌물이나 불법 리베이트에 취약한 사업 분야를 규율하는 특별법에 관련 규정을 두기도 한다. 대표적인 것이 약사법, 의료기기법, 의료법이다. 의료·제약 분야는 어느 나라나 부패에 취약한 사업 분야로 손꼽히고[9] 우리나라 역시 예외는 아니다. 이에 대해 의료법 제88조, 제23조의3, 의료기기법 제53조, 제13조 제3항, 제18조 제2항, 약사법 제94조 제1항, 제47조 제2항, 3항 등에서는 의료·제약 분야의 뇌물 내지 불법 리베이트에 대해 규율하고 있다. 형량을 살펴보면 의료기기 제조업자가 의료기기 채택 등 판매촉진을 목적으로 의료인 등에게 금품 등 경제적 이익을 제공한 경우 법정형은 3년 이하의 징역 또는 3천만 원 이하의 벌금이다(의료기기법 제53조). 의약품공급자가 의약품 채택 등 판매촉진을 목적으로 약사나 의료인 등에게 금품 등 경제적 이익을 제공한 경우의 법정형 역시 동일하다(약사법 제94조 제1항). 형법상 배임증재의 법정형보다 높으며 특히 벌금형 상한이 6배나 높다. 나아가 뇌물공여죄의 법정형과 비교해 보면 징역형은 3년으로 낮지만, 벌금형 상한은 3천만 원으로 뇌물공여죄 벌금형 상한 보다 높다. 형법상 뇌물공여죄 벌금형 상한이 사적영역의 뇌물 관련 조항의 벌금형 상한보다 낮다는 점은 이해하기 어렵다. 더구나 의료기기법과 약사법은 양벌규정을 통해 기업형사책임이 인정된다. 의료기기법 제55조, 약사법 제97조에 의해 양벌규정이 도입되어 있으며, 그 형량은 해당 조문의 벌금형과 같도록 규정하고 있다. 공무원에게 뇌물을 제공한 기업에 대해서는 형법상 처벌하는 조항이 없지만 의료인 등에게 뇌물을 제공한 의료기기회사나 제약회사는 위 양벌규정으로 처벌받을 수 있는 이상한 결과가 발생한다. 한편 기업형사책임이 인정된다고 하더라도 법정

---

9) 미국에서도 FCPA 사건이 가장 많이 발생하는 분야 중 하나이다. 예컨대, Roger M. Witten/ Kimberly A. Parker/ Jay Holtmeier/ Thomas J. Koffer, "Prescriptions For Compliance With The Foreign Corrupt Practices Act: Identifying Bribery Risks And Implementing Anti-Bribery Controls In Pharmaceutical And Life Sciences Companies", 64 Bus. Law. 691, (May, 2009), p.694 이하 참조.

형을 개인에 대한 벌금형과 동일하게 규정하여 실질적인 처벌효과나 억지력 차원에서는 매우 의문이다. 오늘날 의료기기회사나 제약회사 등이 뇌물 또는 불법리베이트를 통한 판촉행위로 얻는 천문학적인 이익을 감안할 때 3천만 원이라는 벌금형 상한은 매우 비현실적이기 때문이다.

의료나 제약 분야만큼 뇌물에 취약한 건설 분야를 규율하는 건설산업기본법도 고유의 뇌물 조항을 갖고 있다. 동법 제95조의2, 제38조의2는 도급계약의 체결, 건설공사의 시공, 공공기관이 발주한 건설공사 업체선정 등과 관련한 뇌물을 처벌한다. 건설회사 직원이 도급계약의 체결, 건설공사의 시공, 공공기관이 발주한 건설공사 업체선정 등과 관련하여 부정한 청탁을 하면서 재물 또는 재산상 이익을 제공할 경우 5년 이하의 징역 또는 5천만 원 이하의 벌금에 처하도록 정하고 있다. 역시 동법 제98조 제2항에 양벌규정이 도입되어 있는데, 개인과 같은 5천만 원 이하의 벌금에 처하도록 되어있다.

이를 보면 뇌물에 취약한 특정 사업 분야를 규율하는 특별법에는 별도의 뇌물조항을 마련한 경우가 있는데, 이들 조항은 형법상 뇌물공여죄의 벌금형 상한보다 높은 벌금형 상한을 정하고 있으며, 나아가 양벌규정을 통해 기업형사책임을 도입하였음을 알 수 있다. 즉, 공무원에게 뇌물을 준 경우를 규율하는 형법상 뇌물공여죄가 이런 사적영역의 뇌물을 규율하는 특별법상의 조항에 비해 벌금형의 상한도 낮을 뿐만 아니라 기업형사책임도 없다는 기이한 현상이 발생하고 있는 셈이다.

제2절 해외뇌물죄

국내뇌물죄와 달리 해외뇌물죄의 경우에는 그 근거법이 국제뇌물방지법 하나이다. 동법은 1998년에 OECD 뇌물방지협약[10]을 국내법으로 도입한 것으로 총5개 조문으로 구성되어 있다.[11] 국내뇌물죄와 달리 뇌물공여자측만 처벌한다. 따라서 뇌물을 수수한 외국 공무원에 대해서는 그 외국 공무원이 속한 나라의 국내뇌물죄로 처벌될 따름이다. 이하에서는 형법상 뇌물공여죄와의 차이를 중심으로 살펴보도록 하자.

1. 외국 공무원 등

해외뇌물죄의 수수자는 원칙적으로 외국 공무원이다. 따라서 국제뇌물방지법은 공적영역의 뇌물에 대해 규율할 뿐 사적영역의 뇌물에 대해서는 규율하지 않는다. 다만 수뢰자가 반드시 외국 공무원일 필요는 없고, 신분 자체는 민간인이라고 하더라도, 일정한 요건 하에서 동법이 정한 "외국 공무원 등"의 범위에 해당할 경우 동법이 적용될 수 있다.

국제뇌물방지법은 제2조에서 '외국 공무원 등'의 범위를 정하고 있다. 우선 동법 제2조 제1호는 임명직 또는 선출직에 상관없이 외국정부(중앙정부로부터 지방에 이르는 모든 단계의 정부를 포함한다)의 입법, 행정 또는 사법업무에 종사하는 사람을 포함시켰는데, 이는 좁은 의미의 외국

---

10) 정식 명칭은 '국제상거래에 있어서 외국 공무원에 대한 뇌물제공행위 방지를 위한 협약(OECD Convention on Combating Bribery of Foreign Public Official in International Business Transactions)'이다. 이하 'OECD 뇌물방지협약'이라 한다.

11) OECD 뇌물방지협약의 도입 과정 및 국내법에 미치는 영향에 대해서는 김종범/김정환, "OECD 뇌물방지협정이 국내 뇌물죄에 주는 영향 - 국내규범의 국제규범으로서의 수렴화 -", 통상법률 제19호, 법무부, (1998), p.49 이하 참조.

공무원을 의미한다. 동조 제2호에서는 외국의 공공기능 수행자로 그 범위를 넓히고 있다. 즉, 동호 가목에서는 외국정부로부터 공적 업무를 위임받아 수행하는 사람, 나목에서는 특정한 공적 업무를 수행하기 위하여 법령에 따라 설립된 공공단체 또는 공공기관의 업무에 종사하는 사람, 다목에서는 외국정부가 납입자본금의 50퍼센트를 초과하여 출자하였거나 중요 사업의 결정 및 임원의 임면 등 운영 전반에 관하여 실질적인 지배력을 행사하고 있는 기업체의 임직원(다만 차별적 보조금이나 그 밖의 특혜를 받지 아니하고 일반 사경제의 주체와 동등한 경쟁관계에서 사업을 하는 기업체의 경우는 제외한다) 등을 포함하고 있다.12) 끝으로 동조 제3호에서 공적 국제기구의 업무를 수행하는 사람을 규정하고 있다.

결국 국내뇌물죄의 공무원 범위나 해외뇌물죄의 공무원 범위가 실질적으로는 큰 차이를 보일 것 같지 않다. 모두 신분상 공무원뿐만 아니라 업무상 공공기능을 수행하는 사람까지 확장했기 때문이다. 다만 실무상으로는 국내뇌물죄의 공무원 범위 확정이 상대적으로 더 용이해 보인다. 왜냐하면 해외뇌물죄의 경우에는 공공단체, 공공기관 혹은 공기업의 구체적인 리스트가 없는 반면(물리적으로 불가능함이 당연하다), 국내법상으로는 여러 특별법에서 명시적인 리스트를 정하고 있기 때문이다. 또한 국제뇌물방지법 제2조 제2호 가목에서 정한 외국정부로부터 공적 업무를 위임받아 수행하는 사람의 경우에도 동법에는 더 이상의 부연 설

---

12) 동조항과 관련해서 외국 공무원 여부가 다투어진 흥미로운 사건이 있다. 중국 동방항공의 한국지사장이 국제뇌물방지법상 외국 공무원에 해당하는지 여부가 문제된 사건인데, 원심은 동방항공이 동법 제2조 제2호 다목이 정한 요건에 해당하는 것으로 볼 소지가 많지만, 좀 더 공신력 있는 자료들에 의하여 뒷받침 되지 않은 상태에서 동조가 정한 기업체에 해당한다는 점이 합리적인 의심의 여지가 없을 정도로 입증되었다고 보기는 부족하다고 판시하였고, 항소심 역시 원심의 판단을 그대로 유지하였다. 서울고등법원 2013. 2. 1. 선고 2012노865, 2012노2685(병합). 그 후 이 판결은 그대로 확정되었다. 대법원 2013. 7. 25. 선고 2013도2248 판결.

명이 없지만, 국내뇌물죄에서는 상당히 많은 개별법에서 공무원의제 조항을 두고 있어 상대적으로 판단이 용이한 면이 있다. 사실 외국 공무원 범위의 모호성에 대한 우려는 비단 우리 국제뇌물방지법만의 문제는 아니다. 미국의 FCPA에 제기되는 문제 중에 하나가 바로 외국 공무원의 범위의 모호성이기 때문이다.[13]

2. 부정한 이익을 얻을 목적

해외뇌물죄의 구성요건 자체는 수수자의 신분만 다를 뿐이지 형법상 뇌물공여죄와 큰 차이는 없다. 다만 해외뇌물죄 구성요건에는 형법상 뇌물공여죄에는 없는 "국제상거래와 관련하여 부정한 이익을 얻을 목적으로"라는 요건이 추가되어 있다. 즉, 우리 국제뇌물방지법상 해외뇌물죄는 여러 유형의 뇌물 중에 국제상거래와 관련해서 부정한 이익을 얻을 목적으로 범한 해외뇌물죄만을 상정하고 있다. 현재 이 요건과 관련해서 참고할 만한 국내 논문이나 판례는 거의 없는 실정이다. 다만 문언을 충실하게 음미하면 '국제상거래'와 '부정한 이익'이 키워드라고 생각한다. 우선 '국제상거래'로 한정한 것은 입법 연혁과 배경을 참고하면 당연하다. 앞서 언급한 바와 같이 동법은 OECD 뇌물방지협약을 국내법으로 도입한 것인데, 동협약 자체가 국제상거래(International Business Transactions)상의 해외뇌물죄만을 대상으로 하고 있다. 그리고 이는 OECD 협약의 모태가 된 FCPA의 영향으로 보인다. 아무튼 국제상거래와 관련해서 뇌물을 제공해야 하므로, 예컨대, 해외에서 무면허 운전을 하다가 경찰관에서 단속되자 이를 무마하기 위해 뇌물을 제공한 경우에는 동법이 적용되지 않는다.

하지만, 필자가 형법상 뇌물공여죄와의 차이라는 측면에서 보다 더 관심을 갖는 요건은 '부정한 이익을 얻을 목적으로'라는 요건이다. 통상

---

13) 예컨대, Joel M. Cohen/ Michael P. Holland/ Adam P. Wolf, "Under The FCPA, Who Is A Foreign Official Anyway?", 63 Bus. Law. 1243, (August, 2008), p.1243 이하 참조.

구성요건요소 중에 '목적'은 고의 외에 추가로 삽입된 주관적 요소이기 때문에 범죄의 범위를 한정하는 역할을 하는 것이 보통이나, 여기서의 '부정한 이익을 얻을 목적'은 오히려 오늘날 뇌물공여죄의 고유의 속성을 보다 잘 부각시켜주는 요건으로 보인다. 물론 이 요건도 OECD 뇌물방지협약에서 유래된 것이다. 동 협약에서는 "사업을 획득 또는 유지하거나 기타 부정한 이익(other improper advantage)을 얻을 목적으로"라고 표현하고 있는데, 국내법으로 도입할 할 때에는 이를 묶어서 그냥 '부정한 이익을 얻을 목적으로'라고 표현하였다. 앞서 언급한 '국제상거래' 요소와 결부해서 생각해보면 주로 기업들이 해외 사업을 하면서 뇌물을 제공하는 경우를 상정한 요건임을 쉽게 알 수 있다. 예컨대, 해외에서 관급공사를 수주하기 위해 혹은 공장을 설립하면서 필요한 인허가를 받기 위해 외국 공무원에게 뇌물을 제공한 경우 등이 이에 해당한다. 하지만, 굳이 국제상거래와 관련짓지 않더라도 오늘날 거의 대부분의 뇌물공여죄가 부정한 이익을 얻기 위해 범하는 범죄라는 점을 주목할 필요가 있다. 특히 방산비리, 원전비리 등 국가적 혹은 사회적 이목을 끄는 대형뇌물 사건의 경우 예외 없이 부정한 이익을 목적으로 범하는 뇌물사건이다. 또한 오늘날 뇌물 범죄의 유형 중에 사회적으로 가장 심각하고 피해가 큰 유형인 기업 뇌물은 대부분 부정한 이익을 목적으로 저질러진 범죄라고 해도 과언이 아니다. 하지만, 기업 뇌물이 아니라고 하더라도 본질적으로 뇌물공여죄는 이익추구형 범죄라는 성격을 내포하고 있다. 예컨대, 음주단속을 피하기 위해 경찰관에서 뇌물을 준 경우 역시 뇌물공여자는 경찰관의 직무를 방해한다는 의도보다는 단속회피라는 부정한 이익을 얻기 위한 의도로 뇌물을 제공한다. 심지어 이 경우처럼 그 이익이 경제적 이익이 아니거나 경제적 이익으로 환산하기 곤란한 경우도(마땅히 내야 할 벌금을 회피하였다는 측면에서 경제적 이익이 아예 없다고 볼 수 없다) 그 성격은 마찬가지이다. 즉, 뇌물공여자 입장에서 보면 뇌물제공의 대가로 받을 유무형의 이익 때문에 뇌물공여죄를 범하는데, 해외뇌물죄를 규정한 국제뇌물방지법은 이런 성격을 잘 반영한 법이다. 하지만, 통상 형법상 뇌물공여죄에 대해서는 뇌물수수죄의 종속개념으로 보고, 뇌물죄의 보호법익을 공무집행의 적정성 혹은 직무의 불가매수성으로 해석하여, 흔히 뇌물공여죄의 성격을 공무집행을 방해하는 범죄로 파악한다. 하지만, 뇌물공여자를 기준으로 보면 공무집행을 방해하겠다는 의도보다는 뇌물을 통해 이익을 추구하겠다는 의도가 훨씬 더크며, 사실 공무집행의 적정성 여부에 대해서는 별 관심이 없는 경우도 많다. 그리고 이러한 뇌물공여죄의 본질과 성격에 대한 시각의 차이가 형벌과 형량에도 매우 큰 차이를 초래함을 알 수 있다.

3. 형량과 양벌규정

사실 국제뇌물방법상 뇌물공여죄와 형법상 뇌물공여죄를 비교했을 때 가장 큰 차이는 형량과 양벌규정이다. 우선 양벌규정부터 살펴보면 주지하다시피 우리 형법상 뇌물공여죄에는 양벌규정이 없다. 즉, 형법상 뇌물죄 영역에 기업형사책임이 인정되지 않는다. 따라서 형법상으로는 기업의 임직원이 관급계약을 따기 위해 혹은 인허가를 받기 위해 담당 공무원에게 뇌물을 제공할 경우 해당 임직원 개인은 뇌물공여로 처벌할 수 있지만 기업 자체는 원칙적으로 처벌할 수 없다. 반면, 형법과 달리 국제뇌물방지법 제4조에는 양벌규정을 통해 기업형사책임을 인정하고 있다. 따라서 법인의 임직원이 외국 공무원에게 뇌물을 제공할 경우 임직원뿐만 아니라 그 임직원이 속한 법인 역시 처벌할 수 있다. 이는 국제뇌물방지법이 OECD 뇌물방지협약을 국내법으로 도입한 결과이기 때문이라고 설명할 수 있는데, 즉, 동 협약 제2조에 의하면 각 회원국은 각국의 법원칙에 맞게 법인에 대한 책임을 부과하도록 하고 있다.[14] 사실

---

14) OECD 뇌물방지협약을 마련하는 과정에서 미국은 법인의 형사처벌을 주장한 반면, 대륙법계 국가에서는 자국의 법제상 법인의 형사처벌이 어렵다는 주장

우리나라의 경우 이에 관한 법원칙이 무엇인지 논란이 있을 수 있는데, 뒤에서 살펴보는 바와 같이 원칙적으로 법인의 범죄주체성을 인정하지 않아서 형법상 범죄에는 기업형사책임을 전혀 인정하지 않지만, 행정적 목적 달성을 위해 필요한 경우 예외적으로 법인의 형벌능력은 인정하여 각종 특별법상 양벌규정의 형태로 기업형사책임을 인정하고 있다고 설명하기 때문이다. 만약 형법상 뇌물공여죄와의 형평성을 생각한다면 해외뇌물죄에만 기업형사책임을 도입하는 것이 이상하지만, 앞서 살펴본 바와 같이 약사법, 의료기기법, 건설산업기본법 등과 같이 특정 산업분야의 뇌물을 자체적으로 규율하면서 양벌규정을 통해 기업형사책임을 도입한 법들도 이미 많이 있어서 우리 법제가 기업형사책임을 인정하지 않는 법제라고 볼 수도 없는 상황이다. 아무튼 우리나라는 국제뇌물방지법이라는 특별법 제정을 통해 OECD 뇌물방지협약을 수용하면서 양벌규정을 통해 기업형사책임을 인정하게 되었다.

그렇다면 다음과 같은 질문이 가능하다. 기업이 외국 공무원에게 뇌물을 주었을 경우 행위자인 직원 개인 외에 그가 속한 기업도 형사처벌이 가능한 반면, 국내 공무원에게 뇌물을 주었을 경우에는 그 직원만 처벌할 수 있을 뿐 기업은 처벌할 수 없는 법현실이 과연 타당할까? 즉, 뇌물을 받은 사람이 외국 공무원인지 국내 공무원인지에 따라서 법인의 형사처벌을 달리 취급하는 태도가 타당할까 하는 의문이다. 사실 오늘날 큰 규모의 뇌물은 대부분 기업 차원에서 제공하는 것이 일반적이고, 그 뇌물의 자금원 역시 기업의 비자금 등 기업의 자금인 경우가 다수이며, 그 뇌물로 인해 원하는 목적을 달성했을 때 가장 큰 혜택을 보는 것도 임직원 개인이 아니라 기업 자체라는 사정을 감안해 보면, 형법상 뇌

을 하였다고 한다. 결국 이런 논쟁으로 인해 협약 제2조에서 법인의 형사처벌이라는 표현이 아닌 각국의 법원칙에 맞는 법인의 책임이라는 표현을 쓴 것으로 보인다고 한다. 박은영, "부패라운드와 OECD 뇌물방지협정", 통상법률 제23호, 법무부, (1998. 10.), pp.103-108 참조.

물을 제공한 기업 자체를 처벌할 수 없다는 점은 논리적으로도, 현실적으로도 설득력이 별로 없어 보인다. 아무튼 이 부분에 대해서 다음에 보다 심도 있게 다루고자 한다.

국제뇌물방지법은 양벌규정을 통해 기업형사책임을 인정하였다는 점 외에도 법정 벌금형에 있어서 형법상 뇌물공여죄와 매우 큰 차이를 보인다. 바로 '범죄행위로 얻은 이익' 개념이 도입되어 있기 때문이다. 동법 제3조 제1항에 의하면 해외뇌물 공여자에 대한 법정형을 5년 이하의 징역 또는 2천만 원 이하의 벌금으로 정하고 있다. 여기까지만 보면 형법상 뇌물공여죄와 차이가 없다. 하지만, 바로 이어서 "이 경우 범죄행위로 얻은 이익이 1천만 원을 초과할 때에는 5년 이하의 징역 또는 그 이익의 2배에 해당하는 금액 이하의 벌금에 처한다."고 규정하고 있다. 즉, 범죄행위로 얻은 이익에 따라 벌금형 상한은 2천만 원을 훨씬 상회할 수도 있어서 2천만 원으로 벌금형 상한이 고정된 형법상 뇌물공여죄와 큰 차이가 있다. 법인의 경우도 마찬가지이다. 양벌규정을 정한 동법 제4조를 보면 법인에 대한 벌금형에도 '범죄행위로 얻은 이익' 개념이 도입되어 있다. 즉, 동조에 의하면 법인에 대해 10억 원 이하의 벌금에 처한다고 규정하면서 바로 이어서 "이 경우 범죄행위로 얻은 이익이 5억 원을 초과할 때에는 그 이익의 2배에 해당하는 금액 이하의 벌금에 처한다."고 규정하고 있다. 즉, 해외뇌물죄의 경우에는 개인이나 법인의 벌금형 상한과 관련해서 '범죄행위로 얻은 이익' 개념이 도입되어 있다.[15]

이렇듯 '범죄행위로 얻은 이익'을 벌금형의 상한을 정하는 기준으로 활용하는 방식은 국내뇌물죄에는 없는 개념이다. 형법상 뇌물공여죄에만 없는 것이 아니라 특정 산업분야의 뇌물을 규율하는 별도조항을 구

---

15) 이를 배수벌금형 제도라고 한다. 배수벌금형 제도는 대부분 범죄로 인하여 얻은 이익박탈, 즉 부당이익에 기초한 가중벌금제도이다. 이정민(b), "기업범죄에 대한 새로운 제재 도입방안 연구", 형사정책연구원 연구총서 10-17-03, 한국형사정책연구원, (2010. 12.), p.117.

비한 의료기기법, 약사법, 건설산업기본법 등의 해당 벌칙 조항에도 없다. 앞서 살펴 본 바와 같이 3천만 원 또는 5천만 원의 고정액수로 벌금형 상한을 정하고 있을 뿐이다. 또 이 특별법들도 모두 양벌규정을 도입하고 있지만 개인의 벌금형 상한과 법인의 벌금형 상한을 같게 하였다. 하지만, 해외뇌물죄에서는 범죄로 얻은 이익 개념이 도입되었을 뿐만 아니라 개인과 법인의 벌금형 상한도 다르게 규정하고 있다. 일단 법인의 벌금형 상한이 범죄로 얻은 이익을 고려하지 않을 경우에도 10억 원으로 설정되어 있어서 앞서 살펴본 특별법상의 3천만 원 또는 5천만 원보다 훨씬 높게 설정되어 있다.

사실 의료기기회사, 제약회사, 건설회사 등은 국내뿐만 아니라 해외에서 사업을 하는 경우가 많기 때문에 양쪽법에 모두 걸릴 수 있는 확률이 높다. 예컨대 어떤 의료기기회사가 국내 병원에 의료기기를 납품하면서 금품을 제공할 경우와 외국 병원에 의료기기를 납품하면서 금품을 제공할 경우를 상정해 보자. 전자의 경우 의료기기법이 적용되지만, 후자의 경우 만약 그 외국 병원이 국공립 병원이어서 국제뇌물방지법 제2조에서 정한 '외국 공무원 등'에 해당할 경우 국제뇌물방지법이 적용될 수 있다. 행위태양이나 뇌물 액수 등 다른 양형인자가 동일하다고 할 때 국내에서 저지른 범죄보다 오히려 해외에서 저지른 범죄에 대해 훨씬 큰 처벌을 받게 된다. 의료기기법상 벌금형 상한이 3천만 원에 불과하지만 국제뇌물방지법상 법인의 벌금형 상한은 범죄로 얻은 이익 개념을 고려하지 않는 경우에도 10억 원이기 때문이다. 만약 이 의료기기회사가 해당 뇌물제공으로 얻은 이익이 5억 원을 초과하는 경우에는 그 이익의 2배에 해당하는 금액이 벌금형 상한이 되어서 10억 원을 훨씬 상회할 수도 있다. 사실 의료기기회사, 제약회사, 건설회사 등의 매출 규모로 보았을 때 뇌물로 얻은 이익이 5억 원을 초과하는 경우는 충분히 발생할 수 있다. 만약 의료기기회사, 제약회사, 건설회사가 3억 원의 뇌물을 주고 10억 원의 이익을 국내에서 본 경우 회사 자체는 법정최고형을 받아도

3천만 원 혹은 5천만 원의 벌금에 불과하나 만약 똑같은 행위를 해외에서 하여 국제뇌물방지법 적용대상이 되는 경우 최고 20억 원의 벌금형에 처해질 수 있어서 큰 차이가 있다.

물론 후자의 경우 외국 공무원에 대한 뇌물이기 때문에 사적영역의 뇌물보다 법정형이 높을 수 있다는 주장을 혹시 할지 모르나, 원래 국제뇌물방지법이 없다면 우리법상으로는 형법상 배임증재에 해당할 뿐이어서 별로 설득력이 없는 주장이다. 오히려 그런 시각에서 보면 국내 공무원에 대한 뇌물을 규율하는 형법상 뇌물공여죄의 벌금형 상한은 2천만 원에 불과하여 훨씬 더 낮고, 양벌규정도 없어 기업형사책임 자체가 인정되지 않는 점을 더 이해하기 힘들게 할 뿐이다. 실제로 이런 모순은 해당 회사가 방산기업이라고 상정하면 더 극대화 된다. 방산기업이 국내에서 거액의 무기를 납품하면서 방위사업청 혹은 국방부 등의 공무원에게 뇌물을 제공할 경우 형법만이 적용될 뿐이어서 벌금형 상한도 2천만 원에서 불과하고 기업형사책임도 물을 수 없다. 하지만 이 방산기업이 외국에서 동일한 행위를 했을 경우에는 국제뇌물방지법에 따라 벌금형 상한도 훨씬 높을 뿐만 아니라 기업형사책임도 물을 수 있게 된다. 참으로 아이러니가 아닐 수 없다.

그렇다면 유독 국제뇌물방지법상 '범죄행위로 얻은 이익' 개념이 벌금형 상한 기준으로 도입된 이유는 무엇일까. 가장 직접적인 대답은 OECD 뇌물방지협약에서 찾을 수 있다. 즉, 동 협약 제3조에 의하면 뇌물과 뇌물로 얻은 이익에 대해서 몰수 또는 추징의 대상으로 하거나 비슷한 효과를 갖는 금전적 제재가 가능할 수 있게 각 당사국들이 필요한 조치를 취하도록 하고 있다. 우리 국제뇌물방지법의 경우 뇌물 자체는 몰수의 대상으로 하면서 뇌물로 얻은 이익에 대해서는 벌금형의 상한 기준으로 도입하여 금전적 제재를 가하는 방식을 택하였다. 동법과 같이 '범죄행위로 얻은 이익'의 2배 범위 내에서 벌금을 부과할 수 있는 방식은 공교롭게도 미국 FCPA 사건에서 대안벌금법(Alternative Fines Act)이 적용되는

방식과 유사하다.16)

다만, 어느 법제가 참고가 되었는지 보다 필자의 관심을 끄는 대목은 유독 국제뇌물방지법에만 '범죄행위로 얻은 이익'개념이 도입되었을까 하는 점이다. 물론 협약이 가장 직접적인 이유이겠지만, 좀 더 근본적으로 살펴보면 동법의 해외 뇌물공여죄의 구성요건에서 '부정한 이익을 얻을 목적으로'라는 요소가 추가된 것과 연결 지어 생각해 볼 수 있다. 즉, 동법상 뇌물공여죄는 부정한 이익을 얻을 목적으로 범한 범죄를 상정하였기 때문에 그 '범죄행위로 얻은 이익'을 박탈할 필요성을 함께 생각하게 되었고, 결국 벌금형의 상한 기준으로 이를 도입하게 된 것으로 보인다. 즉, 앞서 살펴본 '부정한 이익을 얻을 목적으로'라는 요소가 '범죄행위로 얻은 이익' 개념과 맞닿아 있다고 볼 수 있다. 하지만, 앞서 강조하였듯이 오늘날 뇌물공여죄는 그 속성상 이익을 얻기 위해 범하는 경우가 거의 대부분이다. 따라서 군이 국제뇌물방지법상의 해외 뇌물공여죄에만 이러한 속성을 인정할 필요는 없다고 생각한다. 형법상 뇌물공여죄 나아가 배임증재 역시 이와 같은 속성은 다 공유하고 있으며, 따라서 '범죄행위로 얻은 이익'을 박탈할 필요성은 어디에도 다 있다고 할 수 있다.17)

사실 형법상 뇌물죄와 같이 벌금형 최고액을 정하고 그 액수 이하의 벌금을 부과하는 형식을 확정벌금형이라고 하는 반면 국제뇌물방지법과 같이 벌금형을 불법수익 등을 표준으로 그것의 몇 배로 부과하는 형식을 배수벌금형 제도라고 한다. 이러한 배수벌금형은 특히 경제범죄 영역에서 불법하게 취득한 이익의 완전한 박탈이나 국고에 미친 금전상의

---

16) 배수벌금형이 책임주의 및 과잉금지의 원칙에 위배된다는 문제가 있어 미국, 독일 및 일본 등 선진국가 등에서는 찾아 볼 수 없다는 지적이 있다. 이천현/권수진, "행정형벌의 벌칙조항의 법정형 정비방안", 법무부 용역보고서, 한국형사정책연구원, (2009), p.108. 하지만, 뒤에서 자세히 살펴보는 바와 같이 미국의 경우 Alternative Fines Act에서 이런 입장을 취할 뿐만 아니라 프랑스도 벌금의 상한을 범죄수익의 2배까지 가중할 수 있는 조항을 형법에 도입하였다.

17) 김종범/김정환, 앞의 글, p.84.

손실에 대한 보전에 처벌의 주된 목적을 두고 있는 것으로 부당이득에 기초한 가중벌금제도라고도 한다.[18] 바로 이 점을 음미해 보면 왜 국제뇌물방지법을 제정하면서 왜 배수벌금형 제도를 채택했는지 알 수 있을 뿐만 아니라 그 동안 간과하고 있던 뇌물죄 고유의 성격도 제대로 파악할 수 있다고 생각한다. 바로 뇌물죄(배임증재까지 포함하여)의 성격이 불법하게 취득한 이익의 완전한 박탈이나 국고에 미친 금전상의 손실에 대한 보전이 필요한 범죄이기 때문이다. 그리고 여기에 해외뇌물죄와 국내뇌물죄를 구분할 실익은 없다고 생각하며, 오히려 국고에 미친 금전상의 손실에 대한 보전 차원에서 보면 국내뇌물죄에 배수벌금형이 더 필요하다고까지 할 수 있다.[19]

다만 국제뇌물방지법상 '범죄로 얻은 이익'이 정확히 어떤 개념이고 어떻게 산정할 수 있는지에 대해서는 아직 알려진 바가 거의 없다. 우선 동법에도 '범죄행위로 얻은 이익'에 관해 아무런 부연 설명이 없다. 법무부에서 내놓은 해설서에 의하면 '범죄로 얻은 이익'은 뇌물제공자 또는 관련 법인이 뇌물제공과 관계된 거래행위로부터 얻게 되었거나 뇌물제공행위를 통하여 취득, 보유하게 된 부당한 이익, 즉 뇌물제공행위와 인과관계가 있는 이익을 의미한다고 한다.[20] 또한 실제 사례에 있어 이익

---

18) 이천현/권수진, 앞의 글, pp.107-108.
19) 다만 배수벌금형 제도에 대해 여러 가지 문제점을 지적하면서 비판하는 견해가 있다. 이천현/권수진, 앞의 글, p.109 이하 참조. 물론 '몇 배'로 할지 여부에 대해 지나친 입법자의 자의성이 있다거나 불법수익을 기준으로 5배, 10배 등을 벌금 상한으로 할 경우 과잉금지원칙에 반할 우려가 있다는 식의 지적에는 경청할 부분이 있다. 하지만, 배수벌금형 제도의 불법수익 환수 혹은 손해배상적 성격 부분을 지나치게 부각하여 몰수 규정으로 대체할 수 있다거나 책임주의 원칙에 반한다는 취지의 주장에는 동의하기 어렵다. 몰수로 모든 불법수익을 항상 환수할 수 있는 것은 아닐 뿐만 아니라 배수벌금형의 경우 불법수익 이상을 벌금형의 기준으로 하므로 단순 불법수익 박탈의 의미를 넘어서서 억지력을 갖춘 형벌로서의 기능도 할 수 있기 때문이다.
20) 법무부·전국경제인연합회, "문답식 국제상거래뇌물방지법 해설", (1999. 2), p.35.

액 산정이 어려운 경우가 있기는 하겠으나 이는 수사기법 및 입증의 문제로서 불가능한 것은 아니며, 향후 법시행단계에서 수사기관은 이익산정을 위한 증거수집 방안 등 관련 수사기법의 개발을 위하여 노력할 것이라고 부연하고 있다. 하지만 필자가 과문한 탓인지 몰라도 아직까지는 국제뇌물방지법위반의 경우 범죄행위로 얻은 이익을 기준으로 벌금형을 정한 경우를 보지 못하였다.

하지만 이는 매우 중요한 개념으로 뇌물 제공으로 얻은 이익 자체를 박탈함과 동시에 그 이상을 금전적으로 제재를 가해 뇌물 제공의 유인을 제거할 수 있는 효율적인 수단이기 때문이다. 실제로 뒤에서 살펴 볼 바와 같이 미국 FCPA위반 사건에서 법인에 대한 양형기준에 따라 기초벌금을 산정할 때 범죄로 얻은 이익 개념[21])이 사용되고 있다. 또 미국의 대안벌금법(Alternative Fines Act)에 따르면 해당 법조문에서 명시적으로 이를 배제하지 않을 경우 범죄로 얻은 이익 혹은 범죄로 가한 손해의 2배 이하의 범위 내에서 벌금을 정할 수 있다.[22]) 즉 FCPA 자체 규정에서 정한 법정 벌금형과 대안벌금법상의 벌금형 사이에서 더 높은 쪽으로 정할 수 있다. 우리의 국제뇌물방지법상 벌금액 산정의 기준으로 도입된 범죄행위로 얻은 이익 개념이 미국 법에서 온 것인지 알 길은 없다. 또 대안벌금법은 범죄로 얻은 이익뿐만 아니라 범죄로 가한 손해 개념도 있으나 우리 국제뇌물방지법은 범죄로 가한 손해 개념은 채택하지 않고 있다.[23]) 다만 적어도 뇌물 억지 차원에서 매우 효과적인 도구로 이

이에 의하면 OECD 협약 주석서 제21조를 언급하고 있는데 여기의 proceeds of bribery의 개념을 번역하여 참고한 것으로 보인다.

21) 미연방양형기준 매뉴얼에 의하면 이를 "관련 범죄로부터 피고인이 얻은 세전 추가 이익(the additional, before-tax profit to the defendant resulting from the relevant conduct of the offense)"이라고 정의한다. U.S. SENTENCING GUIDELINES MANUAL § 8A1.2 cmt. 3(h).

22) 18 U.S.C. § 3571(d)

23) 많은 FCPA 사건에서 범죄로 얻은 이익이 범죄로 가한 손해보다 더 큰 것으로

용될 수 있으므로, 비교법적인 연구를 통해 동 개념의 구체화 작업이 시급할 것으로 보인다.

4. 예외의 유무

형법상 국내뇌물죄에는 예외사유라는 것이 없지만, 해외뇌물죄에는 예외사유가 있다. 즉, 국제뇌물방지법 제3조 제2항에 의하면 외국 공무원 등이 속한 국가의 법령에 따라 그 지급이 허용되거나 요구되는 경우를 예외로 정하고 있다. 원래는 "일상적·반복적 업무에 종사하는 외국 공무원 등에게 그의 정당한 업무수행을 촉진할 목적으로 소액의 금전이나 그 밖의 이익을 약속 또는 공여하거나 공여의 의사를 표시하는 경우" 도 예외사유로 인정하였으나, 2014년 개정에서 이를 삭제하였다. 즉, 소위 급행료 예외를 인정하였다가 법개정을 통해 삭제한 것이다.

사실 이 예외사유는 모두 뒤에서 살펴볼 미국 FCPA상의 예외 및 적극적 항변과 유사하다. 우선 외국 공무원 등이 속한 국가의 법령에 따라 그 지급이 허용되거나 요구되는 경우는 사실상 유명무실한 예외사유라고 할 수 있다. 오늘날 문명국가에서 뇌물의 지급을 허용하거나 요구하는 법령을 갖고 있다고는 상상하기 어렵기 때문이다. 오히려 뇌물이 만연한 나라에서조차 법령상으로는 뇌물을 엄격히 금지하고 있는 것이 일반적이다.

급행료 예외사유에 대해서는 비록 지금은 폐지되었지만, 애초에 상당한 논란이 될 수 있음에도 특별한 논의 없이 국내법으로 도입되었었다는 점이 어떤 면에서는 매우 놀랍다. 국내뇌물죄에서는 전혀 인정되지 않는 예외사유이기 때문이다. 급행료는 외국에서도 facilitation payments

---

산정되었다고 한다. Robert W. Tarun/ Peter P. Tomczak, "A Proposal For A United States Department Of Justice Foreign Corrupt Practices Act Leniency Policy", 47 Am. Crim. L. Rev. 153, (Spring, 2010), p.162.

라는 개념으로 논의가 많은 주제인데, 이 예외사유가 적용될 수 있는 경
우는 등기공무원에게 등기를 빨리 해달라는 명목으로 금품을 지급하거
나 세관공무원에서 통관절차를 빨리 밟아 달라는 명목으로 금품을 지급
하는 경우 등을 상정할 수 있다. 국내에서는 일단 직무관련성이 인정되
면 금액이 다과 여부, 청탁한 업무의 정당성 여부 등은 뇌물죄 성립에
지장을 초래하지 않기 때문에 급행료 예외라는 것은 매우 낯선 개념이
다. 현재 OECD가 2009년 채택한 권고24)에 따르면 사실상 회원국으로 하
여금 더 이상 급행료 예외를 유지하지 말 것을 촉구 하고 있으며,25) 실
제 이미 상당수 회원국이 동 예외를 인정하지 않고 있다. 필자 역시 국
내뇌물죄에서는 인정되지 않는 급행료 예외를 국제뇌물방지법에서 인정
하는 것이 바람직한지 의문이라는 취지로 지적한 바 있었는데,26) 다행
히도 2014년 법개정을 통해 급행료 예외가 삭제되었다. 다만 한 가지 아
쉬운 점은 상대적으로 의율 빈도가 훨씬 낮은 국제뇌물방지법의 조문을
국내 뇌물법 체계와 맞추기 위해 신속히 개정하면서 정작 의율 빈도가
훨씬 높은 형법상 뇌물공여죄의 문제점 내지는 국내 뇌물공여죄와 해
외 뇌물공여죄 사이의 부조화 등에 대한 논의는 이루어지지 않았다는
점이다.

---

24) Recommendation of the Council for Further Combating Bribery of Foreign Public
   Officials in International Business Transactions(26 November 2009), VI, VII 참조.
25) Jon Jordan(b), "The OECD's Call For An End To 'Corrosive' Facilitation Payments And
   The International Focus On The Facilitation Payments Exception Under The Foreign
   Corrupt Practices Act", 13 U. Pa. J. Bus. L. 881, (Summer 2011), p.881 이하 참조.
26) 오택림(a), "국내뇌물죄와 해외뇌물죄의 비교 연구 - FCPA, UK Bribery Act 등
   외국 법제로부터의 시사점을 중심으로 -", 법조Vol. 685, 법조협회, (2013. 10.),
   pp.158-159.

제3절 부정청탁금지법

　뇌물법으로 분류하기에는 논란이 있을 수 있지만, 형법상 뇌물공여죄와 비교 검토가 필요한 법으로는 최근에 시행된 부정청탁금지법이 있다. 최초 제안자의 이름을 따서 소위 김영란법이라고 불리는 이 법은 부정청탁과 접대 등을 금지하기 위해 제안되어 많은 논란 끝에 2015. 3. 27. 제정되었으며, 2016. 9. 28.부터 시행되었다. 동법은 법명에서도 알 수 있듯이 크게 2가지 행위의 금지를 주요 내용으로 하고 있는데, 하나는 공직자에 대한 부정청탁이고, 다른 하나는 금품 수수이다. 형법상 뇌물공여죄와 비교가 필요한 부분은 바로 후자이므로, 여기서는 금품 수수 부분만 살펴보자.

　동법 제8조 제1항과 제2항에 의하면 공직자 등은 직무 관련 여부 및 그 명목에 관계없이 동일인으로부터 1회에 100만 원 또는 매 회계연도에 300만 원을 초과하는 금품을 받을 수 없으며(제1항), 직무와 관련된 경우에는 대가성 여부를 불문하고 그 이하의 금품 등도 받을 수 없도록 정하고 있다(제2항). 동조 제4항에서는 공직자 등의 배우자도 동조 제1항과 제2항에 따라 공직자 등이 받는 것이 금지되는 금품 등(수수 금지 금품 등)을 받을 수 없도록 정하고 있다. 그리고 동조 제5항에서 "누구든지 공직자 등에게 또는 그 공직자 등의 배우자에게 수수 금지 금품 등을 제공하거나 그 제공의 약속 또는 의사표시를 해서는 아니 된다"고 규정하여 공여자가 동조 제1항과 제2항에서 금지한 금품 등을 공직자 등에게 제공하는 것을 금하고 있다.

　이와 같은 금지조항에 대한 위반시 벌칙을 살펴보면 우선 제8조 제1항에서 정한 내용을 위반한 경우에는 공직자나 공여자 모두 제22조에 따라 3년 이하의 징역 또는 3천만 원 이하의 벌금에 처하도록 되어 있다. 한편 제8조 제2항에서 정한 내용을 위반한 경우에는 공직자나 공여자 모두 제23조에 따라 3천만 원 이하의 과태료에 처하도록 되어 있다. 즉, 제8조 제1항 위반의 경우에는 형사처벌 대상이나 제2항 위반의 경우에는 과태료 사안이다.

여기서 제8조 제1항에서 금지한 금품의 성격이 무엇인지 문제가 될 수 있다. 형법상 뇌물이 되기 위해서는 직무관련성이 인정되어야 하나 제8조 제1항은 직무관련성을 따지지 않는다는 점에서 차이가 있다.[27] 즉, 직무관련성이 인정되지 않아 형법상 뇌물로 볼 수 없는 경우에도 특정 금액 요건에 해당하면 동법으로 처벌하겠다는 취지로 보인다. 결국 뇌물성이 인정되지 않거나 애매한 성격의 접대나 선물의 경우에도 일정한 경우 그 명목과 상관없이 형사처벌을 할 수 있다는 의미여서 불법 뇌물과 합법적 사례(접대, 선물 등 포함) 사이의 회색지대를 의율하는 규정인 셈이다.[28]

그런데 형량을 보면 부정청탁금지법 벌금형 상한(3천만 원)이 형법상 뇌물공여죄의 벌금형 상한(2천만 원)보다 높다는 점을 알 수 있다. 직무관련성이 인정되는 진정한 의미의 뇌물을 제공하였을 경우에 적용되는 벌금형 상한이, 뇌물은 아니지만 성격이 애매한 회색지대의 불법사례를 제공하였을 경우에 적용되는 벌금형 상한보다 낮은 것이다. 특이한 점은 더 있다. 바로 청탁금지법에서는 양벌규정이 도입되어 있어 법인도 처벌을 받기 때문이다. 동법 제24조에 도입된 양벌규정에 의해 법인도 처벌되며 개인과 같은 벌금형 상한, 즉 3천만 원이 적용된다. 따라서 어떤 법인의 임직원이 형법상 뇌물을 제공하였을 경우에는 법인 자체는

---

27) 부정청탁금지법 제8조와 뇌물죄의 차이에 관한 글로는 박성민, "공무원의 유착 비리 해결을 위한 뇌물개념의 패러다임 변화 - 청탁금지법 제8조와 뇌물죄의 비교를 중심으로 -", 법학연구 제23권 제4호, 경상대학교 법학연구소, (2015. 10.), p.128 이하 참조.

28) 뇌물과 사교의례의 구분에 관해서는 이동명/이중백(a), "뇌물죄에 있어서의 뇌물", 법학연구 제7집, 한국법학회, (2001), p.451 이하 참조.

처벌받지 않는데, 오히려 뇌물로 볼 수 없지만 부정청탁금지법 위반이 되는 낮은 단계의 불법사례를 제공했을 때에는 양벌규정에 의해 법인도 처벌받는 결론에 도달하게 된다. 뇌물 사건에서 가장 흔한 변명이 직무관련성이나 대가성 없는 선물이나 사례라는 주장인데, 이럴 경우 적용되는 부정청탁금지법이 오히려 형법보다 벌금형 상한도 더 높고, 기업도 처벌할 수 있는 모순이 존재한다.

제4절 뇌물공여자의 범죄수익 박탈 수단

1. 벌금형

국제뇌물방지법과 달리 형법상 뇌물공여죄에는 양벌규정도 없을 뿐만 아니라 벌금형의 상한을 범죄로 얻은 이익의 2배로 정하는 개념도 없다. 단지 개인에 대한 벌금형 상한을 2천만 원이란 고정액으로 정하고 있을 뿐이다. 더구나 벌금형과 징역형이 필요적 병과 관계도 아니다. 따라서 형법상 뇌물공여죄에서는 적어도 벌금형을 뇌물공여자의 범죄수익 박탈수단으로 활용하는 것은 사실상 불가능하다. 국제뇌물방지법의 경우 양벌규정이 있어서 개인과 법인 모두 처벌할 수 있을 뿐만 아니라 개인과 법인의 벌금형 모두 그 상한을 범죄로 얻은 이익의 2배로 정하고 있어서 사실상 벌금형을 통해 뇌물로 얻은 경제적 이익을 박탈하는 것이 가능하다. 형법상 뇌물공여죄와 크게 대비되는 대목인데, 그럼 형법상 뇌물공여죄의 경우 벌금형 외에 뇌물로 얻은 이익을 박탈할 수단이 있을까.

2. 형법상 몰수

우선 형법상 몰수나 추징을 생각해 볼 수 있다. 우리 형법은 제134조에 뇌물죄 관련 몰수 및 추징 규정을 따로 두었다. 이에 의하면 "범인 또는 정을 아는 제삼자가 받은 뇌물 또는 뇌물에 공할 금품은 몰수한다. 그를 몰수하기 불능한 때에는 그 가액을 추징한다"고 하여 필요적 몰수·추징을 규정하였다. 하지만 수수한 뇌물 혹은 제공할 뇌물을 몰수하거나 그 가액을 추징할 수 있을 뿐이지 그 뇌물을 통해 뇌물공여자가 얻은 경제적 이익은 몰수나 추징의 대상이 아니다.

형법상 몰수에 대한 일반 규정인 제48조로 뇌물공여자의 범죄수익을 몰수할 수 있을까. 동조 제1항은 "범인 이외의 자의 소유에 속하지 아니하거나 범죄 후 범인 이외의 자가 정을 알면서 취득한 다음 기재의 물건은 전부 또는 일부를 몰수할 수 있다"고 규정하고 있다. 여기서 첫 번째로 부딪히는 문제는 뇌물공여자의 범죄수익이 동조에서 정한 '물건'에 해당할 수 있는가이다. 형법상 몰수의 대상인 물건은 유체물에 해당하지 않고 권리 또는 이익도 포함된다는 견해[29]도 있으나, 법문언이나 입법자의 의사, 그 동안의 몰수 관련 특별법의 제정과정에 비추어 보면 여기서의 몰수대상은 유체물에 한정된다고 보는 것이 일반적이다.[30] 따라서 뇌물공여자가 뇌물제공을 통해 얻은 경제적 이익은 형법 제48조의 몰수 대상이 될 수 없다.

3. 특별법상 몰수

뇌물공여자가 뇌물제공을 통해 얻은 경제적 이익은 결국 형법으로는 몰수가 어려운데, 특별법으로는 가능할까. 몰수의 대상을 물건에서 재산상 이익인 범죄수익으로 확대한 특별법이 여러 개가 있는데, 그 중 뇌물죄와 관련이 있는 특별법을 살펴보면 1995년 1월 5일 제정된 '공무원범죄에 관한 몰수 특례법(이하 공무원범죄몰수법)', 2001년 9월 27일 제정된 범죄수익은닉법, 2008년 3월 28일 제정된 '부패재산의 몰수 및 회복에 관한 특례법(이하 부패재산몰수특례법)'이 있다. 제정 순서대로 살펴보도록 하자.

---

29) 이재상, 형법총론(제7판), (2011) p.572.
30) 조균석, "범죄수익몰수제도의 문제점과 개선방안 - 2011년 형법일부개정법률안에 대한 검토를 중심으로 -", 인권과 정의 Vol. 420, 대한변호사협회, (2011년 9월), p.116.

우선 공무원부패범죄를 막기 위해 제정된 공무원범죄몰수법을 보면 형법과 달리 몰수의 대상을 '불법재산'으로 규정하고 있다(제3조). 또 불법재산은 불법수익과 불법수익에서 유래한 재산으로 정의한다(제2조). 여기서 불법수익이란 특정공무원범죄의 범죄행위로 얻은 재산을 말하는데, 바로 형법 제129조부터 제132조까지의 죄가 특정공무원범죄의 하나로 포함되어 있다(제2조). 즉, 형법상 단순수뢰, 알선수뢰, 수뢰후 부정처사 등 뇌물수수자측에 대한 범죄만 포함이 되어 있고, 형법 제133조에 규정된 뇌물공여죄는 빠져 있다. 따라서 동법상 몰수 조항은 뇌물죄 중에서 수뢰죄를 범한 공무원을 상대로 한 몰수의 특례조항으로 보이며, 동법에 의해 뇌물공여자의 범죄수익을 몰수 할 수는 없다.

다음으로 살펴보아야 할 법이 범죄수익은닉법이다. 동법의 몰수 대상은 '범죄수익' 및 '범죄수익에서 유래한 재산'이다(제8조). 동법 제2조에서 범죄수익과 범죄수익에서 유래한 재산에 대한 정의를 내리고 있다. 우선 범죄수익은 동법 제2조 가목과 나목에 해당하는 것인데, 가목에서는 중대범죄에 해당하는 범죄행위에 의하여 생긴 재산 또는 그 범죄행위의 보수로 얻은 재산을, 나목에서는 국제뇌물방지법 등 6개의 특별법상의 특정범죄들에 관계된 자금 또는 재산을 범죄수익으로 정하고 있다. 여기서 우선 눈여겨 볼 부분은 공무원범죄몰수법과 달리 범죄수익은닉법상의 중대범죄에는 뇌물공여죄까지 포함되었다는 점이다. 즉, 중대범죄는 범죄수익은닉법 별표에 규정된 범죄인데, 형법 제129조부터 133조까지의 죄가 포함되어 있어 뇌물공여죄 역시 중대범죄 중 하나로 되어 있다. 따라서 뇌물공여행위에 의하여 생긴 재산은 범죄수익에 해당하는데, 과연 뇌물공여자가 뇌물공여행위로 얻은 경제적 이익이 여기에 해당하는지가 문제이다. 뇌물로 받은 돈 자체에 대해서는 여기에 해당한다고 지적한 글이 있지만,[31] 뇌물공여자가 뇌물로 얻은 이익에 대해서 언

---

31) 조균석, 앞의 글, p.116.

급한 글은 거의 없는 형편이다.[32]

우선 공무원범죄몰수법과 달리 뇌물공여죄를 중대범죄의 하나로 포함한 것은 뇌물수수자가 취득한 뇌물뿐만 아니라 뇌물공여자가 뇌물제공으로 얻은 경제적 이익까지 몰수 대상으로 하겠다는 명시적인 입법자의 표현이라고 해석할 수 있다. 특히 동법상 중대범죄에 원래 형법 제133조가 포함되지 않았다가 2005. 7. 29. 개정을 통해 의도적으로 형법 제133조가 추가된 경위를 보면 이는 더욱 분명해 보인다. 동 개정은 2004. 9. 30. 정성호 의원의 동법개정안 발의를 통해 이루어졌는데, 이에 대한 검토보고나 심사보고서를 보면 뇌물공여도 다액의 범죄수익이 발생하는 범죄이므로 이로부터 발생하는 범죄수익은 박탈하여야 한다는 점을 명확히 밝히고 있다.[33] 따라서 개정 경위나 입법자의 의도를 살펴보면 뇌물공여자가 뇌물제공으로 얻은 경제적 이익도 동법상 범죄수익

---

32) 필자가 현재까지 찾은 바로는, 범죄수익은닉법에 의해 뇌물공여자의 범죄수익을 몰수할 수 있다고 정면으로 언급한 글은 정진수/강석구, "뇌물공여자 수익 박탈 제도 연구", 대검찰청 용역과제, 한국형사정책연구원, (2005. 10.)이 유일하다. 이 글에 의하면 뇌물공여자의 범죄수익 박탈 제도를 마련하기 위한 용역과제를 수행하던 중에 범죄수익은닉법이 개정되어 중대범죄 목록 속에 형법 제133조 뇌물공여죄가 포함되게 되었다고 한다. 이에 바뀐 법에 따라 뇌물공여자의 범죄수익을 몰수할 수 있음을 전제로 범죄수익은닉법 개정에 따른 득실, 동법 해석상 문제점 및 바람직한 개정방향을 제시하는 쪽으로 연구 방향을 전환하였다고 한다. 이 글은 종래의 부패방지 대책이 주로 뇌물수수자를 중심으로 연구되었으나 뇌물공여자에게도 초점을 맞출 필요성이 있음을 지적하고 있을 뿐만 아니라 그 필요성의 근본 이유가 바로 기업 뇌물이라는 사실을 간파하고 있어 필자가 박사학위논문 작성시 이 글을 발견하였다면 더 좋았겠다는 아쉬움이 든다. 다만 이 글은 바뀐 범죄수익은닉법에 따라 뇌물공여자의 범죄수익이 몰수 대상이라는 점을 너무 당연시해서인지는 모르겠으나, 뇌물공여자의 범죄수익이 무엇이며 이를 어떻게 파악(혹은 계산)할 수 있는지에 관한 핵심쟁점에 대해서는 깊이 있게 다루지 않고 있다.

33) 2004. 9. 30. 정성호 의원이 발의한 범죄수익은닉의규제및처벌등에관한법률 중 개정법률안 검토보고, 법제사법위원회, (2004. 12.), p.7; 동안에 대한 심사보고서, 법제사법위원회, (2005. 6.), p.8 참조.

에 해당하여 몰수가 가능하다고 해석해야 마땅하다.

하지만, 앞서 설명한 바와 같이 현재까지 뇌물공여자가 얻은 범죄수익을 몰수할 수 있다고 언급한 글은 필자가 아는 한 거의 없는 형편이다. 또한 실무상으로도 뇌물공여자로부터 동법 상 범죄수익을 몰수한 실제 사례도 찾지 못하였다. 심지어 그와 같은 시도가 있었다거나 그에 관한 가부 논쟁이 다루어진 판례 등도 들어 본 적이 없다. 따라서 동법 상 명문의 규정 및 개정 이유를 제외하면 현재 뇌물공여자가 얻은 범죄수익을 동법상 몰수 대상으로 볼 수 있는지 여부는 여전히 분명하지 않다.

오히려 학자나 실무가들이 여전히 뇌물공여자가 얻은 범죄수익은 동법의 문언상 '범죄행위에 의하여 생긴 재산'은 아니라고 주장할 가능성도 많다. 뇌물수수자 입장에서는 뇌물수수행위라는 범죄행위에 의하여 바로 뇌물이라는 범죄수익을 취득하게 되지만, 뇌물공여자 입장에서는 뇌물공여행위로 바로 범죄수익을 취득하지는 않는다. 오히려 뇌물공여 행위 이후에 공무원이 취하게 되는 별도의 호의적인 조치(계약체결, 단가 인상 등)에 의해 경제적 이익을 취득하게 된다. 즉 뇌물공여행위로 인해 뇌물공여자에게 바로 범죄수익이 발생하는 구조가 아니기 때문에 동법상 '범죄행위에 의하여 생긴 재산'에 뇌물공여자의 범죄수익은 포함되기 어렵다는 식의 해석이 가능할 수 있다. 만약 이렇게 본다면 동법의 중대범죄에 굳이 형법 제133조를 포함한 이유에 대한 설명이 필요하다. 이에 대해서는 뇌물수수자 뿐만 아니라 뇌물공여자를 상대로도 공무원에게 공여의 약속 또는 공여의 의사표시를 한 뇌물을 몰수할 필요가 있어서 포함시켰다는 설명이 가능할 수 있다. 실제 위에서 언급한 정성호 의원의 개정안에 대한 검토보고나 심사보고서에 의하면 이 부분 역시 형법 제133조 추가가 필요한 이유 중 하나로 명시적으로 언급하고 있다.

이와 관련해서 함께 살펴볼 부분이 있는데, 동법 제2조 제2호 나목에서 나열한 특별법에 국제뇌물방지법이 포함되어 있다는 점이다. 여기서 힌트를 얻을 수 있지 않을까. 즉, 혹시 해외뇌물죄에서는 뇌물제공으로 얻은 이익이 범죄수익에 해당될 수 있는지도 함께 살펴 볼 필요가 있다. 주지하다시피 국제뇌물방지법은 뇌물공여자만 처벌하며, 동법 제3조 제1항의 죄가 바로 그것이다. 하지만, 범죄수익은닉법에서 말하는 범죄수익은 국제뇌물방지법 제3조 제1항의 죄와 '관계된 자금 또는 재산'이다. 해외뇌물공여죄와 관계된 자금 또는 재산이 무엇을 의미하는지 자세한 설명을 찾을 수 없지만, 외국 공무원 등에게 약속 또는 공여하거나 공여의 의사표시를 한 뇌물을 가리키는 것으로 보인다.[34] 따라서 해외뇌물공여죄와 '관계된' 자금 또는 재산에 해외뇌물공여죄로 인해 얻은 이익까지 포함된다고 해석하기에는 문언상 무리라고 생각한다. 이렇게 본다면 해외뇌물공여죄와 달리 국내뇌물공여죄에서만 뇌물공여자가 뇌물로 얻은 이익까지 범죄수익으로 포함된다고 주장하기가 조금 더 어려워질 수 있다.

그렇다면 뇌물공여자가 뇌물로 얻은 이익은 범죄수익에서 유래한 재산에는 해당할까. 동법 제2조 제3호는 범죄수익에서 유래한 재산에 대해 범죄수익의 과실로 얻은 재산, 범죄수익의 대가로 얻은 재산 및 이들 재산의 대가로 얻은 재산, 그 밖에 범죄수익의 보유 또는 처분에 의하여 얻은 재산을 말한다고 한다. 따라서 이는 범죄수익의 변형 또는 증식에 의하여 형성된 재산의 예시로 보인다. 그렇다면 뇌물공여자가 뇌물로 얻은 경제적 이익은 여기 어디에도 해당하지 않는 것으로 보인다. 일응 범죄수익의 대가로 얻은 재산을 뇌물의 대가로 얻은 재산으로 생각해 볼 여지가 있으나, 법문의 취지는 범죄수익을 유상양도 또는 교부하는 경우에 그 반대급부를 말하는 것으로 뇌물로 받은 금반지를 팔아서 받은 대금 등이 이에 해당한다.

이상을 종합해 보면, 현재 범죄수익은닉법상 명문의 규정에도 불구하고 동법으로 뇌물공여자의 범죄수익을 몰수할 수 있는지 명확하지 않다.

---

34) 법무부, 자금세탁범죄 해설과 판례, (2011년 1월), p.43.

오히려 뇌물공여자의 범죄수익을 동법에 의해 몰수한 실제 사례나 판례도 찾지 못했으며, 그와 같은 취지로 주장한 글도 거의 없는 현실은 적어도 실무상으로는 이를 몰수할 수 없다는 쪽으로 보는 듯하다.

끝으로 부패범죄방지를 위해 제정된 부패재산몰수법을 살펴보자. 우선 동법의 몰수 대상은 부패재산이다(제3조). 여기서 부패재산이란 범죄수익 및 범죄수익에서 유래한 재산을 말하며, 범죄수익은 부패범죄의 범죄행위에서 생긴 재산 또는 그 범죄행위의 보수로서 얻은 재산을 말한다(제2조). 또 부패범죄에 대해 동법 별표에 규정해 놓았는데, 형법 제129조부터 제133조까지의 죄가 포함되어 있다. 결국 범죄수익은닉법의 중대범죄와 표현이 다를 뿐 구조는 동일하다. 따라서 만약 범죄수익은닉법에서 살펴 본 내용이 그대로 적용된다면 부패재산몰수법에서도 뇌물공여자가 뇌물로 얻은 경제적 이익은 몰수 대상이 되지 않는 것으로 해석될 여지가 많다.

다만 여기서 한 가지 눈여겨 볼 대목은 동법은 국제연합부패방지협약의 효율적 이행을 위해 제정된 것으로 동법 제7조에 의해 외국의 집행재산의 반한요청이 있을 때 공조를 할 수 있다는 점이다. 즉, 외국으로부터 몰수 또는 추징 확정재판 집행의 공조요청이 있는 경우 공조할 수 있는데, 만약 요청국의 경우 뇌물공여자의 범죄수익도 몰수 또는 추징의 대상이 되어 이에 대한 확정재판 집행의 공조요청이 있는 경우 어떻게 해야 하는지가 문제가 될 수 있다. 예를 들어 국내기업이 미국 연방법상 국내뇌물죄로 걸려 뇌물로 얻은 이익에 대한 몰수 확정판결을 받았고, 미국이 이 확정판결의 집행에 대한 공조요청을 하는 경우를 상정해 볼 수 있다.

이때 만약 우리 법으로는 뇌물공여자의 범죄수익을 몰수할 수 없다고 본다면 동법 제7조 제4호가 정한 공조 제한 사유에 해당할 수 있다. 즉, 제7조 제4호에 의하면 마약류불법거래방지에 관한 특례법 제64조 제1항 각 호의 어느 하나에 해당하는 경우 공조 제한 사유에 해당한다고 규정하였는데, 제64조 제1항 제3호와 제4호가 문제될 수 있다. 즉, 제3호에 의하면 몰수의 확정재판의 집행공조 또는 몰수를 목적으로 한 보전 공조요청에 관계된 재산이 대한민국 법령에 의하여 몰수재판 또는 몰수보전을 할 수 있는 재산에 해당되지 아니하는 경우라고 규정하고 있다. 우리나라의 몰수요건과 요청국의 몰수요건이 상이하기 때문에 요청에 관련된 재산에 대하여 우리나라의 법령을 적용할 경우 몰수재판 또는 몰수보전이 불가능한 때를 말한다. 예컨대 외국에서 선의의 제3자가 갖는 재산에 대하여도 이를 몰수할 수 있도록 하거나 범죄사실과 관계없는 일정한 범위의 재산을 몰수할 수 있도록 규정되어 있더라도 우리나라의 법령에서는 인정되지 않는 것이므로 공조할 수 없다.[35] 추징에 대해서도 마찬가지다(제64조 제1항 제4호). 따라서 만약 요청국에서 뇌물 공여죄를 범한 한국기업의 뇌물로 얻은 이익에 대한 몰수 확정판결의 집행 공조요청을 하더라도 이 제한사유를 근거로 거절할 수 있는지 문제될 수 있다. 특히 뒤에서 보는 바와 같이 비교법적으로 유의미한 많은 선진국에서는 뇌물공여자의 범죄수익을 몰수 대상으로 보고 있기 때문에 만약 우리가 명문의 규정으로 형법 제133조가 부패범죄에 포함되어 있음에도 불구하고 뇌물공여자의 범죄수익을 몰수 대상으로 보지 않는 해석과 실무를 유지할 경우 위와 같은 요청에 대한 대응이 매우 곤란해질 수 있다.

4. 기업에 귀속된 이익의 경우

현행법에 대한 기존 해석과 실무를 고수하는 한 뇌물공여자의 범죄수익은 형법이나 각종 특별법을 통해서도 몰수 또는 추징하기 어려워 보인다. 물론 필자는 뒤에서 살펴보는 바와 같이 현행 범죄수익은닉법

---

35) 도중진/이천현/김한균, "부패재산의 몰수 및 회복에 관한 특례법 및 동 시행령 연구", 법무부 용역보고서, 한국형사정책연구원, (2008), p.40 이하 참조.

상으로도 뇌물공여자의 범죄수익을 몰수할 수 있다는 입장이기는 하다. 뒤에서 자세히 살펴보겠지만, 명확한 입법자의 개정의도에 따라 형법 제133조의 뇌물공여죄가 동법상 중대범죄로 명시적으로 포함된 이상 이를 달리 해석하는 것은 타당하지 않기 때문이다. 하지만 설령 필자와 같이 뇌물공여자가 얻은 범죄수익을 몰수 대상이 된다고 해석하더라도 기업 뇌물에 있어서는 여전히 또 다른 문제가 남아 있다. 기업뇌물 사건에서는 뇌물제공을 통해 얻은 이익이 기업에게 귀속되기 때문이다. 물론 기업형사책임이 도입된다면 문제가 되지 않겠지만, 현재 국내 뇌물공여죄에는 기업형사책임이 없다. 따라서 아무리 뇌물공여자가 얻은 범죄수익을 범죄수익은닉법상 몰수할 수 있다고 하더라도 기업뇌물 사건에서 실제 뇌물공여행위를 한 임직원 개인으로부터 기업에 귀속된 범죄수익을 몰수할 수는 없는 노릇이다.[36]

그럼 이 경우 기업을 기소하지 못하더라도 기업에 귀속된 범죄수익을 기업으로부터 직접 몰수 또는 추징할 수 있을까. 뒤에서 살펴볼 바와 같이 독일의 경우에는 가능하다. 즉, 독일형법 제73b조 1항에 의하면 정범 또는 공범이 타인을 위하여 범죄를 행하고 이를 통하여 타인이 이익을 취득한 경우에도 몰수할 수 있다고 규정하고 있는데, 이 타인에 법인도 포함되는 것으로 해석하고 있다.[37] 따라서 기업형사책임이 없기 때문에 법인에 대해 형사처벌을 할 수는 없지만, 기업 뇌물 사건처럼 뇌물제공을 통해 얻은 이익이 법인에 귀속될 경우 그 이익에 대한 몰수는 법인을 상대로도 할 수 있다.

---

36) 현행 몰수제도는 기업범죄에 있어 적용상 몇 가지 어려움이 있다는 지적으로는 이승현, "기업범죄에 대한 효율적 형사제재방안", 형사정책연구 제20권 제1호, 한국형사정책연구원, (2009), p.793

37) 2017. 7. 1. 개정 전에는 제73조 제3항에 규정된 내용이었는데, 이때 동 조항에 대한 주석서를 보면 동 조항의 타인에 법인도 포함된다고 해석하고 있다. Laufhütte, Heinrich Wilhelm/Rissing-van Saan, Ruth/Tiedemann, Klaus (Hrsg.), Leipziger Kommentar StGB, Band 3: §§ 56-79b, 12. Aufl. 2008 (LK-StGB/Schmidt, § 73 Rn. 51).

우리 법상으로는 이와 같은 조항은 없다. 범죄수익은닉법 제9조에 의하면 동법상 몰수는 몰수대상재산이 범인 외의 자에게 귀속되지 아니하는 경우에만 할 수 있다고 한다. 따라서 일응 법인을 상대로 한 몰수는 불가능해 보인다.[38] 하지만, 동조 단서를 보면 범인 외의 자가 범죄 후 그 정황을 알면서 그 몰수대상재산을 취득한 경우에는 그 몰수대상재산이 범인 외의 자에게 귀속된 경우에도 몰수할 수 있다고 규정하고 있어 해석의 여지는 여전히 남아 있다. 결국 기업 뇌물 사건에서 당해 기업에 귀속된 뇌물로 얻은 이익을 기업이 범죄 후 그 정황을 알면서 취득한 경우로 볼 수 있는지 여부가 관건이다. 우선 기업에 귀속된 뇌물로 얻은 이익을 기업이 정황을 알면서 취득한 것으로 볼 수 있는지 여부가 문제될 수 있다. 만약 기업의 대표권이 있는 최고 수뇌부에서 개입한 뇌물 사건이라고 한다면 그렇게 볼 소지도 있으나 일반 직원이 저지른 뇌물 사건이라고 한다면 기업 입장에서는 그 정황을 알면서 취득한 이익이 아니라고 주장할 소지도 있다. 또한 설령 기업의 최고 수뇌부에서 개입한 뇌물 사건이라고 하더라도 기업 뇌물 사건에서 기업에 귀속된 범죄수익은 임직원 개인이 얻은 범죄수익을 그 후에 법인이 취득하는 것이 아니라 법인이 계약이나 거래의 당사자로서 처음부터 범죄수익을 바로 취득하는 구조인데 그 경우에도 이 조항의 적용이 가능한가 하는 이슈가 남는다. 앞서 언급한 바와 같이 현재 뇌물공여자가 얻은 범죄수익을 동법상 몰수대상이라고 주장한 견해나 판례가 거의 없는 상황에서 나아가 이를 전제로 기업 뇌물 사건에서 기업에 귀속된 범죄수익을 기업을 상대로 몰수할 수 있는지 여부에 대한 논의 자체도 찾기 어려운 형편이다.

---

38) 정진수/강석구, 앞의 글, p.39 참조. 이 글 역시 개정 범죄수익은닉법에 의해 뇌물공여자의 범죄수익을 몰수할 수 있다고 하면서도 기업 뇌물의 경우 기업 형사책임이 없기 때문에 기업에 귀속된 범죄수익은 범인 외의 자에게 귀속된 것으로서 몰수할 수 없게 된다고 한다. 이런 점으로 인해 뇌물공여죄와 관련하여 법인의 형사책임을 인정하는 규정 마련이 필요하다고 한다.

제3장
비교법적 고찰

제1절 미국

1. 개관

미국의 뇌물법 체계를 간단히 요약하기는 쉽지 않다. 우선 각 주 단위의 뇌물 관련 법규정을 망라하는 것은 불가능하므로 여기서는 연방법에 한정해서 서술할 예정이나 이 역시 간단치 않다. 우선 해외뇌물죄와 관련해서는 1977년 제정된 해외부패방지법(FCPA)만 있어서 상대적으로 파악이 어렵지 않다. 문제는 국내뇌물죄와 관련한 조항이 여러 군데 산재해 있다는 점이다.[1] 형법전에 국내뇌물죄 조항이 명확히 있는 우리나라나 독일, 프랑스 등과 달리 미국은 연방법상 뇌물죄 관련 규정이 산재해 있으며, 심지어는 외관상으로는 뇌물죄와 관련이 없어 보이는 Fraud 조항이 사실은 뇌물죄를 규율하는 조항으로 실무상 활발히 활용되고 있다.[2] 따라서 미국 연방법상 국내뇌물죄 규율 체계를 입체적으로 정리하는 것은 그 자체로 별도의 큰 과제일 뿐만 아니라 본 논문의 연구범위를 벗어나는 작업이므로 여기서는 미국의 국내뇌물죄와 관련해서는 대표적인 규정들에 대해 간략한 소개만 하고, 오히려 FCPA를 보다 더 중점적으로 설명하도록 하겠다. 사실 미국 연방법상 국내뇌물죄 체계가 복잡한 점 외에도 FCPA가 본 연구 목적을 위한 비교대상으로 삼기에 보다 적절하다고 판단하는 이유는 몇 가지 더 있다.

---

1) Peter J. Henning, "Public Corruption: A Comparative Analysis Of International Corruption Conventions And United States Law", 18 Ariz. J. Int'l & Comp. L. 793, (Fall, 2001), p.798.

2) 이에 관해서는 오택림(b), "미국 연방법상 mail and wire fraud에 관한 연구", 법조 Vol. 657, 법조협회, (2011. 6.), p.16 이하 참조.

우선 동일한 뇌물 사건을 놓고 한국과 미국의 직접적인 대비가 가능하다는 점이다. 예컨대, 미국법이 적용되는 미국 기업 혹은 미국 증시에 상장된 기업이 국내에서 한국 공무원에게 뇌물을 제공하였다면 이는 한국 형법상 뇌물공여죄 사건이기도 하면서 미국 FCPA 사건이기도 하다. 이 경우 동일한 하나의 뇌물 사건에 대해서 양국법의 대응이 어떻게 다른지 적나라하게 볼 수 있다. 따라서 뇌물공여자인 해당 기업이 한국과 미국에서 어떻게 의율되고 처벌되는지를 비교하기 위해서는 오히려 FCPA에 대한 이해가 필요하다. 사실 바로 이 점이 본 연구의 시발점이기도 하다. 우리나라에서 발생한 뇌물사건에 대해 기업들이 한국법보다는 바다 건너의 미국 FCPA를 더 신경 쓰고 두려워하며, 나아가 바로 FCPA가 한국 기업들의 행동과 문화에까지 영향을 미치는 현상이 실로 놀라웠기 때문이다.

본 연구를 위해서 미국 국내뇌물죄보다 FCPA가 비교대상으로 삼기 더 좋은 또 다른 이유는 적어도 최근에는 FCPA 관련 사건이 미국 국내 뇌물죄 관련 사건보다 연방차원에서는 훨씬 더 많기 때문이다. 사실 FCPA가 적어도 지난 10년 동안은 형사사건 중에 미국 DOJ의 가장 우선순위였다고 해도 과언이 아닐 정도이다.[3] 특히 기업형사책임 차원에서, 그 중에서도 기업에 부과된 천문학적인 징벌금의 액수 차원에서 보면 FCPA가 단연 압권이다. 따라서 본 논문의 주제인 기업 뇌물에 대한 대응 방식이라는 측면에서 보면 최근 미국의 FCPA 사건에서 미국 기업형사책임의 정수를 엿볼 수 있는 사건들을 다수 발견할 수 있으며, 이에 대한 논의도 매우 활발한 상황이다. 상황이 이렇다 보니, 최근에는 학계의 논문들도 국내뇌물죄에 관한 것 보다는 FCPA 관련 논문이 훨씬 더 많은 형편이며, 심지어 Westlaw에 "domestic bribery"라는 검색어로 검색을 할 경우에도 FCPA 관련 논문이 더 많이 검색되는 희한한 현상까지 있을 정

---

3) Mike Koehler(d), "The Uncomfortable Truths and Double Standards of Bribery Enforcement", 84 Fordham L. Rev. 525, (November 2015), p.526.

도이다.[4]

왜 미국 DOJ가 국내뇌물보다 해외뇌물 사건에 더 집중하는지 그 이유를 정확히 파악하기는 쉽지 않다.[5] 오히려 공식적으로는 양쪽의 중요성을 차별하지 않는 듯한 입장을 취하고 있다. 예컨대, 2011년 5월 당시 미 법무부 차관보인 Larry A. Breuer의 World Bank 연설에서 잘 알 수 있듯이 미국이 아프리카나 중동과 같은 부패 문제를 갖고 있지는 않지만 여전히 국내 뇌물사건에서 자유롭지 않으며 미국 법무부도 계속해서 국내뇌물사건을 수사해서 처벌하고 있음을 강조하고 있다. 그러면서 미국이 국내 뇌물사건에서 모범을 보이지 않으면 해외뇌물에 대한 효과적인 FCPA 집행도 어렵다고 설파한다.[6] 하지만, 적어도 최근에는 FCPA가 미국 법무부 안에서 국내뇌물 사건은 물론 그 어떤 다른 형사 사건보다도 우선순위에 있음은 부인할 수 없는 현실이다.

그 이유에 대해 정면으로 다룬 글을 찾기가 매우 어려웠지만, 필자 나름대로 조심스럽게 분석해 보면 다음과 같다. 일단 미국이 관할권을

---

4) 이러한 필자의 경험에 대해 이미 지적해 놓은 논문이 있었다. Erin Sheley, "Perceptual Harm And The Corporate Criminal", 81 U. Cin. L. Rev. 225, (Fall, 2012), p.247. 저자는 미국에서 FCPA 집행이 본격화하기 전까지는 학계에서 뇌물죄에 대한 연구가 다소 소홀하였다고 하면서, 뇌물죄에 대한 westlaw 검색을 하면 국내뇌물죄 관련 글보다는 개발도상국에서의 해외뇌물죄에 대한 글이 다수를 이룬다고 지적하고 있다.

5) 이 이슈를 정면으로 다룬 글을 찾기가 쉽지가 않다. 예컨대, Kevin E. Davis, "Why does the United States Regulate Foreign Bribery: Moralism, Self-interest, or Altruism?", 67 N.Y.U. Ann. Surv. Am. L. 497, (2012), p.497 이하 참조. 이 글은 서두에 미국이 외국 공무원의 비리에 대한 걱정 없이도 국내에 힘들게 씨름해야 할 부패 문제가 충분히 많지 않느냐고 일갈하면서도 미국이 해외뇌물죄를 규율하는 이유 자체에 대해 도덕주의, 이기주의, 이타주의 등으로 나눠서 분석할 뿐 국내뇌물죄보다 해외뇌물죄에 더 집중하는 이유에 대한 분석은 다루지 않고 있다.

6) 연설문 전문은 http://www.justice.gov/criminal/pr/speeches/2011/crm-speech-110525.html (2018. 1. 15. 최종방문)

행사할 수 있는 미국 기업 혹은 미국에 상장된 글로벌 기업들 중에 다수
는 미국뿐만 아니라 해외에서도 사업을 하는데 해외뇌물 사건에 노출되
는 기회가 더 많을 수밖에 없어 보인다. 즉, 아프리카, 중동, 아시아, 남
아메리카, 동유럽 등에 위치한 많은 국가들은 여전히 미국과는 차원이
다른 심각한 부패에 시달리고 있기 때문에 미국 기업 혹은 미국에 상장
된 기업들이 미국 국내에서의 뇌물 사건에 노출되기 보다는 해외뇌물
사건에 노출될 기회가 훨씬 더 많을 것이다. 더구나 미국은 거액의 정치
후원금 지원이나 공식 로비스트를 통한 로비 등 소위 "합법화된 뇌물"을
지급할 수 있는 수단이 많이 발달되어 있어서 후진국에서 볼 수 있는 전
형적인 형태의 기업 뇌물 사건을 점점 찾기 힘든 것도 한 몫을 한다고
보여진다.[7] 나아가 구성요건 차원에서도 FCPA가 국내뇌물죄 조항보다
훨씬 더 쉽게 성립할 수 있도록 되어 있다고 한다. 즉 국내뇌물죄 사건
이라면 실제 처벌하기 어려운 내용라고 하더라도 FCPA로는 처벌이 가능
한 경우가 많다는 것이다.[8]

　　아무튼 그 이유와 상관없이 최근 FCPA 사건을 통해 기업 뇌물에 대
한 미국의 대응 방식을 살펴보는 데에는 별 문제가 없어 보인다. 특히
국내뇌물죄 관련 법규들도 각각의 조문에 따라 형량에서 조금 차이가

---

7) 실제로 미국 국내뇌물죄에 대한 논의 중에는 정치후원금이나 로비가 뇌물과
　　어떻게 구분될 수 있는지 등에 관한 내용이 많다. 예컨대, Lydia Segal, "Can We
　　Fight The New Tammany Hall?: Difficulties Of Prosecuting Political Patronage And
　　Suggestions For Reform", 50 Rutgers L. Rev. 507, (winter 1998), p.507 이하; Daniel
　　Hays Lowenstein, "Political Bribery And The Intermediate Theory Of Politics", 32
　　UCLA. L. Rev. 784, (April, 1985), p.784 이하 참조.
8) 미국이 국내뇌물죄와 해외뇌물죄에 서로 다른 이중기준으로 법집행을 하고 있
　　음을 적절히 꼬집고 있는 글로는 Mike Koehler(d), 앞의 글, p.544 이하 참조. 국
　　내뇌물죄와 해외뇌물죄에 같은 주관적 요건(Mens Rea)이 적용되지 않고 FCPA
　　에 훨씬 완화된 요건이 적용됨을 지적한 글로는 Nate Wright, "Domestic vs.
　　Foreign Corrupt Practices: For Bribery, An International Mind Is More Guilty", 28
　　Geo. J. Legal Ethics 989, (Summer, 2015), p.999 이하 참조.

날 뿐 기업형사책임이 인정된다는 점, 범죄로 얻은 이익의 2배까지 벌금 부과가 가능하도록 규정한 Alternative Fines Act가 적용된다는 점, 법인에 대한 양형기준이 적용된다는 점, 컴플라이언스가 기소 및 양정 단계에서 매우 중요한 역할을 한다는 점 등은 FCPA와 전혀 차이가 없다.

따라서 이하에서는 미국 연방법상 국내뇌물죄 관련 조항들에 대해 간략한 소개를 한 후 FCPA에 대해 보다 자세히 알아보도록 하겠다. 특히 본 논문의 연구 주제가 기업 뇌물에 대한 대응방식인 만큼 가급적 제재 수단과 집행방식 등에 초점을 맞추어 설명하겠다.[9] 그리고 기업범죄에 대한 대응방식을 이해하기 위해서는 FCPA에 대한 이해뿐만 아니라 미국 기업형사책임에 대한 입체적인 이해가 필요하므로 마지막으로 미국 기업형사책임에 대해서도 자세히 살펴보겠다.

2. 국내뇌물죄

앞서 언급한 바와 같이 미국 연방법상 국내뇌물죄 관련 조항들이 산재해 있다. 이중 조문 자체에서 뇌물(bribery)을 정면으로 다루는 조항은 18 U.S.C. § 201조와 18 U.S.C. § 666조이다.[10] 전자는 연방공무원에 관한 대표 뇌물죄 조항인 반면 후자는 일정한 경우 주정부나 지방정부 공무원에 대한 뇌물을 연방 차원에서 처벌할 수 있는 조항이다. 하지만 이 조항들 외에도 뇌물 사건에 대해 연방검찰이 의율 하는 조항들이 더 있

---

9) 예컨대, FCPA와 관련해서 흔히 많이 논의되는 "외국 공무원의 범위", "광범위한 역외 관할권 이슈", "급행료" 등에 대해서는 깊은 논의를 생략하도록 하겠다. FCPA에 대한 일반적인 설명은 오택림(c), "미국 Foreign Corrupt Practices Act에 관한 연구", 법조 Vol. 669, 법조협회, (2012. 6.), p.50 이하 참조.

10) 미국의 반부패 관련 주요 법률에 대해 소개한 국내 문헌으로는 나채준, "미국의 공직자 부패방지 제도에 관한 비교법적 고찰", 영남법학 제42집, 영남대학교 법학연구소, (2016. 6.), p.36 이하 참조. 여기서도 18 U.S.C. § 201조를 제일 우선으로 뽑고 있다.

다. 대표적인 것이 mail and wire fraud와 Hobbs Act이다. 이 조문들은 원래 뇌물(bribery)을 규율하기 위해 제정된 조문이 아니어서 사실 조문 자체를 보면 뇌물 사건에 활용된다는 점이 선뜻 이해가 가지 않을 정도이다. 하지만 매우 유연하고 공격적인 연방검사들이 이 조문들을 뇌물죄 사건에서도 창의적인 방법으로 활용하면서, 또 이를 연방법원에서 어느 정도 수용하면서, 이 조문들이 오랜 시간을 두고 실무상으로 뇌물 사건에도 적용되는 조문들로 발전해오게 되었다. 따라서 미국 국내뇌물죄 체계를 정확하고 입체적으로 알기 위해서는 201조나 666조 외에 mail fraud와 Hobbs Act 등에 대해서도 깊이 있는 이해가 필요하나 여기서는 연구의 목적과 범위를 감안하여 명시적인 뇌물죄 조항이라고 할 수 있는 201조와 666조만 중심으로 살펴보겠다. mail fraud나 Hobbs Act의 발달 과정에 대한 상세한 고찰은 그 자체로도 별도의 큰 과제일 뿐만 아니라 이 조문들은 뇌물죄 사건에 바라볼 때 주로 수수자들에게 초점이 맞춰져 있어서[11] 우리 형법상 뇌물공여죄와의 비교라는 차원에서는 실익이 거의 없기 때문이다.

가. 18 U.S.C. § 201

앞서 언급한 바와 같이 미국 연방법상 국내뇌물죄 관련 조항들이 산재해 있지만 통상 국내뇌물죄의 대표 조항으로 18 U.S.C. § 201조를 꼽는다.[12] 동 조항은 크게 두 개의 죄로 나누어져 있는데, 하나는 공무원

---

11) 예컨대, Hobbs Act의 경우 원래 공무원이 물리적인 강제 수단을 통하거나, 공직을 이용해서(혹은 공권력을 빙자하여) 금품을 갈취를 할 경우 적용되는 법인데, 명시적인 강요나 협박이 없이 공무와 관련해서 금품을 수수하는 뇌물 사건에서도 이 법이 적용될 수 있도록 발전해 왔다. 문제는 이 법이 뇌물사건에 적용될 경우 뇌물을 제공한 뇌물공여자가 강요나 공갈죄의 피해자에 불과하게 되어 처벌할 수 없는 맹점이 있다. Peter J. Henning, 앞의 글, p.847.

12) Peter J. Henning, 앞의 글, p.828.

에 대한 뇌물죄(Bribery Offenses)[13]이고, 다른 하나는 공무원에 대한 불법사례죄(Illegal Gratuity Offenses)[14]이다.[15]

　　우선 뇌물죄 조항을 먼저 살펴보면, 동조 (b)(1)항이 우리식의 뇌물공여에 해당하는 조항(즉, active bribery)이고, 동조 (b)(2)항이 우리식의 뇌물수수에 해당하는 조항(즉, passive bribery)이다. 동조의 요건을 공여자 측에서 살펴보면 공무원의 직무에 영향을 주려는 부정한 의도로 현재 또는 미래의 공무원에게 가치 있는 것을 제공하거나, 제안하거나 약속을 하면 성립한다. 여기서 '의도'의 해석이 문제될 수 있는데, 법문에 명확한 표현은 없지만 판례는 이를 특정 공무에 대한 '대가로서' 금품을 제공한다는 의도로 해석한다.[16][17]

　　다음으로 불법사례죄를 살펴보면 기본적인 요건은 뇌물죄와 크게 차

---

13) 18 U.S.C. § 201(b)

14) 18 U.S.C. § 201(c)

15) 사적 영역의 뇌물에 대해서 우리 식의 배임수재, 배임증재와 바로 비교될 수 있는 조문은 연방법 차원에서는 없으나 그렇다고 처벌을 하지 않는 것은 아니다. 우선 주법 차원에서는 사적 영역의 뇌물(통상 private commercial bribery라고 표현한다)을 규율하는 조문이 있는 경우가 많은데, 예컨대 캘리포니아주 형법 제641.3조(California Penal Code Section 641.3) 등이 그것이다. 그리고 이러한 주법을 매개로 연방법 차원에서도 사적 영역의 뇌물을 처벌할 수 있는 법이 있는데, 바로 Travel Act이다. 이는 18 U.S.C. § 1952조에서 규율하고 있는데, '불법적인 행위(unlawful activity)'를 촉진하거나 수행하기 위한 의도로 주간 혹은 국가간 여행을 하거나 메일 등 통신수단을 사용하는 경우 연방법으로 처벌할 수 있는 조항이다. 그런데 여기의 '불법적인 행위'에 뇌물(bribery)이 포함된다. 따라서 주법 위반인 commercial bribery를 범하기 위해 주간 혹은 국가간 여행을 하거나 메일 등 통신수단을 사용하는 경우 - 즉, 연방법 발동 요건인 주간 통상요건을 갖춘 경우 - 연방법인 Travel Act로 처벌할 수 있다. 오택림(a), 앞의 글, pp.165-166.

16) U.S. v. Sun-Diamond Growers of Cal., 526 U.S. 398, 409 (1999)

17) 뇌물죄의 범위를 적정하게 좁히려면 이러한 quid pro quo식의 대가관계를 넘어서 부정한 의도 요소(corrupt intent element)가 추가로 필요하다는 주장으로는 Brennan T. Hughes, "The Crucial Corrupt Intent Element In Federal Bribery Laws", 51 Cal. W. L. Rev. 25, (Fall, 2014), p.25 이하 참조.

이가 없다. 역시 공여자측에서 요건을 살펴보면, 공무를 위해서 혹은 공무 때문에 현재, 과거 또는 미래의 공무원에게 가치 있는 것을 제공하거나 제안하거나 약속을 하면 성립한다. 뇌물죄와의 가장 큰 차이는 뇌물죄에서 요구하는 '공무에 영향을 미치려는 부정한 의도'가 필요 없다는 점이다.[18] 즉, 뇌물죄는 공무의 '대가로' 금품을 제공하는 의도를 요하는 반면 불법사례죄는 단순히 공무를 위해서 혹은 공무 때문에 사례가 지급되었다는 점만 입증되면 된다.

따라서 뇌물죄의 경우에는 금품과 특정 공무 사이의 대가관계를 요하기 때문에, 예컨대, 인허가를 해 주는 대가로 뇌물을 준다거나 어떤 법안에 반대표를 던지는 조건으로 뇌물을 준다는 식의 대가관계가 입증되어야 한다. 또 논리적으로 이미 행해진 특정 공무에 대해 사후에 뇌물을 제공하는 것은 상정할 수 없게 된다. 즉, 실제 금품을 제공하는 시점은 사후가 될 수 있어도 제공의 의사표시 혹은 약속은 특정 공무가 행해지기 전에 이루어져야 한다. 이미 발생한 행위에 대해 사후에 영향을 미친다는 것은 논리적으로 성립할 수 없기 때문이다. 반면에 불법사례죄는 이런 경우에도 성립할 수 있다. 이미 행해진 어떤 공무에 대해 사후적으로 사례를 하는 것은 가능하기 때문이다. 하지만 문제는 특정 공무 전에 금품이 제공된 경우이다. 그 후에 행해진 공무와 이 금품이 대가관계에 있는 뇌물죄인지 아니면 단순히 관련성이 있는 불법사례죄인지 판단이 쉽지 않기 때문이다.[19] 따라서 불법사례죄와 뇌물죄를 단순히 관련성 정도의 차이로 구분하여 불법사례죄를 한 단계 낮은 정도의 뇌물죄로 이해하기도 한다.

불법사례죄는 뇌물죄와 구분이 어려운 것뿐만 아니라 적법한 선물

---

18) 뇌물죄와 불법사례죄의 차이에 대한 자세한 설명은 Peter J. Henning, 앞의 글, p.831 이하 참조.

19) Nicholas Jarcho/ Neal Shechter, "Public Corruption", 49 Am. Crim. L. Rev. 1107, (Spring, 2012), p.1118

혹은 접대와도 구별이 쉽지 않다. 이에 대해 현재 미국 판례는 불법사례가 되기 위해서는 제공된 금품이 단순히 해당 공무원의 직위 또는 직책 자체와 관련이 있는 것으로는 부족하고, "특정" 공무와 관련이 있어야 한다는 입장을 취하고 있다.[20] 따라서 특정 공무를 상정하지 않고, 막연히 향후 도움을 줄 수도 있는 위치에 있기 때문에 혹은 평소 좋은 관계를 유지하기 위해 금품을 제공하는 경우에는 불법사례죄가 성립하지 않는다고 한다.

뇌물죄와 불법사례죄는 양형에서도 큰 차이가 있다. 우선 뇌물공여죄인 18 U.S.C. § 201(b)에 의하면 15년 이하의 징역과 뇌물 가액의 3배 이하의 벌금에 처할 수 있다. 반면 불법사례죄인 18 U.S.C. § 201(c)에 의하면 2년 이하의 징역에 처할 수 있어서 차이가 크다. 다만 두 경우 모두 형사범의 별금형에 대한 일반 규정인 18 U.S.C. § 3571 역시 적용되는데, 뇌물죄와 불법사례죄 모두 중죄(felony)에 해당하기 때문에 개인의 경우에는 25만 달러 이하의 벌금에, 법인의 경우 50만 달러 이하의 벌금에 처할 수 있다. 또한 뒤에서 설명할 Alternative Fines Act도 적용되어 범죄로 얻은 이익(혹은 범죄로 가한 손해)의 2배 이하의 벌금에 처할 수 있다. 따라서 뇌물공여죄의 경우 뇌물 가액의 3배, 25만불(개인) 혹은 50만불(법인), 뇌물로 얻은 이익의 2배 등 3가지 중에 가장 높은 금액이 벌금형의 상한이 된다.

나. 18 U.S.C. § 666

201조 외에 뇌물(bribery)에 관해 언급할 만한 조항은 통상 "federal

---

20) U.S. v. Sun-Diamond Growers of Cal., 526 U.S. 398, 409 (1999) 이 판결의 의미에 대한 자세한 설명은 George D. Brown(a), "Putting Watergate Behind Us — Salinas, Sun-Diamond, And Two Views Of The Anticorruption Model", 74 Tul. L. Rev. 747, (February, 2000), p.766

program bribery provision"이라고 불리는 18 U.S.C. § 666 이다. 앞서 언급한 바와 같이 mail fraud나 Hobbs Act 등도 뇌물 사건을 규율하는 데 많이 이용되지만 해당 조문들 자체는 직접적으로 뇌물을 규율하도록 제정된 조항이 아니고 단지 실무상 운영을 통해 뇌물도 커버할 수 있는 수단으로 발전되었을 뿐이다. 666조도 행위태양은 뇌물 외에도 횡령, 사기 등도 포함하고 있지만 명문의 규정으로 뇌물에 대해서도 명시하고 있는 것이 mail fraud나 Hobbs Act와 다른 점이라고 할 수 있다. 한편 201조는 연방정부 차원의 뇌물을 규율하는 일반 조항임에 반하여 666조는 특정한 경우 주정부 혹은 지방정부 차원의 뇌물을 연방 차원에서 처벌할 수 있는 특별 조항이다.

사실 연방이 주정부나 지방정부의 문제에 개입하는 것에 대한 전통적인 거부감이 있는 미국에서 주정부나 지방정부 차원의 부패를 정면으로 규율하는 연방법상 일반조항은 없다고 할 수 있다.21) 따라서 미 연방검찰이 Hobbs Act나 mail and wire fraud 조항 등을 이용하여 주정부나 지방정부의 부패에 대해 의율할 수 있을 뿐이었다.22) 이런 차원에서 보면 1984년에 제정된 18 U.S.C. § 666은 예외적으로 일정한 경우 연방정부가 주나 지방정부의 부패에 대해 직접적으로 규율할 수 있는 수단을 제공한 조항이라고 할 수 있다.23) 동 조항은 연간 10,000불을 초과하는 연방 프로그램상의 혜택을 받는 주정부, 지방정부, 기타 단체의 부패에 대해

---

21) George D. Brown(b), "Stealth Statute - Corruption, The Spending Power, And The Rise of 18 U.S.C. § 666", 73 Notre Dame L. Rev. 247, (January, 1998), p.254
22) 주정부나 지방정부의 부패에 대해 연방검찰이 나설 수밖에 없는 이유와 연방 검찰이 연방법 규정을 통해 어떤 방식으로 주정부나 지방정부의 부패에 대해 대응하였는지에 대한 자세한 고찰은 Michael W. Carey/ Larry R. Ellis/ Joseph F. Savage, Jr., "Federal Prosecution Of State And Local Public Officials: The Obstacles To Punishing Breaches Of The Public Trust And A Proposal For Reform, Part One", 94 W. Va. L. Rev. 301, (1992), p.317 이하 참조
23) 동 조항의 제정배경 및 논리에 대한 자세한 내용은 George D. Brown(b), 앞의 글, p.276 이하 참조.

적용될 수 있는데, 그 유형에는 뇌물뿐만 아니라 절도, 횡령, 사기 등도 포함된다. 즉, 연방프로그램에 의해 연방자금을 받는 주나 지방정부의 부패에 대해서는 연방정부차원의 이해관계가 생기기 때문에 개입할 수 있다는 논리이다. 666조에서 뇌물은 동조 (a)(1)(B)와 (a)(2)에서 규정하고 있는데, 전자가 뇌물수수 조항이고 후자가 뇌물공여 조항이다. 구성요건은 뇌물죄를 규정한 201조와 유사하나 한 가지 특이한 점은 5천불 이상의 가치가 있는 사업이나 거래와 관련해서 뇌물이 제공되어야 한다는 제한이 걸려 있다는 점이다. 이와 관련해서 매우 흥미로운 사건이 있는데, 카운티 감옥의 간수가 카운티 감옥에 위탁수용 되어 있는 연방죄수의 배우자 방문을 허락하는 대가로 금품을 수수한 사건이다. 과연 뇌물의 대가인 배우자 방문이 5천불 이상의 가치가 있는 거래로 볼 수 있느냐가 쟁점이 되었는데, 항소심은 이를 수긍하면서 그 가치를 수수자측의 관점에서 평가할 것이 아니라 실제 거래의지가 있는 판매자와 구매자 사이의 표준평가방식으로 계산해야 한다고 판시하였다.[24] 재미있는 판결이기는 하지만 이 사건을 더욱 의미가 있게 한 것은 그 다음에 상고를 받아들인 연방대법원의 판결[25] 때문이다. 상고심에서는 배우자 방문에 대한 평가의 문제는 아예 무시하고[26] 오히려 뇌물이 연방자금과 관련이 있어야 하는지에 초점을 맞추었다. 앞서 언급한 바와 같이 666조가 적용되기 위해서는 해당 주정부나 지방정부가 연간 10,000불을 초과하는 연방자금을 지원받아야 하는 요건이 있기 때문에 과연 문제의 뇌물이 이 연방자금에 영향을 미치는 것이어야 하는 것인지에 대한 논란이 있었기 때문이다. 만약 666조의 근거를 연방자금의 온전성 여부에 대한 연방정부의 이해관계에 있다고 보는 견해에 의하면 아무 뇌물사건이나 연방정부가 개입할 수 있는 것이 아니라 바로 연방자금에 영향을 미치는 뇌물

24) Untied States v. Marmolejo, 89 F.3d 1185 (1996)
25) Salinas v. United States, 522 U.S. 52 (1997)
26) 따라서 이 이슈에 대해서는 항소심 판단이 그대로 확정되었다.

사건에 대해서만 개입할 수 있다고 좁게 볼 것이다. 하지만, 대법원은 뇌물이 연방자금과 관련이 있을 필요가 없다고 판시하여 연방정부의 개입 여지를 크게 확장하였다. 이 대법원 판결로 인해 동조항의 근거는 연방자금의 온전성에 대한 연방정부의 이해관계를 넘어서 연방자금을 받은 주정부 또는 지방정부 자체의 온전성에 대해 연방정부의 이해관계로 바뀌게 되었다.[27)

3. 해외뇌물죄 - FCPA

가. 연혁

(1) 1977년 제정

미국의 FCPA는 Watergate scandal 수사의 부산물로 제정되었다.[28) Watergate 사건에 대한 특별검사의 수사 및 미 의회의 조사에 의해 닉슨 대통령이 선거캠페인 과정에서 미국기업으로부터 불법 후원금을 받은 사실이 밝혀신 섯뿐만 아니라 그와 별도로 일부 미국 기업들이 해외에서 거액의 비자금을 조성한 사실, 그리고 그 중 일부는 외국 공무원에 대한 뇌물로 제공된 사실 등도 함께 밝혀졌다. 결국 SEC가 미국 기업들의 외국 공무원에 대한 뇌물을 대대적으로 수사하게 되었고, 3년간의 수사 끝에 400개가 넘는 미국 기업(Fortune 500안에 들어 있는 기업 중에 177개도 포함된다)에 의해 3억불 이상의 뇌물이 다양한 나라의 외국 공무원들에게 제공된 사실이 밝혀지게 되었다.[29) 이 중 가장 유명한 사례

---

27) George D. Brown(a), 앞의 글, p.766.
28) 자세한 제정 배경은 Mike Koehler(c), "The Story of the Foreign Corrupt Practices Act", 73 Ohio St. L. J. 929, (2012), p.932 이하 참조.
29) SEC 수사로 밝혀진 내용 중에는 한국 정치인에 대한 뇌물도 있었다. 즉, Gulf 에이란 회사가 당시 한국의 집권당에 4백만 불을 주었다고 시인한 바 있다.

가 바로 록히드사의 일본 다나카 수상에 대한 항공기 구입 관련 뇌물 제
공 사건이다. 이와 같은 일련의 수사 과정 및 그 후 이어지는 록히드 뇌
물사건에 대한 미 의회의 청문회 등을 통해 큰 충격에 빠진 미 의회는
해외에서의 뇌물 역시 국내 뇌물과 마찬가지로 비윤리적일 뿐만 아니라
나쁜 비즈니스라는 광범위한 합의를 형성하게 되었다.[30] 즉 해외 뇌물
은 비효율적인 기업이 사업권을 딸 수 있게 할 뿐 아니라 해당국에서의
미국 비즈니스를 위험에 빠뜨릴 수도 있고, 미국에 불리한 외교 문제를
야기할 수도 있다고 판단한 것이다.[31] 결국 1977년 12월 19일 미국 기업
들이 해외에서 외국 공무원에게 뇌물을 주었을 경우에도 미국법으로 처
벌할 수 있는 FCPA가 미국 연방법으로 제정된다. 사실 애초 포드 행정부
는 해외 뇌물을 형사적으로 처벌하기보다는 해외 뇌물의 자발적 신고만
을 요하는 법을 제정하기를 희망하였으나[32] 미 의회는 회계 규정뿐만
아니라 형사적·민사적 제재를 가하는 강력한 법안을 선호하였고, 결국
이러한 입장을 지지하는 카터 행정부 때 FCPA가 제정되었다.[33]

하지만 FCPA는 제정될 때부터 상당한 비판의 대상이 되었다. 외국에
서의 행위를 대상으로 한다는 점, 그 기준이 불명확하다는 점, 사법당국
의 명확한 가이드라인이 없다는 점 등을 비판받았다.[34][35] 하지만 비판

Peter W. Schroth, "The United States And The International Bribery Conventions", 50
Am. J. Comp. L. 593, (Fall, 2002), p.595.

30) 뇌물제공으로 사업권이 주어진다면, 돈과 자원의 배분이 왜곡될 것이며, 경제
적 비효율과 투자감축을 초래하여 결과적으로 경제성장을 가로막을 것이라고
한다. Tor Krever, "Curbing Corruption? The Efficacy Of The Foreign Corrupt
Practices Act", 33 N. C. J. Int'l L. & Com. Reg. 83, (Fall, 2007), pp.85-87.

31) Mike Koehler(b), "The Façade Of FCPA Enforcement", 41 Geo. J. Int'l L. 907,
(Summer, 2010), p.913.

32) Duane Windsor/ Kathleen A. Getz, "Multilateral Cooperation To Combat Corruption:
Normative Regimes Despite Mixed Motives And Diverse Values", 33 Cornell Int'l L.
J. 731, (2000), p.745 이하 참조.

33) Mike Koehler(c), 앞의 글, p.996 이하 참조.

34) FCPA의 불명확성 내지 불확실성에 대한 상세한 비판은 Jennifer Dawn Taylor,

의 가장 큰 이유는 해외에서 사업을 하는 미국 기업이 다른 나라 경쟁기업보다 불이익을 받게 된다는 점이었다.[36] 전 세계적으로 부패에서 자유로운 나라들이 별로 없는 형편이고,[37] 사업을 위해 해당 국가 공무원들에게 뇌물을 주는 관행이 만연한 상태에서 미국이 자국 기업들의 해외뇌물에 대해 엄격한 처벌을 한다면 소중한 사업기회를 다른 나라 경쟁기업에 빼앗긴다는 논리이다.[38]

(2) 1988년 1차 개정과 1998년 2차 개정

결국 이와 같은 미국 기업들의 지속적인 불만에 대한 대응으로 1988년 FCPA가 처음으로 개정되었다. 표면상으로는 미국 기업들에 대한 부담을 경감시키는 방향으로 개정되었지만, 전반적인 내용은 이전과 크게 달라지지 않았다. 우선 뇌물이 직접 제공된 것이 아니라 제3자, 즉, 중개인을 통해 제공된 경우 뇌물공여자 측에 필요한 인식의 정도를 개정하였다. 이 경우 "knowing or having reason to know"로 규정했던 것을 "knowing"으로 개정하였다. 원래 제3자를 통한 뇌물 제공은 뇌물공여자가 제3자에게 지급한 금품의 전부 또는 일부가 뇌물로 쓰일 것이라는 점

"Ambiguities In The Foreign Corrupt Practices Act: Unnecessary Costs Of Fighting Corruption?", 61 La. L. Rev. 861, (Summer, 2001), p.861 이하; Lauren Giudice, "Regulating Corruption: Analyzing Uncertainty In Current Foreign Corrupt Practices Act Enforcement", 91 B. U. L. Rev. 347, (January, 2011), p.374 이하 참조.

35) 공식 가이드가 없다는 비판에 대해서는 2012년 DOJ와 SEC가 함께 상세한 가이드를 발간하여 비판을 어느 정도 해소하였다. 공식 명칭은 "A Resource Guide To The U.S. Foreign Corrupt Practices Act"이다. 이하에서는 'FCPA 가이드'라고 한다.

36) Amy Deen Westbrook, "Enthusiastic Enforcement, Informal Legislation: The Unruly Expansion Of The Foreign Corrupt Practices Act", 45 Ga. L. Rev. 489, (Winter, 2011), p.510.

37) 가장 선진국이라고 할 수 있는 미국이나 영국 역시 부패로부터 자유롭지 못한 것이 현실이다. Tor Krever, 앞의 글, p.84.

38) FCPA가 미국 경제에 미치는 영향에 대한 상반된 평가에 대해서는 Duane Windsor/ Kathleen A. Getz, 앞의 글, p.760 이하 참조.

을 아는 경우뿐만 아니라 실제로는 모르더라도 정황상 알만한 이유가 있는 경우(while knowing or having reason to know)에도 뇌물공여자에게 책임을 물을 수 있었다. 그러나 1988년 개정에서는 뇌물공여자 측의 인식의 범위를 좀 더 좁혀서 reason to know는 삭제하였다. 따라서 뇌물공여자는 제3자가 뇌물제공행위를 하거나, 향후 실제로 뇌물제공행위를 할 예정인 점을 알고 있는 경우에만 처벌할 수 있게 하였다.[39]

또한 1988년 개정에서 두 개의 affirmative defenses를 새롭게 도입하였다. 즉 (i) 금전의 지급이 해당 국가의 법에 의해 적법한 경우이거나 (ii) 여행이나 숙박비용 등의 제공과 같이 합리적 범위 내의 실비 지출인 경우 면책 될 수 있는 방어수단을 도입하였다.

여기서 한 가지 인상적인 것은 1988년 개정에서 미 의회는 대통령 및 미 행정부에 미국의 글로벌 파트너인 OECD 회원국들을 독려하여 그들과 반부패 협약을 맺을 것을 촉구하였다는 점이다.[40] 이러한 미 의회와 미 정부의 노력은 실제 1997년 미국의 글로벌 파트너인 OECD 회원국들이 앞서 언급한 OECD 뇌물방지협약을 채택함에 따라 결실을 맺게 된다.[41] 그리고 이에 따라 FCPA도 1998년에 두 번째 개정을 맞게 된다. 즉, 미국도 이 협약을 국내법으로 이행하기 위해 기존 FCPA를 일부 개정하였다. 따라서 예컨대 OECD 뇌물방지협약에 있는 "부적절한 이익(improper advantage)" 같은 표현이 이때 삽입되었다. 하지만 1998년 개정의 하이라이트는 관할 및 적용대상의 대폭 확대이다.[42] 이때 개정된 주요 내용은 다음과 같다.

우선 미국 국민이나 미국 기업이 미국 밖에서 뇌물을 지급하는 경우

---

39) Donald Zarin, "Doing Business Under the Foreign Corrupt Practices Act", Practising Law Institute, (October 2016), § 4:8.1 참조.
40) Marika Maris/ Erika Singer, "Foreign Corrupt Practices Act", 43 Am. Crim. L. Rev. 575, (Spring, 2006), p.576 참조.
41) 박은영, 앞의 글, p.102 이하 참조.
42) Marika Maris/ Erika Singer, 앞의 글, pp.576-578.

에는 주간 통상(interstate commerce)의 수단을 사용하였는지 여부와 상관 없이 처벌할 수 있도록 국적관할(nationality jurisdiction) 특칙을 신설하여 관할을 확대하였다.[43] 또한 미국에 거주하지 않는 외국인이나 외국기업 에 대해서도 일정한 요건을 갖추면 FCPA 책임을 물을 수 있도록 하였으 며, 미국 기업에 의해 고용되었거나 대리인으로 행위한 외국인에 대해서 도 형사처벌을 할 수 있도록 하여 처벌대상을 크게 확대하였다.[44] 한편 외국 공무원의 개념을 확장하여 공적 국제기구의 임직원도 포함되도록 하였다.[45] 즉, 전반적으로 처벌 대상 및 관할을 대폭 확대하는 방향으로 개정을 하였다.

나. 뇌물방지규정

(1) 적용대상자

기본적으로 FCPA는 뇌물방지규정과 회계규정으로 이루어져 있다. 우 선 뇌물방지규정은 외국 공무원에 대한 뇌물 제공을 금지하는 규정으로 적용대상자에 따라 관할 등 요건이 조금씩 차이가 있다. 뇌물방지규정 의 적용대상자는 크게 3가지 카테고리로 나눌 수 있는데, 일단 미국 증 시에 상장되어 있거나 SEC에 보고 의무가 있는 (1) issue,[46] 미국법에 따 라 설립된 법인이거나 미국에 거주하는 사람인 (2) domestic concern[47]이

---

43) Thomas McSorley, "Foreign Corrupt Practices Act", 48 Am. Crim. L. Rev. 749, (Spring, 2011), p.759.

44) FCPA 관할권의 역외적용에 관해서는 박선욱, "미국 해외부패방지법(FCPA)에 따른 관할권의 역외적용", 법과 정책연구 제13집 제3호, 한국법정책학회, (2013. 9), p.1252 이하 참조.

45) O'Melveny & Myers LLP, "Foreign Corrupt Practices Act Handbook" (Seventh Edition, 2013), pp.1-2.

46) 15 U.S.C. § 78dd-1.

47) 15 U.S.C. § 78dd-2.

있다.[48] 그리고 1998년 개정 때 추가된 세 번째 적용대상자는, issuer나 domestic concern에 해당하지 않는 외국 법인 혹은 외국 거주자라고 하더라도 일정한 요건을 갖춘 경우 동법의 적용을 받을 수 있도록 규정한 (3) foreign non-resident[49]이다. 적용대상자에 따라 관할 요건 등에서 조금씩 차이가 있지만,[50] 기본 구성요건 즉, 외국 공무원에게 직간접적으로 뇌물을 제공하는 것을 금지하는 기본 요건은 모두 동일하다.

(2) 공통 구성요건

뇌물방지규정의 기본 구성요건은 상대방이 외국 공무원이라는 점을 빼면 국내 뇌물죄의 구성요건과 매우 유사하다. 실제로 FCPA의 뇌물방지규정이 연방법상 국내뇌물죄 조항인 201조를 본 따서 제정된 것이기 때문이다.[51] 하지만 앞서 언급한 바와 같이 실제 해석상이나 실무 운영상 국내뇌물죄보다 훨씬 완화된 요건이 적용된다고 한다.[52]

뇌물방지규정의 기본 구성요건을 살펴보면 (가) 사업을 획득하거나 유지하기 위한 목적으로 (나) 부정하게 (다) 외국 공무원 등에게 (라) 가치 있는 어떤 것(anything of value)을 (마) 직접 또는 간접적으로 (바) 제공 또는 제공의 의사표시를 하거나 약속 또는 재가하는 행위를 말한다. 각 요소를 하나씩 살펴보자.

우선 사업을 획득하거나 유지하기 위한 사업목적요소가 있어야 한다.[53] 정부 계약을 획득하거나 유지하기 위해 뇌물을 지급한 경우가 대

---

48) issuer에 대해 '증권발행자', domestic concern에 대해 '국내관여자'로 번역하기도 한다. 김성진/이선재, "미국 해외부패방지법의 집행동향과 국내기업의 대응방안", 중앙법학 제16집 제2호, 중앙법학회, (2014. 6.), p.160.

49) 15 U.S.C. § 78dd-3.

50) 이에 대한 자세한 설명은 FCPA 가이드, pp.10-12. 참조.

51) Mike Koehler(d), 앞의 글, p.530.

52) 국내 뇌물죄와의 차이점에 대해서는 Mike Koehler(d), 앞의 글, p.544 이하; Nate Wright, 앞의 글, p.999 이하 참조.

표적인 사례이다. 하지만, 사업목적요소는 판례나 실무상으로는 법문의
"획득"이나 "유지"에 너무 얽매이지 않고 매우 폭넓게 해석되고 있음을
주의해야 한다. 예컨대, 관세 등 세금을 경감할 목적으로 뇌물을 지급한
경우도 넓은 의미의 사업을 유지하기 위한 목적에 해당한다고 해석하고
있다.[54] 따라서 세금이나 처벌 회피, 규제 완화, 비공개 입찰 정보 획득,
경쟁자 시장진입 방지 등 넓은 의미로 사업상의 호의적인 조치를 목적
으로 뇌물을 제공한 경우에는 동 목적 요소를 충족한 것으로 본다.

이 사업목적 요소와 함께 살펴볼 요건이 "부정하게" 요건이다. 이는
외국 공무원에게 부당하게 영향력을 행사하여 그 대가를 얻으려는 의사
로 파악된다. 즉, 부정하게 외국 공무원의 지위나 권한의 남용 혹은 오
용행위를 매수하고자 하는 의사라고 할 수 있다.[55]

외국 공무원의 범위는 상당히 광범위하다. 선출직 여부, 중앙 혹은
지방정부 여부를 불문하며, 지위고하도 상관없다. 각종 부처의 공무원은
물론 정당 및 그 당직자, 후보자도 포함하며, UN 등과 같은 공공 국제기
구의 임직원도 포함한다. 나아가 외국정부의 대행기관(instrumentality)의
임직원도 포함하는데 바로 이 대행기관의 해석을 둘러싼 논란이 가장 많
다.[56] 이에 대해 따로 정의규정은 없지만, 일반적으로 공기업 혹은 국영
기업(state-owned or controlled enterprises)이 여기에 해당한다고 본다.[57]
하지만 과연 국가나 정부가 지분의 몇 퍼센트를 소유하고 있어야 여기
에 해당한다고 볼 수 있는지 명확하지 않아 이에 관한 논란이 많은 형편
이다.[58] 통상 정부가 50% 이상의 지분을 가지고 있는 경우 이에 해당한

---

53) 이 요건을 "business purpose test"라고 한다. 이에 관한 자세한 설명 및 예시는
   FCPA 가이드, pp.12-13 참조.
54) United States v. Kay, 359 F.3d 738, 740 (5th Cir. 2004). 이에 대한 자세한 설명
   및 분석은 Mike Koehler(b), 앞의 글, p.918 이하 참조.
55) FCPA 가이드, p.14.
56) Mike Koehler(b), 앞의 글, p.964 이하 참조.
57) FCPA 가이드, p.20.

다고 보나 50%가 instrumentality의 적용에 절대적인 기준은 아니며 여러 기준 중에 하나에 불과하다고 한다. 즉 해당 기업의 성격, 설립목적, 정부 통제력의 정도 등을 종합적으로 고려하여 결정되며, 따라서 비록 정부 지분이 50% 미만이어도 정부의 실질적이고 효과적인 통제가 가능하다면 FCPA 적용이 가능하다.[59] 사실 애초 FCPA 제정 당시 입법취지와는 달리 최근 사례는 전통적인 의미의 공무원에 대한 뇌물이 아니라 상당부분 공기업 혹은 국영기업의 직원들에 대한 뇌물 사건인데,[60] 이에 해당하는지 여부에 대한 명확한 기준마저 없게 되자 업계에서는 상당히 곤혹스러워 한다.[61] 즉 거래처 직원에 대한 접대를 함에 있어서 해당 거래처에 정부의 지분 나아가 통제력이 어느 정도인지 여부를 모를 경우 행위자도 모르는 사이에 FCPA 의율 대상이 될 수도 있기 때문이다.[62]

뇌물제공행위는 직접으로 하는 것뿐만 아니라 간접적으로 하는 경우에도 동일하게 처벌된다. 즉, 중간에 중개인(intermediary)[63]을 끼워 넣어 법을 회피하려는 시도는 용납되지 않는다. 따라서 FCPA 적용대상자가

---

58) Joel M. Cohen/ Michael P. Holland/ Adam P. Wolf, 앞의 글, p.1269 이하.

59) US v. Joel Esquenazi 752 F.3d 912 (11th Cir., 2014). 이 건은 Terra Tele -communication Corp.라는 통신회사가 아이티 국영 통신회사 임직원들에게 뇌물을 제공한 사건인데, Terra사의 사장이었던 Joel Esquenazi에게 무려 징역 15년이 선고되어 FCPA 관련 최고 징역형 사건으로도 유명하다.

60) Mike Koehler(a), "Big, Bold, And Bizarre: The Foreign Corrupt Practices Act Enters A New Era", 43 U. Tol. L. Rev. 99, (Fall, 2011), p.108.

61) Joel M. Cohen/ Michael P. Holland/ Adam P. Wolf, 앞의 글, p.1270.

62) 지분의 전부 혹은 일부에 국가 자금이 투입된 기업이 상당수인 중국 같은 나라에서는 사실상 누구나 공무원으로 해석될 수 있는 위험이 있다. Lawrence J. Trautman/ Kara Altenbaumer-Price, "The Foreign Corrupt Practices Act: Minefield For Directors", 6 Va. L. & Bus. Rev. 145, (Spring, 2011), p.151.

63) 이에 대한 정의는 없지만, 컨설턴트, 배급업자, 합작회사, 해외 자회사, 하청업체, 에이전시 등 어떠한 형태도 중개인이 될 수 있다. David Isaak, "FCPA Compliance-Navigating The Minefield Of Intermediaries", International Trade Law Journal, (Winter, 2008), pp.22-23.

중개인의 뇌물지급행위를 알았거나, 그럴 가능성이 매우 높았음에도 의도적으로 외면[64]하였다면 직접 지급한 것이 아니라고 하더라도 FCPA 책임에서 자유로울 수 없다.[65] 결국 여기서 중요한 것은 중개인 행위에 대한 뇌물공여자의 인식의 정도이다. 앞서 설명한 바와 같이 1988년 개정에서 이를 좁히는 방향으로 개정하였으나, 현재의 실무 관행은 "knowing"에 대해 폭넓게 해석하여 개정 전과 차이가 없어졌다는 평가를 받을 정도이다.[66][67] 실제로 해외에서 사업을 하는 기업들의 경우 현지 에이전트나 브로커 등 중개인에게 필요 이상의 돈을 커미션 등의 명목으로 주는 경우가 많은데, 그 커미션의 일부라도 외국 공무원에게 지급된다는 사실을 알고 있었다면 FCPA가 적용될 수 있다.

뇌물은 가치 있는 것이면 어떤 것도 상관없으며, 금액의 하한도 없다.[68] 따라서 현금이나 선물뿐만 아니라 각종 형태의 접대도 모두 포함된다.[69] 따라서 거래처 직원에 대한 술이나 향응의 제공도 뇌물로 인정될 수 있다. 여행 역시 문제될 수 있다. 각종 세미나 명목이나 교육 명목의 여행의 경우 실제 세미나나 교육에 할당된 시간 외에 여행의 상당부분을 관광과 여가활동에 소비하였다면 이 역시 뇌물의 제공으로 볼 수 있다.[70]

---

64) 영문으로는 "willful blindness", "head in the sand", "conscious disregard", "deliberate ignorance" 등으로 다양하게 표현된다. FCPA 가이드, p.22.

65) Donald Zarin, 앞의 책, § 4:8.2 참조.

66) Amy Deen Westbrook, 앞의 글, p.544; Donald Zarin, 앞의 책, § 4:7 참조.

67) 보다 정확히 말하면 애초 1988년 개정에서도 미의회가 이런 의도적인 외면 상황까지 면책시켜줄 의도가 없었음을 명백히 했었기 때문에 지금의 해석이 가능하다고 할 수 있다. FCPA 가이드, p.22.

68) 미국의 경우 국내뇌물죄와 마찬가지로 FCPA 역시 뇌물에 대한 금액 하한 (minimum threshold)이 없다. FCPA 가이드, p.15.

69) Amy Deen Westbrook, 앞의 글, p.538 이하 참조.

70) SEC v. Lucent Tech., Inc., 07-CV-2301 (D.D.C. Dec. 21, 2007). 이 사안에 대한 설명은 FCPA 가이드, p.16 참조.

우리의 뇌물공여죄와 마찬가지로 실제 제공한 경우뿐만 아니라 제공의 의사표시를 하거나 제공을 약속한 경우도 범죄는 성립한다. 나아가 제3자를 통해 간접적으로 제공하는 경우도 처벌하는데 이 경우에는 제3자의 제공을 재가(authorization)한 경우도 해당된다. 즉 agent의 역할을 하는 현지 컨설팅 회사가 뇌물을 제공하는 것을 승인하였다면 실제 지급되었는지 여부와 상관없이 그 순간 범죄가 성립한다고 본다.[71] 실제 그 공무원이 권한 남용 행위로 나아갔는지 여부도 범죄 성립에 상관없음은 물론이다.[72]

(3) 예외 및 적극적 항변(exception and affirmative defenses)

뇌물방지규정에는 하나의 예외사유와 두 개의 적극적 항변 사유를 인정하고 있다. 우선 예외 사유부터 살펴보자. 통상 급행료 조항으로 불리는 이 예외 조항은 외국 공무원의 '일상적인 정부행위' 수행을 촉진시키거나 원활하게 진척시키기 위한 목적으로 지불하는 비용은 제외한다는 내용을 담고 있다.[73] '일상적인 정부행위'의 정의에 대해 명시적인 규정이 있지만,[74] 한마디로 표현하면 하위직 공무원의 재량 없는 기속 행위를 의미한다고 할 수 있다. 즉, 마땅히 해 주어야 하는 하위직 공무원의 기속행위를 좀 더 원활하고 신속하게 촉진하기 위해 지급하는 소액의 금전, 즉 일종의 급행료 성격의 돈에 대해 예외를 인정한다는 취지로 이해될 수 있다. 하지만 실무상으로 이 예외에 대한 적용에 대해서는 매우 소극적인데, 일단 공무원의 재량이 인정되는 영역에서는 적

---

71) SEC v. Monsanto Co., No. 05-CV-14 (D.D.C. 2005).
72) O'Melveny & Myers LLP, 앞의 책, p.18.
73) "윤활성 금품"으로 표현하기도 한다. 오규진, "OECD 뇌물방지협약과 한·미의 국내법적 수용에 관한 연구", 석사학위논문, 연세대학교 법무대학원, (2011), p.37; 박은영, 앞의 글, p.92.
74) 15 U.S.C. § 78dd-1(f)(3).

용되지 않아 예컨대 특정 이권사업에 대한 인허가 등에 관해서는 적용
될 수 없다.[75]

사실 OECD 뇌물방지협약조차 이 예외를 인정하지 않으며,[76][77] OECD
의 다수 회원국이 동 협약을 국내법화 하면서도 이와 같은 예외를 인정
하지 않았기 때문에 미국에서조차 예외조항에 대한 비판이 상당한 형편
이다.[78] 미국 당국 역시 오히려 실무에서는 통관절차 등 급행료 지급이
사업상 만연한 영역을 타깃으로 삼고 FCPA 수사를 하는 경향이어서 사
실상 사문화되는 추세라고 볼 수 있다.[79]

다음으로 적극적 항변 사유(Affirmative defenses)를 살펴보면 1988년
개정 때 두 개의 적극적 항변사유가 도입되었다. 그 중 하나는 해당 지
역 성문법(written law)에 의하면 합법적인 경우이다. 성문법으로 허용되
지 않은 한 그와 같은 관행이 있다는 것만으로는 부족하다.[80] 그러나 사
실 문명국 중에 아무리 사소한 금액일지라도 공무원에 대한 부정한 금

---

75) FCPA 가이드, p.25.
76) OECD 뇌물방지협약 자체에는 이 예외조항이 없지만, 그 주석서에는 이를 인정
   하는 내용이 들어가 있었다. 하지민 2009년 채택한 권고안에는 각 회원국에게
   동 예외 인정의 종식을 권고하는 내용을 담고 있다. Recommendation of the
   Council for Further Combating Bribery of Foreign Public Officials in International
   Business Transactions(26 November 2009), VI, VII 참조.
77) 이에 관한 OECD 입장에 대해서는 Jon Jordan(b), 앞의 글, p.883.
78) 대표적으로 Alexandros Zervos, "Amending The Foreign Corrupt Practices Act:
   Repealing The Exemption For 'Routine Government Action' Payments", 25 Penn St.
   Int'l L. Rev. 251, (Summer 2006), p.251 이하: Amy Deen Westbrook, 앞의 글, p.541
   이하 참조. 이에 의하면 이 조항이 불명확할 뿐만 아니라 다른 나라의 법과도
   충돌할 수 있으며 심지어는 미국 법(18 U.S.C. § 201 등 미국 국내 뇌물죄 조항)
   과 불합치 할 수 있다고 한다.
79) Mike Koehler(a), 앞의 글, p.122 이하 참조.
80) 그 예로 한국의 노태우 전 대통령의 비자금 사건을 드는 논문이 있다. Dale
   Chakarian Turza, "A Guide To The Foreign Corrupt Practices Act - Elements, Due
   Diligence, And Affirmative Defenses", American Bar Association Center for Continuing
   Legal Education National Institute, (March 21-22, 2002), p.9.

품 제공을 성문법으로 허용하고 있는 나라는 실제로는 찾기 어렵다.[81] 현실에서는 오히려 부패가 만연한 나라조차 자국법으로는 부패나 뇌물에 대해 강하게 처벌하는 것이 일반적이기 때문에 이 항변사유는 실무상으로는 거의 사문화된 조항이라고 할 수 있다.[82] 다만 특정국의 경우 해외 기업이 그 나라에서 어떤 사업을 할 경우에는 국영교육기금에 일정액을 기부하도록 하는 의무조항이 있다거나 할 수 있는데 이때에는 동 조항이 의미가 있을 것이다. 그렇다고 하더라도 만약 자신에게 허가권을 수여할 수 있는 공무원이 좋아하는 특정 기금을 골라서 기부를 한다면 이 역시 문제될 수 있다고 한다.[83]

다른 하나의 적극적 항변사유는 합리적인 실비(reasonable and bona fide expenses) 지출 항변이다.[84] 여기에는 상품이나 서비스의 판촉, 전시, 설명 등과 직접 관련된 비용(예컨대, 여비, 식비, 숙박비 등)이 해당될 수 있다. 또한 경우에 따라서는 정부계약의 이행에 수반되는 비용도 포함될 수 있다. 예컨대 석유채굴권 계약 같은 경우 담당 공무원의 해당 공장이나 설비 등에 대한 점검 등 계약 실행을 위해 수반되는 제반 비용이 소요될 수 있는데 이에 대한 지급은 적극적 항변사유가 될 수 있다.

다. 회계규정

FCPA의 회계규정은 뇌물방지규정과 달리 오로지 issuer에만 적용된다. 미국 기업인지 여부는 상관이 없고, 외국 기업이라고 하더라도 ADR이 유통되는 등 issuer에 해당하면 회계규정이 적용된다.[85] 또한 issuer가

---

81) FCPA 가이드, p.23.
82) 임정호, "미국 해외부패방지법의 동향과 그 시사점 - 반부패행위를 중심으로 -", 법학연구 제22권 제2호, 연세대학교 법학연구원, (2012. 6.), p.61.
83) O'Melveny & Myers LLP, 앞의 책, pp.27.
84) 실무상 기업들에게 실질적인 도움이 되는 항변 사유는 이것이 유일하다. 이 항변사유에 대한 자세한 설명 및 예시는 FCPA 가이드, p.24 참조.

50%이상의 지분을 갖고 있는 자회사에 대해서도 동일하게 적용된다.[86] 또한 회계규정은 뇌물방지규정과 달리 주간 통상요건을 요하지 않는다. 따라서 issuer이기만 하면 회계규정에서 부과하는 의무를 이행해야 하고 이를 어길 경우 주간 통상요건과 상관없이 FCPA 책임을 물을 수 있다.[87]

회계규정의 주된 내용은 두 가지이다. 첫 번째는 기장 및 회계처리를 정확하게 해야 한다는 취지의 books and records[88]이고, 두 번째는 내부 통제시스템 수립 의무를 부과하는 internal controls[89]이다. 따라서 FCPA 상의 회계규정은 굳이 우리 법과 비교한다면 뇌물법 보다는 "주식회사의 외부감사에 관한 법률" 등과 비교할 수 있다. 즉, 미국 자본시장에 진입한 issuer의 경우 공시의 전제가 되는 기장 및 회계 처리가 정확해야 하고 내부회계통제 시스템을 수립해야 한다는 의무를 부과하는 규정이기 때문이다. 또한 실무상으로는 수사당국이 뇌물방지규정의 관할요건 충족의 어려움이나 입증의 어려움을 회피할 수 있게 하는 안전망[90]이 되거나 대상기업이 수사당국과 뇌물방지규정을 배제한 합의를 유도할 수 있는 접점이 되기도 한다.

사실 이러한 FCPA상 회계규정이 뇌물방지규정보다 어떤 의미에서는 보다 근본적인 부패 방지 장치라고 할 수 있다. 회계규정에서 부여하는 모든 의무를 따를 경우 부패를 저지를 여지가 없기 때문이다. 따라서 이러한 회계규정을 우리 관련 법규와 비교해서 논의하는 것도 굉장히 의미 있는 작업이나 본 논문에서는 우리 형법상 뇌물공여죄에 초점을 맞

---

85) Stuart H. Deming, "The Foreign Practices Act: The Accounting And Record-Keeping Provisions", American Bar Association Center for Continuing Legal Education National Institute, (March 21-22, 2002), p.2; Andrea Dahms/ Nicolas Mitchell, "Foreign Corrupt Practices Act", 44 Am. Crim. L. Rev. 605, (Spring, 2007), p.609.

86) 15 U.S.C. § 78m(b)(6).

87) FCPA 가이드, p.39.

88) 15 U.S.C. § 78m(b)(2)(A).

89) 15 U.S.C. § 78m(b)(2)(B).

90) O'Melveny & Myers LLP, 앞의 책, p.28.

추고 있는 만큼 이 회계규정에 대해서는 간략한 소개만 하겠다.[91]

(1) 기록 유지 의무(books and records)

모든 issuer는 자산의 처분이나 거래가 정확하고 공정하게 반영될 수 있을 만큼 상당히 자세하게(in reasonable detail) 기장 및 회계처리를 하여야 한다.[92] 이는 재무제표 같은 보고용 혹은 공시용 문서뿐만 아니라 지출보고서, 전표, 비용처리를 위한 영수증 등 사업과정에서 생성되는 모든 기록에 적용됨을 유의해야 한다. 따라서 회사의 비용처리를 위해서 식사나 접대 자리에 가공의 거래처 인물을 기재하거나 혹은 반대로 식사나 접대 자리에 있었던 인물의 고의적인 누락 등은 모두 회계규정 위반이 될 수 있다.[93]

이 규정은 다음 세 가지 부적절한 행동을 방지하기 위해 고안되었다. 첫째, 불법 거래에 대한 기록을 누락하는 것, 둘째, 불법거래를 감추기 위해 기록을 조작하는 것, 셋째, 양적으로는 정확하나 거래의 질적인 측면을 구체적으로 명시하지 않는 기록의 작성이 그것이다.[94] 따라서 예컨대, "00원 커미션 지급", "00원 접대비 지출" 등으로 액수 및 지출 여부를 정확하게 기록했더라도, 그 돈의 전부 또는 일부가 FCPA상 문제 있는 곳에 사용되었다면, 그 지출의 질적인 측면을 충분히 구체적으로 명시했다고 인정받지 못할 수 있다. 실제 중국 국영기업체의 직원에 대해 호화로운 여행을 보내주면서 이를 공장시찰로 회계처리를 하였는데, 실제로 공장에 간 적이 없다면 FCPA 회계규정에 비추어 볼 때 부정확한 기록이 될 수 있다.[95]

---

91) 회계규정에 대한 상세한 설명은 FCPA 가이드, p.38 이하 참조.

92) 15 U.S.C. § 78m(b)(2)(a).

93) O'Melveny & Myers LLP, 앞의 책, p.29.

94) Andrea Dahms/ Nicolas Mitchell, 앞의 글, p.610.

95) SEC v. Lucent Tech., Inc., 07-CV-2301 (D.D.C. Dec. 21, 2007).

결국 "상당히 자세하게(in reasonable detail)"의 정도의 문제로 귀착될 수 있는데, 이에 대해 법문은 "사려 깊은 공무원들이 그들의 업무를 수행함에 있어서 충분히 만족할 수 있을 수준의 자세함"을 의미한다고 적고 있다.[96] 요약하면 기록은 어떠한 부적절한 행동도 SEC가 알 수 있는 수준의 정보가 담겨있어야 하는 셈이다. 다만 그러한 부정확한 기록이 반드시 뇌물제공과 관련이 있어야 하는 것이 아님은 물론이다.

한편 동 규정의 위반이 전부 형사책임으로 이어지는 것은 아니다. FCPA는 "고의적으로(knowingly)" 장부, 기록, 계정을 위조하는 경우에만 형사처벌 된다고 명시적으로 규정하고 있다.[97] 따라서 단순 의무 불이행이나, 누락은 면책되기 어려운 엄격책임을 지나 그래도 이는 민사책임에 그칠 뿐 형사처벌의 대상은 아니다.

(2) 내부통제 수립 의무(internal accounting controls)

회계규정의 또 다른 내용으로 내부통제 수립의무 조항이 있다. 즉, 모든 issuer는 거래가 적절하게 이루어졌다는 점에 대한 상당한 확신을 제공할 수 있도록 내부회계통제 시스템 마련이 요구된다. 즉, 거래가 경영진의 일반적 혹은 특정한 인가에 의해 실행되었다는 점, 일반회계기준에 합당한 재무제표의 작성이 가능하도록 거래가 기록되었다는 점, 자산에 대한 설명이 가능할 수 있도록 거래에 대한 기록을 유지한다는 점, 자산에 대한 접근이 경영진의 일반적 혹은 특정한 인가에 의해서만 허락된다는 점, 자산 거래 설명에 관한 기록이 실행 가능한 간격으로 현존 자산과 비교 가능하고 제반 차이점에 대한 적절한 조치가 취해진다는 점 등에 대해 상당한 확신을 주기에 충분할 만큼 내부회계통제 시스템을 수립해야 한다.[98]

---

96) 15 U.S.C. § 78m(b)(7).
97) 15 U.S.C. § 78m(b)(4)-(5).
98) 15 U.S.C. § 78m(b)(2)(B).

장부 및 기록(books and records) 규정과 마찬가지로 내부회계통제 규정 역시 거래의 중요성 여부나 최저가격 조건 등이 문제되지 않는다.[99] 그렇다고 동 규정에 대한 모든 위반에 대해 형사책임을 물을 수 있는 것은 아니다. 동 규정 역시 고의적으로 내부회계통제 시스템을 회피하거나 불이행 할 경우에만 형사책임을 물을 수 있다.[100] 하지만 고의적이지 않은 경우에도 민사책임에서 자유롭기는 어렵다.

사실 법문만 놓고 보면 이와 같은 내부회계통제 시스템이 수립되어 있다면 부정한 거래가 원천적으로 봉쇄된다고 할 수 있다. 더구나 장부 및 기록 규정과 함께 놓고 보면 어떠한 형태의 부정한 자금의 집행도 불가능할 뿐만 아니라 사후에 이를 은닉하는 것도 불가능하다고 할 수 있다.

라. 벌칙

미국 FCPA상 제재수단은 크게 형사적 제재수단[101]과 민사적 제재수단으로 나눌 수 있다. 형사적 제재수단은 DOJ만 할 수 있는 것에 반해 민사적 제재수단은 DOJ나 SEC가 모두 할 수 있으나, 주로 SEC가 사용하고 있다.[102] 또한 SEC는 오직 issuer에 대해서만 관할이 있음을 유의해야 한다.[103]

---

99) O'Melveny & Myers LLP, 앞의 책, p.31.

100) 15 U.S.C. § 78m(b)(5).

101) FCPA위반으로 형사처벌이 되기 위해서는 뇌물방지규정이나 회계규정을 고의적으로(knowingly) 위반해야 한다. 따라서 고의 요건을 충족하지 못할 때에는 형사적 제재의 대상이 아니다.

102) DOJ도 civil penalty 나 disgorgement를 이용하는 경우가 가끔 있으나 전통적으로 민사 사건은 주로 SEC에게 넘기는 경향이 있다고 한다. Drury D. Stevenson/ Nicholas J. Wagoner, "FCPA Sanctions: Too Big to Debar?", 80 Fordham L. Rev. 775, (2011), p.795.

103) 이는 애초 SEC가 issuer를 감독하고 규제하는 기구이기 때문이다. 따라서 미국 기업이어도 issuer가 아닌 domestic concern에 대해서는 SEC가 제재를 가할 수

우선 형사적 제재 수단으로는 징역형과 형사벌금형이 있다. 개인에게는 둘 다 사용가능하나 법인에게 징역형을 부과할 수 없음은 물론이다. 민사적 제재 수단으로는 civil penalty와 disgorgement가 있다. civil penalty는 FCPA 법문상 인정되나 사실 disgorgement는 FCPA 법문 자체에는 언급이 없다. 다만 증권거래법(SEA)상 불법행위자가 부당이익을 취하지 못하도록 마련한 형평상의 해결책으로 인정된 수단인 disgorgement를 FCPA위반에도 SEC가 적극적으로 활용하는 것이라고 한다.104) 따라서 법적 근거에 대한 논란이나 비판도 있으나 사실상 현재 disgorgement는 FCPA사건에서 SEC가 활용하는 가장 대표적인 금전적 제재 수단인 것이 엄연한 현실이다. 특히 적어도 금액면에서는 다른 민사적 제재 수단인 civil penalty와 비교가 되지 않기 때문이다.

(1) 형사 제재

우선 뇌물방지규정의 형량을 살펴보면 개인의 경우 5년 이하의 징역과 10만불 이하의 벌금,105) 법인의 경우에는 200만불 이하의 벌금106)이다. 한편 회계규정의 형량은 개인의 경우 20년 이하의 징역과 500만불 이하의 벌금,107) 법인의 경우 2,500만불 이하의 벌금108)이다. 개인과 법

없으며, issuer가 아닌 외국 기업(foreign non-resident)에 대해서도 마찬가지이다. 다만 issuer이기만 하면 미국기업 뿐만 아니라 외국기업(foreign issuer)에 대해서도 관할이 있으며, 회계규정 뿐만 아니라 뇌물방지규정 위반에 대해서도 SEC가 제재를 가할 수 있다. Paul V. Gerlach, "The SEC's Enforcement Of The Foreign Corrupt Practices Act", American Bar Association Center for Continuing Legal Education National Institute, (March 21-22, 2002), p.1 참조.

104) David C. Weiss, "The Foreign Corrupt Practices Act, SEC Disgorgement Of Profits, And The Evolving International Bribery Regime: Weighing Proportionality, Retribution, And Deterrence", 30 Mich. J. Int'l L. 471, (Winter, 2009) p.485.

105) 15 U.S.C. § § 78dd-2(g)(2)(A), 78dd-3(e)(2)(A), 78ff(c)(2)(A).

106) 15 U.S.C. § § 78dd-2(g)(1)(A), 78dd-3(e)(1)(A), 78ff(c)(1)(A).

107) 15 U.S.C. § 78ff(a).

인을 불문하고 뇌물방지규정 보다 회계규정의 형량이 훨씬 더 높은 점이 특징이다.

뇌물방지규정의 형량만 놓고 보더라도 벌금형 상한이 2천만 원에 불과한 우리 형법상 뇌물공여죄와 크게 대비된다. 개인에 대한 벌금형 상한이 10만불로 훨씬 더 높고 우리와 달리 징역형과 벌금형은 필요적 병과 관계이다.

또한 여기서 주의할 점은 이 형량은 위반행위 한 건에 대한 법정형으로 위반행위가 여러 개일 경우 법정 상한형은 위반행위 개수에 따라 단순 합산된다. 따라서 뇌물방지규정의 징역형 상한이 5년으로 우리 뇌물공여죄와 같지만, 실제 위반행위가 여러 건이어서 경합범 가중이 될 경우 우리보다 훨씬 높은 형이 선고될 수 있다.[109)110)]

이와 같은 가중 형식은 벌금형 역시 마찬가지이다. 위반행위 한 건당 벌금형 상한이기 때문에 FCPA 벌금형 상한은 그 자체로도 상당히 높다. 하지만 FCPA 벌금형 상한은 실제로는 Alternative Fines Act에 의해 더욱 가중된다. 이 법에 의하면 FCPA위반과 같은 중범죄(felony)를 범한 개인의 경우 벌금형 상한을 25만불 이하로 상향시켜 놓았다.[111)] 따라서 뇌물방지규정을 위반한 개인의 경우 FCPA 법문상으로는 10만불이지만 Alternative Fines Act에 의해 실제로는 25만불 이하의 벌금형이 가능하게 된다.

---

108) 15 U.S.C. § 78ff(a).

109) 앞서 언급한 바와 같이 US v. Esquenazi 사건에서 피고인인 Joel Esquenazi에게 1심에서 징역 15년이 선고된 바 있는데, 이는 지금까지 FCPA위반으로 개인에게 선고된 가장 중한 징역형이다.

110) 그 동안 미국 실무상 개인 처벌 보다는 법인에 대한 금전적 제재에 초점을 맞춰 운영한 측면이 있었다. 따라서 최근 미국 DOJ는 연방검찰에 기업범죄 사건 처리시 법인 처벌 외에 책임 있는 임직원에 대한 처벌에도 보다 노력을 기울이도록 당부하는 지침인 일명 Yates Memo를 하달하기도 하였다.

111) 18 U.S.C. § 3571(b). 다만 동조(c)항에서 법인에 대한 벌금도 50만불 이하로 상향시켜 놓았으나, 개별법인 FCPA상의 법인에 대한 벌금형이 그보다 이미 높기 때문에 법인에 대해서는 별 의미가 없다.

하지만, Alternative Fines Act에 의해 가중 처벌되는 내용은 이것이 전부가 아니다. 동법에 의해 범죄로 얻은 이익의 2배까지 벌금 부과가 가능해 지기 때문이다. 즉, 범죄로 얻은 이익이나 피해자에 대한 손실이 있는 사안의 경우 그 이익이나 손실의 2배를 넘지 않는 범위 내에서 대안벌금(alternative fine)의 부과가 가능하도록 규정하고 있다.[112] 따라서 만약 뇌물로 얻은 이익의 2배가 앞서 언급한 FCPA 상의 벌금형 상한을 넘는 경우라면 그 상한과 상관없이 뇌물로 얻은 이익의 2배 범위 내에서 벌금을 부과할 수 있게 되며 이는 개인과 법인 모두에게 적용된다.

이렇듯 벌금형 상한의 기준으로 범죄로 얻은 이익 개념을 도입하여 그 2배 범위 내에서 벌금을 부과할 수 있도록 가중처벌하는 조항을 두고 있는데, 이는 특히 FCPA와 같이 뇌물죄에 대한 대응 수단으로는 상당히 효과적이다.[113] 바로 이 형사벌금이라는 제재 수단만으로도(즉, 뒤에서 살펴볼 disgorgement가 없더라도) 뇌물공여죄를 범한 개인이나 법인으로부터 '뇌물제공으로 얻은 이익' 자체를 박탈할 수 있을 뿐만 아니라 그 이익 이상으로(즉, 그 이익의 2배 범위 내에서) 징벌적인 금전적인 제재를 가할 수도 있어서 범죄 억지 효과도 함께 누릴 수 있기 때문이다.

(2) 민사 제재

형사 제재는 DOJ만 할 수 있는 것과 달리 민사 제재는 DOJ와 SEC가 모두 할 수 있다. SEC는 적용대상자 중에서 issuer(혹은 issuer의 임원, 직원, 주주 등 관련 개인)에 대해서만 민사 제재를 할 수 있으며, DOJ는 그 외의 적용대상자에게 할 수 있다.[114]

민사 제재 중에 FCPA 자체적으로 인정한 벌칙은 civil penalty 뿐이다.

---

112) 18 U.S.C. § 3571(d).
113) 18 U.S.C. § 3571에 규정된 Alternative Fines Act는 해외뇌물에 적용되는 FCPA 뿐만 아니라 미국 연방법상 국내뇌물죄에 해당하는 범죄에도 모두 적용된다.
114) FCPA 가이드, pp.4-5.

civil penalty의 법정 상한을 살펴보면, 우선 뇌물방지규정 위반과 관련해
서는 개인과 법인을 가리지 않고, 위반행위 당 $16,000까지 부과될 수 있
다.[115] 회계규정 위반과 관련해서는 개인에게는 위반행위 당 $7,500에서
$150,000까지, 법인에게는 위반행위 당 $75,000에서 $725,000까지 부과될
수 있다.[116]

하지만, civil penalty의 상한이 상대적으로 별로 높지 않기 때문에 FCPA
위반에 대한 민사 제재 중에 보다 더 관심을 끄는 것은 disgorgement이다.
disgorgement는 말 그대로 불법행위를 통해 얻은 부당이득을 토해내게 만
드는 이익환수제도로서 형평상 인정되는 구제수단이라고 한다.

일반적으로 SEC가 disgorgement를 명할 수 있는 법적 근거로는 증권거
래법(Securities Exchange Act of 1934) §§ 78u-2(e), 78u-3(e)를 든다. 하지
만, FCPA위반의 경우에도 이 조항을 근거로 disgorgement를 할 수 있는
것이 입법자의 의도인지에 대한 의문이나 비판도 여전히 있다.[117] 사실
SEC가 처음부터 FCPA 사건에서 disgorgement를 활용했던 것은 아니었다.
2004년에 가서야 갑자기 ABB Ltd라는 스위스 회사에 대한 FCPA 위반 사
건을 처리하면서 처음으로 disgorgement를 부과하였는데, 그 이후에는 오
히려 대다수의 FCPA 사건에서 SEC가 disgorgement를 활용하고 있다.[118]
더구나 FCPA 사건에서 SEC가 disgorgement를 자주 활용하는데 그치는 것
이 아니라 그 부과 액수가 수백억 혹은 수천억 원의 천문학적인 숫자에
이르는 사건들이 속출하고 있다.[119]

---

115) 15 U.S.C. §§ 78dd-2(g)(1)(B), 78dd-3(e)(1)(B), 78ff(c)(1)(B).
116) 15 U.S.C. § 78u(d)(3).
117) David C. Weiss, 앞의 글, p.496.
118) Mike Koehler(b), 앞의 글, pp.981-982.
119) 참고로 2017년까지 FCPA disgorgement의 액수로 Top10 사건은 다음과 같다.
   http://www.fcpablog.com/blog/2017/9/25/telia-also-tops-our-new-top-ten-disgorgeme
   nts-list.html (2018. 1. 15. 최종방문)
   1. Telia $457 million in 2017.
   2. VimpelCom $375 million in 2016.

 FCPA 사건에서 기업들이 형사벌금과 별도로 SEC의 disgorgement만으로도 천문학적 액수의 금전 제재를 받다 보니 최근 들어서 disgorgement에 대한 관심과 비판도 함께 높아지고 있다. FCPA disgorgement에 대한 주된 비판 중 하나는 뇌물방지규정 혹은 회계규정 위반으로 얻은 이익을 정확하게 계산하는 것이 가능한지, 가능하다면 어떤 방식으로 계산할 수 있는지 등이다.[120] 사실 FCPA 사건들이 DOJ가 주도하는 형사사건과 마찬가지로 SEC가 주도하는 민사사건들도 대부분 협상(settlement)으로 종료되어 법원의 심사를 받을 기회도 매우 드물고 협상과정이 공개되지도 않다 보니 과연 어떤 방식과 셈법에 따라 FCPA disgorgement가 산출되었는지 아는 것은 매우 어려운 실정이다.[121]

 더구나 본 논문에서는 기업형사책임에 초점을 맞추고 있는 만큼 민사적 제재 수단에 대해 상론할 여유가 없어 더 이상 깊이 있는 소개는 생략하기로 한다. 다만 미국 FCPA 사건의 경우 뇌물로 얻은 이익을 박탈할 수 있는 민사적 제재 수단인 disgorgement가 있고, 실제 굉장히 큰 금액을 집행하고 있다는 사실 자체를 아는 것은 본 논문의 주제인 뇌물죄

---

 3. Siemens $350 million in 2008.
 4. Teva $236 million in 2016.
 5. Och-Ziff $199 million in 2016.
 6. KBR $177 million in 2009.
 7. Alcoa $161 million in 2014.
 8. Total S.A. $153 million in 2013.
 9. JPMorgan Chase $130.5 million in 2016.
 10. Snamprogetti $125 million in 2010.
120) David C. Weiss, 앞의 글, p.506; Mike Koehler(b), 앞의 글, p.982 이하.
121) 그나마 유의미한 자료로는 James Tyler Kirk, "Deranged Disgorgement", 8 J. Bus. Entrepreneurship & L. 131, (2015), p.158 이하 참조. FCPA에 특화된 자료로는 Patrick Conroy/ Graeme Hunter, "Economic Analysis Of Damages Under The Foreign Corrupt Practices Act", NERA Economic Consulting, (May 2011) 참조. http://www.nera.com/content/dam/nera/publications/archive2/PUB_Foreign_Corrupt_Practices_0613.pdf (2018. 1. 15. 최종방문)

에 있어서의 기업형사책임을 이해하는 데 중요하다고 생각한다. 우리의 경우 뇌물죄에 있어서 이런 민사적 제재 수단이나 과태료, 과징금 등과 같은 행정적 제재 수단이 거의 없음에도[122] 기업형사책임까지도 도입되어 있지 않기 때문이다. 위와 같이 뇌물로 얻은 이익을 박탈할 수 있는 disgorgement가 있고 공격적으로 운영되고 있음에도 중첩적으로 형사적 제재 수단으로 기업형사책임이 있고, 그 내용 역시 뇌물로 얻은 이익을 넘어서는 제재를 가하기 충분하도록 구성되어 있는 미국과는 큰 차이를 보인다고 할 수 있다.

(3) 몰수

미국 연방법상 뇌물공여자가 뇌물 제공을 통해 얻은 이익에 대해 몰수나 추징이 가능할까? 이는 비단 FCPA만의 문제는 아니고, 201조와 같은 국내뇌물죄의 경우에도 적용되는 문제이다. 결론부터 말하면 국내뇌물죄와 해외뇌물죄를 가리지 않고 뇌물뿐만 아니라 뇌물공여자가 뇌물로 얻은 이익 역시 몰수나 추징할 수 있다.

미국 연방법에는 몰수 혹은 범죄이익 환수와 관련한 하나의 포괄조항이나 일반조항은 존재하지 않고 여러 조항들이 산재해 있다. 다만 미국의 몰수 제도 전반에 대한 논의는 본 연구 범위 밖이므로 뇌물공여자가 뇌물제공을 통해 얻은 이익에 대한 몰수에 한정해서 살펴보도록 하겠다.[123] 미국 연방법상 몰수 대상물인 범죄수익(proceeds)에 대한 기본 조항은 18 U.S.C. § 981(a)(1)(C)이다. 동 조항은 민사몰수에 대한 조항이지만 다른 연방법 조항[124]에 의해 민사몰수 대상이 될 경우 형사몰수 대

---

122) 뇌물 사건과 달리 담합 등 불공정거래 사건에서는 우리나라 역시 형사 제재 외에 공정위의 과태료, 과징금 부과가 가능하다.

123) 미국법상 몰수의 성격에 대해서는 이상원(c), "몰수의 제한법리에 관한 연구 – 비례원칙을 중심으로", 박사학위논문, 서울대학교 대학원, (2004), p.55 이하 참조.

상도 될 수 있기 때문에 동 조항에 해당되는 범죄수익은 민사몰수나 형사몰수를 통해 몰수할 수 있다.[125] 동 조항에 의하면 '특정불법행위 (specified unlawful activity)'에 해당하는 범죄에서 얻은 수익에 대해서는 몰수할 수 있다고 정하면서, '특정불법행위'에 대해서는 연방법 18 U.S.C. § 1956(c)(7)에서 나열하고 있다. 그런데, 바로 이 범죄수익 몰수의 대상이 될 수 있는 전제범죄로서의 특정불법행위에 대한 목록에 국내뇌물죄에 해당하는 201조[126]나 666조[127]와 해외뇌물죄에 해당하는 FCPA위반[128]이 모두 망라되어 있다. 따라서 미국 연방법상으로는 뇌물공여자가 뇌물제공을 통해 얻은 이익에 대해 민사몰수와 형사몰수가 모두 가능하다.

실제 미국 DOJ 몰수 담당부서에서 일한 연방검사 출신의 변호사인 Stefan D. Cassella의 글[129]에서도 뇌물공여자가 뇌물제공을 통해 얻은 이익이 몰수 대상인 범죄수익에 해당한다는 점은 명확히 드러난다. 우선 무엇이 범죄수익에 해당하느냐와 관련해서 미국에서는 "but for" 테스트가 일응의 기준이 된다고 하면서 뇌물죄를 예로 설명하고 있다.[130] 즉, 이 테스트는 당해 범죄가 없었을 경우에도 그 수익을 취득할 수 있었느

---

124) 28 U.S.C. § 2461(c).

125) 형사몰수는 피고인에 대한 유죄판결에 부가하여 그 피고인을 상대방으로 하여 재산권에 대한 몰수를 구하는 대인소송(an action in personam)의 형태로 이루어지고, 민사몰수는 그 소유자나 점유자의 유죄 여부와 관계없이 범죄와 관련된 재산을 피고로 삼아 몰수를 구하는 대물소송(an action in rem)의 형태로 이루어진다. 이상원(b), "몰수의 법적 성격", 비교형사법연구, 제6권 제2호, 한국비교형사법학회, (2004), p.251.

126) 18 U.S.C. § 1956(c)(7)(A).

127) 18 U.S.C. § 1956(c)(7)(D).

128) 18 U.S.C. § 1956(c)(7)(D).

129) Stefan Cassella, ASSET FORFEITURE LAW IN THE UNITED STATES, http://asset forfeiturelaw.us/wp-content/uploads/2016/10/Chapter-for-Colin-King.pdf (2018. 1. 15. 최종방문)

130) Stefan Cassella, 앞의 글, p.6.

냐는 식으로 따져보는 것인데, 그 예로 뇌물 제공을 하지 않았더라면 계약을 따낼 수 없었을 것으로 판단되는 경우에 그 계약을 통해 취득한 수익을 범죄수익으로 볼 수 있다고 한다. 또한 이때 수익을 총매출액(gross revenue)으로 볼 것인지, 순이익(net profits)으로 볼 것인지 논쟁이 있는데, 이때 적용되는 일응의 기준이 선천적인 불법(inherently illegal) 여부이다. 즉, 정부계약을 따낼 자격 자체가 없는 업체가 뇌물 제공을 통해 계약을 따낸 경우, 뇌물제공을 통한 정부계약 획득 자체가 선천적인 불법이기 때문에 이때에는 그 계약을 통해 받은 돈이 모두 범죄수익이 된다고 한다. 반면 정부계약의 당사자가 되는 것 자체에 선천적인 불법이 없는 경우에는 그 업체가 제공한 제품이나 서비스에 대한 비용을 공제한 순이익이 범죄수익이 된다고 한다.[131]

이와 같이 미국 연방법상으로는 뇌물공여자가 뇌물제공을 통해 얻은 이익이 몰수의 대상이 됨을 알 수 있다. 그리고, 이는 국내뇌물죄 뿐만 아니라 해외뇌물죄 즉 FCPA 위반 사건에서도 똑같이 적용되는 것은 앞서 설명한 바와 같다. 실제로 FCPA 위반 사건에서도 많지는 않지만 몇몇 사건[132]에서 실제 몰수가 일어나기도 하였다. 이는 OECD Working Group에서 작성한 보고서에도 잘 나타나 있다. 즉, OECD에서 뇌물방지협약 및 권고사항의 각 나라별 이행 정도에 대한 확인을 하고 있는데, 2010년에 작성된 미국편[133]을 보면 뇌물로 얻은 이익에 대한 몰수 수단으로 바로 disgorgement와 민사 및 형사몰수 제도를 들고 있다. 이 보고서에 의하면

---

131) Stefan Cassella, 앞의 글, p.7 이하 참조.

132) 예컨대, United States v. Green, CR No. 08-59(B) -GW (C.D. Cal. 16 January 2008), United States v. Spiller, 09-cr-00350-RJL (D.C.) 등.

133) OECD Working Group에서 작성한 동 보고서의 정식명칭은 United States: Phase 3, "Report On The Application Of The Convention On Combating Bribery Of Foreign Public Officials In International Business Transactions And The 2009 Revised Recommendation On Combating Bribery In International Business Transactions(2010. 10. 15)"이며, 동 보고서 43페이지 이하가 몰수에 관한 내용이다.

뇌물공여자에 대한 민사몰수나 형사몰수가 상대적으로 흔하지 않은
데,[134] 이는 대다수의 경우 disgorgement와 중복되기 때문이며, 상당한
액수의 형사 벌금이 부과되는 것도 영향이 있다고 한다. 하지만, SEC의
disgorgement는 issuer를 상대로만 할 수 있기 때문에 민사몰수나 형사몰
수도 의미가 있으며, 당시 미국 법무부에서 향후 적정한 모든 사건에서
몰수를 시도할 것이라고 천명한 사실을 높이 평가하기도 하였다. 이처
럼 미국에서는 법과 실무상 국내뇌물죄와 해외뇌물죄를 가리지 않고 뇌
물공여자가 뇌물로 얻은 이익을 몰수할 수 있음을 알 수 있다.

마. 최근 집행 동향

FCPA는 제정된 지 40년이 되었지만, 최근 10년 동안의 사건이 그 이
전 30년 동안의 사건을 모두 합친 것보다 훨씬 더 많을 만큼 최근에서야
본격적으로 집행되었다. 비단 사건의 수뿐만 아니라 징벌금의 액수 차
원에서도 획기적인 변화가 있었는데, 특히 2008년에 있었던 지멘스 사건
이 변곡점이 되었다고 할 수 있다. 이 사건[135]은 지멘스 그룹이 기액의
해외 비자금을 조성하여 유럽, 중동, 아시아, 아프리카, 남미 등의 여러
나라에서 사업을 하면서 해외공무원에게 뇌물을 제공한 대규모 해외뇌
물 스캔들이다. 이 사건으로 지멘스는 2008년 미국 DOJ와 SEC로부터 합
계 8억불의 징벌금을 부과 받았는데,[136] 이는 최근까지 FCPA 징벌금 액

---

134) 동 보고서에 의하면 그때까지 대략 5건의 FCPA 사건에서 뇌물공여자가 얻은
범죄수익에 대한 몰수가 있었다고 한다.

135) 지멘스 사건에 대한 자세한 내용은 Michael Primbs/Clara Wang, "Notable Governance
Failures: Enron, Siemens and Beyond", Comparative Corporate Governance and
Financial Regulation, Paper 3, (2016), p.2 이하 참조.

136) 뒤에서 살펴보는 바와 같이 사실 독일 기업인 지멘스의 해외뇌물 사건은 독
일의 뮌헨 검찰청에서 2006년 먼저 수사에 착수한 사건이었으며, 자국 검찰인
독일 검찰에 의해 부과된 질서위반금 역시 미국에서 부과 받은 미화 8억불과

수로는 최고액이었다.[137] 아무튼 이 사건을 기화로 매년 FCPA 위반으로 수천억 원 상당의 징벌금을 부과 받은 기업들이 속출하고 있는 현상이 지금까지 지속되고 있다.[138][139] FCPA 위반으로 거액의 징벌금이 가능한 이유는 범죄로 얻은 이익을 훨씬 상회하는 형사 벌금과 disgorgement 등에서 기인함은 앞서 살펴 본 바와 같다.

하지만, DOJ나 SEC가 일방적으로 엄한 처벌만을 고수하는 것은 아니다. 위와 같은 천문학적인 징벌금을 레버리지로 활용하여 기업들 스스로 효과적인 컴플라이언스 프로그램을 수립하도록 유도하고, 기업이 자

거의 비슷한 액수인 약 6억 유로에 이른다. 따라서 지멘스가 이 사건으로 미국과 독일에서 부과받은 징벌금 액수의 합계는 무려 미화 16억 달러에 이른다. 2008년 12월 15일 미국 DOJ의 보도자료 참조. https://www.justice.gov/archive/opa/pr/2008/December/08-crm-1105.html (2018. 1. 15. 최종방문)

137) 본 논문을 작성 중인 2017년 9월경 스웨덴 기업인 Telia사가 DOJ와 SEC에 합계 9억6천5백만불의 징벌금에 합의하여 FCPA 사건중 징벌금 기준 최고액 기록을 경신하였다. http://www.fcpablog.com/blog/2017/9/22/telia-tops-our-new-top-ten-list-after-we-do-some-math.html (2018. 1. 15. 최종방문)

138) 참고로 2017년까지 징벌금 액수 기준으로 top 10 목록은 다음과 같다. http://www.fcpablog.com/blog/2017/9/22/telia-tops-our-new-top-ten-list-after-we-do-some-math.html (2018. 1. 15. 최종방문)

   1. Telia Company AB (Sweden): $965 million in 2017.

   2. Siemens (Germany): $800 million in 2008.

   3. VimpelCom (Holland) $795 million in 2016.

   4. Alstom (France): $772 million in 2014.

   5. KBR / Halliburton (United States): $579 million in 2009.

   6. Teva Pharmaceutical (Israel): $519 million in 2016.

   7. Och-Ziff (United States): $412 million in 2016.

   8. BAE (UK): $400 million in 2010.

   9. Total SA (France) $398 million in 2013.

   10. Alcoa (United States) $384 million in 2014.

139) 2018년에 브라질 국영기업인 Petrobras가 FCPA위반으로 $1.78 billion을 부과 받아 역대 최고 기록을 갈아치웠다. 다만 위 금액에서 Petrobras가 브라질 정부에 납부할 금액이나 주주집단소송의 합의금으로 지불한 금액 등은 공제해 주기로 해 종국적으로 DOJ와 SEC에 납부할 실제 금액은 훨씬 적은 액수이다.

체적으로 문제를 발견하였을 때 기업내부조사를 한 후 그 결과물을 당
국에 자발적으로 신고할 경우 처벌 수위를 경감하거나 심지어 면책해
주는 당근도 한편으로는 제시하고 있다. 즉, 한쪽 손에는 천문학적인 징
벌금으로 대변되는 채찍을, 다른 쪽 손에는 컴플라이언스에 따른 형의
감면이라는 당근을 들고 기업들의 해외뇌물 사건을 적절히 규율하고 있
다. 물론 이러한 당근과 채찍(carrots and sticks) 정책140)은 비단 FCPA 사
건에 국한된 것은 아니다.141) 뒤에서 살펴보는 바와 같이 당근과 채찍
정책은 미국의 기업형사책임과 관련해서 일반적으로 적용되는 원칙이
며, 그 중에서도 기업 컴플라이언스에 대한 강조 내지 유인은 그 핵심이
되는 내용인데, 특히 최근 FCPA에 대한 적극적인 법집행과 맞물려서
FCPA 사건에서 그 정수를 보여주고 있다.142)

아무튼 이와 같이 천문학적인 징벌금 부과 사건이 속출하다 보니 기
업 입장에서는 사전 예방적인 컴플라이언스 프로그램을 수립하기 위해
심혈을 기울이는 편이 훨씬 합리적이고 경제적인 방도라고 생각할 수밖
에 없다. 또한 사후적으로 문제를 감지하였을 경우에도 이를 은폐하거
나 당국의 조사에 불응하기 보다는 오히려 선제적으로 기업내부조사를
통해 실체를 정확히 파악하고 그 결과물을 당국에 자발적으로 신고하여
형의 감경 내지 면책을 받는 쪽으로 실무 관행이 형성되고 있다. 실제
미국 DOJ도 수억 불의 징벌금이 부과된 지멘스 사건이나 알스톰 사건에

---

140) Mike Koehler(b), 앞의 글, p.923 이하 참조.
141) 사실 당근과 채찍 정책은 뒤에서 보는 바와 같이 법인에 대한 양형기준에서
    마련되었지만, 21세기 초에 엔론사건으로 대변되는 일련의 기업범죄 스캔들
    에 의해 보다 강화되었다. 포스트-엔론 시대에 미국의 규제정책 변화에 대해
    서는 Pamela H. Bucy(a), "Carrots And Sticks: Post-Enron Regulatory Initiatives", 8
    Buff. Crim. L. Rev. 277, (2004), p.279 이하 참조.
142) 미국의 기업 컴플라이언스 발전 과정에 대해 상술한 국내문헌으로는 육태우,
    "미국에서의 기업 컴플라이언스의 발전", 강원법학 제39권, 강원대학교 비교
    법학연구소, (2013. 6), p.136 이하 참조.

대해 부실한 컴플라이언스 프로그램이나 수사에 비협조적인 태도 등을 천문학적인 징벌금 액수가 도출된 근거로 내세우고 있으며, 한편으로는 모건 스탠리 사건과 같이 효과적인 컴플라이언스 프로그램을 바탕으로 기업내부조사 및 자발적 신고 등을 통해 수사에 적극 협조한 기업의 경우 아예 면책을 해 줄 수도 있음을 지속적으로 홍보하고 있는 형편이다.143) 그럼에도 불구하고 FCPA 법문에는 컴플라이언스 항변권 자체를 명시적으로 인정하지 않고 있어서 기업들을 입장에서는 DOJ가 요청하는 대로 효과적인 컴플라이언스 프로그램을 운용하고, 사후적으로 문제가 생겼을 때 자발적 신고와 수사협조를 한다고 하더라도 과연 실제 면책될 수 있는지 혹은 그런 노력과 협조가 DOJ로부터 얼마만큼의 보상(credit)을 받을 수 있는지에 대한 의구심과 걱정이 많았다. 결국 2016년에 DOJ가 상당히 획기적인 Pilot Program144)을 선보였는데, 이는 기업들이 어떠한 경우에 DOJ로부터 불기소(declination) 결정을 받을 수 있는지, 혹은 양형기준보다 최대 50%의 감경까지 가능한 보상(credit)을 받을 수 있는지에 대한 가이드를 담은 프로그램이다. 기업들이 이 프로그램에 따른 면책이나 보상을 받기 위해서는 우선 FCPA 사건에 대해 자발적 신고를 해야 하고, 수사에 최대한 협조를 해야 하며, 컴플라이언스 프로그램의 향상 등을 포함한 시의적절하고 적합한 교정조치를 수반해야 한다. 즉, 법문에 명시적인 면책을 인정한 항변권은 없지만, DOJ 스스로 독자적인 프로그램을 개발해서 기업들에게 면책 또는 보상에 대한 어느 정도 예측 가능한 가이드를 제시함과 동시에 컴플라이언스 향상 및 자발적 신고와 수사 협조를 적극적으로 유인하는 시도라고 할 수 있다.145)

---

143) FCPA 가이드, p.61 참조.

144) https://www.justice.gov/archives/opa/blog-entry/file/838386/download(2018. 1. 15. 최종방문)

145) DOJ는 기존 Pilot Program이 상당한 효과를 보자 2017. 11. 29. 이를 보다 공격적으로 개선한 Corporate Enforcement Policy로 개편하였다. 새 제도는 자발적으로 신고하고 수사에 협조한 기업에 대한 감면 혜택을 더욱더 확대한 특징

뿐만 아니라 미국 정부는 기업들이 실무상 참고할 수 있도록 컴플라이언스 내용 자체에 대한 가이드 역시 친절하게 제시하고 있다. 즉, 2012년에 DOJ와 SEC가 함께 발간한 FCPA 가이드에서 상당한 분량을 할애하여 효과적인 컴플라이언스 프로그램의 내용과 요건에 대해 자세하게 서술하여 기업들에게 실질적인 가이드를 제시하고 있다. 여기서 제시하는 효과적인 컴플라이언스 프로그램의 특징적 요소로는 (1) 반부패에 대한 고위 운영진의 단호한 의지 및 명확한 정책, (2) 윤리규정 및 컴플라이언스 정책과 절차, (3) 컴플라이언스 관리감독 담당자의 자치권과 독립성, 소요 자원, (4) 위험평가, (5) 교육 및 지속적인 자문, (6) 신상필벌 수단들, (7) 제3자에 대한 실사, (8) 내부고발 및 내부조사, (9) 정기적인 점검을 통한 지속적인 향상, (10) M&A시 사전실사 및 사후 통합 등을 열거하고 있다.[146] 여기서 각 요소들을 자세히 상론할 여유는 없지만, 직접 정부차원에서 기업들에게 컴플라이언스 프로그램에 대한 매우 구체적이고 실용적인 가이드를 제시하고 있는 점은 특기할 만하다. 뿐만 아니라 DOJ는 최근에 컴플라이언스 전문가를 아예 채용[147]해서 기업들의 컴플라이언스 프로그램의 진정성 내지 효율성을 평가하는 시도를 하고 있을 뿐만 아니라 기업 컴플라이언스 프로그램의 평가 요소를 담은 Evaluation of Corporate Compliance Programs[148]라는 가이드까지 발표하는 등 기업 컴플라이언스 프로그램의 구축 및 향상을 위해 상당한 노력을 기울이고 있는 형편이다. 이와 같은 미국의 가이드들에서 제시한 컴플라이언스의 내용은 뒤에서 살펴보는 바와 같이 영국의 뇌물방지실패죄의 항변사유인 적절한 조치에 대한 영국 정부의 가이드 내용과 대동소이한데, 우리

이 있다.

146) FCPA 가이드, p.57 이하 참조.

147) https://www.justice.gov/criminal-fraud/file/790236/download (2018. 1. 15. 최종방문)

148) https://www.justice.gov/criminal-fraud/page/file/937501/download (2018. 1. 15. 최종방문)

양벌규정상의 면책사유로서의 '상당한 주의·감독'의 구체적인 내용으로 많은 참고가 될 수 있다고 생각한다.

아무튼 이러한 미 당국의 정책기조 및 계도를 통해서 실제로 미국 기업들뿐만 아니라 많은 다국적 기업들이 효과적인 반부패 컴플라이언스 확립 및 운용을 위해 심혈을 기울이고 있으며, 나아가 기업내부조사나 자발적 신고 등의 실무 관행이 정착되고 있는 실정이다. 또한 이 과정에서 문제의 기업이 실제 배심재판으로 가는 경우는 거의 찾기 어려우며 대부분 검찰과 협상을 통해 DPA(Deferred Prosecution Agreement)나 NPA(Non Prosecution Agreement)와 같은 형식으로 사건이 종결되는 특징이 있다.[149] 우리식으로 표현하면 검찰과 기업이 협상을 통해 기소유예 약정이나 불기소 약정과 같은 합의로 사건을 종결하는 방식인데, 비록 배심재판을 청구하지는 않지만 그 합의 내용에 의해 기업에 대해 금전적인 제재도 부과할 수 있을 뿐만 아니라 컴플라이언스의 수립 내지 향상, 특정기간 동안 모니터링 수용[150] 등과 같은 일종의 기업보호관찰의 효과도 거둘 수 있다. 물론 이러한 최근 동향에 대해 사법심사를 회피한다거나 법집행기관이 과도하게 기업운영에 관여하는 것이라는 식의 비판도 있으나, 확실한 징벌 수단을 레버리지로 활용하여 기업 스스로 자율적인 예방수단을 마련하도록 유도하고 나아가 기업문화를 개선하는 효과를 거두고 있다는 사실은 부인할 수 없다.

여기서 한 가지 흥미로운 사실은 미국 FCPA의 내용뿐만 아니라 DPA 활용, 자발적 컴플라이언스의 구축을 위한 여러 유인책 마련 등과 같은

---

149) FCPA 가이드, p.74 이하 참조.

150) 최근 FCPA사건에서 협상에 의한 사건종결 조건으로 모니터십 증가 추세에 대해서는 F. Joseph Warin/Michael S. Diamant/Veronica S. Root, "Somebody's Watching Me: FCPA Monitorships And How They Can Work Better", 13 U. Pa. J. Bus. L. 321, (2011), p.322 이하 참조. 2004년부터 2010년 사이에 플리바게닝이나 DPA 등의 협상으로 종결된 FCPA 사건 중에 40% 이상의 기업들이 일정기간 컴플라이언스 모니터를 받는 조건을 부과 받았다고 한다.

실무 관행까지도 영국, 프랑스 등 다른 나라의 최근 입법 및 실무에 상당한 영향을 미치고 있다는 점이다. 그 구체적인 영향과 내용은 뒤에서 자세히 살펴보겠지만, 미국이 최근 기업뇌물, 특히 해외뇌물 사건의 처리에서 보여 주는 일련의 정책 즉, 당근과 채찍 정책이 기업형사책임 영역에서 하나의 세계적인 트렌드로 자리 잡고 있다는 점은 주목할 만하다. 강력한 기업형사책임을 전제로 기업들로 하여금 자율적인 사전 예방 조치로서의 효과적인 컴플라이언스 프로그램을 구축하도록 유도하고 사후적으로 문제가 생겼을 경우에도 기업의 자발적인 신고와 수사 협조를 통해 관대한 처벌을 구하는 쪽으로 유도하는 실무 관행이 미국 외의 다른 선진국의 법과 정책에도 영향을 미치는 현상은 보다 면밀하고 주의 깊게 관찰할 필요와 가치가 있다고 생각한다.

다만, 앞서 언급한 바와 같이 당근과 채찍 정책에서 비롯된 이러한 현상 내지 추세는 비단 FCPA 사건에 국한된 것은 아니다. 또한 미국에서도 20세기 후반부터 여러 입법과 정책을 통해 비교적 최근에 형성 내지 완성된 추세이다. 따라서 이를 보다 정확히 알기 위해서는 미국 기업형사책임에 대한 전반적인 이해가 수반되어야 하므로 이에 대해 지세히 살펴보도록 하자.

4. 기업형사책임

가. 연혁

미국의 기업형사책임이 유독 FCPA에서만 인정되는 것은 아니다. 미국의 국내뇌물죄 조항에서도 인정되고 뇌물죄가 아닌 다른 범죄에 대해서도 일반적으로 인정되고 있다. 물론 미국 FCPA는 아예 법문상 적용대상자로서 법인이 먼저 전제가 되어 있는 점은 입법상 특이점이라고 할 수 있다. 예컨대, 뇌물방지규정과 회계규정을 모두 적용받는 issuer 자체는 개인이 될 수가 없기 때문이다. 즉, 미국 증시에 상장된 법인인 issuer 에 대한 규정이 먼저 나오고 그 임원, 직원, 주주 등 개인도 마찬가지로 적용된다는 식으로 규정하고 있다. 처벌조항에서도 법인과 개인을 구분 하여 규정하고 있으며 형량에서도 차이가 나는 점은 앞서 살펴 본 바와 같다.

하지만 FCPA와 같은 입법형식을 취하지 않은 경우에도 미국 연방법 상 기업형사책임은 일반적으로 인정된다. 우선 연방법 규정을 살펴보면, 범죄행위 주체 및 형벌의 객체는 자연인뿐만 아니라 법인도 포함된다. 1 U.S.C. § 1에 의하면 연방법상 누구든지(whoever)라는 표현이나 사람 (person)이라는 표현에는 개인뿐만 아니라 다양한 형태의 법인이나 단체 가 포함된다고 명시적으로 규정하고 있다. 다만 동 조항은 미국 기업형 사책임의 근거 조항으로 거론되면서도 과연 입법자의 원래 의도가 기업 형사책임까지 염두에 두고 동 조항을 제정한 것인지에 대해서는 의문이 제기되고 있다.[151] 뒤에서 보는 바와 같이 판례를 통해 기업형사책임이 인정되면서 법원은 동 조항이 형사법 조문상의 whoever나 person에서도 마찬가지로 적용된다고 해석하였다.[152] 그렇다고 하더라도 동 조항은 단순히 연방법상 법인이 행위(범죄)의 주체나 처벌의 객체가 될 수 있음 을 말해 줄 뿐 구체적으로 어떤 요건 하에서 자연인의 행위로 법인에게 형사책임을 물을 수 있는지에 대해서는 전혀 언급이 없다. 사실 법인은 법상 인정되는 가공의 인간일 뿐 실제 범죄행위는 자연인이 하기 때문 에 과연 자연인인 임직원의 범죄행위에 대해 어떤 요건 하에 법인에게 책임을 물을 수 있는지가 정해져야 한다. 즉, 자연인의 범죄행위에 대해

---

151) Edward B. Diskant, "Comparative Corporate Criminal Liability: Exploring The Uniquely American Doctrine Through Comparative Criminal Procedure", 118 Yale L. J. 126, (October, 2008), p.138.

152) 예컨대, United States v. A&P Trucking Co., 358 U.S. 121, 123 (1958) 판결이 대표 적이다. Charles Doyle, "Corporate Criminal Liability: An Overview Of Federal Law", Congressional Research Service, (October 30, 2013), p.2.

어떤 범위에서 어떤 방식으로 법인에게 형사책임을 물릴 수 있는지에 관한 내용이 정해져야 하는데, 이는 연방법상 명문의 규정이 있는 것이 아니라 common law를 통한 미국 판례에 의해 형성이 되어 왔다.[153]

바로 이런 점 때문에 미국에서 기업형사책임의 연혁을 논할 때 통상은 의회가 아니라 법원에서 의해 기업형사책임이 인정되고 발전해 왔다고 본다.[154] 특히 1909년에 나온 유명한 연방대법원 판결인 New York Central & Hudson River Railroad Co. v. United States[155] 판결에서 지금의 미국 기업형사책임이 태동하였다고 한다. 운송회사의 직원이 불법 리베이트를 제공할 경우 운송회사에도 대위형사책임을 부과할 수 있다고 규정한 Elkins Act가 위헌인지 여부가 쟁점이 되었는데, 미연방대법원은 (1) 직원의 행위가 업무범위 내의 행위여야 하며, (2) 기업에 (부분적이라도) 도움이 된다는 의도가 있었다면 기업도 대위형사책임을 질 수 있다고 판시하였다.

이 판결에 대해 단순히 미 의회가 기업형사책임을 부여하는 연방법을 제정할 수 있는 헌법상 권한을 보유하였다는 점을 확인한 판결일 뿐 연방법상 명문의 규정이 없는 경우에도 모든 케이스에서 연방 common law상 기업이 그 직원의 행위에 대해 항상 대위형사책임을 질 수 있다고 판시한 것은 아니라고 주장하는 견해[156]도 있지만, 이 판결 이후 기업형

---

153) 미국 기업형사책임의 발달과정에 관한 연혁적 고찰에 대해서는 V.S. Khanna, "Corporate Criminal Liability: What Purpose Does It Serve?", 109 Harv. L. Rev. 1477, (May 1996) p.1479 이하 참조; Charles J. Walsh/ Alissa Pyrich, "Corporate Compliance Programs As A Defense To Criminal Liability: Can A Corporation Save Its Soul?", 47 Rutgers L. Rev. 605, (Winter, 1995), p.608 이하 참조.

154) Andrew Weissmann/Richard Ziegler/Luke McLoughlin/Joseph McFadden, "Reforming Corporate Criminal Liability to Promote Responsible Corporate Behavior", The U.S. Chamber Institute for Legal Reform, (October, 2008), p.4.

155) 212 U.S. 481 (1909).

156) Andrew Weissmann/Richard Ziegler/Luke McLoughlin/Joseph McFadden, 앞의 글, p.5 이하 참조.

사책임이 일반적으로 - 즉 해당 연방법 규정상 기업형사책임을 인정하는 명문의 조항이 없는 경우157)에도 - 인정되는 쪽으로 실무와 판례가 형성된 것이 사실이다.

한편으로는 대륙법계, 나아가 심지어 영국 보다 상대적으로 쉽게 기업형사책임이 인정된 미국이지만,158) 많은 미국 학자들도 인정하는 바와 같이 정치한 이론적인 정당화 작업을 통해 기업형사책임이 수용되고 발전된 것은 아니다.159) 오히려 굉장히 실용적이고 실무적인 차원에서 그 "필요성" 내지 "불가피성"에 주목하여 기업형사책임이 인정되었다고 할 수 있다.160) 이는 앞서 언급한 1909년 New York Central 판결에서도 잘 나타난다. 동 판결에 의하면 "현대 사회에서 대부분의 비즈니스 거래가 기업을 통해 이루어지고 있는 현실에 눈감을 수 없다"고 하면서 "기업은 범죄를 저지를 수 없다는 낡고 진부한 독트린 때문에 기업들을 면책시켜 준다면 기업들의 잘못을 효과적으로 바로 잡을 수 있는 유일한 수단을 없애버리는 셈이 된다"고 역설하였다.161) 즉, 철저히 실용적인 관점에서 기업형사책임을 수용한 셈인데, 이는 역설적으로 말을 하면 기업형사책임을 인정해야 할 사회적인 여건이 그 당시 이미 무르익었다고도 할 수 있다. 사실 이 판결 훨씬 이전부터 창조적이고 공격적인 미국 검사들이 기업에 형사책임을 가하는 시도를 해왔으며, 실제로 몇몇 주에서는 이러한 시도가 성공을 거두고 있었다고 한다.162) 그러다 New York Central 사건에서 미 연방대법원 판결이 나오자 이 판결을 근거로 연방검

---

157) 예컨대, mail and wire fraud statutes가 그것이다. 18 U.S.C. § 1341, 1343.

158) 대륙법계 국가들에 비해서 미국이 상대적으로 기업형사책임을 쉽게 도입할 수 있었던 이유에 대해서는 Edward B. Diskant, 앞의 글, p.129 이하 참조.

159) Andrew Weissmann/ David Newman, "Rethinking Criminal Corporate Liability", 82 Ind. L. J. 411, (Spring, 2007), p.418.

160) Leonard Orland, "The Transformation Of Corporate Criminal Law", 1 Brook. J. Corp. Fin. & Com. L. 45, (Fall, 2006), p.46.

161) 212 U.S. 481 (1909) at 495.

162) Edward B. Diskant, 앞의 글, p.136.

사들 역시 광범위한 기업형사책임을 묻기 시작하였다. 사실 이 판결의 Elkins Act는 그 자체에 기업형사책임을 물을 수 있는 조항이 있었고, 그 조항의 위헌 여부가 문제되었을 뿐인데, 이 판결 이후 미 연방검사들은 연방법상 "사람" 혹은 "누구든지"에는 법인도 포함된다는 1 U.S.C. § 1 연방법 조항을 근거로 일반 연방형사법 조항 위반 사건에서도 기업형사책임을 광범위하게 묻기 시작하였다.163) 또한 연방법원 역시 이 판결 이후 법인의 민사책임이나 형사책임에 있어서 본질적인 차이는 더 이상 존재하지 않는다는 입장을 취하며 대위형사책임을 광범위하게 인정해 주었다.164) 아무튼 이와 같이 미국에서는 학자들의 이론적 정당화 작업이나 의회의 입법 등을 통하지 않고도 매우 실용적인 관점에서 실무상 광범위한 기업형사책임이 20세기 초에 인정되었다.165) 따라서 그 후 미국의 기업형사책임은 비위 직원의 직급과 상관없이 말단 직원의 범행에도 인정되고,166) 부분적으로 회사를 위한다는 의사만 있으면 되기 때문에 실

---

163) Edward B. Diskant, 앞의 글, p.137.

164) Andrew Weissmann/ David Newman, 앞의 글, p.421.

165) 이와 같이 미국에서 기업형사책임이 비교적 일찍 판례를 통해 인정되있지만, 그 이후에도 학자들 사이에서 기업형사책임 무용론 주장이 전혀 없었던 것은 아니다. 대표적인 기업형사책임 무용론 주장으로는 V.S. Khanna, 앞의 글, 109 Harv. L. Rev. 1477, (May 1996) p.1492 이하 참조. 그리고 이에 대한 반박글로는 Lawrence Friedman, "In Defense Of Corporate Criminal Liability", 23 Harv. J. L & Pub. Pol'y 833, (Summer, 2000). 참조. 이 글에서 적절히 지적하였듯이 기업형사책임 고유의 역할과 효과는 부인하지 못할 뿐만 아니라, 현실적으로도 미국에서 기업형사책임을 부정하는 쪽으로 되돌아가는 것은 불가능하므로 현재 추세는 기업형사책임 무용론 보다는 기업형사책임 제한론이 더 많은 듯하다. 대표적으로 Andrew Weissmann/ David Newman, 앞의 글, p.417 이하 참조; Andrew Weissmann/ Richard Ziegler/ Luke McLoughlin/ Joseph McFadden, 앞의 글, p.17 이하 참조.

166) 바로 이점 때문에 모범형법전(the Model Penal Code)에서는 이사회나 고위직 관리자에 의해 승인, 요청, 지시, 수행되었거나 용인된 사안에 대해서만 기업형사책임을 인정하는 제한을 두고 있다. Roland Hefendehl, "Corporate Criminal Liability: Model Penal Code Section 2.07 And The Development In Western Legal

제 회사에는 전혀 도움이 되지 않았다고 하더라도 인정된다. 또 직원이 회사의 명시적인 내부 규정이나 지시에 반한 행동을 한 경우라도 기업 형사책임이 인정될 수 있고, 매우 강력하고 효과적인 컴플라이언스 프로그램이 이미 존재하는 경우라고 하더라도 기업이 자동으로 면책되지는 않는다.[167] 심지어 비위 직원을 특정할 수 없거나, 관여 개개인에 대해서는 범행 전체에 대한 인식이나 고의를 인정할 수 없어서 개인에 대한 처벌이 불가능한 경우에도 기업형사책임은 인정할 수 있도록 확대되어 왔다.[168]

나. 1980년대 일련의 개혁 입법들

하지만, 1980년대에 이르기까지는 광범위하게 기업형사책임이 인정되고 있다는 정도에 불과하며, 형사처벌의 기준도 마련되어 있지 않았을 뿐만 아니라, 처벌의 내용이나 강도에 있어서도 오늘날과는 큰 차이가 있었다. 이때까지도 전체 연방형사사건 중 기업이 기소된 비율은 1퍼센트 미만이었으며, 그마저도 공정거래 사건 등과 같이 기업형사책임이 적절한 분야에 주로 국한되었다고 하는데,[169] 이렇게 상대적으로 기업형

Systems", 4 Buff. Crim. L. Rev. 283, (2000), p.283.

167) Preet Bharara, "Corporations Cry Uncle And Their Employees Cry Foul: Rethinking Prosecutorial Pressure On Corporate Defendants", 44 Am. Crim. L. Rev. 53, (Winter, 2007), p.82. 뒤에서 보는 바와 같이 효과적인 컴플라이언스 프로그램이 있을 경우 기소 여부나 형량 결정에서 참작되기는 하지만, 법상 명문의 면책 사유는 아니다. 따라서 이를 일종의 엄격책임으로 비판하면서 기업에게 compliance defense 혹은 due diligence defense를 인정해야 한다는 주장이 있다. 대표적으로 Andrew Weissmann/ Richard Ziegler/ Luke McLoughlin/ Joseph McFadden, 앞의 글, p.17 이하 참조.

168) 집단 인식 이론(collective knowledge doctrine)이라고 하며, United States v. Bank of New England, 821 F.2d 844, 856 (1987) 사건에서 인정되었다. Preet Bharara, 앞의 글, p.63 이하 참조.

169) Jeffrey S. Parker, "Criminal Sentencing Policy for Organizations: The Unifying

사처벌의 빈도가 낮았던 가장 주된 이유는 법정형이 매우 낮았기 때문이라고 한다.[170] 실제로 1980년 중반이 되기 전까지는 미 의회가 입법을 할 때 통상 개인에 대한 처벌에 초점을 맞추어 입법을 하는 경우가 많았고, 따라서 이러한 법들의 벌칙 조항에는 징역형과 관련해서는 제법 중한 법정형을 마련해 놓으면서도 막상 벌금형과 관련해서는 기업들에게 전혀 범죄 억지력을 갖지 못한 형량으로 정한 경우가 많았다고 한다.[171]

하지만, 이러한 입법적 미비가 바로 잡히면서 기업형사책임 차원에서도 터닝포인트가 되는 계기가 나타난 시기가 바로 1984년이다. 1984년 미 의회가 미 연방형사법의 대대적인 정비와 손질에 나서면서 the Comprehensive Crime Control Act of 1984를 제정하였는데, 그 중 일부가 유명한 US Sentencing Guidelines의 탄생 배경이 되는 the Sentencing Reform Act이다. 이 법의 여러 내용 중 주목할 부분은, 당시 경제 현실을 반영할 수 있는 효과적인 규모의 금전적인 처벌과 억지력을 강구하기 위해 벌금형의 수준을 상당히 상향하는 근본적인 변혁을 꾀하였다는 점인데, 특히 기업범죄에 있어서 재제수단으로서의 벌금의 역할에 각별한 주의를 기울였다고 한다.[172] 즉, 기업에 대한 벌금을 개인 벌금 수준의

Approach of Optimal Penalties", 26 Am. Crim. L. Rev 513, p.521 이하 참조. 이에 의하면 1984년부터 1987년 사이에 기업 처벌 사례에 대한 데이터 분석 결과가 소개되어 있다.

170) Jed S. Rakoff/ Jonathan S. Sach, "corporate sentencing guidelines: compliance and mitigation", Law Journal Press, (2005), § 1.02[3]; Mark A. Cohen, "Corporate Crime and Punishment: An Update on Sentencing Practice in the Federal Courts, 1988-1990", 71 B. U. L. Rev. 247, (March, 1991), p.249.

171) 예컨대, 미국 white collar crime의 대표 죄명이라고 할 수 있는 mail fraud나 wire fraud 같은 경우 1984년 전까지는 벌금형 상한이 1,000불이었다고 한다. 심지어 많은 범죄 수익을 초래하는 securities fraud의 경우도 벌금형 상한이 10,000불에 불과했다고 한다. Jed S. Rakoff/ Jonathan S. Sach, 앞의 책, § 1.02[3].

172) Jeffrey S. Parker, 앞의 글, p.547; Christopher A. Wray, "Corporate Probation Under The New Organizational Sentencing Guidelines", 101 Yale L. J. 2017, (June, 1992), p.2024.

두 배가 될 수 있도록 법정형에 차이를 두었는데, 그 이유로 개인에게 충분할 수 있는 벌금형이 기업에게는 불충분할 수 있다는 점을 들었다. 즉, 통상 기업이 개인보다 금전적인 자력이 더 나을 뿐만 아니라 개인에게 부과할 수 있는 징역형을 기업에게는 할 수 없기 때문이다. 다만, 범죄로 얻은 이익 혹은 범죄로 야기된 손실에 근거해서 산정하는 대안벌금(alternative fine)을 부과하자는 제안에 대해서는 받아들이지 않았다.[173] 하지만, 이 대안벌금도 결국 채택되게 되는데, 곧 바로 제정된 한시법인 Criminal Fine Enforcement Act of 1984에서 도입되기 때문이다. 이 법은 the Sentencing Reform Act 발효일이 최초 양형기준(Sentencing Guidelines)이 제정되는 1987. 11. 1.로 연기되자, 그 사이에 범한 범죄에 대해 한시적으로 적용될 법이 필요하게 되어 제정된 법으로서 the Sentencing Reform Act에서 강화된 벌금형 수준에 맞게 일반적인 벌금 수준을 상향하였을 뿐만 아니라 한걸음 더 나아가 the Sentencing Reform Act에서는 채택하지 않은 대안벌금(alternative fine) 제도를 채택한다. 즉, 범죄로 얻은 이익 혹은 범죄로 가한 손해의 두 배 범위 내로 벌금 상한을 정할 수 있는 대안벌금(alternative fine) 개념을 도입하였다.[174] 이러한 내용은 1987년 제정된 Criminal Fines Improvement Act를 통해 the Sentencing Reform Act를 개정하는 방식으로 그대로 이어지게 되며 이것이 바로 앞서 FCPA 벌금형에서 설명한 Alternative Fines Act 탄생배경이다.[175]

한편 일련의 개혁입법이 개선한 형사제재는 벌금에만 국한되는 것은

---

173) Jeffrey S. Parker, 앞의 글, p.548.

174) Jeffrey S. Parker, 앞의 글, p.548.

175) 사실 Criminal Fines Improvement Act는 대안벌금 개념 도입 말고도 원래 Sentencing Reform Act의 내용을 좀 더 강화하기도 하였다. 예컨대 원래 Sentencing Reform Act에서는 다른 종류의 손해를 별도로 야기하지 않고, 공통된 하나의 계획 하에서 발생하는 수죄가 경합할 경우 그 중 가장 중한 죄 법정형의 2배 범위 이내로 벌금의 상한을 설정하였으나, Criminal Fines Improvement Act에서는 이러한 경합 상황에서의 가중 상한을 철폐하였다. Jeffrey S. Parker, 앞의 글, p.548.

아니다. 바로 기업에 대한 보호관찰에 대해서도 획기적인 변화를 초래
하였다.[176] 원래 Sentencing Reform Act에 의해 폐지되기 전까지 연방보
호관찰은 Federal Probation Act에 의해 의율 되었는데,[177] 동법은 기업에
보호관찰을 부과할 수 있는지 여부에 대해 명시적으로 밝히고 있지 않았
다.[178] 비록 판례를[179] 통해 동법에 의해 기업에게도 보호관찰을 부과할
수 있다고 인정되기는 하였지만, 기업에 대해 보호관찰을 부과하기 위해
서는 벌금 등 다른 형벌에 대해서는 유예해야 하는 제약이 있었다. 즉,
기업에 대해 벌금과 보호관찰을 동시에 부과할 수 없었다.[180] Sentencing
Reform Act는 이러한 제한을 철폐하여 기업에 대한 보호관찰을 벌금 등
과 독립적인 형사제재로 인정하였고,[181] 보호관찰을 부과할 수 있는 조
건 등에 대해서도 구체화함과 동시에 판사들이 개별 기업범죄의 특성에

---

176) 기업범죄에 대한 효과적인 대처를 위해서는 벌금과 같은 금전적 제재만으로
   는 부족하고 보호관찰도 필요하다는 주장의 근거에 대한 자세한 설명은 John
   C. Coffee/ Jr. Richard Gruner/ Christopher D. Stone, "Standards For Organizational
   Probation: A Proposal To The United States Sentencing Commission", 10 Whittier L.
   Rev. 77, (1988), p.79 이하 참조. 효용성 차원에서 벌금과 보호관찰에 대한 두
   가지 다른 시각(신고전주의 경제이론과 조직이론)에 대한 자세한 소개는
   Emmett H. Miller Ⅲ, "Federal Sentencing Guidelines For Organizational Defendants",
   46 Vand. L. Rev. 197, (January, 1993), p.203 이하 참조.
177) Christopher A. Wray, 앞의 글, p.2021; Richard S. Gruner(b), "To Let The Punishment
   Fit The Organization: Sanctioning Corporate Offenders Through Corporate Probation",
   16 Am. J. Crim. L. 1, (Fall, 1988), p.13. 동 논문은 미국에서 보호관찰이 연혁적으
   로 어떻게 발전되었는지 잘 정리하여 소개하였다.
178) James D. Curran, "Probation for Corporations under the Sentencing Reform Act", 26
   Santa Clara L. Rev. 785 (1986), p.786.
179) 연방보호관찰법에 의해 기업에게 보호관찰을 부과할 수 있다고 판시한 최초
   의 판례는 United States v. Atlantic Richfield Company, 465 F.2d 58 (7th Cir. 1972)
   이다. 동 판결을 포함해서 기업 보호관찰과 관련된 Sentencing Reform Act 이전
   의 판례들에 대한 자세한 소개는 James D. Curran, 앞의 글, p.792 이하 참조.
180) Emmett H. Miller Ⅲ, 앞의 글, pp.200-203.
181) Christopher A. Wray, 앞의 글, p.2024.

맞춘 유연한 보호관찰 선고를 할 수 있도록 판사들에게 광범위한 재량
권을 부여함으로써 보호관찰을 기업에 대한 실질적인 형사제재의 하나
로 자리매김하였다.[182][183]

　이처럼 1984년부터 1987년 사이에 기업에 대한 벌금형을 경제 현실에
맞게 상향해서 실질화하고, 기업에 대한 보호관찰 제도를 획기적으로 개
선한 개혁 입법들이 제정되어 오늘날 미국의 기업형사책임이 구현될 수
있는 토대가 마련되었다. 그리고 이와 함께 기업형사책임에서 빼 놓을
수 없는 또 한 가지 중요한 이벤트가 나오는데, 다름 아닌 미국 양형기
준의 제정이다.

다. US Sentencing Guidelines

　1984년 Sentencing Reform Act에 따라 창설된 미국 양형위원회(the
United States Sentencing Commission)는 1987년 개인에 대한 양형기준을
먼저 발표한 후 1991년 법인에 대한 양형기준(the Organization Guidelines)
을 발표하였다.[184] 이 법인에 대한 양형기준이 앞서 제정된 일련의 개혁
입법의 내용을 충실히 구현하고 있음은 물론이다.

---

182) James D. Curran, 앞의 글, pp.803-804
183) 미국의 기업보호관찰에 관해 자세히 소개한 국내 문헌으로는 박미숙(b), "법
　　인범죄 제재의 정책적 근거 및 제재 다양화 방안", 형사정책연구 제20권 제1
　　호, 한국형사정책연구원, (2009), p.771 이하; 이정민(b), 앞의 글, p.150 이하 참
　　조. 미국 기업보호관찰제도의 국내 도입가능성에 대한 검토로는 김재봉(a),
　　"기업에 대한 보호관찰의 도입가능성 검토", 비교형사법연구 제8권 제2호, 한
　　국비교형사법학회, (2006), p.814 이하 참조.
184) 법인에 대한 양형기준의 제정 과정에서 제기된 여러 종류의 상충되는 이슈들
　　과 논쟁들을 어떻게 조화롭게 조정하고 반영하였는지에 대한 친절한 설명은
　　Ilene H. Nagel/ Winthrop M. Swenson, "The Federal Sentencing Guidelines For
　　Corporations: Their Development, Theoretical Underpinnings, And Some Thoughts
　　About Their Future", 71 Wash. U. L. Q. 205, (Summer, 1993) p.205 이하 참조.

이 양형기준이 마련한 법인에 대한 주요 제재 수단은 (1) 피해자에 대한 교정적 제재(remedial sanctions),[185] (2) 형사 벌금(fines), (3) 보호관찰(probation) 등 세 가지로 구분할 수 있다. 우리 법상 기업에 대한 형사제재 수단이 오로지 형사 벌금에 국한되어 있는 것과는 상당히 대조적이다.[186] 따라서 피해자에 대한 배상, 교정적 제재 그리고 기업보호관찰 등에 대한 면밀한 고찰도 기업형사책임 연구 차원에서 상당히 실익이 있는 작업이 될 수 있으나,[187] 본 논문은 기업형사책임 전반을 다루는 것이 아니라 우리 형법상 뇌물공여죄의 문제점과 개선방안에 초점을 맞추고 있는 만큼 우리 법상으로도 인정되는 형사벌금에 대해 중점적으로 살펴보도록 하겠다.[188]

법인에 대한 양형기준에서 벌금을 정하는 절차는 다음과 같은 5단계로 구성된다. (1) 기초벌금(base fine) 결정, (2) 책임 점수(culpability score) 결정, (3) 책임 점수(culpability score)를 최소승수와 최대승수(minimum and maximum multipliers)로 전환, (4) 기초벌금을 최소승수와 최대승수로 각

---

185) 이에는 배상명령(restitution), 교정명령(remedial orders), 사회봉사(community service), 피해자에 대한 통지 명령(order of notice to victims) 등이 있다. U.S.S.G.§ 8B1

186) 우리도 벌금형 외에 기업범죄에 대한 새로운 형사제재수단 도입을 검토할 필요가 있다는 취지의 글로는 이승현, 앞의 글, p.794 이하 참조.

187) 미국 양형기준 상 법인에 대한 교정적 제재와 보호관찰에 대한 자세한 고찰은 Richard S. Gruner(a), "Beyond Fines: Innovative Corporate Sentences Under Federal Sentencing Guidelines", 71 Wash. U. L. Q. 261, (Summer, 1993), p.267 이하 참조. 이에 의하면 교정적 제재와 보호관찰을 전통적인 제재인 벌금에 비해 혁신적인 형사제재로 평가하면서, 교정적 제재는 기업이 이미 저지른 불법행위에 의해 발생한 피해를 회복하고 교정하는데 중점을 둔 제재인 반면 보호관찰은 향후 기업이 다시 불법을 저지르지 못하게 교화하고 개선하는데 중점을 둔 제재라고 설명하고 있다.

188) 다만, 뒤에서 살펴보는 바와 같이 기업의 효과적인 컴플라이언스 프로그램은 기업에 대한 벌금 부과에서만 중요한 것이 아니라 보호관찰의 중요한 조건으로도 기능하기 때문에 컴플라이언스의 중요성에 대한 설명이 필요한 범위 내에서 보호관찰에 대해서도 언급하도록 하겠다.

곱하여 기준 벌금 범위 확정, (5) 다양한 정책강령 요소를 고려한 법원의
실제 벌금형 부과의 순서로 진행된다. 여기서 각 단계에 대해 상론할
여유는 없으므로 본 연구에 필요한 부분에 대해서만 선별적으로 부연
하겠다.[189]

우선 기초벌금(base fine)은 다음 세 가지 중에 가장 큰 금액으로 정해
진다. (1) 범죄로 얻은 금전상 이익 (2) 범죄로 가한 금전상 손해 (3) 범
죄 등급에 따른 벌금표상의 금액 중에 가장 큰 금액으로 정해진다. 여기
서 (1), (2)번은 Alternative Fines Act 상의 대안벌금의 기준이 되는 개념과
동일한 개념이다. 즉, 범죄로 얻은 이익 또는 범죄로 가한 손해 개념은
벌금형의 법정형 상한의 기준(즉, 그 두 배 범위)이 될 뿐만 아니라 양형
기준에 의해 기초벌금(base fine)으로도 작동한다. 이는 기업에 대한 형
사제재 수단으로서의 벌금형에 대한 미국의 관점을 여실히 보여준다.
즉, 범죄로 얻은 이익 개념을 벌금의 법정형 상한 기준을 설정하는데도
이용할 뿐만 아니라 실제 선고형을 정하는 양형기준에서도 기준점으로
사용하여 결국 사후적으로는 기업의 범죄수익을 철저하게 박탈할 수 있
을 뿐 아니라 사전적으로는 기업이 범죄로 나아가지 못하게 하는 충분
한 억지력도 갖출 수 있다.

다음 책임 점수(culpability score)는 가중 요소와 감경 요소에 대한 분
석을 통해 법원에 의해 정해진다. 책임점수를 증가시키는 가중 요소로
는 (1) 기업의 범죄행위에 대한 가담 혹은 묵인 정도 또는 기업 내에서
범죄행위에 대한 관용 정도 (2) 과거 범죄 전력 (3) 법원의 명령 등에 대
한 위반 여부 (4) 기업의 사법방해 여부 등을 들 수 있다. 즉, 기업이 범
죄와 사법당국에 대해 어떤 태도를 취했는지 여부로 요약할 수 있다. 이
중에서 첫 번째 요소에 특히 주목할 필요가 있는데, 만약 범죄에 이사나

---

189) 기업범죄에 대한 벌금 산정 방식에 대해 잘 요약한 글로는 Justin A. Thornton/
Harry J. Stathopoulos, "Corporate Punishment: The New Federal Sentencing Guidelines
For Organizations", 4-OCT S. C. Law. 29, (September/October, 1992), p.30 이하 참조.

임원 등 고위직(high-level personnel)이 가담하였거나, 실질적인 재량을 갖고 기업을 대리해서 일하는 관리자 그룹(substantial authority personnel) 이 범한 범죄에 대한 관용적 분위기가 기업에 만연해 있다면 가중 요소로 작용한다. 이는 뒤에서 감경 요소로 언급할 컴플라이언스의 대척점에 있는 가중 사유로서 이 가중 사유가 인정될 경우 뒤에 감경 요소로 검토될 컴플라이언스가 인정받기 어렵거나 단순히 서류상의 컴플라이언스로 폄하될 가능성이 높다.[190]

사실상 감경 요소가 기업 입장에서는 제일 중요하다고 할 수 있는데, 그 이유는 벌금 형량을 정하는 과정에서 기업이 유일하게 영향을 미칠 수 있는 요소들이기 때문이다. 양형기준에서 정한 감경 요소로는 (1) 법 위반 사항을 감시하고 예방하는 효과적인 컴플라이언스 프로그램의 존재 (2) 자진 신고, 협조 그리고 책임인정 여부이다. 전자는 기업의 평소 상태로서 사전적인 의미의 조치라고 한다면 후자는 범죄 발생 후의 기업의 태도로서 사후적인 의미의 조치이다. 양형기준은 효과적인 컴플라이언스 프로그램의 존재 자체만으로도 책임점수를 3포인트 감경할 수 있도록 정하고 있다.[191] 또한 양형기준은 효과적인 컴플라이언스 프로그램의 내용에 대해서도 구체적으로 7가지를 요구하고 있는데, (1) 범죄 행위 가능성을 상당히 줄일 수 있는 내부 기준과 절차 수립, (2) 내부 기준과 절차가 준수되는지 여부를 감독할 고위직 배정, (3) 불법행위에 가담할 소지가 있는 직원에게 재량권 부여시 상당한 주의 감독, (4) 내부 기준과 절차에 대해 모든 임직원 등과 효과적인 소통, (5) 내부 기준을 준수할 수 있도록 합리적인 조치 강구, (6) 상시적으로 기준을 집행할 수 있는 적절한 징계 제도 활용, (7) 범죄를 적발하고 향후 유사 범죄 재발을 방지하기 위한 합리적 조치 강구 등이 그것이다. 컴플라이언스 프로그램을 비롯해서 자진 신고, 수사협조 등 이상의 감경 요소들을 모두 갖

---

190) Emmett H. Miller III, 앞의 글, p.227 참조.
191) U.S.S.G § 8C2.5(f)(1).

출 경우 벌금의 95%까지 감경이 가능하며, 반대로 이상의 요소들을 전부 미비하였을 경우 400%까지 가중될 수 있다고 한다.[192]

이상의 내용을 보면 법인에 대한 양형기준은 소위 "채찍"과 "당근"을 조화롭게 사용하여 기업의 문화와 태도를 바꾸는 효과를 거둘 수 있도록 잘 짜여 있음을 알 수 있다.[193] 즉, 천문학적인 액수의 벌금 선고가 가능할 수 있도록 전제를 마련해 놓은 것이 "채찍"이라고 한다면 기업의 사전적인 컴플라이언스 수립과 사후적인 자진신고 및 협조 등을 통해 감경을 받을 수 있는 수단을 함께 마련해 놓은 것이 "당근"이다.[194] 이런 차원에서 법인에 대한 양형기준에서 가장 핵심적인 요소가 바로 컴플라이언스 프로그램이라고 할 수 있다.[195][196] 법인에 대한 양형기준 제정 당시만 해도 컴플라이언스 프로그램은 고사하고 윤리 규정조차도 없는 기업들이 다수였으나, 법인에 대한 양형기준 제정 이후에는 적어도 대기업들의 대부분은 컴플라이언스 프로그램을 신속히 구축하였다.[197]

---

192) Paul Fiorelli, "Will Us Sentencing Commission Amendments Encourage A New Ethical Culture Within Organizations?", 39 Wake Forest L. Rev. 565, (Fall, 2004), p.567; David Hess/ Robert S. McWhorter/ Timothy L. Fort, "The 2004 Amendments To The Federal Sentencing Guidelines And Their Implicit Call For A Symbiotic Integration of Business Ethics", 11 Fordham J. Corp. & Fin. L. 725, (2006), p.730.

193) Ilene H. Nagel/ Winthrop M. Swenson, 앞의 글, p.228 이하 참조.

194) Frank O. Bowman III, "Drifting Down The Dnieper With Prince Potemkin: Some Skeptical Reflections About The Place Of Compliance Programs In Federal Criminal Sentencing", 39 Wake Forest L. Rev. 671(Fall, 2004), p.678; John S. Baker, Jr., "Reforming Corporations Through Threats Of Federal Prosecution", 89 Cornell L. Rev. 310, (January, 2004), p.317.

195) Jeffrey S. Parker, 앞의 글, p.525.

196) 미국의 컴플라이언스 규제에 관한 연혁적 고찰에 대해서는 Miriam Hechler Baer, "Governing Corporate Compliance", 50 B. C. L. Rev. 949, (September, 2009), p.961 이하 참조.

197) 법인에 대한 양형기준이 compliance officer라는 완전히 새로운 직업의 탄생에 일조하였다고 한다. Diana E. Murphy, "The Federal Sentencing Guidelines For Organizations: A Decade Of Promoting Compliance And Ethics", 87 Iowa L. Rev.

사실 양형기준에서 컴플라이언스 프로그램은 벌금 산정의 참작요소로만 작용하는 것도 아니다. 앞서 언급한 바와 같이 미국 법과 양형기준은 기업에 대한 형사제재로 벌금 외에 보호관찰도 인정하고 있는데, 이 기업에 대한 보호관찰의 주요한 조건 혹은 내용 중에 하나로도 컴플라이언스 프로그램이 기능을 하고 있다. 우선 양형기준에 의하면 50인 이상의 직원이 근무하는 기업이 양형 시점에서 효과적인 컴플라이언스 프로그램을 구비하고 있지 않았다면 보호관찰을 의무적으로 부과하도록 하고 있다.[198] 즉, 보호관찰의 의무적 부과 상황 중에 하나로 효과적인 컴플라이언스 프로그램의 부재를 들고 있다. 뿐만 아니라 컴플라이언스 프로그램의 수립, 개선 등이 보호관찰의 조건 내지 내용의 중요한 요소 중 하나이다. 즉, 기업에 보호관찰을 부과할 때 기업으로 하여금 컴플라이언스 프로그램을 개선토록 하거나 컴플라이언스 프로그램의 수립, 개선 등과 관련한 일정 혹은 진행 상황을 법원에 보고토록 해서 승인을 받게 하는 등의 조건 부과가 가능하도록 하였다.[199] 결국 컴플라이언스 프로그램은 벌금 산정의 중요한 감경 요소로 작용함과 동시에 보호관찰의 조건 내지 내용의 중요한 요소로 기능함으로써 양형기준에서 마련한 중요한 두 개의 형사제재 즉, 벌금과 보호관찰에서 가장 중요한 지위를 차지하고 있다. 이는 기업에 대한 양형기준의 의도를 명확히 보여주는데, 결국 양형기준을 통해 기업이 스스로 범죄를 사전 방지하고 통제하는 시스템을 구축하게 하여 단순히 처벌에 그치는 것이 아니라 기업 시스템을 바꾸겠다는 의도가 깔려 있음을 알 수 있다.[200]

하지만, 이러한 양형기준과 이에 의한 컴플라이언스 프로그램의 광범

697, (January, 2002), p.710. 한편 미국에서 기업의 컴플라이언 프로그램에 대한 발달 과정은 Charles J. Walsh/ Alissa Pyrich, 앞의 글, p.649 이하 참조.

198) U.S.S.G § 8D1.1.(a)(3).

199) U.S.S.G § 8D1.4.(b).

200) 이런 차원에서 법인에 대한 양형기준이 제정된 후 10년 동안 미친 영향과 효과에 대한 글로는 Diana E. Murphy, 앞의 글, p.707 이하 참조.

위한 확산[201])에도 불구하고 엄한 기업형사책임을 레버리지로 기업의 컴플라이언스 프로그램 구축을 강제하는 방식에 대한 비난 역시 많았다. 그 내용도 다양하였는데, 우선 가장 대표적인 것은 위장 컴플라이언스(cosmetic compliance) 혹은 서류상 컴플라이언스(paper compliance)에 대한 우려이다.[202]) 즉, 실질적인 법준수 프로그램으로 작동하기 보다는 대외용의 보여주기식 컴플라이언스를 갖춰놓고 위장하기 쉽다는 지적이다. 혹자는 컴플라이언스의 역설까지도 주장하는데, 기업들이 실질적인 준법 의지 없이 단순히 컴플라이언스를 향후 수사나 기소에 대비해서 미리 가입해 놓는 보험 정도로 여길 수 있으며, 이럴 경우 오히려 직원들에게 도덕적 해이를 초래하여 불법행위가 조장되는 역설적인 현상이 발생할 수 있다는 것이다.[203]) 또한 컴플라이언스 프로그램이 값비싼 수단일 뿐 그만큼 효율적이지 않다는 지적도 있다.[204]) 즉, 기업 입장에서는 컴플라이언스 수립 운용에 막대한 비용이 투입되는데, 실제로 이를 통해 범죄가 예방되거나 감소한다는 실증적인 증거도 부족하고 실제 실무상 형량에 미치는 영향도 사실상 미미하다는 것이다. 나아가 본질적으로 기업 내부의 조직 관리 영역에 규제기관 특히 수사기관이 개입하여 관여하는 것에 대한 우려도 가시지 않았다.[205])

그러나 이와 같은 다양한 비난과 우려의 목소리 속에서도, 뒤에서 살펴보는 바와 같이 엔론 사태로 대변되는 일련의 대형 기업범죄 스캔들을 거치면서 컴플라이언스 프로그램에 대한 중요성은 오히려 더 강조되었으며, 법인에 대한 양형기준 역시 이를 더 강화하는 쪽으로 개정되었

---

201) John S. Baker, Jr., 앞의 글, p.316.
202) 대표적으로 Kimberly D. Krawiec, "Cosmetic Compliance And The Failure Of Negotiated Governance", 81 Wash. U. L. Q. 487, (Summer, 2003) p.491 이하 참조.
203) 대표적으로 William S. Laufer, "Corporate Liability, Risk Shifting and the Paradox of Compliance", 54 Vand. L. Rev. 1343(1999), p.1405 이하 참조.
204) 대표적으로 Frank O. Bowman Ⅲ, 앞의 글, p.681 이하 참조.
205) Miriam Hechler Baer, 앞의 글, p.975 이하 참조.

다. 사실 컴플라이언스 프로그램에 대한 비판도 단순히 이런 프로그램을 채택했다는 사실 자체가 중요한 것이 아니라 실질적으로 직원들의 행동에 영향을 미치는 기업 문화 자체가 진짜 중요하다는 취지로 요약할 수 있다.[206] 뿐만 아니라 대형 기업범죄 스캔들도 분석해 보니 엔론 같은 대기업에 컴플라이언스 프로그램 자체가 없어서 그런 일이 발생한 것이 아니라 그런 프로그램이 형식적으로 존재하기만 할 뿐이고 실제 기업 내부에서는 이를 무시하거나 아랑곳하지 않는 기업 문화가 팽배해 있어서 생긴 일이라는 평가가 지배적이었다.[207] 결국 이런 비판 및 대형 스캔들에 의한 반성적 고찰, 그리고 뒤에서 살펴 볼 2003년 톰슨 메모의 영향 등으로 인해 2004년 법인에 대한 양형기준은 주목할 만한 개정을 거치게 된다.[208] 그 요지는 기업들에게 효과적인 컴플라이언스 프로그램뿐만 아니라 윤리 프로그램의 수립도 요구하는 내용인데, 기업이 범죄를 예방하고 감지하는 컴플라이언스 프로그램을 구축하는데 그치지 않고 나아가 직원들이 윤리적 행동을 하고 법준수 의지를 갖도록 조장하고 고무하는 방향으로 기업 문화를 개선하도록 요구한다.[209]

아무튼 앞서 설명한 바와 같이 "채찍"과 "당근"으로 대변되는 기업 양형기준의 기본 원칙과 효과적인 컴플라이언스 프로그램 및 기업 문화 개선을 강조하는 추세 등을 입체적으로 이해하고 있어야 최근 FCPA 사건에 대한 처리 동향도 제대로 이해할 수 있다. 즉, FCPA 사건에서 어떻

---

206) 따라서 컴플라이언스 프로그램의 중요성을 인정하면서 다만 적절하고 실효성 있는 컴플라이언스 프로그램을 수립·운영한 기업에 대해서는 기업형사책임을 면책시킬 수 있는 compliance defense를 인정해야 한다는 의견도 많다. 대표적으로는 Charles J. Walsh/ Alissa Pyrich, 앞의 글, p.676 이하 참조.

207) Paul Fiorelli, 앞의 글, pp.567-568.

208) Christopher A. Wray/ Robert K. Hur, "Corporate Criminal Prosecution In A Post-Enron World: The Thompson Memo In theory And Practice", 43 Am. Crim. L. Rev. 1095, (Summer, 2006), p.1118.

209) 이에 대한 자세한 내용은 David Hess/ Robert S. McWhorter/ Timothy L. Fort, 앞의 글, p.737 이하; Paul Fiorelli, 앞의 글, pp.577 이하 참조.

게 천문학적인 액수의 벌금 부과가 가능할 수 있는지 뿐만 아니라 왜 다국적 기업들이 그토록 많은 비용과 자원을 투입하여 반부패 컴플라이언스 수립에 힘을 기울이는지, 내부 고발 등을 통해 위험 징후(red flag)를 발견하였을 때 왜 신속한 내부조사를 실시하는지, 나아가 위법행위가 발생하였을 때 왜 자발적으로 신고하는지 등등을 이해할 수 있다.

라. 수사 및 기소 여부 결정 단계

양형위원회가 양형 단계에서 법인에게 적용될 양형기준을 1991년 제정하였지만, 수사나 기소 여부 결정 단계에서 법인에게 적용할 기준은 1999년에서야 마련되었다. 1999년 미 법무부에서 나온 Holder Memo가 그것으로서 공식 명칭은 "Federal Prosecution of Corporations"이다. 이 Holder Memo는 연방검사들에게 기업에 대한 수사나 기소 여부의 결정에 대한 가이드를 주기 위한 목적으로 마련되었다. 특히 이 메모에는 기업에 대한 기소를 할 때 다음의 8가지 요소를 반드시 고려하도록 규정하였다. (1) 공공에 대한 위해를 포함한 범죄의 성격과 심각성, (2) 기업 집행부의 공모, 과오, 혹은 묵인 등을 포함한 기업 내 비위의 만연성, (3) 기존 형사, 민사, 행정 제재 전력을 포함하여 유사 전과, (4) 비위에 대한 기업의 시의적절하고 자발적인 공시 및 필요하다면 변호사-의뢰인 비밀특권과 변호사 작업 관련 비밀특권의 유보를 포함한 수사에 대한 기업의 협조 의지, (5) 컴플라이언스 프로그램의 존재 및 적정성, (6) 효과적인 컴플라이언스의 수립 내지 향상, 담당 책임자의 교체, 비위자 징계, 피해자에 대한 배상, 관련 당국에 협조 등을 포함한 기업의 교정 행위, (7) 주주나 책임 없는 직원 등에게 부적절한 피해가 가는 것을 포함한 부수적으로 초래될 결과, (8) 민사나 행정 제재 등 비형사적 처리 방안의 적정성 등이 고려해야할 요소들이다.

미 연방검찰의 기업에 대한 소추기준으로 최초 마련된 홀더 메모의 특징으로는 양형위원회가 제정한 기업에 대한 양형기준의 영향을 많이 받았다는 점과 기업 컴플라이언스가 양형 단계뿐만 아니라 수사나 기소 단계에서도 큰 영향을 줄 수 있다는 점을 꼽을 수 있다. 아무튼 1980년 대 주요 연방범죄의 벌금형 현실화를 위한 법정비 작업부터 시작된 기업형사책임의 실질적 구현을 위한 작업의 토대는 1990년대 양형위원회 의 '법인에 대한 양형기준' 제정과 법무부의 '법인에 대한 소추기준' 마련으로 일단락되었다. 하지만, 위와 같이 기업범죄에 효과적으로 대처하기 위한 미 정부, 의회, 법원의 합동 노력에 찬물을 끼얹는 사건이 21세기 시작과 동시에 발생하였는데, 바로 엔론 사태로 대변되는 초대형 기업범죄 스캔들의 속출이다. 당시 미국에서 10위 안에 드는 대기업인 엔론의 대규모 회계부정 스캔들만으로도 큰 충격이었는데, WorldCom, Adelphia 등 대기업들의 기업범죄 스캔들이 줄줄이 터지자 2002년 당시 미국 부시 행정부는 기업범죄 특별수사팀(Corporate Fraud Task Force)을 발족하여 대대적인 기업범죄 수사210)를 펼치는 한편 미 의회는 유명한 Sarbanes-Oxley Act를 제정하게 된다.

또한 홀더 메모 역시 수정이 불가피하게 되었는데, 기업범죄의 심각성에 대해 제대로 각성하게 된 미 법무부가 기업범죄의 억지를 위해서는 개인에 대한 처벌만으로는 부족하고 기업형사책임을 통해 기업 문화의 개선이 필요함을 절실히 깨닫게 되었으며, 바로 그와 같은 배경에서 홀더 메모를 대체하는 톰슨 메모를 2003년에 내놓게 된다.211)212) 홀더

---

210) 당시 미 행정부의 기업범죄와의 전쟁 선포가 초래한 형사소송절차의 새로운 추세에 대한 자세한 서술은 Lisa Kern Griffin, "Compelled Cooperation And The New Corporate Criminal Procedure", 82 N.Y.U. L. Rev. 311, (May, 2007), p.313 이하 참조.
211) 톰슨 메모의 탄생 배경 및 자세한 내용에 대해서는 Christopher A. Wray/ Robert K. Hur, 앞의 글, p.1101 이하 참조.
212) 이 영향으로 법인에 대한 양형기준도 2004년 수정을 거친다. David Hess/ Robert S. McWhorter/ Timothy L. Fort, 앞의 글, p.737 이하 참조.

메모와 대비해서 볼 때 톰슨 메모의 특징은 (1) 기업의 수사 협조 강조, (2) DPA나 NPA[213]와 같은 대체종결 수단(새로운 협상방식) 활용, (3) 기업 컴플라이언스 강조, (4) 개인에 대한 형사처벌 강조, (5) 범죄의 심각성 등을 들 수 있다.[214]

하나씩 간략히 살펴보면 우선 톰슨 메모는 기업의 수사 협조를 보다 강조하고 있는데, 기업이 혐의 사실에 대한 신속하고 효과적인 노출에 대한 장애를 유발하는 행위를 할 경우 그 정도가 사법방해에 이르지 않더라도 기업에 대한 기소 결정에 영향을 미치는 쪽으로 평가를 하겠다는 내용을 담고 있다. 이는 사실 기업의 수사 협조의 진정성 여부를 실질적으로 평가하겠다는 엄포로서 실무상으로는 기업의 신속하고 자발적인 비위 신고,[215] 변호인-의뢰인 비밀특권 등의 포기, 비위행위의 실제 책임자인 개인 임직원에 대한 내부조사 결과 공유 등의 독려 내지는 사실상 강요의 형태로 발현되어 그 후 많은 논란거리를 양산하였다.[216]

대체종결 수단의 활용을 살펴보면 기존에는 무혐의 종결이나 기소 사이의 양자택일 결정을 하였는데, 그 외에도 기업과 검찰 사이에서 기업에 벌금을 포함하여 일정한 의무를 부과하는 조건으로 기소유예나 불기소를 합의하는 대체종결 수단 활용에 대한 지침을 담고 있다. 원래 이 DPA나 NPA는 소년범이나 마약사범에게 활용되던 사건처리 방식이었는

---

213) DPA와 NPA의 개념, 방식 및 차이에 대해서는 Leonard Orland, 앞의 글, p.56; Erik Paulsen, "Imposing Limits On Prosecutorial Discretion In Corporate Prosecution Agreements", 82. N. Y. U. L. Rev. 1434, (November, 2007) p.1437 이하 참조.

214) Christopher A. Wray/ Robert K. Hur, 앞의 글, p.1102 이하 참조.

215) 사실 기업의 자발적 신고(voluntary disclosure program)의 기원은 공교롭게도 바로 FCPA 제정 배경인 1970년대 SEC의 해외뇌물에 대한 대대적인 수사에서 비롯된다. 당시 SEC가 기업들에게 자체적으로 내부조사를 하고 그 결과를 SEC에 보고할 경우 선처를 하겠다는 취지로 유도하기 위해 고안한 프로그램이 원조인 셈이다. Christopher A. Wray/ Robert K. Hur, 앞의 글, p.1108.

216) 이에 관한 자세한 내용은 Lisa Kern Griffin, 앞의 글, p.318 이하 참조; Preet Bharara, 앞의 글, p.87 이하 참조.

데, 이를 기업범죄 사건에서도 활용하기로 한 것이다.[217)218)] 기업에 대한 기소 결정이 초래하는 결과나 부수효과가 심각하기 때문에 기업에 대한 기소를 최소화하면서도, 기업에 대해 그냥 면죄부를 주는 것이 아니라 약정된 벌금 납부를 포함하여 컴플라이언스 개선, 일정 기간 모니터 수용 등의 의무를 부과하여 실질적으로는 형벌과 보호관찰의 효과를 함께 거둘 수 있는 장점이 있다.[219)]

다음으로 기업 컴플라이언스 강조 역시 톰슨 메모의 특징이다. 홀더 메모에서도 기업 컴플라이언스는 중요한 고려 요소였지만, 톰슨 메모에서는 기업의 컴플라이언스 프로그램이 단순히 서류상의 프로그램에 불과한지 아니면 실질적으로 효과적인 프로그램인지 여부에 대한 심사가 중요하다는 점을 강조하였다. 그러면서 이를 판단하기 위해 확인해야 하는 구체적인 질의 사항들을 추가하여 연방 검사들에게 좀 더 충분한 가이드를 제공하였다.

또한 톰슨 메모에서는 개인 책임자에 대한 형사처벌의 중요성을 강조하면서 기업이 스스로 처벌 받음으로써 책임 있는 임직원을 보호하는 경우는 없어야 함을 경고하였다. 따라서 기업에 대한 기소시 고려해야 할 요소로서 '기업범죄에 책임 있는 개인에 대한 소추의 적정성'을 추가하였다. 즉, 책임 있는 개인에 대한 소추를 통한 응보 효과나 억지 효과 등을 충분히 거둘 수 있는지 여부가 기업 자체에 대한 소추 역시 필요한

---

217) Christopher A. Wray/ Robert K. Hur, 앞의 글, p.1103.

218) 톰슨 메모를 통해 DPA와 NPA의 급증에 대해 자세한 분석은 Leonard Orland, 앞의 글, p.56 이하 참조; Brandon L. Garrett, "Structural Reform Prosecution", 93 Va. L. Rev. 853, (June, 2007), p.888 이하 참조.

219) DPA와 NPA의 장점과 효과에 대해서는 Joe Albano/ Alexander Sanyshyn, "Corporate Criminal Liability", 53 Am. Crim. L. Rev. 1027, (Fall, 2016), p.1042 이하 참조. 한편 DPA와 NPA에 대한 의존이 미국의 기업형사책임 원칙을 훼손한다는 주장에 대해서는 David M. Uhlmann, "Deferred Prosecution And Non-Prosecution Agreements And The Erosion Of Corporate Criminal Liability", 72 Md. L. Rev. 1295, (2013), p.1332 이하 참조.

지에 대한 고려 요소 중 하나로 작용할 수 있게 하였다.[220]

끝으로 톰슨 메모는 죄질과 범죄의 심각성에 따라서는 아무리 다른 요소를 참작하더라도 기업의 기소를 피할 수 없는 사건이 있다는 명시적 경고도 하였다. 즉, 해당 기업범죄의 불법성이 너무 심각하고 죄질이 너무 불량할 경우에는 그런 기업은 아무리 수사에 협조하고 컴플라이언스 개선을 담보한다고 하더라도 기소를 피할 수 없다는 명시적인 경고를 하였다.

이러한 톰슨 메모를 통해서 검찰수사에 대한 기업의 한층 강화된 협조, 새로운 협상방식 활용의 급격한 증가, 기업 컴플라이언스의 중요성에 대한 인식 강화 등의 긍정적인 효과를 거두었고,[221] 무엇보다도 FCPA를 비롯하여 미 연방검찰의 기업범죄 수사 및 처분에 대한 오늘날의 실무상 기틀이 마련되었다. 물론 수사 협조에 대한 지나친 강조로 인해 사실상 강요라는 취지의 반발과 아서 앤더슨 사건의 후폭풍 등으로 인하여 2006년 McNulty 메모[222]나 2008년 Filip 메모 등을 통해 기업의 수사협조의 내용과 방식 등에 대한 수정을 거쳐 일정 부분 완화되기는 하였지만, 큰 틀에서는 지금의 모습과 크게 다르지 않다.[223]

---

220) 사실 기업으로부터 수사협조를 강조하면서 기소보다는 DPA나 NPA의 형태로 사건을 종결하는 혜택을 부여하는 이유 중에 하나가 실제 범죄를 저지른 임직원에 대한 색출을 보다 용이하게 하고, 개인에 대한 처벌을 보다 강화하려는 데에도 있다. Lisa Kern Griffin, 앞의 글, p.318 이하 참조.

221) 톰슨 메모의 효과에 대한 자세한 분석은 Christopher A. Wray/ Robert K. Hur, 앞의 글, p.1135 이하 참조.

222) McNulty 메모에서 수정한 내용은 Preet Bharara, 앞의 글, p.84 이하 참조.

223) 톰슨 메모 이후 연방검사의 지나치게 막강하고 광범위한 재량권 행사에 대한 적절한 제한과 통제 필요성에 대한 논의가 이어졌고, 이를 법무부 나름대로 수용하고 개선하는 방식으로 개정이 이루어졌다. Erik Paulsen, 앞의 글, p.1448 이하 참조.

마. 특징

결국 미국의 기업형사책임은 20세기 초에 판례를 통해 비교적 일찍 인정되었지만, 실질적으로 오늘날의 모습은 21세기 초에서야 완성되었다. 특히 1980년대 미 의회의 형사벌금형에 대한 현실화 작업부터 시작하여 1990년대 양형위원회의 법인에 대한 양형기준 마련 그리고 2000년대 미 법무부의 법인에 대한 수사 및 기소 기준에 관한 일련의 메모들을 통해 오늘날의 기틀이 확립되었다. 그리고 이렇게 기틀이 완성된 미국의 기업형사책임은 최근 10년 사이에, 특히 FCPA 사건을 통해서, 그 진면목이 여실히 드러나고 있다. 최근의 미국 기업형사책임의 특징224)을 간략히 요약하면 다음과 같다.

첫째, 채찍이 확실하다. 즉, 기업 뇌물 사건에 부과할 수 있는 기업형사책임의 내용과 강도가 우리와는 비교할 수 없을 정도로 엄하다. 범죄수익을 토해내게 만드는 이익환수(disgorgement)제도와 별도로 범죄수익의 2배 범위 내에서 형사 벌금도 부과할 수 있어서 일단 이익 추구형 뇌물인 기업 뇌물에 대한 확실한 응보효과 및 억지효과를 담보할 수 있다. 뿐만 아니라 수 년 동안의 사법감시, 컴플라이언스 개선 의무 부과 등의 다양한 보호관찰 역시 금전적 제재와 함께 부과할 수 있어서 기업형사책임의 내용도 훨씬 풍부할 뿐만 아니라 이를 통해 기업문화 개선 등의 교정효과도 노릴 수 있다.

둘째, 채찍뿐만 아니라 당근 역시 확실하다. 위와 같은 엄한 기업형사책임을 레버리지로 활용하여 기업 스스로 효과적인 사전 예방시스템, 즉 컴플라이언스를 구축하도록 유도하기 위해서 양형 단계뿐만 아니라 수사 및 기소 단계에서도 효과적인 컴플라이언스 프로그램을 유지한 기

---

224) 이에 관한 자세한 분석은 Pamela H. Bucy(d), "Trends In Corporate Criminal Prosecutions", 44 Am. Crim. L. Rev. 1287, (Fall, 2007), p.1288 이하 참조; Brandon L. Garrett, 앞의 글, p.854 이하 참조.

업에 대한 감형 등의 호의적인 조치를 당근으로 활용한다. 앞서 언급한
바와 같이 법인에 대한 양형기준에서 사실상 기업이 형량에 영향을 미
칠 수 있는 요소는 컴플라이언스가 유일하다. 그리고 미 법무부에서 법
인에 대한 수사 및 기소 기준으로 마련한 일련의 메모들에서도 마찬가
지이다. 즉, 평소 기업 스스로 효과적인 컴플라이언스 프로그램을 수립
하여 운영하였다면 설령 임직원 개인의 일탈로 인해서 뇌물 사건이 발
생하였다고 하더라도 이 효과적인 컴플라이언스 프로그램을 수사, 기소
및 양형 단계에서 적극적으로 주장하고 활용하여 벌금액 산정에서 최대
한의 감경을 받거나 심지어 불기소 처분까지도 이끌어 낼 수 있다. 따라
서 기업 입장에서는 평소 효과적인 컴플라이언스 프로그램을 운영하는
쪽으로 움직일 수밖에 없는데, 이를 통해 직원들의 비위행위를 사전에
예방하거나 감지해 낼 수 있을 뿐만 아니라, 설사 이를 실패하더라도 사
후적으로도 기업이 유일하게 의지할 수 있는 방어책이 컴플라이언스 프
로그램 밖에 없기 때문이다.

셋째, 이러한 채찍과 당근 정책으로 인해 기업의 자발적 신고 및 다
양한 협상을 통한 사건종결 실무가 광범위하게 형성되어 있다. 즉, 기업
이 직원의 비위 혐의를 발견하였을 경우 이를 은폐하거나 축소하기 보
다는 로펌이나 회계법인 등을 동원하여 자체적으로 철저한 내부조사를
진행하고, 이를 통해 사건의 실체를 파악한 후 만약 법위반 사실이 확인
될 경우 이를 검찰 등 수사기관에 자발적으로 신고하고 향후 수사에 적
극적으로 협조하는 경향이 뚜렷하다. 여기에는 여러 가지 이유가 있겠
지만,[225] 이와 같은 내부조사 및 자발적 신고는 그 자체로 수사기관으로
부터 점수를 따는 행동임과 동시에, 무엇보다도 그 기업이 평소 효과적

---

225) 자발적 신고를 촉진하는 다양한 형태의 유인들(incentives)에 대한 자세한 소
    개는 Pamela H. Bucy(d), 앞의 글, p.1293 이하 참조. 한편 톰슨 메모 이전부터
    다양한 규제기관들이 채택하고 있는 자발적 신고의 혜택들에 대해서는
    Christopher A. Wray/ Robert K. Hur, 앞의 글, p.1108 이하 참조.

인 컴플라이언스를 운영하고 있음을 실제로 보여주는 좋은 증거이므로 향후 수사기관의 처분 및 양형 단계에서 관대한 처분을 받을 수 있는 근거로 작용할 수 있기 때문이다. 나아가 내부조사, 자발적 신고 및 수사협조로 이어지는 트렌드가 형성되다 보니 종국적으로도 기업이 당해 사안에 대해 정식으로 기소되어 재판으로 가기 보다는 실질적으로는 기업과 검찰 사이에 DPA나 NPA 등 다양한 협상제도를 통해 사건을 종결하는 실무 관행이 광범위하게 정착되고 있다.226) 기업 입장에서는 결과와 피해를 장담할 수 없는 재판을 감내해야 하는 위험을 피할 수 있어서 좋고, 검찰 입장에서는 협상 조건에 따라 거액의 징벌금이나 일정기간 동안의 사법감시, 컴플라이언스 개선 등의 다양한 제재수단은 부과하면서도 사건을 효율적으로 조기에 종결할 수 있어 선호하는 방식이다.

결국 엄한 기업형사책임을 전제로 효과적인 컴플라이언스 수립과 나아가 기업문화 자체를 바꾸는 방향으로 유도하고 문제가 발생하였을 경우도 기업과 검찰이 협조하고 협의하여 사건을 처리하는 특징으로 요약할 수 있다.

---

226) 이에 대한 자세한 소개는 Pamela H. Bucy(d), 앞의 글, p.1301 이하 참조.

제2절 영국

1. 뇌물죄 개관

영국은 2010년 UK Bribery Act를 제정하여 굉장히 독특한 뇌물법 체계를 구축하고 있다. 사실 이 법을 제정하기 전에는 영국의 뇌물 관련 법규가 여러 법[227]에 산재해 있었을 뿐만 아니라 내용도 일관되지 않거나 명확하지 않은 부분이 많았다.[228] 심지어 OECD를 비롯한 국제사회로부터 영국 정부가 부패나 뇌물에 대해 제대로 대응하지 못한다거나 의지가 부족하다는 비난을 받기도 할 정도였다.[229] 이러한 문제점 내지 비난을 심각하게 받아들인 영국 정부와 의회가 절치부심 끝에 내 놓은 야심작이 바로 2010년에 제정된 영국 뇌물법이다. 이 법의 입법과정을 보면 FCPA가 많은 영향을 미쳤음은 물론이나 뒤에서 살펴보는 바와 같이 그 내용 면에서는 오히려 차제에 FCPA를 뛰어 넘어 국제사회의 모범이 되는 뇌물법을 제정할 의도가 있었던 것으로 보인다.[230] 입법 형식도 독특

---

227) 예컨대, common law 상의 뇌물죄도 있을 뿐만 아니라 성문법 조항도 the Public Bodies Corrupt Practices Act 1889, the Prevention of Corruption Act 1906, the Anti-terrorism, Crime and Security Act 2001 등이 있다. Margaret Ryznar/ Samer Korkor, "Anti-Bribery Legislation In The United States And United Kingdom: A Comparative Anaysis Of Scope And Sentencing", 76 Mo. L. Rev. 415, (Spring, 2010), pp.434-435.

228) Jessica A. Lordi, "The U.K. Bribery Act: Endless Jurisdictional Liability On Corporate Violators", 44 Case W. Res. J. Int'l L. 955, (2012), pp.969-970; Margaret Ryznar/Samer Korkor, 앞의 글, p.439.

229) Dominic Saglibene, "The U.K. Bribery Act: A Benchmark For Anti- Corruption Reform In The United States", 23 Transnat'l L. & Contemp. Probs. 119, (Spring, 2014), p.131 이하 참조.

해서 영국 뇌물법은 국내뇌물죄와 해외뇌물죄를 하나의 법안에서 규율하고 있을 뿐만 아니라 국내뇌물죄에 대해서도 공적영역의 뇌물과 사적영역의 뇌물을 구분하지 않고 함께 규율하는 특징을 보이고 있다.

우선 20개의 조문으로 구성된 동법에서 범죄의 유형과 관련된 조문은 제1조, 제2조, 제6조, 제7조 등 4개의 조문이라고 할 수 있다. 여기서는 4개의 조문을 중심으로 간략히 살펴보도록 하자.[231] 우선 제1조는 우리식의 뇌물공여나 배임증재에 대응하는 조문이다. 즉, 뇌물을 공여하거나 공여의 의사표시를 하는 측을 규제하는 조문으로 영어로는 흔히 active bribery로 표현한다. 다음으로 제2조는 우리식의 뇌물수수나 배임수재에 대응하는 조문이다. 즉, 뇌물을 요구하거나 수수하는 측을 규제하는 조문으로 영어로는 흔히 passive bribery로 표현한다. 앞서 언급한 바와 같이 뇌물을 받는 측이 공무원인지, 민간인인지 여부는 구분하지 않고 있다. 이는 바로 밑에 있는 제3조를 보면 더욱 명확하다. 제3조는 우리식의 직무관련성 혹은 업무관련성에 관한 정의 규정과 유사한데, 그 업무의 성격이 공적인 것이든, 사적인 것이든 모두 포함함을 명시적으로 표시하고 있다. 제6조는 해외뇌물죄에 관한 규정이다. 동 조문 안에 구성요건, 외국 공무원의 범위, 예외사유 등의 내용을 모두 담고 있다. 우선 우리와 마찬가지로 외국 공무원에게 뇌물을 제공하는 측, 즉 active bribery만 처벌한다. 외국 공무원의 범위와 관련해서도 우리 법과 비슷하다. 즉, 입법, 행정, 사법 공무원을 가리지 않으며, 공공기관 혹은 공기업 임직원 및 공적 국제기구 업무 수행자도 포함한다. 다만 공공기관이나 공기업에 대한 부연설명은 없다. 또한 FCPA와 달리 급행료 예외 조항도 없다. FCPA의 적극적 항변 사유 중 하나인 판촉비(promotion expenses)

---

230) Dominic Saglibene, 앞의 글, pp.131-132.
231) 영국 뇌물법 조문에 대해 비교적 자세히 소개한 국내 문헌은 박경철, "영국의 반부패전략과 반부패법제", 강원법학 제47권, 강원대학교 비교법학연구소, (2016. 2.), p.12 이하 참조.

조항 역시 없다. 다만, 외국 공무원이 속한 국가의 법령 및 판례에 의하여도 그 지급이 허용되거나 요구되지 않아야 한다고 규정하고 있어 이 부분은 우리 법이나 FCPA와 유사하다.

이상 제1조, 제2조, 제6조의 형사처벌은 개인뿐만 아니라 법인도 가능하다. 위 조문들의 주어는 모두 "a person"인데 여기에는 개인과 법인이 모두 포함되며, 이는 미국 법과 동일하다.[232] 영국의 기업형사책임과 관련 규정에 대해서는 뒤에서 보다 자세히 설명하도록 하겠다.

아무튼 개인과 법인을 모두 처벌하기 때문에 동법 제11조에서 개인과 법인의 법정형을 정하고 있는데, 개인(an individual)에 대해서는 동조 제1항에서, 법인(any other person)에 대해서는 동조 제2항에서 규정하고 있다. 일단 개인은 최대 10년 이하의 징역이나 벌금형(병과 가능)에 처할 수 있고, 법인은 벌금형에 처할 수 있다. 문제는 벌금형의 경우 개인이나 법인 모두 상한이 없다는 점이다. 사실 영국 뇌물법은 독특한 체계 외에도 이 무제한의 벌금형으로 유명하다. 원래 영국은 중범죄의 경우 벌금의 상한과 하한이 없으며 적정한 벌금의 양을 결정하기 위한 계산 체계 없이 당해 사건의 법원이 재량적으로 결정하였다고 한다. 그런데 역사적으로 이러한 재량적인 접근법은 법인에 대해 아주 경한 벌금형을 선고하는 바람직하지 못한 형태로 나타나곤 했다고 한다.[233] 하지만 최근에 양형기준위원회에서 양형기준을 마련하여 벌금형의 실질적인 상향이 가능하게 되었다. 뇌물법과 관련해서도 양형기준[234]이 마련되어 있

---

232) 영미법상 기업형사책임론의 발달 과정에 대한 연혁적 고찰에 대해서는 Markus D. Dubber, "The Comparative History And Theory Of Corporate Criminal Liability", 16 New Crim. L. Rev. 203, (Spring, 2013), p.218 이하 참조. 국내문헌으로는 송기동, "영미 기업범죄 형사책임의 전개", 형사정책 제20권 제2호, 한국형사정책학회, (2008), p.41 이하; 고창윤, "기업의 형사책임에 관한 연구 – 비교법적 고찰을 통하여 –", 석사학위논문, 관동대학교 대학원, (2006), p.49 이하 참조.

233) 김성룡/권창국(b), "외국의 기업책임법제 및 도입가능성 연구", 사단법인 한국형사소송법학회, (2014. 12.), p.49.

는데, 이에 의하면 법인에 대한 벌금형 산정은 10가지 step에 따라 결정
하도록 규정하고 있다. 여기서 상론할 여유는 없으나 특징적인 부분만
살펴보면 우선 피해자에 대한 보상이 맨 처음 고려 대상이며 범죄수익
에 대한 몰수가 그 다음 고려 대상이다. 즉, 벌금 액수 산정 전에 피해자
에 대한 보상과 범죄수익에 대한 몰수(confiscation)[235]라는 금전적인 제
재를 먼저 하고 이를 감안해서 벌금액수를 산정한다는 의미이다. 세 번
째 스텝이 범죄 카테고리를 정하는 것인데, 이 때 고려하는 것이 비난가
능성(culpability)와 손해(harm)이다. 뇌물죄의 손해 산정과 관련한 설명을
보면, 통상 범죄로 인해 얻은 계약의 총수익(gross profit)이라고 한다.[236]
그리고 다섯 번째 스텝이 벌금액의 조정 단계인데, 이때 법원은 피해자
에 대한 보상, 범죄수익 몰수 및 벌금을 합한 금액이 모든 범죄수익을
박탈할 수 있어야 하고, 추가적으로 적절한 처벌효과를 거둘 수 있어야
하며, 향후 범죄억지효과까지 낼 수 있을 수준이 되어야 한다는 목표 달
성을 염두에 두고 벌금액 조정을 하여야 한다. 따라서 영국은 뇌물죄에
기업형사책임이 있을 뿐만 아니라 그 책임의 내용도 범죄로 얻은 이익
을 확실히 박탈한과 동시에 처벌효과 및 억지효과도 달성할 수 있는 수
준임을 알 수 있다.

　　한편 영국 뇌물법에는 제7조에서 뇌물방지실패죄라는 독특한 기업범

) 정식명칭은 The Sentencing Council's Definitive Guideline on Fraud, Bribery and Money Laundering 이다. https://www.sentencingcouncil.org.uk/wp-content/uploads/Fraud-bribery-and-money-laundering-offences-Definitive-guideline2.pdf (2018. 1. 15. 최종방문)

235) 뇌물법 관련 양형기준에 의하면 범죄수익에 대한 몰수는 영국 뇌물법 제1조, 제2조, 제6조를 위반한 개인에 대해서도 양형 단계에서 반드시 고려하도록 하고 있다. 따라서 영국에서는 수수한 뇌물뿐만 아니라 뇌물 제공을 통해 얻은 이익까지 몰수할 수 있음을 알 수 있다. 개인이든 기업이든 범죄수익에 대한 몰수는 범죄수익법(the Proceeds of Crime Act 2002)에 따라 이뤄진다.

236) 뒤에서 살펴볼 영국뇌물법 제7조상의 뇌물방지실패죄의 경우에는 뇌물방지를 위해 적절한 조치를 하지 않음으로써 피하게 된 비용을 손해로 본다고 한다.

죄를 신설하였는데, 뇌물법 차원에서 뿐만 아니라 기업형사책임 차원에서도 매우 특이한 조항이다. 따라서 이에 대해서는 항을 바꿔 영국의 기업형사책임에 대한 간략한 설명 후에 보다 자세히 살펴보겠다.

2. 기업형사책임

가. 개요

영국의 기업형사책임 전반에 대한 설명은 연구 범위를 벗어나므로 여기서는 영국 뇌물법상의 기업형사책임을 설명하기 위한 전제 작업으로서 필요한 범위에서 영국의 기업형사책임에 대해 설명하겠다. 영국에서는 일반적으로 18세기까지는 기업형사책임을 인정하지 않다가 19세기부터 기업형사책임을 인정하기 시작하였다고 한다.[237] 그리고 그 이론적 근거로는 민사법 분야에서 먼저 고안되었던 대위책임 이론을 법인의 형사책임의 근거로 차용하는 이론 구성이 시도되었다.[238] 즉, 법인은 그 구성원의 행위로 인해 발생한 결과에 대해 대위책임을 져야 한다는 이론을 기업형사책임의 근거로 차용하였다.[239] 하지만 대위책임 이론이 모든 범죄에 적용될 수 있는 것은 아니며 통상 개별 처벌규정에 대한 해석을 통해 그 적용 여부가 결정되었다고 한다.[240] 대위책임 이론은 피고

---

237) Markus D. Dubber, 앞의 글, p.218.
238) 김호기/김택수/최준혁, "주요 국가의 기업의 형사처벌 방법에 대한 연구", 한국형사정책연구원 연구총서 10-17-05, (2010. 12.), p.86 이하 참조.
239) 이천현/윤지영/임정호, "불법행위로 이득을 취득한 기업의 형사책임에 관한 연구", 형사정책연구원 연구총서 14-AB-04, 한국형사정책연구원, (2014. 12), p.34.
240) the Joint Guidance on Corporate Prosecutions(2009), pp.2-3 참조. 동 가이드는 영국 DDP(the Director of Public Prosecution), SFO(Serious Fraud Office) 등 수사 및 기소 당국에서 함께 제작한 것으로 기업형사책임에 대한 영국 정부의 해석을 담고 있다. 이에 의하면 대위책임 이론이 적용될 수 있는 범죄는 공공위해죄와 같은 커먼로 상의 일부 범죄, 도로교통법(the Road Traffic Act 1988) 상의 범

용인의 범죄행위로 인한 책임을 고용인에게 부담시킬 수 있는 길을 열
어주었다는 측면에서 의미가 있으나 대위의 대상은 객관적인 범죄행위
에 한하고 행위자의 주관적인 귀책사유는 제외된다는 점에서 동 이론이
적용될 수 있는 범죄의 유형은 매우 한정적이라고 한다. 즉, 주관적 구
성요건의 실현이 요구되는 대부분의 범죄에 있어서 법인의 형사책임 인
정할 수 없게 되는 단점이 있다.[241] 이러한 단점 내지 공백을 커버하기
위해 등장한 이론이 바로 동일시이론(identification theory)인데, 이는 법
인의 일정한 구성원의 행위를 곧바로 법인의 행위로 간주함으로써 법인
의 형사책임을 인정하는 이론이다.[242] 동 이론은 법인의 구성원 중에서
법인의 경영 의사와 의지(directing mind and will)를 대리하는 자, 즉 경
영진의 경우에는 그의 행동과 의사를 그대로 법인에게 귀속시켜서 법인
의 행동과 의사로 간주할 수 있다는 이론이며,[243] 영국 판례를 통해서도
인정되고 있다.[244] 동일시 이론은 주관적 구성요건이 충족될 것을 요구
하는 범죄에도 법인의 형사책임을 인정할 수 있다는 점에서 종래의 대
위책임 이론보다 진일보하다고 평가받지만 법인과 동일시 할 수 있는
경영진의 범위를 어떻게 보느냐에 따라 실제 적용범위가 매우 제한될
수 있다. 특히 영국 법원이 판례를 통해 동일시 이론이 적용될 수 있는
경영진의 범위를 이사회, 이사, 임원 등 최고위층에 한정시킴으로써 그
범위를 매우 좁혀 놓았다.[245] 따라서 실무상으로 동일시 이론을 통해 기
업형사책임을 인정받는 데 상당한 제한이 있는 것은 사실이나,[246] 뇌물

죄 등에 흔하다고 한다.

241) 이천현/윤지영/임정호, 앞의 글, p.36.

242) 동일시이론의 발달 과정 및 내용에 대한 자세한 설명은 권수진, "기업처벌론",
    형사정책연구원 연구총서 10-17-02, 한국형사정책연구원, (2010. 12.), p.72 이
    하; 김호기/김택수/최준혁, 앞의 글, p.96 이하 참조.

243) the Joint Guidance on Corporate Prosecutions(2009), p.4.

244) Lennards Carrying Co and Asiatic Petroleum [1915] AC 705, Bolton Engineerign Co
    v GRaham [1957] 1 QB 159 등.

245) Tesco Supermarkets Ltd v Nattrass [1972] AC 153.

죄와 같이 주관적 요건(mens rea)이 요구되는 범죄에서 기업형사책임의 근거가 되는 이론은 동일시 이론이며 영국 뇌물법 역시 동일시 이론을 채택하였다. 동법 제14조에 의하면 제1조, 제2조, 제6조의 범죄가 기업의 중역(senior officer)247) 혹은 사실상 중역과 같은 권한을 가진 사람의 동의나 묵인, 방조에 의해 저질러졌을 경우 기업 역시 유죄의 책임을 진다고 명시하고 있어 동일시 이론을 따르고 있음을 알 수 있다.

하지만, 영국 뇌물법에는 기존의 동일시 이론에 기반을 둔 기업형사책임 외에도 완전히 획기적이고 새로운 형태의 기업형사책임도 도입하였는데, 바로 제7조의 뇌물방지실패죄가 그것이다. 동 조항이 기업형사책임 차원에서 독특한 이유는 사실상의 결과 책임을 묻는 엄격책임(strict liability) 조항이라는 점 외에도 자연인 처벌을 전제하지 않고 법인 자체만 처벌하는 새로운 형태의 조항이라는 점이다. 즉, 동 조항의 적용대상자는 오로지 상사조직(commercial organisation)일 뿐 자연인은 해당되지 않는다. 기존의 대위책임 이론이나 동일시 이론이 모두 자연인의 행위와 처벌을 전제로 한 상태에서 이를 법인에게 어떤 방식으로 귀속시킬 수 있는지에 관한 근거를 제시하는 이론이었다는 점에서 보면 영국 뇌물법 제7조에서 도입한 기업형사책임은 매우 획기적이라고 할 수 있다. 즉, 입법을 통해 자연인의 행위와 처벌에 의존하지 않는 기업형사책임을 새롭게 탄생시켰다는 데에 큰 의의가 있으며, 나아가 그러한 획기적인 시도를 바로 "기업 뇌물(corporate bribery)"에 대처하기 위해 특별히 고안

---

246) 이러한 문제점으로 인하여 최근 영국의 the Law Commission에서 기업형사책임에 관한 전반적인 재점검 작업을 통해 동일시 이론에 상당한 불확실성이 있음을 인정하고 국회의 입법을 통해 뇌물법 제7조와 같은 특정 기업범죄를 개발하는 것을 권고하는 자문보고서를 내기도 하였다. http://www.lawcom.gov.uk/app/uploads/2015/06/cp195_Criminal_Liability_consultation.pdf (2018. 1. 15. 최종방문)

247) 제14조에 의하면 중역(senior officer)의 의미를 director, manager, secretary 또는 기타 유사한 임원 등이라고 한다.

한 범죄유형에 최초로 적용한 것이다. 뇌물방지실패죄의 구체적인 요건 및 내용에 대해서는 항을 바꿔 살펴보자.

나. 뇌물방지실패죄

영국 뇌물법 제7조의 뇌물방지실패죄는 한마디로 (영국과) 관련된 상사조직(relevant commercial organisation)의 임직원, agent, 자회사 등 관련자(associated person)가 그 상사조직을 위해 사업을 획득하거나 사업과정에 유리한 혜택을 얻을 의도로 다른 사람에게 뇌물을 제공하였을 경우 그 상사조직에 대해 뇌물방지실패에 대한 형사책임을 물리는 조항이다. 여기서 관련자의 뇌물제공 행위는 영국 밖에서 발생했어도 상관없다. 즉, 국내뇌물죄이든 해외뇌물죄이든 상관없다는 의미이다. 결국 굉장히 폭넓은 내용을 규제하는 조문인데, 그 해석과 운용에 따라서는 세계적으로 유례를 찾아보기 힘들만큼 광범위한 관할의 역외적용을 인정할 가능성이 있는 조문이다.[248]

문제는 동 조항의 적용대상이 되는 "관련 상사조직(relevant commercial organisation)"의 의미와 범위에 달려 있다. 먼저 관련 상사조직은 영국법에 따라 설립된 법인뿐만 아니라 외국 법인도 영국에서 사업의 일부라도 수행하면(carry on part of a business) 적용대상이 된다. 결국 과연 어떤 경우가 영국에서 사업의 일부라도 수행하는 것인지에 대한 판단이 외국 법인의 적용대상 여부에 가장 중요한 기준이나 이에 대한 부연 설명은 없다. 학계나 업계에서 굉장히 불안해하는 요소 중 하나이다.[249] 영국 법

---

248) 동 조항이 갖는 사실상 무제한적인 관할권 확장에 대한 비판 글로는 Jessica A. Lordi, 앞의 글, p.973 이하 참조. 이 논문에 의하면 영국 뇌물법이 취하는 이례적으로 광범위한 관할권 확장은 마치 뇌물범죄를 세계관할이 인정되는 해적이나 전쟁범죄 등과 같은 수준으로 취급하는 것이라고 비난하고 있다.

249) Jon Jordan(a), "Recent Developments In The Foreign Corrupt Practices Act And The New UK Bribery Act: A Global Trend Towards Greater Accountability In The

무부에서 내 놓은 영국 뇌물법에 대한 Guidance[250])에 의하면 이 요건에 대한 궁극적인 기준은 법원의 판례로 설정될 것이나 그 기준에 common sense approach가 적용될 것이라고 설명하고 있어서 사실 판례가 형성되기 전까지는 별 도움이 못될 것으로 보인다. 다만 이 가이드에 따르면 적어도 영국 법무부는 외국 법인 중에 단순히 영국 증시에 상장되어 있다거나 영국에 자회사가 있다는 사실만으로는 이 기준을 충족하기에 부족하다는 입장을 취하고 있다.[251])

다음으로 관련자(associated person) 역시 모호하긴 마찬가지이다. 그 의미에 대해 규정한 제8조에 따르면 단순히 직원의 범위는 뛰어 넘는 것으로 보인다. agent나 자회사까지도 포함하고 있기 때문이다. 그리고 단순히 법적인 관계뿐만 아니라 사실상의 대리관계까지 포함하는 것으로 보인다. 따라서 독립된 별개 법인인 유통업자 등의 경우에도 제반 정황상 사실상 관련 상사조직을 위해 업무를 수행하는 것으로 보이는 경우에는 그 상사조직의 관련자로 인정받을 수 있다. 이는 결국 당해 법인이 직접적인 통제력을 갖기 어려운 제3자(third party)나 중개인(intermediary)의 뇌물제공행위에 대해서도 뇌물방지실패 책임을 물을 수 있다는 의미여서 참으로 무서운 조항이라고 할 수 있다. 더구나 뇌물제공행위가 발생하면 그 자체로 뇌물방지실패 요건이 충족된 것이기 때문에 사실상 엄격책임으로 해석되고 있다.[252])

Prevention Of Foreign Bribery", 7 N.Y.U.J.L.& Bus. 845, (spring 2011), p.865; Eric Engle, "I Get By With A Little Help From My Friends? Understanding The U.K. Anti-Bribery Statue, By Reference To The OECD Convention And The Foreign Corrupt Practices Act", 44 Int'l Law. 1173, (2010, Winter), p.1182 이하.

250) Ministry of Justice, "The Bribery Act 2010 - Guidance", (2011, March), https://www.justice.gov.uk/downloads/legislation/bribery-act-2010-guidance.pdf(2018. 1. 15. 최종 방문)

251) The Bribey Act 2010 - Guidance, pp.15-16.

252) Eric Engle, 앞의 글, pp.1182-1183; Jon Jordan(a), 앞의 글, p 868.

종합하면, 뇌물방지실패죄는 영국과 관련된 기업(상사조직)이 전 세계 어디에서든 그 기업을 위한 뇌물제공행위를 방지하지 못하면 그 자체로 그 기업에게 엄격책임을 묻겠다는 취지이다. 결국 동 조항은 획기적인 기업형사책임을 전제로 기업들로 하여금 뇌물방지를 위한 최선의 노력을 기울이게 하는 의무부과 조항이기도 하다. 이는 뇌물방지실패죄가 사실상 엄격책임이지만, 다행스럽게도 당해 상사조직에게 유일한 항변권도 인정하고 있다는 점에서도 알 수 있다. 즉, 관련자의 뇌물행위를 방지하기 위한 적절한 조치(adequate procedures)를 취하였음을 입증할 경우 면책될 수 있다(동법 제7조 제2항). 적절한 조치의 구체적인 내용에 대해서는 뒤에서 자세히 살펴보겠지만, 이는 결국 영국식 반부패 컴플라이언스 항변권(anti-corruption compliance defense)라고 할 수 있다. 앞서 살펴본 미국과 같이 한편으로는 엄격한 기업형사책임을 내세워 채찍으로 활용하면서 다른 한편으로는 기업 스스로 사전 예방 시스템인 효과적인 컴플라이언스 프로그램을 수립하도록 인도하는 당근도 같이 제시하였다. 뒤에서 살펴 볼 적절한 조치의 내용 역시 사실상 FCPA에서 살펴 본 컴플라이언스와 크게 다르지 않음을 알 수 있는데 따라서 이 항변권은 기업들에게 효과적이고 강한 컴플라이언스 프로그램의 수립 및 운용을 권장할 강력한 유인책인 셈이다.[253]

다. 기업면책사유로서 '적절한 조치'

결국 영국 뇌물법 제7조의 항변사유인 '적절한 조치'가 과연 무엇이고 어떤 내용이 이에 해당할 수 있는지가 이를 대비하는 기업들 입장에서는 관건이라고 할 수 있다. 영국 뇌물법 자체는 '적절한 조치'의 정의나 내용을 담고 있지는 않지만, 동법 제9조에서 명시적으로 영국 정부(정확히는

---

253) Margaret Ryznar/Samer Korkor, 앞의 글, p.441.

the Secretary of State)가 이에 관한 Guidance를 발간해야 한다고 의무를 부
과하고 있으며, 이에 따라 영국정부가 내 놓은 안내서(Guidance)에서는
적절한 조치와 관련해서 6개의 원칙(the six principles)을 제시하고 있
다.254) 사실 영국 뇌물법의 '적절한 조치' 항변은 나중에 자세히 살펴보
는 보는 바와 같이 우리의 양벌규정상 마치 '상당한 주의나 감독'을 다 할
경우 면책 될 수 있는 단서 조항을 연상 시키는데, 우리 국제뇌물방지법
을 비롯하여 뇌물 관련 법규의 양벌규정의 운영에 있어서 많은 시사점을
줄 수 있다고 생각한다. 따라서 여기서 적절한 조치의 내용으로서의 6개
원칙을 살펴보는 것은 그런 차원에서도 상당한 의미가 있다.255)

첫 번째 원칙은 Proportionate procedures로서 상사 조직은 당면한 부
패 위험과 업무 영역의 성격, 규모, 복잡성 등에 비례하는 부패방지 정책
과 절차를 구비하고 있어야 한다는 원칙이다. 즉, 각 기업은 부패를 방
지하기 위한 자체적인 정책과 절차를 구비해야 할 뿐만 아니라 그 정책
과 절차가 그 기업이 직면한 부패 위험의 정도에 비례해서, 혹은 그 기
업의 업무 성격, 규모 등에 비례해서 마련되어야 한다는 의미이다.

두 번째 원칙은 Top-level commitment로서 당해 상사조직의 최고위층
이 부패를 용납하지 않겠다는 결단과 의지의 표현이 있어야 한다는 원칙
이다. 즉, 기업 운영의 결정권을 갖고 있는 최고위층에서 어떤 경우에도
부패를 절대 용납하지 않겠다는 의지의 표현이 있어야 한다는 의미로 이
렇게 해야만 기업의 부패 방지 정책과 절차가 그 기업의 문화로서 자리
잡을 수 있고, 그 구성원들의 준수의지를 고취시킬 수 있기 때문이다.

세 번째 원칙은 Risk assessment로서 상사조직은 자신이 노출된 예상
가능 한 모든 유형의 부패 위험의 성격과 정도를 정기적으로 평가하고

---

254) The Bribery Act 2010 Guidance about procedures which relevant commercial
organisations can put into place to prevent persons associated with them from
bribing, p.20 이하 참조.
255) 6개 원칙에 대한 내용은 오택림(a), 앞의 글, pp.163-164 참조.

체크해야 한다는 원칙이다. 예컨대, 글로벌 비즈니스를 하는 다국적 기업의 경우 자신이 사업을 하는 국가별 위험 요소는 어떠한지, 수많은 유형의 거래 상대방뿐만 아니라 현지 에이전트, 유통업체 등 비즈니스 파트너에 따른 부패 노출 위험은 어떠한지 등을 다양한 각도에서 주기적으로 평가하고 문서화해야 한다는 의미이다.

네 번째 원칙은 Due diligence로서 상사조직은 부패 위험을 감소시키기 위해 자신을 위해 혹은 자신을 대리해 업무를 수행하는 자에 대한 철저한 실사를 하여야 한다는 원칙이다. 즉, 거래 상대방이나 비즈니스 파트너에 대해 앞서 언급한 위험평가 결과에 따라 산출된 위험에 비례하는 방식과 강도로 철저한 실사를 함으로써 결국 관련자에 의한 부패 노출 위험을 감소시킬 수 있다는 의미이다.

다섯 번째 원칙은 Communication(including training)으로서 상사조직은 자신의 부패방지 정책과 절차가 조직 전반에 스며들고 체화될 수 있도록 교육 등 여러 방법을 통해 전파하고 소통해야 한다는 원칙이다. 부패 방지 정책 등을 널리 전파하고 지속적으로 교육시키는 방법을 통해 조직 구성원 나아가 비즈니스 파트너 등의 부패에 대한 인식을 제고하고, 노출된 위험에 대한 감시나 대응 및 부패 예방을 보다 효율적으로 할 수 있다는 의미이다.

여섯 번째 원칙은 Monitering and review로서 상사조직은 자신의 부패 방지 정책과 절차를 지속적으로 관찰하고 검토할 뿐만 아니라 필요시 개선하는 노력을 기울여야 한다는 원칙이다. 이는 상사조직이 직면한 위험의 종류나 성격이 시간이 지남에 따라 바뀔 수도 있으므로 자신들의 정책과 절차가 실효를 거두고 있는지를 지속적으로 관찰하고 검토하며, 부족하거나 수정 보완할 부분이 있으면 그 때마다 개선하여야 한다는 의미이다.

이상에서 살펴 본 영국 뇌물법 Guidance상 6가지 원칙은 FCPA 가이드에서 설명한 anti-corruption compliance의 내용과 대동소이함을 알 수 있다. 물론 FCPA 자체는 컴플라이언스 항변권을 인정하는 명시적인 규정은 없다는 점에서 영국 뇌물법과 차이가 있다.[256) 다만 미국도 양형기준에서 컴플라이언스는 매우 중요한 감경 사유이며, 미국 법무부도 경우에 따라서는 효과적인 컴플라이언스를 운용하는 법인에 대해 예외적으로 아예 처벌을 하지 않을 수 있다고 홍보하고 있음은 앞서 살펴 본 바와 같다. 하지만, 영국 뇌물법은 여기서 한걸음 더 나아가 사실상 컴플라이언스 항변권을 명시적으로 인정하였다는 점에서 의미가 있다. 따라서 각 회사나 법인이 효과적인 반부패 컴플라이언스를 수립하고 이를 철저히 이행한다면 결국 뇌물방지실패죄의 유일한 항변사유인 적절한 조치를 이행한 것으로 평가받아 면책될 수 있다. 이러한 점에서 보면 영국 뇌물법상 '적절한 조치' 항변권은 우리 양벌규정상 '상당한 주의·감독' 면책조항과 매우 닮았다. 우리의 경우 형법상의 뇌물공여죄에는 아직 기업형사책임이 없지만, 국제뇌물방지법이나 부정청탁금지법 등 일부 뇌물 관련 법규는 양벌규정을 통해 기업형사책임을 인정하고 있는데, 그 양벌규정상 면책사유로서 '상당한 주의·감독'의 구체적인 내용이 무엇인지를 탐구하는 하는데 많은 참고가 될 수 있다고 생각한다.

라. 영국 DPA

영국 뇌물법과 함께 최근 영국의 기업형사책임에 가장 큰 변화 중의 하나는 기소유예합의(Deferred Prosecution Agreements) 제도의 도입이다. 불확실하고, 비용도 많이 들며, 복잡하고 오래 걸리는 형사재판을 통하지 않고도 기업들에게 특정 기업범죄에 대한 책임을 물을 수 있는 방편으로 영국 정부가 미국의 DPA 도입을 시도하였다. 결국 DPA는 입법을 통해 the Crime and Courts Act 2013에 도입되었고, 2014년 2월부터 시행

---

256) Margaret Ryznar/Samer Korkor, 앞의 글, p.444.

되었다. 이 제도의 시행에 맞춰 DPP와 SFO에서 실무지침서(DPA Code of Practice)도 발간하였다.[257] 여기서 영국의 DPA 전반을 살펴 볼 여유는 없으나 본 연구 목적에 부합하는 범위 내에서 몇 가지 내용과 특징을 소개하겠다.[258]

우선 DPA는 기업이 금전적인 제재를 비롯하여 컴플라이언스 향상, 일정 기간 모니터 수용 등의 일정한 조건을 따를 경우 검찰이 기소를 유예하는 내용의 기업과 검사 사이의 자발적인 약정이다. 기업에게만 적용되는 제도여서 개인에게는 적용되지 않는다. 또한 모든 기업범죄에 적용되는 것도 아니고 영국 뇌물법을 비롯하여 몇몇 중요 기업범죄에만 적용되는데, 대상범죄는 the Crime and Courts Act에 명시되어 있다. 즉, 기업뇌물 등 주요 기업범죄에 대해 정식 형사재판을 통하지 않고도 기업형사책임을 물릴 수 있는 대안수단으로 강구된 것임을 알 수 있다. 그리고 이 제도의 도입에는 영국 뇌물법 제정이 큰 영향을 미쳤을 뿐만 아니라 미국이 FCPA 사건에서 DPA를 활발하게 활용하여 큰 성과를 거두는 것에 상당한 자극 및 영향을 받았다고 보인다. 앞서 설명한 바와 같이 미국에서 DPA가 활발하게 이용되는 이유는 기업 입장에서는 결과와 피해를 장담할 수 없는 재판을 감내해야 하는 위험을 피할 수 있어서 좋고, 검찰 입장에서는 협상 조건에 따라 거액의 징벌금이나 일정기간 동안의 사법감시, 컴플라이언스 개선 등의 다양한 제재수단은 부과하면서도 사건을 효율적으로 조기에 종결할 수 있기 때문이다. 영국 입장에서도 기업뇌물 등 주요 기업범죄에서 이러한 장점을 가진 사건종결제도를 마련하기 위해 DPA를 도입하였다.

---

257) https://www.sfo.gov.uk/publications/guidance-policy-and-protocols/deferred-prosecut ion-agreements/ (2018. 1. 15. 최종방문)

258) 영국 DPA에 대해 소개한 국내문헌으로는 김경석, "영국에서의 기업의 뇌물제공에 대한 처벌규정에 관한 소고", 중앙법학 제18집 제2호, 중앙법학회, (2016. 6.), p.196 이하 참조.

나아가 영국 정부 입장에서 DPA는 기업들이 자발적으로 효과적인 컴플라이언스 프로그램을 운용하도록 유인하는 방편으로도 활용할 수 있다. DPA에 대한 제안이나 결정은 오직 검사측에서만 할 수 있는데, 사실 수사를 당하는 기업 입장에서는 DPA로 사건을 종결하는 것이 정식으로 기소되어 재판을 치루는 것보다는 훨씬 혜택이다. 따라서 DPA를 할지 여부를 결정할 때 고려하는 요소가 중요한데, 실무지침서에 의하면 기업이 효과적인 컴플라이언스 프로그램을 운용하고 있는지 여부가 중요한 고려요소임을 알 수 있다.259) 즉, 앞서 설명한 바와 같이 뇌물방지실패죄의 면책사유로서의 적절한 조치 항변을 인정하여 컴플라이언스 프로그램을 유도하는 것과 같은 맥락으로 DPA 여부를 결정하는데 주요한 고려요소로 컴플라이언스 프로그램을 내세움으로서 기업의 자율적인 사전 예방 조치를 권장하고 있다.

또한 사전 예방적인 컴플라이언스뿐만 아니라 시의적절한 자발적 신고와 수사 협조 역시 DPA 여부 결정의 주요한 요소로 되어 있어서 사후적으로 문제를 발견하였을 때에 기업이 먼저 검찰 등 수사기관에 자발적으로 신고하고 수사기관의 수사에 적극적으로 협조하게 할 유인으로 활용하고 있다. 이러한 점을 보면 미국 FCPA 사건의 최근 집행 트렌드와 상당히 유사함을 알 수 있는데, 강력한 기업형사책임을 전제로 기업들로 하여금 사전에 효과적인 컴플라이언스 프로그램을 수립하게 하고, 사후적으로 문제가 생기면 자발적 신고와 수사 협조를 통해 관대한 처벌을 추구하게 하는 실무 관행을 정착시키고자 하는 의도가 보인다.

한편 DPA가 성립하였을 때 그 약정에 담을 수 있는 내용을 보면 금전적인 제재뿐만 아니라 반부패 컴플라이언스 수립이나 컴플라이언스 상태에 대한 감시제도(monitors)까지 매우 다양하다. 우선 금전적인 제재를 구체적으로 보면 양형기준에 따른 벌금 상당액 부과뿐만 아니라 범

---

259) DPA Code of Practice, pp.5-6 참조.

죄로 얻은 이익의 환수와 피해자에 대한 보상, 심지어 제3자에 대한 기부에 이르기까지 광범위하고 다양한 형식의 제재내용을 담을 수 있다. DPA의 경우에도 기업에 정식재판을 피할 수 있는 혜택을 주더라도 범죄로 얻은 이익을 확실히 박탈하는 제재는 확보하고 있음을 알 수 있다. 또한 비금전적인 제재도 다양한데, 특히 컴플라이언스 프로그램 향상, 이를 감시하기 위한 모니터 제도 수용 등이 주목할 만하다. 이를 보면 컴플라이언스 프로그램을 DPA 여부 결정의 주요 고려요소로 활용할 뿐만 아니라 DPA 조건과 내용을 통해 기존 컴플라이언스 프로그램의 향상이나 이를 위한 감시제도 도입까지도 강구할 수 있어 오히려 단순히 형사재판을 통한 기업처벌, 특히 형사벌금 부과보다도 기업 문화 개선에 일조할 수 있다.

요컨대, 영국의 경우에도 특히 기업뇌물의 효과적인 대처를 위해 강력한 기업형사책임을 강구하고 있을 뿐만 아니라 이를 전제로 기업의 자발적인 컴플라이언스 프로그램의 구축을 유도하고 있는 추세임을 알 수 있다.

제3절 프랑스

1. 뇌물죄 개관

가. 국내뇌물죄

프랑스의 경우 국내뇌물죄와 해외뇌물죄 모두 프랑스 형법전에 규정이 있다. 우선 국내뇌물죄의 경우 프랑스 형법 제432-11조에 국내뇌물수수죄[260])가, 제433-1조[261])에 국내뇌물공여죄가 규정되어 있다. 각 국마다

---

260) 제432-11조【수뢰】
　공무원 등 공공사무취급자 또는 선거에 의하여 공무위임을 받은 자가 법적 근거 없이 언제든지 직접 또는 간접으로 자신을 위해서건 타인을 위해서건 제의, 약속, 증여, 선물, 이익을 청하거나 받아들인 경우 다음 각 호에 해당하는 때에는 10년의 구금형 및 1,000,000유로의 벌금에 처하되, 벌금의 총액은 범죄수익의 2배까지 가중될 수 있다.
　1. 재물의 수수, 요구 또는 이익의 약속의 목적이 공무의 수행 및 포기와 관련된 경우
　2. 특정대우, 직업, 시장 또는 여타의 유리한 결정을 얻게끔 공무자의 실질적 또는 잠재적인 영향력을 남용한 경우

261) 제433-1조【증뢰】
　① 누구든지 공무원 등 공공사무취급자 또는 선거에 의하여 공무위임을 받은 자에게 법적 근거 없이 언제든지 직접 또는 간접으로 자신을 위해서건 타인을 위해서건 제의, 약속, 증여, 선물, 이익 또는 이익을 공여하겠다는 의사를 표시한 경우 다음 각 호에 해당하는 때에는 10년의 구금형 및 1,000,000유로의 벌금에 처하되, 벌금의 총액은 범죄수익의 2배까지 가중될 수 있다.
　1. 재물의 수수, 요구 또는 이익의 약속의 목적이 공무의 수행 및 포기와 관련된 경우
　2. 특정대우, 직업, 시장 또는 여타의 유리한 결정을 얻게끔 공무자의 실질적 또는 잠재적인 영향력을 남용한 경우

공무원의 범위 등을 비롯해서 뇌물죄의 구성요건을 표현하는 방식은 조금씩 다를 수 있으므로 그에 관한 논의는 생략하고 형량만 살펴보기로 하자. 기본적으로 수뢰죄와 증뢰죄의 형량이 10년 이하의 구금형 및 1,000,000유로의 벌금으로 같다. 또한 양 죄 모두 벌금의 총액은 범죄수익의 2배까지 가중될 수 있다.[262] 이를 보면 특히 증뢰죄의 경우 우리 형법상 뇌물공여죄와 형량에서 큰 차이를 보인다. 자유형의 상한도 우리보다 2배 높지만, 그보다 벌금형의 상한이 50배 이상 차이가 나는 점에 주목할 필요가 있다. 더구나 벌금의 총액은 범죄수익의 2배까지 가중될 수 있어서 뇌물공여자가 뇌물제공을 통해 얻은 이익의 2배가 1,000,000유로를 초과할 경우에는 그 이익의 2배까지 가중해서 벌금형을 부과할 수 있다. 또한 우리 형법상 뇌물공여죄는 벌금형이 선택형에 불과하나 프랑스 형법상 증뢰죄는 필요적 병과 사항이다.

한편 프랑스 형법에 의하면 증뢰자가 뇌물제공을 통해 얻은 이익에 대해서 몰수도 가능하다. 즉, 동법 제433-23조[263]에 증뢰죄에 대한 몰수조항을 별도로 마련해 놓고 있다. 이에 의하면 증뢰죄를 범한 때에 뇌물공여자가 부정하게 취득한 금액 또는 물품의 몰수를 선고할 수 있다.

나아가 프랑스 형법상 뇌물죄에는 기업형사책임도 인정된다. 즉 프

---

② 공무원 등 공공사무취급자 또는 선거에 의하여 공무위임을 받은 자가 직접적이건, 간접적이건 법적 근거 없는 뇌물의 요구를 한 경우에 자신을 위해서건 타인을 위해서건 동인에게 재물의 약속, 공여 또는 공여의 의사표시를 한 사인의 행위가 전항 각호에 해당하는 때에는 전항에 규정한 형과 동일한 형에 처한다.

262) 범죄수익의 2배까지 가중하는 내용은 2013년 법개정을 통해 도입되었다. 전훈, "프랑스에서의 부패방지 법제", 강원법학 제47권, 강원대학교 비교법학연구소, (2016. 2), p.87.

263) 제433-23조【몰수】
제433-1조, 제433-2조 및 제433-4조의 죄를 범한 때에는 범죄행위자가 부정하게 취득한 금액 또는 물품의 몰수를 선고할 수 있다. 다만, 환부의 대상이 되는 물건에 대하여는 그러하지 아니하다.

랑스형법 제433-25조[264])에 의해 법인도 뇌물죄로 처벌할 수 있는데, 프랑스의 기업형사책임에 대한 자세한 내용은 후술하도록 하겠다. 다만, 법인에 부과될 수 있는 벌금형에 대해서만 먼저 간단히 언급하면, 제131-38조[265])에 의해 자연인에 대하여 정하는 액의 5배로 한다고 규정하고 있다. 즉, 증뢰죄의 경우 자연인의 벌금형 상한이 1,000,000유로이므로 법인의 경우 5,000,000유로가 된다. 또한 자연인의 경우 범죄수익의 2배까지 가중될 수 있는데, 법인의 경우 자연인에 대하여 정하는 액의 5배까지 벌금을 부과할 수 있다는 조항을 여기에도 그대로 적용할 경우 결국 범죄수익의 10배까지 벌금을 부과할 수 있다는 해석이 가능하다. 다만 아직 이에 관한 명확한 판결은 없는 것으로 보인다.[266]

---

264) 제433-25조【법인의 형사책임】
　　① 제121-2조에서 정하는 요건에 따라 본장 제1절, 제6절, 제7절, 제9절 및 제10절의 죄에 관한 형사책임이 있음을 선고받은 법인은 제131-38조에 규정된 벌금형 외에 다음의 처벌을 받게 된다.
　　1. (폐지됨)
　　2. 5년 이하의 기간 동안 제131-39조 제2호, 제3호, 제4호, 제5호, 제6호 및 제7호에 규정된 형의 적용
　　3. 제131-21조에 규정된 몰수
　　4. 제131-35조에 규정된 선고된 판결의 게시 또는 공고
　　② 제131-39조 제2호에 규정된 금지의 효과는 어느 활동의 수행 중 또는 이를 기화로 죄를 범한 경우 그 활동의 수행에 미친다.
265) 제131-38조【법인에게 적용되는 벌금형의 액】
　　① 법인에 대하여 선고하는 벌금형의 상한은 형사법률이 자연인에 대하여 정하는 액의 5배로 한다.
　　② 자연인에 대하여 벌금형이 규정되어 있지 않은 중죄의 경우에 법인에 대한 벌금은 100만 유로이다.
266) 이에 관해 프랑스 실무가(Stephane Bonifassi)가 쓴 글에 의하면 법인의 경우에도 그냥 범죄수익의 2배가 상한인 것처럼 기재되어 있다. 저자에게 이메일을 통해 확인한 바에 의하면 정부측에서는 범죄수익의 10배라고 주장하는 경우도 있으나 아직 이에 관한 판례가 나온 것은 없다고 한다. 다만 법인에 대한 벌금도 비례의 원칙에 부합되어야 한다는 것이 프랑스법원이 입장이기 때문에 실제 범죄수익의 10배가 가능할지는 두고 봐야 한다는 입장이었다.

나. 해외뇌물죄

해외뇌물죄의 경우 프랑스도 다른 나라들과 마찬가지로 OECD 뇌물방지협약을 국내법으로 수용하면서 처벌하기 시작하였는데, 2000년 6월 형법 개정을 통해 형법 안에 해외뇌물죄 조항으로 수용되었다. 프랑스 형법 제435-1조[267])에 해외뇌물수수죄가, 제435-3조[268])에 해외뇌물공여죄가 규정되어 있다. 해외뇌물죄도 형량 부분만 살펴보면 국내뇌물죄와 동일하게 규정하고 있다. 즉, 해외뇌물수수죄나 해외뇌물공여죄 모두 10년 이하의 구금형 및 1,000,000유로의 벌금으로 같으며, 벌금의 총액을 범죄수익의 2배까지 가중할 수 있는 점도 같다.

---

https://gettingthedealthrough.com/area/2/jurisdiction/28/anti-corruption-regulation-france/ (2018. 1. 15. 최종방문)

267) 제435-1조【수뢰】
외국에서 또는 국제기구 내에서 공권력의 수탁자, 공무담당자 또는 선거를 통한 공무를 부여받은 자가 자신을 위해서든 타인을 위해서든, 권한 없이, 언제든지, 직접적 또는 간접적으로, 그의 직무나 사명 또는 재임, 임무를 통한 수월성에서 비롯하여 행위를 수행하거나 또는 반대로 그러한 수행을 자제할 목적으로 제의, 약속, 증여, 선물 또는 어떠한 이익의 제공을 청원하거나 그러한 이익을 수락하는 때에는 10년의 구금형 및 1,000,000유로의 벌금에 처하되, 벌금의 총액은 범죄수익의 2배까지 가중될 수 있다.

268) 제435-3조【증뢰】
① 외국에서 또는 국제기구 내에서 공권력의 수탁자, 공무담당자 또는 선거를 통한 공무를 부여받은 자에게 권한 없이, 직접적 또는 간접적으로, 그의 직무나 사명 또는 재임, 임무를 통한 수월성에서 비롯하여 행위를 수행하거나 또는 반대로 그러한 수행을 자제할 목적으로 제의, 약속, 증여, 선물 또는 어떠한 이익의 제공을 제의 하는 때에는 10년의 구금형 및 1,000,000유로의 벌금에 처하되, 벌금의 총액은 범죄수익의 2배까지 가중될 수 있다.
② 누구든지, 직접적 또는 간접적으로, 권한 없이 본조 제1항에 규정된 자의 직무나 사명 또는 재임, 임무를 통한 수월성에서 비롯된 한 행위를 수행하거나 또는 반대로 그 수행을 자제할 목적으로 제의, 약속, 증여, 선물 또는 어떠한 이익의 제공을 청원하는 본조 제1항에 규정한 공무담당자의 요구에 따른 때에도 전항과 동일한 형에 처한다.

또한 해외뇌물죄에서도 마찬가지로 기업형사책임이 인정된다. 즉, 제435-15조[269])에서 해외뇌물공여죄에 대해 법인의 형사책임을 인정하고 있으며, 이 경우 법인에게 적용되는 벌금형도 국내뇌물죄와 마찬가지로 제131-38조가 적용되어 자연인의 5배로 정하고 있다.

2. 기업형사책임

프랑스 역시 독일과 마찬가지로 원래는 기업형사책임을 인정하지 않는 법제였으나, 1994년 유명한 프랑스 신형법(Le Nouveau Code Pénal)을 통해 기업형사책임을 전격적으로 도입하였다.[270] 도입 당시에는 법에서 정하는 특정 범죄에 대해서만 기업형사책임이 인정되었으나, 2004년에 "범죄의 진화에 따른 사법적 대응에 관한 법률(Loi n° 2004-204 du 9 mars 2004 portant adaptation de la justice aux évolutions de la criminalité)"에 의해 프랑스 형법 제121-2조 제1항이 개정됨으로써 모든 범죄에 대해 법인의 형사책임을 인정하도록 일반화되었다.[271] 여기서 프랑스의 기업형사책임 일반론에 대해 상술할 여력은 없으나, 뇌물죄에서 인정되는 기업형

---

269) 제435-15조【법인의 형사책임】
　　　법인의 형사책임을 규정한 제121-2조에 의해 제435-3조, 제435-4조, 제435-9조, 제435-10조에 해당하는 범죄를 범한 법인은 다음 각 호의 형을 선고한다.
　　1. 제131-38조에 규정된 법인에게 적용되는 벌금형
　　2. 법인에게 적용되는 특별형벌을 다룬 제131-39조에서 규정한 5년 이내의 제2호부터 제7호까지의 권리금지
　　3. 제131-21조의 방식에 따라 범죄에 제공하였거나 제공되도록 정해진 물건 또는 범죄로 인하여 생긴 물건의 몰수
　　4. 제131-35조에 의한 판결의 게시 또는 공고
　　5. 제131-39-2조에 규정된 형벌
270) 신형법전 제정 이전의 학설과 판례 및 입법과정에 대한 자세한 설명은 김호기/김택수/최준혁, 앞의 글, p.207 이하 참조.
271) 이천현/윤지영/임정호, 앞의 글, p.59.

사책임의 요건과 내용을 이해하는데 도움이 되는 범위 내에서 간략히 소개하겠다.

우선 법인의 형사책임에 대해서는 프랑스 형법 제121-2조[272])가 기본 조항이다. 이에 의하면 국가를 제외한 법인은 자신의 기관이나 대표가 법인을 위해 범한 범죄에 대하여 형사상 책임이 있다. 따라서 법인의 형사책임이 인정되기 위해서는 해당 범죄가 법인의 기관이나 대표에 의해 저질러져야 한다. 여기서 기관이라 함은 개별적 또는 집단적으로 법률이나 법인의 정관에 근거해서 법인의 이름으로 행위하고 법인을 운영 및 지휘하는 권한을 부여받은 자를 의미한다고 한다.[273]) 따라서 원칙적으로 법인의 기관 또는 대표를 제외한 종업원의 범죄행위가 발생한 경우 법인은 형사책임을 지지 않지만, 만약 종업원의 위반행위에 대해 법인이 선임·감독상의 주의의무를 위반한 경우 법인에게 형사책임이 귀속된다고 한다.[274]) 또한 법인의 기관 또는 대표의 행위라고 하더라도 법인을 위하여 한 행위일 경우에만 법인에게 형사책임을 물을 수 있다. 따라서 법인의 기관이나 대표가 오로지 자기 자신이나 다른 임직원 개인을 위해서 범한 범행에 대해서는 법인에게 형사책임을 물을 수 없다.

또한 법인에 대한 형벌로서 벌금형만 인정하고 있는 우리와 달리 프랑스 형법은 법인에게 부과할 수 있는 형벌을 다양하게 마련하고 있

---

272) 제121-2조【법인의 형사책임】
　① 국가를 제외한 법인은 제121-4조 내지 제121-7조의 구별에 따라 법인의 기관 또는 대표가 법인을 위하여 행한 범죄에 관하여 형사상 책임이 있다.
　② 전항의 규정에도 불구하고 지방자치단체 및 그 연합기구는 위탁협약의 대상이 되는 공공서비스 제공의 업무수행 중에 이루어진 범죄에 관하여만 형사상 책임이 있다.
　③ 법인의 형사책임은 제121-3조 제4항 규정의 유보 하에 동일한 사실에 대하여 정범 또는 공범이 되는 자연인의 형사책임을 배제하지 아니한다.
273) Bernard Bouloc/Haritini Matsopoulou, Droit pénal général et procédure pénale, Dalloz, 2011, p.160. 이천현/윤지영/임정호, 앞의 글, p.61에서 재인용.
274) 권수진, 앞의 글, p.94

다.275) 우선 앞서 언급한 바와 같이 법인에 대한 벌금형은 자연인에게 선고할 수 있는 벌금형 상한의 5배에 해당하는 금액까지 부과할 수 있다. 하지만, 벌금형 외에도 법인에게 적용될 수 있는 특별형벌에 대해 형법 제131-39조276)에서 자세하게 규정하고 있다. 이에 의하면 중죄나

---

275) 프랑스 형법상 법인에 대한 다양한 형사제재에 대한 자세한 설명은 윤지영/
   임정호, "기업의 불법행위에 대한 제재의 다양화 방안", 형사정책연구원 연구
   총서 16-AB-09, 한국형사정책연구원, (2016. 12.), p.68 이하 참조.
276) 제131-39조【법인에게 적용되는 특별형벌】
   ① 법률이 규정하는 경우 법인에 대하여 선고할 수 있는 중죄 또는 경죄의
   특별 형벌은 다음 각 호 중 하나 또는 수개로 한다.
   1. 범죄를 범할 목적으로 하여 법인이 설립되었거나 또는 중죄나 자연인이
      범한 경우 3년 이상의 구금형에 처하는 경죄에 대하여는 범죄를 범할 목
      적으로 그 설립취지를 일탈한 때에는 법인의 해산
   2. 직업 활동 또는 사회활동중 하나 또는 수개에 대한 영구적 또는 5년 이하
      의 직접 또는 간접적 수행금지
   3. 5년 이하의 사법감시
   4. 범죄행위에 제공된 기업의 영업소중 하나, 수개 또는 전부에 대한 영구적
      또는 5년 이하의 폐쇄
   5. 영구적 또는 5년 이하의 공계약 배제
   6. 영구적 또는 5년 이하의 기업자금공모금지
   7. 5년 이하의 수표 발행금지 또는 지불카드 사용금지. 다만, 발행인이 지급
      인으로부터 자금을 회수하기 위한 수표 및 지급보증된 수표는 그러하지
      아니하다.
   8. 범죄행위에 제공하였거나 제공하려고 한 물건 또는 범죄로 인하여 생긴
      물건의 몰수
   9. 언론출판물이나 전자적 방식의 모든 대중매체에 의한 판결의 게시나 공고
   10. 범죄를 범하기 위하여 사용되었거나 범죄의 대상이 되었던 동물의 몰수
   11. 영구적 또는 5년 이하의 동물소지금지
   12. 국가, 지방자치단체, 연관단체가 분배하는 공적 원조 일체 및 공무담당
      사인이 행하는 재정적 원조 수령의 금지
   ② 판결의 게시나 공고를 제외하고 1년 이상의 구금형이 부과되는 범죄에 대
   하여는 몰수형이 자동부과된다.
   ③ 전항 제1호 및 제3호에 규정된 형은 형사책임을 추급할 수 있는 공법상의
   법인에는 적용되지 아니하며, 정당, 정치단체 또는 노동조합에 대해서도 동일

경죄로 인하여 형사책임이 인정되는 법인에게는 법률에 특별한 규정이 있는 경우에 법인의 해산을 비롯해서, 사법감시, 영업소 폐쇄, 공계약 배제, 몰수, 판결의 게시, 공적 원조 금지 등의 12가지 제재 중 하나 또는 수개를 부과할 수 있다. 법인에 대한 특별형벌은 법률에 특별한 규정이 있는 경우에만 할 수 있으므로 뇌물과 같이 특정범죄에 대해 12가지의 특별형벌 중에서 어떤 것을 부과할 수 있는지는 각 개별 조문에서 정한다. 예컨대, 국내뇌물공여죄에 대한 법인의 형사책임을 규정한 형법 제433-25조 제1항 2호에 의하면 위 12가지 중에서 5년 이하의 기간 동안 2호부터 7호에 해당하는 특별형벌이 가능하다고 규정하고 있다. 즉, 5년 이하의 기간 동안 하나 또는 수개의 직업활동이나 사회활동에 대한 수행금지, 5년 이하의 사법감시, 범죄행위에 제공된 영업소에 대한 5년 이하의 폐쇄, 5년 이하의 공계약 배제, 5년 이하의 유가증권 발행이나 거래 금지, 5년 이하의 수표 발행 금지 등이다. 하지만 제433-25조 제1항 3호와 4호가 사실상 제131-39조 8호 및 9호와 같기 때문에 결과적으로는 12가지 특별형벌 중에 뇌물공여죄에 대해서는 2호부터 9호까지 8가지 종류의 특별형벌이 가능하다고 할 수 있다. 그리고 해외뇌물죄에 대해서 적용되는 특별형벌의 내용과 종류 역시 같음을 알 수 있다.

여기서 한 가지 주목할 부분은 최근 프랑스에서 새로 제정된 반부패 관련 법률로 인해서 법인에게 부과될 수 있는 새로운 유형의 특별형벌이 프랑스 형법에 도입되었다는 점이다. 뒤에서 살펴보는 바와 같이 Sapin II라고 불리는 새 법으로 인해 최근 프랑스 형법 제131-39-2조가 신설되었는데, 컴플라이언스 프로그램의 실시가 새로운 형사제재로 도입되었다. 그 내용을 살펴보면 우선 법원은 법률에 규정이 있는 경우 위법행위를 한 법인에 대하여 프랑스 반부패청(Agence Francaise Anticorruption)의 감독 하에 최대 5년 동안 일정한 방법과 절차에 따라 시행할 컴플라

하다. 전항 제1호에 규정된 형벌은 종업원 대의기관에는 적용되지 아니한다.

이언스 프로그램을 제출하도록 명할 수 있다(프랑스 형법 제131-39-2조 제1항). 그리고 이러한 제재는 프로그램 시행의 방법 및 절차와 관련된 실행의무를 포함하는데, ① 부패나 로비의 성격을 가질 수 있는 다양한 유형의 금지행위를 정의하고 설명하는 행동지침, ② 법인의 행동지침에 반하는 행위나 상황의 존재에 관한 내부 경고 조치, ③ 법인이 사업을 수행하는 활동 분야와 지리적 구역에 따라, 법인이 부패 목적의 외부적 압력에 노출될 위험을 식별 및 분석하고 이를 계층화하기 위한, 정기적으로 수정되는 문서 형태의 위험 매뉴얼 제작, ④ 위험 매뉴얼에 의한 고객, 납품업자, 중개인의 상황에 대한 평가 절차, ⑤ 장부, 대장, 회계계정이 부패나 수뢰의 사실을 은폐하는데 사용되지 않도록 하기 위한 내부적 또는 외부적 회계감독의 절차, ⑥ 부패와 수뢰의 위험에 가장 크게 노출되어 있는 간부 및 종업원들을 대상으로 한 교육 조치, ⑦ 법인의 행동지침을 위반한 직원을 제재할 수 있는 징벌 체계 등이 그것이다(동조 제2항). 또한 법원이 이러한 형벌을 선고할 경우에는 형을 선고받은 법인이 반부패청의 절차에 따른 법적·재정적·세무적·회계적 분석을 실행하는데 소요된 전문가 비용을 부담하는데, 이 비용은 해당 범죄에 부과되는 벌금의 액수를 초과할 수 없다(동조 제3항).[277)

이와 같이 기업에게 형사제재의 한 수단으로서 컴플라이언스 프로그램의 실시를 명할 수 있는데, 국내뇌물죄에 대해서는 프랑스 형법 제433-26조, 해외뇌물죄에 대해서는 동법 제435-15조 제5호에 의해서 컴플라이언스 프로그램의 실시를 부과할 수 있게 되었다. 새로운 형사제재의 유형으로서 컴플라이언스 프로그램의 실시를 도입한 프랑스의 시도도 흥미롭지만, 더구나 기업에 대한 새로운 형사제재의 유형이 다른 분야도 아니고 바로 반부패와 관련된 새로운 법률에 의해 도입되었다는 점에서 매우 주목을 끄는 사건이라고 생각한다. 이는 기업 뇌물에 대한

---

277) 윤지영/임정호, 앞의 글, pp.70-71.

각 국의 대응 방식의 고민을 대변해 주면서 이 분야의 최근 전 세계적인 추세가 한편으로는 기업형사책임의 강화로, 다른 한편으로는 기업의 자율적인 예방 및 통제시스템 수립 유도로 나타나고 있음을 여실히 보여주기 때문이다.

그리고 이러한 전 세계적인 추세를 형성하는데 지대한 영향을 미친 것이 미국의 법과 실무임은 쉽게 짐작할 수 있다. 프랑스 형법상 기업에 대한 특별형벌로서의 컴플라이언스 실시, 사법감시 등은 미국 법상 기업에 대한 보호관찰과 상당히 유사함을 알 수 있으며, 벌금형의 상한을 범죄수익의 2배까지 가중할 수 있는 것도 미국의 Alternative Fines Act를 연상시킨다. 나아가 뒤에서 보는 바와 같이 일정 규모의 기업들에게 컴플라이언스 수립을 의무화하거나 프랑스판 DPA 도입 등도 상당 부분 최근 미국 법과 실무의 영향을 받은 것으로 보인다. 이는 영국이 미국 FCPA의 영향을 받아 영국 뇌물법을 제정하면서 특수한 형태의 기업범죄인 뇌물방지실패죄를 신설하고 이에 관한 '적절한 조치' 항변을 통해 기업들로 하여금 반부패 컴플라이언스를 수립하도록 유도함과 함께 영국식 DPA를 도입한 것에 비견할 만하다고 생각한다. 결국 미국의 FCPA가 OECD 뇌물방지협약 및 영국 뇌물법에 영향을 미치고, 다시 이런 법들이 프랑스 법에 영향을 미치는 연쇄 작용이 나타나고 있는데, 이런 점에서 보면 전 세계적으로 반부패법 영역에서 각 국이 비교법적으로 다른 입법례를 참고하거나 영향을 받는 일이 늘어나고 있어, 이 역시 매우 흥미로운 대목이라고 생각한다.

3. 최근 동향 – Sapin II

앞서 언급한 바와 같이 최근 프랑스는 Sapin II라고 불리는 한층 강화된 반부패법을 제정하였는데, 본 연구에 참고가 될 만한 내용도 포함되어 있어서 간략히 소개하고자 한다. 사실 프랑스는 최근 미국 FCPA 사건

중 징벌금 순위 10위 안에 프랑스 기업 사건이 4건이나 포함되었으며, 프랑스 검찰의 독립성 문제나 반부패 수사에 대한 미온적 태도 등을 이유로 OECD 등으로부터 줄곧 비난을 받고 있었던 터였는데,[278] 이러한 우려와 비판을 일거에 전환하고자 재무부 장관인 사핀(Sapin)의 주도 하에 새로운 반부패법을 준비하였고, 결국 이 법이 2016년 11월에 국회를 통과하였다. 이 법의 명칭은 "투명성, 부패와의 전쟁 그리고 경제활동의 현대화에 관한 법"[279]이나 제안자의 이름을 따서 통상 Sapin II로 불린다. 이 법에는 새로운 반부패청을 신설하거나 내부고발자에 대한 보호를 강화하는 내용 등 다양한 내용을 담고 있으나, 여기서는 본 논문과 관련된 2가지 내용에 한해서 간략히 소개한다. 하나는 일정 규모를 갖춘 기업들에게 컴플라이언스 프로그램의 수립을 의무화하는 내용이고, 다른 하나는 미국식 DPA를 본 따서 만든 프랑스식 기소유예합의 제도이다.

가. 컴플라이언스 수립 의무화

Sapin II에서 가장 주목을 끄는 변화는 일정 규모 이상의 기업들에게 컴플라이언스 수립 의무를 부과한 부분이다.[280] 즉, 직원 수가 500명 이상 되고, 연간 총수익이 1억 유로 이상인 기업들은 컴플라이언스 프로그램을 수립하도록 의무를 부과하였으며, 이를 위반할 경우 개인에게는 20만 유로, 법인에게는 100만 유로까지 벌금을 부과할 수 있도록 정하였다. 또한 여기에 해당하지 않는 기업이라고 하더라도 부패 범죄로 유죄를 선고받은 기업에 대해 법원의 명령에 의해 이와 같은 의무를 부과할

---

278) 프랑스의 부정부패 혹은 뇌물 스캔들에 대한 자세한 내용은 안상욱, "OECD 뇌물방지협약과 프랑스 정책", 한국행정학회 학술발표논문집(2012) 참조.

279) Loi n° 2016-1691 du 9 décembre 2016 relative à la transparence, à la lutte contre la corruption et à la modernisation de la vie économique.

280) 이 부분은 다른 부분들과 달리 2017년 5월 1일부터 시행된다.

수 있으며, 뒤에서 살펴볼 기소유예합의를 한 기업 역시 이와 같은 의무를 부담하게 된다.

의무적으로 수립해야 하는 컴플라이언스 프로그램의 내용 역시 자세히 언급하였는데, 이에는 다음의 사항이 반드시 포함되어야 한다. (1) 회사 내부규정의 일부로서 윤리강령, (2) 내부보고 시스템, (3) 부패 위험 사정 시스템, (4) 고객, 납품업자, 제3자 등에 대한 실사(due diligence) 절차, (5) 적절한 회계 통제 시스템, (6) 고위험군에 종사하는 임직원에 대한 교육, (7) 비위 직원에 대한 징계절차, (8) 컴플라이언스 프로그램의 실효성에 대한 평가 절차 등의 내용이 반드시 포함되어야 한다. 이는 결국 앞서 미국과 영국 편에서 설명한 컴플라이언스의 내용과 대동소이함을 알 수 있다.

프랑스 새 반부패법에서 도입한 컴플라이언스 의무 부과 조항이 관심을 끄는 이유는 영미법 국가 외에 대륙법 국가에서도 점점 기업 자체적인 컴플라이언스 수립을 통해 부패와 뇌물에 대응하려는 노력을 기울이고 있는 좋은 예이기 때문이다. 전 세계적으로 반부패법 영역에서 기업 뇌물의 심각성이 나날이 중요해지는 요즘에 국가의 형벌권 발동만으로는 기업 뇌물을 효과적으로 대응하는데 한계가 있기 때문이다. 아무리 많은 수사력을 동원하고 아무리 엄한 기업형사책임을 강구해도 기업 뇌물 사건을 모두 적발해서 처벌할 수도 없을 뿐만 아니라 비용과 시간 면에서도 매우 비효율적일 수밖에 없다. 따라서 프랑스 역시 국가적 차원에서 기업 스스로 예방하고 통제할 수 있는 컴플라이언스 프로그램을 수립하고 철저히 시행하도록 유도하는 다양한 노력을 기울이고 있으며, 이는 우리에게도 시사하는 바가 크다.

나. CJIP - 프랑스식 DPA

컴플라이언스 의무 조항과 함께 관심을 끄는 대목은 "convention judiciaire

d'intérêt public" (CJIP)로서 프랑스판 DPA라고 불리는 기소유예합의 제도이다. 미국 DPA의 영향을 받아 도입되었기 때문에 프랑스판 DPA로 불리는이 제도는 부패 혐의에 연루된 기업이 실제 정식 기소 전에 검찰과 합의를통해 사건을 종결할 수 있는 시스템이다. 기업은 이 합의에 의해 정식기소를 회피할 수 있지만, 위반행위로부터 얻은 이익에 상당한 금액의벌금을 부과 받을 수 있다. 다만 그 벌금은 위반행위시를 기준으로 최근3년 동안의 평균 연간 매출액의 30% 한도로 제한된다. 또한 이 합의를통해 최대 3년간 컴플라이언스 프로그램의 실시를 강제할 수 있으며, 이프로그램의 시행은 이 법에서 새로 창설된 반부패청(AFA)의 모니터를 통해통제를 받게 된다.

이 새로 도입된 기소유예합의의 특징은 기업으로서는 정식 기소를면할 수 있으며, 따라서 어떤 형식의 유죄 인정도 하지 않은 상태에서사건을 종결할 수 있는 이점이 있는 반면 국가로서는 기업의 불법수익을 신속히 박탈할 수 있고, 기업 스스로 컴플라이언스 시행을 강제할 수있다는 장점이 결합되어 있다는 점이다. 우리도 뒤에서 살펴보는 바와같이 뇌물공여죄에 기업형사책임을 도입하였을 경우 무조건적이고 기계적인 기소만이 능사가 아니므로 우리식의 조건부 기소유예 제도 등을활용해 위 제도의 장점을 우리식으로 수용할 가능성은 없는지 검토할필요가 있다고 생각한다.

제4절 스위스

1. 뇌물죄 개관

가. 국내뇌물죄

스위스 역시 국내뇌물죄와 해외뇌물죄 모두 형법전에 규정이 있다. 우선 국내뇌물죄의 경우 스위스 형법 제322-ter조[281]에 뇌물공여죄가, 제322-quater조[282]에 뇌물수수죄가 규정되어 있다. 여기서도 뇌물죄의 구성 요건에 대한 검토는 생략하고, 형량만 살펴보자. 스위스 역시 수뢰죄와 증뢰죄의 형량이 같은데, 둘 다 모두 5년 이하의 자유형 또는 벌금이며 병과도 가능하다. 스위스의 벌금제는 독일과 같이 일수벌금제로서 스위스 형법 제34조에 의할 경우 벌금형의 일수는 법률에 특별한 규정이 없는 경우 360일까지로 하며, 벌금형의 일수 정액은 행위자의 개인적, 경제적 사정을 고려하여 최대 3,000 스위스프랑으로 정하고 있다. 따라서

---

281) Art. 322ter Bribery
　　법원 혹은 기타 관청의 구성원, 공무원, 공무상 지정된 감정인, 번역 내지 통역인, 중재인, 또는 군대의 구성원의 의무에 반하는 행위 혹은 재량에 속한 직무관련 행위의 작위 또는 부작위를 위해, 그들 혹은 제3자에게 부정한 이익을 제안하거나, 약속하거나 또는 제공한 사람은 5년 이하의 자유형 또는 벌금형에 처한다.

282) Art. 322quater Acceptance of bribes
　　법원 혹은 기타 관청의 구성원, 공무원, 공무상 지정된 감정인, 번역 내지 통역인, 중재인 또는 군대의 구성원으로서 의무에 반하는 행위 혹은 재량에 속한 직무관련 행위의 작위 또는 부작위를 위해 자신 혹은 제3자에게 제공되는 부정한 이익을 요구하거나, 약속하거나, 수수한 사람은 5년 이하의 자유형 또는 벌금형에 처한다.

수뢰죄와 증뢰죄 모두 최대 108만 스위스프랑의 벌금형이 가능하다. 프
랑스와 달리 스위스는 범죄수익의 2배 범위에서 벌금형을 가중하는 조
항은 없으나, 스위스의 증뢰죄 벌금형 상한 자체도 프랑스와 마찬가지로
우리 형법상 증뢰죄의 벌금형 상한 보다 50배 이상 차이가 나고 있어서
우리 형법상 증뢰죄의 벌금형이 상대적으로 얼마나 가벼운지 다시 한
번 확인할 수 있다.

　또한 스위스 형법 제70조[283])에 의하면 범죄를 통해 획득한 재산을 몰
수할 수 있는데, 여기에는 모든 범죄수익 즉, 범죄로부터 파생된 모든 이
익이 포함되며 따라서 뇌물공여자가 뇌물제공을 통해 얻은 이익도 몰수
의 대상이 되는 범죄수익으로 본다. 또한 제71조[284])에 의하면 재산을 몰
수할 수 없을 경우 국가의 배상청구에 의해 그 가액을 추징할 수 있는
'등가 청구'를 규정하고 있다. 실제로 뇌물공여자가 뇌물 제공을 통해 얻
은 이익은 그 자체로 바로 몰수할 수 있는 상태인 경우는 거의 없을 것
이므로 통상 이 등가 청구에 의해 추징되는데, 일종의 스위스식 이익환
수제(disgorgement)라고 할 수 있다. 해외뇌물죄 사건이기는 하지만, 최
근에 Alstom이 그 자회사들을 통해서 Latvia, Tunisia, Malaysia에서 외국
공무원에게 뇌물을 제공한 사건에서 250만 스위스프랑의 형사벌금 외에
3,640만 스위스프랑 상당의 '등가 청구(이익환수 형태의 배상청구)'에 합

---

283) Art. 70 Principles
　1 법원은 적법한 상태의 회복을 위하여 범죄를 통해 획득한 재산, 범죄에 사
　　용할 의도가 있거나 그 대가로 사용될 의도가 있는 재산에 대해, 그 재산이
　　피해자에게 이전되지 않은 한, 몰수할 수 있다.
　2 제3자가 당해 재산이 몰수 대상임을 알지 못한 채 동가치의 반대급부를 지
　　불하고 이를 취득하거나 또는 몰수가 제3자에 대하여 비례성에 반할 정도
　　로 가혹할 때에는 몰수할 수 없다.
284) Art. 71 Equivalent claim
　1 몰수 대상 재산이 더 이상 존재하지 않는 경우 법원은 국가에 의해 제기된
　　등가 청구를 인정할 수 있다. 다만 이 등가 청구는 제3자가 제70조 제2항에
　　해당하지 않는 경우에만 집행될 수 있다.

의한 사례가 있다.[285] 해외에서 뇌물 제공을 통해 체결한 계약들에서 얻은 이익을 '이자 및 세전 이익(EBIT)' 방식으로 계산해서 위 금액을 산출했다고 한다.[286]

뒤에서 자세히 설명하겠지만, 스위스 역시 프랑스와 마찬가지로 형법상 뇌물죄에 기업형사책임을 인정한다. 벌금형의 내용만 먼저 간단히 언급하면 스위스 형법 제102조에 의해 법인에게 최대 5백만 스위스프랑의 벌금형을 부과할 수 있다. 프랑스가 법인의 벌금형 상한을 자연인의 그것에 5배로 규정한 것과 얼추 비슷한 설정이라고 할 수 있다.

나. 해외뇌물죄

해외뇌물죄의 경우 스위스도 2000년 5월 31일 OECD 뇌물방지협약을 승인하였으며, 독일이나 프랑스처럼 스위스도 형법 안에 해외뇌물죄 조항을 두고 있다. 스위스 형법 제322-septies조[287]가 해외뇌물죄 조항인데, 동 조항에서 해외뇌물공여죄와 해외뇌물수수죄를 함께 규율하고 있다. 스위스 역시 프랑스처럼 해외뇌물죄도 국내뇌물죄와 형량이 동일하다.

---

285) 동 사건의 결정문은 http://star.worldbank.org/corruption-cases/sites/corruption-cases /files/Alstom_Summary_Punishment_Order_Nov_22_2011.pdf(2018. 1. 15. 최종방문)

286) Yves, "Chapter 20 Switzerland", in Mark F Mendelsohn, "The Anti-Bribery And Anti-Corruption Review", Law Business Research(Fifth Edition), (2016), p.255.

287) Art. 322septies Bribery of foreign public officials
외국 또는 국제기구의 법원 혹은 기타 관청의 구성원, 공무원, 공무상 지정된 감정인, 번역 내지 통역인, 중재인, 또는 군대의 구성원의 의무에 반하는 행위 혹은 재량에 속한 직무관련 행위의 작위 또는 부작위를 위해, 그들 혹은 제3자에게 부정한 이익을 제안하거나, 약속하거나 또는 제공한 사람, 외국 또는 국제기구의 법원 혹은 기타 관청의 구성원, 공무원, 공무상 지정된 감정인, 번역 내지 통역인, 중재인으로서 의무에 반하는 행위 혹은 재량에 속한 직무 관련 행위의 작위 또는 부작위를 위해 자신 혹은 제3자에게 제공되는 부정한 이익을 요구하거나, 약속하거나, 수수한 사람은 5년 이하의 자유형 또는 벌금형에 처한다.

즉, 해외뇌물수수죄나 해외뇌물공여죄 모두 5년 이하의 자유형 또는 벌금으로 같으며, 벌금형의 상한은 일수벌금제를 정한 스위스 형법 제34조에 의해 108만 스위스프랑인 점도 같다. 또한 해외뇌물죄에도 뇌물공여자가 뇌물 제공을 통해 얻은 이익에 대해서 스위스 형법 제70조에서 정한 몰수 혹은 제71조의 '등가 청구'가 가능함은 이미 앞에서 살펴 본 바와 같다.

나아가 해외뇌물공여죄에 대해서도 기업형사책임이 인정된다는 사실 역시 앞서 살펴 본 Alstom 사건에서 알 수 있다. 즉, 스위스 형법 제102조에 의한 기업형사책임이 인정되며, 따라서 해외뇌물공여죄를 범한 법인에 대한 벌금형 상한도 5백만 스위스프랑이다.

2. 기업형사책임

스위스도 원래는 다른 대륙법계 국가들과 마찬가지로 자연인에 대해서만 형사책임을 부과하였고, 기업 등 법인에 대해서는 형사책임을 묻지 않았으나, 2003년 프랑스처럼 형법 개정을 통해 기업형사책임을 정면으로 도입하였다.[288] 스위스 형법 102조[289]에서 기업형사책임을 규율하는

---

288) 스위스 형법상 기업형사책임 도입과정에 대해서는 이주희(a), "스위스 형법상의 기업책임", 법학논총 제23집 제3호(하), 한양대학교 법학연구소, (2006), p.128 이하 참조.

289) Art. 102 Liability under the criminal law

   1 기업이 영업활동을 수행함에 있어서 기업의 목적범위 내에서 중죄 또는 경죄가 범해지고, 이 행위가 결함 있는 기업조직으로 인하여 특정한 자연인에게 귀속될 수 없는 경우, 동 중죄 또는 경죄는 동 기업에게 귀속된다. 이 경우 기업은 500만 스위스프랑의 벌금에 처한다.

   2 만약 범죄가 Articles 260ter, 260quinquies, 305bis, 322ter, 322quinquies, 322septies paragraph 1 or 322octies에 해당하는 경우 기업이 그러한 범죄를 방지하는데 필요한 합리적인 모든 조직상의 조치를 취하지 못하였을 때에는 그 기업은 자연인에 대한 형사처벌과 별도로 처벌된다.

데, 동조에 의하면 기업형사책임이 인정되는 경우는 두 가지로 나눌 수 있다. 우선 동조 제1항에서 규율하는 경우는 기업의 영업활동 과정에서 중죄 또는 경죄가 범하여졌으나 기업의 결함 있는 조직구조로 인하여 당해 범죄를 특정 자연인에게 귀속할 수 없을 때로서 이럴 경우 동 범죄는 기업에 귀속된다고 한다. 즉, 직접 범행을 저지른 자연인을 특정 또는 확인할 수 없어서 형사책임을 특정 자연인에게 귀속시킬 수 없는 때 그 대체자로서 보충적으로 기업에 대하여 직접 행위자를 특정 내지 확인 가능하도록 기업의 조직 구조를 구성하지 아니한데 대한 책임을 물을 수 있는 입법방식이다. 이를 이른바 보충적 모델이라고도 한다.[290]

다음으로 동조 제2항에서 규율하는 경우는 '자금세탁'이나 '뇌물공여' 등 특정한 범죄의 경우 기업이 해당 범죄의 발생 방지를 위한 합리적이고 필요한 모든 조치를 취하지 않았을 경우로서 이때에는 자연인의 처벌 여부와 관계없이 기업에 대한 형사처벌이 가능하다고 한다. 제2항은 제1항과 달리 자연인의 형사책임 유무와 상관없이 법인에 대하여 독립적으로 고유한 형사책임을 묻는 방식이기 때문에 이른바 독립 모델이라고 한다. 이 방식은 기업이 특정 범죄 방지를 위한 필요한 모든 조치를 다 취했는지 여부에 따라 형사책임을 부과한다는 점에서 결과적으로 기업 고유의 과실 유무를 묻는 방식과 다르지 않다고 한다. 우리 양벌규정상의 '상당한 주의·감독'과 대비될 수 있는 조항인데, 여기서 말하는 범죄 방지를 위한 합리적이고 필요한 모든 조치의 의미가 무엇인가에 대해 사실상 영미법에서 출발한 이른바 컴플라이언스 제도 혹은 법준수프로그램의 구비 여부로 보는 시각이 일반적이다.[291] 다만 동조 제2항의 기업형사책임은 모든 범죄에 인정되는 것이 아니라 동조항에서 열거한 범죄들에 한해서 인정되는데, 그중에 대표적인 것이 바로 뇌물죄(국내와 해외뇌물공여죄 모두 포함)라는 점에 주목할 필요가 있다. 미국, 영국,

290) 이천현/윤지영/임정호, 앞의 글, p.88.
291) 이천현/윤지영/임정호, 앞의 글, pp.90-94.

프랑스와 마찬가지로 스위스 역시 뇌물죄에 있어서 기업형사책임을 인정할 뿐만 아니라 이 기업형사책임을 전제로 기업 스스로의 사전 예방 시스템 구축을 유도하는 시도를 하고 있음을 알 수 있다.

다만, 스위스는 프랑스와 달리 기업형사책임의 유형으로 벌금형만 인정하며, 앞서 살펴 본 바와 같이 그 상한은 500만 스위스프랑이다. 또한 앞서 알스톰 사건에서 이미 보았듯이 뇌물을 제공한 기업에 대해서 거액의 형사 벌금을 부과할 수 있을 뿐만 아니라 뇌물 제공을 통해 얻은 이익에 대해서 몰수하거나 몰수가 불가능할 경우 '등가 청구'의 방식으로 이익환수 청구도 할 수 있다. 즉, 기업 뇌물에 대해서 기업이 뇌물 제공을 통해 얻은 이익을 철저히 박탈할 수 있는 법적 수단도 있을 뿐만 아니라 거액의 벌금형을 통해 기업형사책임도 확실하게 부과할 수 있다.

제5절 독일

1. 뇌물죄 개관

가. 국내뇌물죄

독일의 국내뇌물죄는 독일 형법전에서 규율하고 있으며, 기본 조문은 독일 형법 제331조부터 제335조이다.[292] 이 중 제331조(수뢰)와 제332조(부정처사 수뢰)가 뇌물수수와 관련된 조항이고 제333조(뇌물공여)[293]와 제334조(부정처사를 위한 뇌물공여)[294]가 뇌물공여와 관련된 조항이다.

---

292) 독일형법상의 뇌물죄 규정에 대한 자세한 설명은 성낙현, "독일형법의 뇌물죄규정", 영남법학 제10권 제1호, 영남대학교 법학연구소, (2004. 6), p.148 이하; 오영근, "현행 뇌물범죄 처벌규정의 문제점과 개선방안", 대검찰청 연구보고시, (2010), p.19 이하 참조.

293) 제333조【뇌물공여】
① 공무원, 공적 업무를 위하여 특별한 의무를 지는 자 또는 연방군 군인에 대하여 공무원 등 또는 제3자를 위한 이익을 제안하거나, 약속하거나 또는 공여한 자는 3년 이하의 자유형 또는 벌금형에 처한다.
② 법관 또는 중재법관에 대하여 이미 행한 재판 또는 장래 행할 재판에 대한 대가로서 법관 등 또는 제3자를 위한 이익을 제안하거나, 약속하거나 또는 공여한 자는 5년 이하의 자유형 또는 벌금형에 처한다.
③ 관할관청이 그 권한의 범위 내에서 이익을 수수한 자의 수수행위를 사전에 허가했거나 또는 이익을 수수한 자의 지체 없는 신고에 따라 이를 허가한 경우에는 제1항에 의하여 처벌하지 아니한다.

294) 제334조【부정처사를 위한 뇌물공여】
① 공무원, 공적 업무를 위하여 특별한 의무를 지는 자 또는 연방군 군인에 대하여 직무상 의무를 위반하거나 위반할 우려가 있는 직무행위를 행하거나 장래 행할 것에 대한 대가로서 공무원 등 또는 제3자를 위한 이익을 제안하거나, 약속하거나 또는 공여한 자는 3월 이상 5년 이하의 자유형에 처한다.

즉, 부정처사 뇌물수수나 뇌물공여의 경우 가중 처벌하는 규정을 따로 두었다. 그리고 다시 제332조와 제334조에 대한 가중처벌 조항으로 제335조[295]가 마련되어 있는데, 특별히 중한 부정처사 수뢰 및 부정처사 증뢰에 대한 가중처벌조항이다. 여기서 특별히 중한 경우라 함은 행위가 대규모의 이익과 관련된 경우이거나 장래의 직무행위에 대한 대가로서 이익을 계속적으로 수수한 경우 등을 말한다. 결국 뇌물공여죄 차원에서 보면 제333조, 제334조, 제335조로 나누어서 규정하고 있는 셈이다.

뇌물공여 관련 조항의 형량을 살펴보면 자연인을 대상으로 한 처벌 조

그 행위가 중하지 아니한 경우에는 2년 이하의 자유형 또는 벌금형에 처한다.
② 법관 또는 중재법관에 대하여 다음 각호의 1에 해당하는 행위의 대가로서 법관 등 또는 제3자를 위한 이익을 제안하거나, 약속하거나 또는 공여한 자는 제1호에 해당하는 경우에는 3월 이상 5년 이하의 자유형에 처하고, 제2호에 해당하는 경우에는 6월 이상 5년 이하의 자유형에 처한다.
1. 법관의 의무를 위반하는 재판행위
2. 장래 법관의 의무를 위반하게 될 재판행위 미수범은 처벌한다.
③ 행위자가 장래의 직무행위에 대한 대가로서 이익을 제안하거나, 약속하거나 또는 공여한 경우 타인으로 하여금 다음 각호의 1에 해당하는 태도를 결의하도록 시도한 경우에는 제1항 및 제2항을 적용한다.
1. 직무행위를 행함에 있어서 의무의 위반
2. 직무행위가 그 재량에 속하는 경우, 이익에 영향을 받은 재량권의 행사
295) 제335조【특별히 중한 부정처사 수뢰와 부정처사를 위한 뇌물공여】
① 다음 각호의 1의 특히 중한 경우에는 다음과 같이 처벌된다.
1. 각 1의 행위가 특히 중한 경우에는 1년 이상 10년 이하의 자유형에 처한다.
  a) 제332조 제1항 제1호 및 제3항과 결합한 제1항 제1호의 행위
  b) 제334조 제1항 제1호와 제2항 및 각각 제3항과 결합한 제1항 제1호와 제2항
2. 제332조 제2항 및 제3항과 결합한 제2항의 행위
② 다음 각호의 1의 경우에는 특별한 사정이 없는 한, 제1항의 특히 중한 경우에 해당한다.
1. 행위가 대규모의 이익과 관련된 경우
2. 행위자가 장래 직무행위에 대한 대가로서 이익을 계속적으로 수수한 경우
3. 행위자가 영업적으로 또는 그러한 행위의 계속적 범행을 위해서 조직된 단체의 구성원으로서 행위한 경우

항이므로 자유형과 벌금형이 규정되어 있고, 자유형의 상한은 해당 조문에 따라 3년 이하, 5년 이하, 10년 이하 등으로 정해져 있다. 우리법의 경우 형법상 뇌물공여죄의 자유형 상한이 5년 이하인 점과 대비된다. 특히 우리법의 경우 뇌물수수에 대해서는 특가법에 의해 가중처벌이 가능하나 뇌물공여에 대해서는 가중처벌 조항 자체가 없는데 이와도 대비된다.

벌금형의 경우 독일은 우리와 달리 일수벌금형으로 개별 법조항에 벌금형 상한을 따로 정하지 않고, 형법 제40조 이하에 별도의 조항이 마련되어 있다. 일수벌금형이란 벌금형을 일수와 일수정액으로 분리하여 일수는 일반적인 양형의 원칙에 따라 결정하지만 일수정액은 피고인의 경제사정을 고려하여 결정하는 제도로 벌금형을 일정액의 총액으로 선고하는 총액벌금형제도의 발전형이라고 한다.[296] 독일형법에서 벌금형의 일수는 법률에 특별한 규정이 없는 경우 만5일 이상 만360일 이하로 하며(제40조 제1항), 병합할 경우 최대 720일까지 가중할 수 있다(제54조 제2항). 벌금형의 일수 정액은 행위자의 개인적, 경제적 사정을 고려하여 법원이 정하되, 일수 정액을 정함에 있어 특별한 사정이 없는 한 행위자의 1일 평균 순수입을 그 기준으로 하며, 1일 수의 벌금정액은 2유로 이상 1만 유로 이하로 한다(제40조 제2항). 일수를 산정함에 있어서는 행위자의 수입, 재산, 기타 기초사실 등을 사정할 수 있으며(제40조 제3항), 벌금형의 일수와 일정금액은 판결로써 고지한다(제40조 제4항). 따라서 병합을 통한 가중이 없을 경우 이론적인 벌금형 상한은 360만 유로인데, 우리 형법상 뇌물공여죄의 벌금형 상한이 불과 2천만 원인 점과 크게 대비된다.

하지만, 벌금형 상한 기준을 범죄로 얻은 이익에 연동시키는 미국의 Alternative Fines Act와 같은 조항은 없다. 따라서 벌금형 외에 뇌물로 얻

---

296) 오경식, "일수벌금형제도의 도입방안에 대한 연구", 대검찰청 용역연구과제, (2012. 6), p.9. 이에 의하면 일수벌금형제도는 부자와 가난한 자에 대한 동일한 형벌적응력 또는 피해동가성을 잘 실현하기 위한 정책적 방안이라고 한다.

은 이익을 금전적으로 박탈할 수 있는 제재 수단이 있는지 여부가 문제
될 수 있는데, 독일 형법 제73조 이하에 규정된 몰수 제도를 통해 뇌물
수수자가 받은 뇌물뿐만 아니라 뇌물공여자가 뇌물제공을 통해 얻은 이
익 역시 몰수할 수 있다.[297] 최근 독일 형법 개정을 통해 용어가 통일되
었지만, 기존 독일 형법에서는 우리 형법 제48조의 몰수에 대응하는 개
념으로 Verfall(제73조 이하)과 Einziehung(제74조 이하)을 구분하고 있었
는데, 우리나라에서는 통상 전자는 剝奪로, 후자는 沒收로 각각 번역하
였다. 원래 Verfall은 '범죄행위의 대가로' 또는 '범죄행위로 인하여' 취득
한 이익을 국고에 귀속시키는 것으로서 불법수익 몰수를 위한 핵심적인
규정이며, Einziehung은 '범죄행위의 생성물 또는 그 수단'을 국고에 귀속
시키는 것이다.[298] 그런데 2017. 7. 1. 독일 형법 개정을 통해 Verfall이라
는 용어를 사용하지 않고 제73조와 제74조를 모두 Einziehung으로 표현
하는 방식으로 바뀌었다.

다만, 제73조의 범죄수익 몰수 역시 Einziehung으로 용어가 통일되
었을 뿐 기본적인 성격은 바뀐 것은 없으므로 여전히 뇌물제공을 통해 얻
은 이익을 독일 형법 제73조에 의해 몰수할 수 있음은 동일하다. 제73조
제1항에 의하면 정범이나 공범이 범죄의 대가로 혹은 범죄를 통해 무엇
인가(etwas)를 획득한 경우 이를 몰수할 수 있다고 규정한다. 여기에서
의미하는 etwas는 범죄의 반대급부 내지는 보수로서 취득하거나 또는 재
산범죄의 장물처럼 범죄로 인하여 발생한 수익을 말하는데, 동산, 부동
산 등의 유체물 뿐만 아니라 권리를 비롯한 경제적 가치를 지니는 모든

---

297) 독일 형법 주석서에 의하면 뇌물뿐만 아니라 부정처사 뇌물공여 조항인 형법
    제334조 범행에도 제73조의 Verfall이 적용된다고 한다. Laufhütte, Heinrich
    Wilhelm/Rissing-van Saan, Ruth/Tiedemann, Klaus (Hrsg.), Leipziger Kommentar
    StGB, Band 13: §§ 331-358, 12. Aufl. 2009 (LK-StGB/Sowada, § 334 Rn. 21.)
298) 이재상, "현행법상 조직범죄로부터 생겨난 불법수익의 몰수제도 - 우리나라
    와 독일의 입법례의 비교를 중심으로 -", 형사법연구 제10호, 한국형사법학회,
    (1998), p.298.

무형적 이익을 포함한다.[299] 따라서 뇌물공여자가 뇌물제공을 통해 얻은 이익도 제73조 이하에 규정된 이익몰수 제도를 통해 몰수할 수 있으며 실제 사례도 있다.[300]

또한 제73b조 1항에 의하면 정범 또는 공범이 타인을 위하여 범죄를 행하고 이를 통하여 타인이 이익을 취득한 경우에도 몰수할 수 있다고 규정하고 있는데, 이 타인에 법인도 포함되는 것으로 해석한다.[301] 따라서 뒤에서 살펴보는 바와 같이 기업형사책임이 없기 때문에 법인에 대해 형사처벌을 할 수는 없지만, 예컨대 기업 뇌물 사건처럼 뇌물 제공을 통해 얻은 이익이 법인에 귀속될 경우 그 이익에 대한 몰수는 법인을 상대로도 할 수 있다. 다만 뒤에서 살펴보는 바와 같이 법인에 대해서 질서위반법에 따른 질서위반금을 부과할 수 있는데, 만약 질서위반금을 부과할 경우 동일한 범죄로 형법 73조 상의 몰수를 선고할 수 없도록 되어 있다(질서위반법 제30조 제5항). 이는 질서위반금이 범죄로 얻은 경제적 이익을 상회하도록 되어 있기 때문에(질서위반법 제17조 제4항), 질서위반금을 통해서도 충분히 범죄로 얻은 이익을 박탈할 수 있기 때문으로 보인다.

---

299) 박승진/이기헌/최석윤, "각국의 몰수제도", 형사정책연구원 연구보고서 98-20, 한국형사정책연구원, (1998), p.84.

300) BGH NStZ 2002 477 이 사건은 피고인이 건축예정지로 점찍어둔 경작지를 싼 값에 매입한 후 관할관청의 공무원에게 경작지에 건축허가를 내달라고 부탁하며 뇌물을 준 사건으로 독일형법 제334조에 해당한다. 피고인이 실제 건축허가를 받은 후 땅값이 오르자 이를 팔았는데 투기이익을 현실화 할 수 있는 확률을 높인 것을 바로 피고인이 뇌물제공을 통해 얻은 이익으로 보아 제73조에 의한 이익몰수를 선고하였다.

301) 2017. 7. 1. 개정 전에는 제73조 제3항에 규정된 내용이었는데, 이때 동 조항에 대한 주석서를 보면 동 조항의 타인에 법인도 포함된다고 해석하고 있다. Laufhütte, Heinrich Wilhelm/Rissing-van Saan, Ruth/Tiedemann, Klaus (Hrsg.), Leipziger Kommentar StGB, Band 3: §§ 56-79b, 12. Aufl. 2008 (LK-StGB/Schmidt, § 73 Rn. 51).

다만, 독일은 여전히 '단체는 형사처벌의 대상이 될 수 없다'는 도그마를 철저히 지키는 나라여서 기업"형사"책임을 인정하지는 않고 있다. 따라서 국내뇌물죄나 뒤에서 살펴 볼 해외뇌물죄 모두 기업에 대해 형사처벌을 할 수는 없다. 또한 우리처럼 형법상 범죄에 대해서만 기업형사책임이 없는 것이 아니라, 특별법으로도 기업에 대한 형사처벌은 전혀 인정하지 않고 있어서 우리보다 훨씬 철저하게 위 도그마를 관철하고 있는 셈이다. 하지만 유의할 점은 독일은 기업"형사"책임을 인정하지 않을 뿐 행정벌을 통해 "기업책임"을 묻는 것은 가능하다는 점이다. 바로 질서위반법을 통해 자연인의 범죄행위나 질서위반행위에 대해 법인에게 질서위반금이라는 '행정벌'의 부과가 가능하기 때문이다. 이에 대해서는 해외뇌물죄 관련 조항을 먼저 간단히 살펴 본 후 상술하겠다.

나. 해외뇌물죄

독일은 현재 국내뇌물죄뿐만 아니라 해외뇌물죄 역시 형법에서 규율하고 있다. 독일도 다른 유럽국가들과 마찬가지로 원래는 국내뇌물죄만 처벌하였을 뿐 해외뇌물죄를 처벌하는 법규가 없었으나, OECD 뇌물방지협약을 독일 국내법으로 수용한 IntBestG[302]와 EU 부패법(the European Union Corruption Act)을 독일 국내법으로 수용한 EUBestG[303]를 1998년에 제정하여 1999년부터 시행하였다. 따라서 국내뇌물죄에 대해서는 형법으로, 해외뇌물죄에 대해서는 IntBestG와 EUBestG로 규율하는 형태였는데, 2015년 11월 새로운 반부패법[304]이 통과되면서 해외뇌물죄 관련 법규를 독일 형법전으로 포섭하였다. 즉, 형법 제335a조를 신설하여 외국

---

302) Gesetz zu dem Übereinkommen vom 17. Dezember 1997 über die Bekämpfung der Bestechung ausländischer Amtsträger im internationalen Geshäftsverkehr
303) EU-Bestechungsgesetz
304) Gesetz zur Bekämpfung der Korruption

공무원 등에 대한 뇌물공여나 뇌물수수도 국내뇌물죄 관련 조항이 동일하게 적용된다. 다만 원칙적으로 외국 공무원이나 외국 혹은 국제재판소 판사에 대해서는 국내뇌물죄 조항 중 제332조, 제334조, 제335조만 적용된다고 하여 부정처사를 위한 뇌물수수·뇌물공여만 해당되고 제331조와 제333조에서 정한 일반 뇌물수수·뇌물공여는 해당하지 않는다. 부정처사를 수반하지 않는 일반 뇌물수수·뇌물공여 조항인 제331조와 제333조는 외국 공무원 등에 해당하는 부류 중에 국제형사재판소 판사 등과 같이 일부에만 적용된다.

위와 같이 외국 공무원의 신분과 직업군에 따라 적용되는 국내뇌물죄 조항의 차이가 있지만, 아무튼 해외뇌물죄에 대해서도 국내뇌물죄와 똑같이 처벌하기 때문에 대응하는 국내뇌물죄에서 정한 형량이 그대로 적용됨은 물론 뇌물로 얻은 이익에 대한 몰수 역시 해외뇌물공여죄에서도 인정된다. 다만, 앞서 밝힌 바와 같이 해외뇌물죄에 대해서도 기업형사책임은 인정되지 않는다. 하지만 질서위반법을 통해 사실상 기업형사책임의 공백을 상당부분 커버하고 있으며, 특히 유명한 지멘스 사건을 통해서 알 수 있듯이 해외뇌물죄에 대해 거액의 질서위반금을 부과한 사례가 있어 후술하도록 하겠다.

2. 질서위반법305)

독일의 경우 전통적으로 법인의 형사책임을 부정하는 도그마를 가장 철저히 유지하는 입장이어서 뇌물죄뿐만 아니라 전체 범죄에 있어서 법인의 형사책임을 인정하지 않고 있다.306) 즉, 책임주의 원칙에 따라 형

---

305) Gesetz Über Ordnugswidrigkeiten (OWiG)

306) 하지만, 이는 현대 독일법에 대한 설명으로 타당할 뿐, 연혁적으로 거슬러 올라가서 보다 면밀히 관찰해 보면 독일에서도 기업형사책임을 인정했던 시기가 있었다고 한다. 독일의 기업형사책임 변천 과정에 대한 연혁적 고찰에 대

벌부과의 전제조건이 되는 책임비난은 자연인에 대하여만 가능하다는 입장을 고수하고 있다. 물론 우리나라 역시 원칙적으로는 이런 도그마에 입각하여 형법전에는 법인형사책임을 인정하는 규정이 없지만 예외적으로 특별법상으로 양벌규정의 형태로 법인형사처벌을 인정하고 있으며 사실상 양벌규정이 도입된 특별법의 수 역시 꽤 많은 형편이다. 하지만 독일은 형법 외에 특별법에서도 법인의 형사처벌을 가능케 하는 규정은 전혀 없다. 따라서 적어도 형식적으로는 우리나라보다도 더 철저히 전통적 도그마를 고수하는 입장이라고 할 수 있다.[307] 하지만, 실질적으로는 기업형사책임이 없는 공백을 행정벌의 형태로 커버하고 있어서 명칭만 기업"형사"책임이 없을 뿐이지 뇌물공여를 포함하여 모든 범죄행위를 저지른 기업에 대한 "금전적 책임"을 지우는 수단은 잘 마련해 놓고 있다는 점이 우리와 큰 차이이다.

독일의 경우 기업에 대한 금전적 제재는 질서위반법을 통해 실현하고 있다. 질서위반법은 1968년 당시까지 각 분야의 법률에 개별적으로 규정되어 있던 질서위반행위에 관한 규정을 총괄하여 제정한 법으로 동법에 따라 범법행위를 한 기업에 대한 질서위반금 부과가 가능하며, 이는 질서위반행위로 인한 이익을 법인으로부터 박탈하기 위한 일종의 행정처분으로 이해되고 있다.[308] 기업에 대한 질서위반금의 근거 조항은 질서위반법 제30조[309]이다. 동 조항을 보면 단체에게 질서위반금이 부

해서는 Markus D. Dubber, 앞의 글, p.204 이하 참조.

307) 기업형사책임에 대한 영국과 독일의 접근법상의 차이 및 그 원인에 대해 다양한 관점에서 분석한 글로는 Susanne Beck, "Meditating The Different Concepts Of Corporate Criminal Liability In England And Germany", 11 German L. J. 1093, (Octorber 1, 2010), p.1103 이하 참조. 기업형사책임과 관련하여 미국과 독일의 차이점 및 그 원인에 대한 심층적인 분석은 Edward B. Diskant, 앞의 글, p.142 이하 참조.

308) 이천현, "법인의 범죄주체능력과 형사책임", 형사법연구 제22호, 한국형사법학회, (2004년 겨울), p.62.

309) 질서위반법 제30조(법인 및 사단에 대한 질서위반금)

(1) 다음 각호에 해당하는 사람이 범죄 또는 질서위반행위를 범하여 법인 또는 인적 회사(Personengesellschaft)에게 부과된 의무를 위반하거나 또는 이를 통하여 부당한 이익을 얻거나 얻은 것이 명백한 때에는 법인 및 인적 회사에 대하여 질서위반금을 부과한다.

1. 법인의 경우 대표권을 가지는 기관 또는 기관의 구성원
2. 권리능력 없는 사단 및 재단의 경우 이사 또는 이사진의 구성원
3. 권리능력 있는 인적 회사의 경우 대표권을 가지는 사원
4. 법인 또는 제2호 또는 제3호에 정한 단체의 포괄대리인 또는 실질적으로 지배력을 행사하는 지위에서 지배인 또는 상사대리인으로서 일하는 사람
5. 기타 법인 또는 제2호 또는 제3에 정한 단체의 사업이나 기업의 운영에 대하여 책임을 부담하는 지위에 있는 사람으로서 여기에는 실질적으로 지배력을 행사하는 지위에서 경영의 감독 또는 그 밖에 감사의 권한을 행사하는 사람도 포함된다.

(2) 질서위반금은 다음 각호의 구분에 따라 부과한다.

1. 고의에 의한 범죄행위일 때 10,000,000 Euro 이하의 질서위반금
2. 과실에 의한 범죄행위일 때 5,000,000 Euro 이하의 질서위반금
   해당 행위가 질서위반행위에 해당하는 경우 그 상한은 당해 질서위반행위에 정해진 질서위반금의 상한에 따른다. 다른 법률에서 이 규정을 준용하도록 하고 있는 때에는 당해 법률에 규정된 구성요건에 대해서는 제2문의 질서위반금의 상한의 10배를 그 상한으로 한다. 하나의 행위가 동시에 범죄행위와 질서위반행위에 해당하는 때에는 질서위반행위의 상한이 제1문의 상한을 초과하는 때에도 제2문을 적용한다.

　　(2a) 당해 단체가 포괄승계 또는 분할에 의한 부분적 포괄승계(기업재편법 (Umwandlungsgesetz) 제123조 제1항)된 때에는 제1항과 제2항에 정한 질서위반금은 승계자에게 부과할 수 있다. 이 경우 질서위반금은 승계 받은 재산 또는 피승계자에게 부과된 질서위반금의 상한을 초과하지 못한다. 질서위반소송절차에서는 승계자는 승계절차가 진행되고 있던 기간 동안에 피승계자가 점하고 있던 소송당사자의 지위를 승계한다.

(3) 제17조 제4항과 제18조를 준용한다.

(4) 범죄행위로 인한 형사소송절차 또는 질서위반행위로 인한 질서위반소송절차가 개시되지 않거나, 중단되거나 또는 형의 선고가 유예된 때에도 질서위반금은 단독으로 부과할 수 있다. 기타 다른 경우에도 질서위반금을 단독으로 부과할 수 있도록 법률로 정할 수 있다. 그러나 범죄행위 또는 질서위반행위가 법률상의 이유로 인하여 기소할 수 없는 때에는 법인 또는 단체에 대

과될 수 있는 요건은 크게 두 가지로 구성된다. (1) 법인 등의 대표권을 가지는 기관, 기관의 구성원, 단체의 포괄적 대리권자, 관리적 지위에 있는 업무대리인, 상사대리인이 범죄행위 또는 질서위반행위를 범해야 하며, (2) 이로 인하여 법인 등에 부과된 의무가 위반되었거나, 법인 등이 부당한 이익을 얻었거나, 그러한 행위가 법인 등에게 부당한 이익을 제공할 목적으로 행하여졌어야만 한다.

우선 법인에게 책임을 귀속시킬 수 있는 임직원의 행위가 모든 임직원이 아닌 대표권 내지 대리권이 있는 임직원의 행위로 제한된다. 이는 영국과 같은 보통법 국가에서 발달된 동일시 이론(identification theory)과 닮았다.[310] 따라서 심지어 범죄행위를 한 실제 임직원이 구체적으로 누구라고 특정할 수 없는 경우에도 그 임직원이 기업을 대표 또는 대리하는 사람들 중에 한명이라는 점만 확정되면 기업에게 질서위반금을 부과할 수 있다.[311] 또한 제30조 제1항 5호에 의해 하위직 관리자까지 포섭할 수 있게 되었는데, 이 조항은 2002년 개정에서 채택되었다고 한다. 이 조항에 의해 기업 내에서 실질적으로 관리직 업무에 있는 사람은 기업 내에서의 형식적인 지위나 직함에 상관없이 대상이 될 수 있으며, 특히 기업이 조직 배치 등을 통한 조치로 이 책임을 피해 가려는 시도를 막을 수 있다고 한다.[312]

하여 질서위반금을 단독으로 부과할 수 없다. 이 때 제33조 제1항 제2문은 준용한다.

(5) 법인 또는 단체에 대하여 질서위반금을 부과한 때에는 동일한 죄로 인하여 형법 제73조 및 제73c조 또는 본법 제29a조에 정한 몰수를 할 수 없다.

(6) 질서위반금의 결정을 선고하는 때에는 질서위반금의 납부를 담보하기 위하여 형사소송법 제111d조 제1항 및 제2항을 적용한다. 이 때 판결의 선고는 질서위반금의 선고로 본다.

310) Martin Böse, "Chapter 8 Coporate Criminal Liability In Germany", 9 IUS Gentium 227, (2011), p.231.

311) 이천현/윤지영/임정호, 앞의 글, p.70.

312) Martin Böse, 앞의 글, p.235-236.

한편 범죄행위나 질서위반행위에 대해여는 특별한 제한이 없다고 한다. 따라서 형법 제333조나 제334조에 규정된 뇌물공여죄가 질서위반법 제30조에서 언급한 범죄행위에 해당함은 물론이다. 또한 반드시 당해 법인의 이익을 위한 목적으로 행할 필요는 없다. 따라서 대표기관 등이 자신의 이익을 위하여 행한 경우에도 그로 인해 법인에 부과된 의무가 위반되었거나, 법인이 부당한 이익을 얻었다면 동법 제30조가 적용되는데 장애가 되지 않는다.

또한 질서위반법 제30조는 범죄행위 등으로 인하여 법인에게 부과한 의무위반이 발생하지 않더라도, 그 행위로 인하여 법인이 이익을 얻었거나 또는 법인에게 부당한 이익을 제공할 목적으로 그러한 행위가 행하여진 경우에도 적용될 수 있다는 점에 주목할 필요가 있다. 이 요건을 보면 질서위반법 제30조의 입법취지가 단순히 법인 등을 처벌하는 데에만 있지 않고, 당해 법인 등이 범죄행위나 질서위반행위를 통하여 이익을 얻은 경우 이를 환수하는 데에도 있음을 알 수 있기 때문이다. 따라서 법인의 대표자의 뇌물제공행위를 통하여 법인이 이익을 얻게 되었거나 뇌물제공행위가 법인에게 이익을 제공할 목적으로 행히여진 경우 동조 위반이 될 수 있다.313) 여기서의 이익은 경제적 가치를 높이는 것은 무엇이든 해당할 수 있다고 하며 따라서 간접적인 이익, 예컨대 뇌물을 제공함으로써 경쟁에서 보다 유리한 위치를 차지하게 되는 것도 이에 해당한다.314)

통상 질서위반금의 법적 성격을 우리 식의 과태료와 같은 행정벌로 이해하고 있으나, 적어도 액수 면에서 법인에게 부과될 수 있는 질서위반금의 상한을 살펴보면 우리 식의 과태료와는 질적으로 차이가 있다. 일단 법인에 대한 질서위반금의 상한은 자연인이 범한 행위의 성격에

---

313) 김호기/김택수/최준혁, 앞의 글, pp.170-171.
314) Klaus Rogall, Karlsruher Kommentar zum Gesetz über Ordnungswidrigkeiten, 3. Aufl., 2006, 30/82. 김호기/김택수/최준혁, 앞의 글, p.171에서 재인용.

따라 상한이 각각 달라진다. 우선 자연인이 범한 행위가 범죄행위일 경우 다시 그 범죄행위가 고의에 의한 것인지, 과실에 의한 것인지에 따라 법인에 대한 질서위반금의 상한도 달라지는데, 고의에 의한 범죄행위 위반일 경우 법인에게 부과될 수 있는 질서위반금의 상한은 1,000만 유로이며, 과실에 의한 범죄행위 위반일 경우에는 5백만 유로이다.[315] 한편 자연인의 해당 행위가 질서위반행위일 경우에 법인에 대한 질서위반금 상한은 당해 질서위반행위에 정해진 질서위반금의 상한에 따르도록 되어 있다. 따라서 예컨대, 뒤에서 살펴 볼 질서위반법 제130조 위반의 질서위반행위가 있을 경우 동조에서 정하는 상한인 1백만 유로가 법인에 대한 질서위반금의 상한도 된다.

여전히 기업형사책임을 인정하지 않는 독일의 입장에서 볼 때, 범죄행위에 대해 법인에게 부과하는 질서위반금의 상한은 적어도 액수 면에서는 기업형사책임 부재라는 공백을 상당히 커버할 수 있을 수준이라고 평가할 수 있다. 예컨대 해당행위가 뇌물공여의 경우 고의에 의한 범죄행위일 때에 해당하여 법인에게 부과될 수 있는 질서위반금의 상한은 1천만 유로가 된다. 우리나라의 경우 특별법상 양벌규정의 형태로 기업형사책임이 도입된 범죄에 대해서도 법인에 대한 벌금형의 상한이 개인에 대한 상한과 같은 경우가 많아서 법인에 대한 효과적인 제재 수단으로 보기에 턱없이 부족하거나 억지력 차원에서 기능을 발휘하지 못하는 경우가 많은 점에 비추어 보면 기업형사책임이 없는 독일의 경우가 오히려 기업에 대한 실질적인 제재 수단을 잘 구비해 놓고 있다고 볼 수 있다. 예컨대, 우리 형법상 뇌물공여죄에 기업형사책임은 없지만 만약 기업형사책임을 도입한다고 하더라도 개인에 대한 처벌과 같은 수준으

---

315) 2013년 6월 26일 법률개정에 의하여 제30조 제2항 제1문 제1호 및 제2호의 질서위반금의 상한이 각각 10배 상향되었다. 즉 고의에 의한 범죄행위의 경우 1,000,000 Euro에서 10,000,000 Euro로 그리고 과실에 의한 범죄행위에 경우 500,000 Euro에서 5,000,000 Euro로 상향되었다.

로 하여 벌금 2천만 원을 상한으로 한다면 - 독일의 1천만 유로와 비교
할 때 - 효과적인 기업제재 수단으로 기능할 수 없음은 자명하다.

더구나 독일의 경우 법인에 대한 질서위반금의 상한은 동법 제30조 제
2항에서 정한 상한을 넘어 설 수도 있음을 유의하여야 한다. 바로 동조 제
4항에서 준용하는 제17조 제4항 때문이다. 질서위반법 제17조 4항에 의하
면 질서위반금은 행위자가 당해 행위로부터 얻은 경제적 이익을 상회하여
야 하며, 만약 법률이 정하는 질서위반금의 상한이 이에 미달하는 경우 그
상한을 초과하여 부과할 수 있다고 한다. 따라서 예컨대 임직원의 뇌물공
여 행위로 인하여 얻은 경제적 이익이 2천만 유로로서 제30조 제2항에서
정한 상한인 1천만 유로를 상회하는 경우에는 그 상한과 상관없이 실질적
으로 위반행위에서 얻은 경제적 이익을 적어도 상회하는 질서위반금을 부
과하여야 한다. 바로 이 점 때문에 질서위반금이 부과될 경우 동일한 범
죄로 인해 형법 제73조 이하에 규정된 이익 몰수를 할 수 없도록 하였
다.316) 질서위반금 부과를 통해 범죄 수익을 충분히 박탈할 수 있기 때문
이다.317) 따라서 통상 질서위반법 제30조에 의해 질서위반금을 부과할 때
처벌부분(Ahndungstcil)과 경제이익 몰수부분(Abschöpfungsteil)으로 나눠서
각각 산정한 후 이를 합산한 금액을 부과한다.318)

---

316) 독일형법 제73조상 이익몰수의 대상인 "etwas"와 질서위반법 제17조상 질서위
반금 부과기준인 "경제적 이익"의 개념 및 산정방식의 차이에 대한 자세한 설
명은 김호기/김택수/최준혁, 앞의 글, p.180 이하 참조.

317) 질서위반법 제17조 제4항을 통하여 질서위반금이 단순히 위반행위에 대한 제
재 기능뿐만 아니라 부당 이익의 환수 기능까지 수행함을 알 수 있다. 김호기
/김택수/최준혁, 앞의 글, pp.178-179.

318) 독일 잠수함을 사는 대가로 그리스 국방장관에게 뇌물을 준 해외뇌물 사건에 대
한 뮌헨 검찰청의 프레젠테이션 자료를 보면 이 부분이 잘 나타난다. 이 사건에
서 질서위반금으로 총 139,786,376 유로가 부과되었는데, 처벌부분(Ahndungsteil)
으로 500,000 유로를, 경제이익 몰수부분(Abschöpfungsteil)으로 139,286,376 유로
를 산정하였다. 또한 경제적 이익을 어떤 식으로 계산하였는지에 대한 자세
한 설명도 곁들이고 있다. http://kubiciel.jura.uni-koeln.de/sites/strafrecht_steinbe

이는 실질적으로 뇌물로 얻은 이익을 박탈할 수 있는 수단으로 질서
위반금이 기능할 수 있다는 의미로서 우리에게 시사하는 바가 매우 크
다. 즉, 우리의 경우 형법상 뇌물공여죄에 기업형사책임이 없고 따라서
뇌물을 제공한 기업에 대해 금전적 제재를 가하거나 뇌물로 얻은 이익
을 박탈할 수 있는 수단이 없지만, 이러한 우리 입법태도에 대해 가장
큰 영향을 미친 독일의 경우, 비록 기업형사책임이 없다는 점은 같지만,
질서위반법을 통해 실질적으로 뇌물을 제공한 기업에 대해 금전적 제재
를 가할 수 있는 법적 장치가 잘 마련되어 있을 뿐만 아니라 뇌물로 얻
은 이익을 박탈할 수 있는 수단까지 구비되어 있기 때문이다. 실질적으
로 독일은 2008년 지멘스의 해외뇌물죄 사건에서 지멘스 기업에 대해 약
6억 유로의 질서위반금을 징수하였는데, 바로 위에서 설명한 질서위반
법 때문에 가능하였다. 지멘스에게 부과된 약 6억 유로의 근거에 대해
정확히 파악하기 위해서는 이미 설명을 마친 질서위반법 제30조와 제17
조 외에 제130조를 추가로 이해해야 하므로, 다음에서 동법 제130조에
대한 설명을 먼저 하겠다.

질서위반법 제130조[319]는 사업주가 '선임감독의무'를 충실히 이행하

---

rg/Kolloquium_Auslandsbestechung/OST_HAL_Weith_Praesentation_Sanktionsmoeglic
hkeiten_.pptx.pdf..pdf (2018. 1. 15. 최종방문)
319) 질서위반법 제130조[사업 또는 기업에서의 관리·감독의무의 위반]
　　(1) 사업이나 기업의 소유자에게 부과된 의무로서 그 위반행위에 대하여 형벌
　　또는 질서위반금이 부과된 의무가 사업이나 기업에서 위반되지 않도록 하는
　　데 필요한 관리·감독조치를 사업 또는 기업의 소유자가 고의 또는 과실로 인
　　하여 취하지 아니하고 그리고 해당 의무의 위반행위가 적정한 관리·감독을
　　다했다면 발생하지 않았거나 또는 본질적으로 곤란하게 했을 것이라는 사실
　　이 인정되는 때에는 그러한 [관리·감독의무의 위반] 행위는 질서위반행위에
　　해당한다.
　　(2) 제1항에 정한 사업 또는 기업에는 공기업도 포함된다.
　　(3) [관리·감독의무의 위반으로 인하여 발생한] 해당 의무위반행위의 법정형
　　이 형벌인 때에는 [관리·감독의무 위반행위를 이유로 하는] 질서위반행위에
　　대하여 1,000,000 Euro 이하의 질서위반금을 부과할 수 있다. 이 때 제30조 제1

지 않았고, 이로 인하여 업무집행 과정에서 범죄행위나 질서위반행위가 행하여 진 경우 '사업주 본인'이 질서위반행위를 한 것으로 보도록 규정한다.[320] 제130조가 적용되기 위해서는 먼저 (1) 기업의 소유자 또는 사업주가 형벌 또는 질서위반금이 부과될 수 있는 의무위반행위를 방지하기 위한 필요한 관리 감독 조치를 고의 또는 과실로 이행하지 아니하여야 하며, (2) 적절한 관리 감독 조치가 있었더라면 의무위반행위를 방지할 수 있었거나 이를 행하는 것이 매우 곤란했을 것임이 입증되어야 한다. 제130조 자체는 의무위반행위를 방지하기 위한 필요한 선임감독조치가 구체적으로 무엇인지 규정하고 있지는 않지만 일반적으로 기업 내 법준수프로그램인 컴플라이언스 시스템을 의미한다고 본다.[321] 따라서 예컨대, 뇌물공여 사건의 경우로 상정해 보면, 기업 내 반부패 컴플라이언스 프로그램이 없거나 미흡하여 당해 뇌물공여 사건이 발생하였다고 판단될 경우, 뇌물공여죄와 별도로 기업의 소유자나 경영진이 바로 동법 제130조의 질서위반행위를 한 것으로 의율 될 수 있다. 또한 기업 입장에서 보면 뇌물공여 행위에 대한 질서위반금은 동법 제30조와 제17조에 의해 부과될 수 있고, 나아가 기업 소유자 또는 사업주의 선임감독의무 위반이라는 질서위반행위에 대한 질서위반금은 동법 제30조와 제130조에 의해 부과될 수 있는 것이다.

　　이를 극명하게 잘 보여주는 실제 사례가 바로 유명한 지멘스 사건[322]

항 및 제2항을 준용한다. 해당 의무위반행위의 법정형이질서위반금인 때에는 [관리·감독의무의 위반행위를 이유로 하는 질서위반금의 상한은 해당 의무위반행위의 법정형으로 정해진 질서위반금의 상한으로 한다. 하나의 의무위반행위에 대하여 법정형으로서 동시에 형벌과 질서위반금이 규정되어 있는 때에는 해당 의무위반행위에 대한 질서위반금의 상한이 제1문의 상한을 초과하는 때에도 제3문을 적용한다.

320) 이천현/윤지영/임정호, 앞의 글, p.70.
321) 이진국(a), "기업범죄의 예방수단으로서 준법감시인제도(Compliance)의 형법적 함의", 형사정책연구 제21권 제1호, 한국형사정책연구원, (2010), p.79.
322) 지멘스 사건에 대한 자세한 내용은 Michael Primbs/Clara Wang, 앞의 글, p.2 이

이다. 이 사건은 지멘스 그룹이 거액의 해외 비자금을 조성하여 유럽, 중동, 아시아, 아프리카, 남미 등의 여러 나라에서 사업을 하면서 해외공무원에게 뇌물을 제공한 대규모 해외뇌물 스캔들이다. 우리나라에서는 상대적으로 별로 알려지지 않은 지멘스 사건은 사실 최근까지 처벌받은 FCPA 사건 중에서 가장 거액의 징벌금이 부과된 사건으로 전 세계적으로 매우 유명하다. 지멘스는 2008년 FCPA 위반으로 미국 DOJ와 SEC로부터 합계 8억불의 징벌금을 부과받았는데, 이는 불과 얼마 전에 종결된 Telia 사건 전까지는 FCPA 징벌금 액수로는 최고액이었다. 하지만 사실 독일 기업인 지멘스의 해외뇌물 사건은 독일의 뮌헨 검찰청에서 2006년 먼저 수사에 착수한 사건이었으며, 자국 검찰인 독일 검찰에 의해 부과된 질서위반금 역시 미국에서 부과 받은 미화 8억불과 거의 비슷한 액수인 약 6억 유로에 이른다는 사실[323]은 상대적으로 덜 알려져 있다. 사실 기업형사책임 차원에서 극명한 대비를 이루고 있다고 평가받는 미국과 독일이지만 하나의 사건을 두고 해당 기업에 부과된 금전적 제재에 있어서는, 그 책임의 명칭과 부과 방식만 다를 뿐 큰 차이가 없었음을 알 수 있다.

독일 검찰이 부과한 질서위반금의 구성을 살펴보면 우선 2007년 2억1백만 유로가 부과되었고, 2008년에 다시 3억9천5백만 유로가 부과되었다. 2007년 2억1백만 유로 중에 1백만 유로는 선임감독의무를 규정한 질서위반법 제130조상의 질서위반행위에 대한 질서위반금이고, 2억 유로는 임직원의 해외뇌물죄 등 범죄행위에 대한 질서위반금이다. 전자의 경우 대상행위가 질서위반행위이므로, 이때 법인에 부과될 질서위반금의 상한

하 참조.

323) 따라서 지멘스가 이 사건으로 미국과 독일에서 부과받은 징벌금 액수는 미화 16억 달러에 이른다. 2008년 12월 15일 미국 DOJ의 보도자료 참조. https://www.justice.gov/archive/opa/pr/2008/December/08-crm-1105.html(2018. 1. 15. 최종방문)

은 당해 질서위반행위에 정해진 질서위반금의 상한에 따른다는 제30조 제2항 규정에 따라 제130조상의 질서위반금 상한인 1백만 유로가 상한 이 된다. 후자의 경우 대상행위가 해외뇌물죄 등 고의 범죄행위이므로 제30조 제2항이 적용되어야 하나, 범죄로 얻은 경제적 이익이 제30조 제2항의 상한을 초과하는 경우에 해당하여 제17조 제4항이 적용되었고 2억 유로라는 거액이 부과되었다. 2008년 부과된 3억9천5백만 유로 역시 25만 유로가 질서위반행위에 대한 질서위반금이고 3억9천4백7십5만 유로가 범죄행위에 대한 질서위반금으로 앞서 언급한 구조와 같은 내용이다.[324] 참고로 미국 FCPA위반으로 부과된 8억 달러에 대한 구성을 간단히 언급하면 DOJ가 부과한 형사벌금이 4억5천만 달러이고, SEC가 부과한 이익환수금(disgorgement)이 3억5천만 달러이다.

3. 최근 동향 - 단체형법안

앞서 언급한 지멘스 사건에 대한 독일 법상의 대응에서 알 수 있듯이 비록 독일은 기업형사책임이 없다고 하더라도 질서위반법을 통해 효과적으로 그 공백을 커버하고 있다. 하지만, 이러한 독일에서도 기업형사책임에 대한 도입 시도는 여전히 끊이지 않고 있으며,[325] 특히 최근의 "단체형법안"발의가 이러한 시도를 단적으로 보여준다. 본 논문에서 이 단체형법안의 내용에 대해 상론할 여유는 없으나, 그 제안 배경이나 이유는 우리에게도 여러 모로 시사하는 바가 크기 때문에 간단히 살펴본다.

단체형법안은 2013년 독일 노르트라인-베스트팔렌(Nordrhein-Westfalen) 주의 법무부가 제안한 "기업 및 기타 단체의 형사책임의 도입을 위한 법률안(Entwurf eines Gesetzes zur Einführung der strafrechtlichen Verantwortlichkeit

---

324) https://www.justice.gov/archive/opa/pr/2008/December/08-crm-1105.html (2018. 1. 15. 최종방문)
325) 김성룡/권창국(b), 앞의 글, p.67.

von Unternehmen und sonstigen Verbänden)"을 말하는 것으로 독일 법무장관회의에서 모든 주의 법무장관이 동의하여 현재 연방의회에서 논의 중이라고 한다.[326] 총 22개의 조문으로 구성된 동 법률안에 따르면 결국 기업 등의 법인도 자연인인 개인과 같이 가벌적인 행위에 대해 책임을 져야 하고, 그 제재방법으로는 전통적인 벌금형은 물론 유죄판결의 공시(Veröffentlichung der Verurteilung), 공적인 활동 등의 배제(Ausschluss von öffentlichen Aufträgen) 등도 할 수 있으며, 가장 중한 형벌로는 기업해산(Auflösung des Unternehmens)까지도 예정되어 있다.

특히 눈길을 끄는 부분이 바로 동 법률안의 제안이유인데, 질서위반법이 있음에도 불구하고 왜 기업형사책임이 필요한지 잘 적시되어 있다.[327] 우선 현대사회에서 기업이 차지하는 비중에 주목하고 있다. 재화의 생산과 서비스 등이 기업에 의해 이루어지고, 현대사회의 발전을 기업이 주도하였으며, 지난 수십 년간 기업의 수가 급증하여 독일 안팎에서 기업의 비중이 증대하고 있기 때문에 기업에 의해 행해지는 경제범죄, 환경범죄, 부패범죄는 경제적, 사회적 기반에 심각한 여향을 미친다는 점을 지적한다. 그리고 이렇게 사회 경제적으로 심각한 악영향을 미치는 기업 범죄에 대해 개인에게 부과되는 책임은 대부분 사소한 경우가 일반적이라고 한다. 희생양으로서 개인이 형사책임을 지지만 조직 자체의 책임은 '법인에게는 형사책임을 묻지 못한다'는 원칙에 의해 휘발되어 버리는데, 이렇듯 법인을 형사처벌 못하는 한계를 고려할 때, 그리고 그 범행이 법인에게 가져오는 경제적 이익을 고려할 때 해당 법인이 그 개인의 범죄를 막아야할 동인도 없다는 점이 문제라고 한다. 그리고 이러한 기업 범죄에 대처하기 위해서는 기업 그 자체가 형사소추의

---

326) 이천현/윤지영/임정호, 앞의 글, p.73; 김성룡/권창국(b), 앞의 글, p.68.
327) 이에 대한 자세한 소개는 김성룡/권창국(a), "기업·법인의 형사책임법제 도입 가능성과 필요성", 형사법의 신동향 통권 제46호, 대검찰청, (2015. 3.), p.152 이하 참조.

핵심으로 들어와야만 하지, 지금의 질서위반법 제30조와 제130조로는 이
러한 조직사회의 요구에 더 이상 부합하기 어렵다는 점도 지적한다. 거
대 자본의 기업에게 과태료란 충분히 감수할 만하기 때문에 과태료만으
로는 충분한 억지력을 기대하기 어렵다는 것이다. 즉, 범죄행위에 대한
예방적 기능은 전혀 할 수 없으면서 오히려 범죄행위에 대해 제재를 받
았다는 이유로 법적, 도덕적 부담에서 벗어나는 빌미를 제공해 줄 뿐이
라고 한다. 또한 복잡한 조직으로 구성된 기업구조로 인해, 범행을 개인
행위자에게 귀속시키는 것도, 적절한 감시구조의 유책한 기능마비와 같
은 것을 증명하는 것도 거의 불가능하기 때문에 현재의 제도로는 소위
조직화된 무책임성(organisierte Unverantwortlichkeit)의 사안들을 처벌할
수 없다고 한다.

한편 국제사회로 부터 점증하는 법인의 형사처벌 요구를 더 이상 외
면하기 힘들다는 점도 들고 있다. 독일 내부에서도 이미 오래 전부터 질
서위반법에는 기업 준법감시의 문화(Kultur von Unternehmenscompliance)
를 발전시킬 효과적인 동인을 제공하는 장치가 결여되어 있다는 점이
지적되었고, 특히 독일 변호사들은 앵글로 아메리칸 법역의 관련 규정에
기대어 준법감시체계(Compliance System)의 도입 주장을 계속해 오고 있
었다고 한다.328) 또한 기업(법인·단체) 등의 범죄행위에 대한 국가의 제
재를 질서위반법에 따른 중립적인 의무위반에 대한 경고의 의미인 단순
한 과태료의 부과에 제약하는 것은 더 이상 시대의 흐름에 맞지 않으며
국제적 차원에서 이미 상당 시간 전부터 법인 혹은 인적 회사의 책임의
강화가 요구되고 있었다고 한다. 즉, OECD는 2011년 봄에 독일에게 기
업의 부패범죄에 대한 형벌 강화를 추천형식으로 강요해 왔으며, EU도
다양한 지침 등을 통해 그 회원국들에게 기업에 대한 효과적인 제제의
도입을 요구하였다고 한다. 특히 EU 이사회는 법인의 형사법적 책임영

---

328) 예를 들어 Working Group VII [Anti-Corruption], Final Report Business Summit,
Cannes 2011, S. A87 참조.

역에서 회원국들에 사이에 존재하는 차이들은 국경을 초월한 수사에 있어서 장애가 될 수 있고, 따라서 EU의 재정적 이익들이 형사법적으로 충분히 보호되지 못할 수 있음을 비판적으로 지적해 왔다고 한다. 결국 2011년 9월 20일 유럽연합의 형법정책에 대한 광범위한 보고서에서 독일에게 기업의 형사법적 책임에 대한 신중한 심사를 해 줄 것을 재촉했는데, 이런 국제사회로부터의 증가하는 요청도 단체형법안 제안의 주요한 이유 중 하나로 작용하였다.

위와 같은 문제 상황에서 노르트라인 베스트팔렌(NW)주 정부가 제시한 해결책은, 기업이나 법인 등에 대해, 그들의 구성원 혹은 사원들의 위반행위로 기업에 주어진 의무를 침해하는 경우나 그러한 위반행위를 통해서 기업이 이익을 얻거나 혹은 얻게 될 경우에, 그들의 구성원 혹은 사원들의 위반행위에 대한 기업 등 단체의 형법적 책임을 인정하는 이른바 '단체형법전'이다. 이러한 단체형법전을 통해 실체법과 절차법적 관점에서 기업의 책임에 대해 독립된 법적 기초를 제공하겠다는 시도이다.

기업형사책임을 일관되게 부인하고 있는 독일에서조차 위와 같이 단체형법안의 도입시도가 이루어지고 있는 점은 매우 흥미로우며 우리에게도 많은 시사점을 준다. 특히 우리와 달리 질서위반법을 통해 기업형사책임의 공백을 상당히 커버하고 있음에도 오늘날 기업이 차지하는 비중, 국제사회로부터의 요청 등을 이유로 기업형사책임 도입의 필요성을 역설하는 제안 이유는 우리도 여러 모로 깊이 음미해 볼 필요가 있다. 또한 기업범죄의 심각성을 지적하는 대목에서 부패범죄가 언급된 점, 국제사회의 요청 중에 하나가 바로 OECD가 독일에게 기업의 부패범죄에 대한 형사처벌을 권고한 것이라는 점 등은 특히 기업 뇌물에서 기업형사책임의 필요성 및 중요성을 다시 한 번 일깨워 준다.

제4장
형법상 뇌물공여죄의 문제점

제1절 비교법적 차원에서의 문제점

1. 기업형사책임의 부재

이상에서 살펴 본 바와 같이 서구 선진국들 중에 대부분은 뇌물공여죄에 기업형사책임을 인정하고 있다. 미국, 영국과 같은 보통법 국가는 물론 프랑스, 스위스 등 대륙법계 국가들도 뇌물공여죄에 기업형사책임을 인정한다. 통상 비교법적 차원에서 우리에게 유의미한 서구 선진국 중에 독일 정도가 뇌물공여죄에 기업형사책임이 없으나, 사실 독일은 질서위반법을 통한 행정벌의 형태로 기업형사책임의 공백을 상당부분 커버하고 있다. 즉, 여전히 도그마의 영향으로 기업책임의 성격이 '형사'책임이 아니라고 강조할 뿐 사실상 그 내용이나 효과 면에서는 기업형사책임을 인정하는 다른 나라들과 큰 차이는 없다. 또한 서구 선진국들은 기업 뇌물에 대해 강력한 기업형사책임을 부과할 뿐만 아니라 이를 레버리지로 활용하여 기업 스스로 사전 예방 시스템을 구축하고 나아가 자율적으로 기업 문화를 바꾸는 쪽으로 입법을 하고 실무 관행을 형성하고 있다.

우선 기업형사책임이 가장 발달한 미국의 경우 최근 FCPA 분야에서 그 정수를 보여 주고 있는데, 가장 큰 특징은 천문학적인 징벌금(형사벌금 및 이익환수금) 액수로 대변되는 엄중한 기업형사책임, 이를 레버리지로 활용하여 기업의 자발적인 사전 예방조치를 유도하는 컴플라이언스, 그리고 사후적으로 문제가 발생하였을 때 자발적으로 신고하고 수사에 협조하는 실무 관행 등으로 요약할 수 있다. 즉, 한손으로는 엄한 기업형사책임이라는 채찍을 들고 있으면서 다른 손으로는 컴플라이언스 프로그램, 자진신고, 수사협조 등을 통한 선처라는 당근을 들고 있다. 특히 최근에 컴플라이언스 프로그램의 중요성이 더욱 강조되고 있는데, 효과적인 컴플라이언스 존재 여부는 처벌 수위를 정하는 양형단계 뿐만 아니라 수사 및 기소 여부를 정하는 단계에서도 가장 중요한 고려요소로 참작되고 있다. 이러한 미국의 법과 실무 관행은 다른 선진국들이 기업의 자율적인 사전 예방 프로그램을 독려하고 의무화하는 방향으로 입법노력을 기울이는데 지대한 영향을 미쳤다.

영국의 경우 2010년 영국 뇌물법을 제정하였을 뿐만 아니라 동법 제7조에서 뇌물방지실패죄라는 굉장히 독특하고 새로운 기업범죄 유형을 창설하였다. 이에 의하면 기업이 자신을 위해 일하는 임직원, 자회사, 중개인 등의 뇌물제공행위를 방지하지 못할 경우 그 자체로 범죄가 성립한다. 자연인의 처벌을 전제하지 않고 기업형사책임을 부과한다는 점에서 획기적이다. 또한 뇌물방지실패죄를 엄격책임 조항으로 규정하여 엄포를 놓으면서 이에 대한 유일한 면책사유로서 '적절한 조치' 항변을 마련해 놓았는데, 영국 법무부가 내놓은 해설서에 의하면 면책사유로서의 '적절한 조치'는 사실상 컴플라이언스 프로그램과 실질적으로 같은 내용임을 알 수 있어서 이는 영국식 기업 컴플라이언스의 독려 내지 유도라고 평가할 수 있다.

프랑스 역시 최근에 사팽II로 불리는 새 부패방지법을 제정하여 일정규모 이상의 기업들에게 컴플라이언스 수립을 의무화하였을 뿐만 아니라 형법 역시 일부 개정하여 범죄를 저지른 기업에 대한 컴플라이언스 실시를 새로운 형사제재 수단으로 추가하였음은 주목할 만한 하다. 특히 대륙법계 국가 중에서 일찍 기업형사책임을 형법에 전면적으로 도입하였을 뿐만 아니라 기업에 대한 형벌로 벌금형 외에 다양한 특별형벌까지 인정하는 파격을 보여 준 프랑스에서 이번에는 바로 반부패 개혁의 일환으로 컴플라이언스 실시 의무 부과를 기업에 대한 새로운 특별형벌의 하나로 추가한 것은 현재 기업형사책임의 전 세계적인 추세를 상징적으로 보여주는 입법이라고 생각한다.

스위스 역시 프랑스처럼 기업형사책임을 형법에 도입하였을 뿐만 아니라 뇌물공여와 같은 특정 범죄에 대해서는 기업이 범죄 발생의 방지를 위해 필요한 조치를 다하였는지 여부를 기업형사책임 인정 요건으로 삼고 있는데, 바로 여기서 말하는 필요한 조치가 컴플라이언스 프로그램과 실질적으로 같은 내용이라고 할 수 있다. 이는 효과적인 컴플라이언스 프로그램의 수립 및 운용 여부에 의해 기업형사책임 인정 여부가 결정된다는 의미여서 스위스 역시 기업형사책임을 전제로 기업의 컴플라이언스 프로그램 실시를 유도 또는 독려하는 세계적인 추세와 맥이 닿아 있다고 할 수 있다.

심지어 기업형사책임을 인정하지 않는 독일조차도 미국과 마찬가지로 컴플라이언스 프로그램을 도입할 필요가 있다는 점이 일찍부터 논의되었고, 지금은 많은 사람들이 이를 언급하고 있다고 한다. 특히 질서위반법 제130조에서 알 수 있듯이 기업주가 형벌 또는 질서위반금의 부과 대상이 되는 의무위반을 방지하는데 필요한 감독조치를 취하지 않은 경우 그 자체가 질서위반행위가 될 수 있어서 이를 독일식 컴플라이언스 프로그램의 유인책으로 볼 수 있다. 이 때 말하는 기업주의 '감독의무'의 의미와 내용이 컴플라이언스 프로그램과 같은 맥락으로 볼 수 있기 때문이다.

그럼에도 불구하고 우리나라는 여전히 '기업은 범죄의 주체가 될 수 없다'는 도그마에 대해 정작 (그 도그마를 탄생시킨) 서구 국가들보다 더 집착을 하고 있을 뿐만 아니라 그로 인해 초래되는 여러 부작용, 모순 등의 문제점에 대해 제대로 대응하지 못하고 있는 현실이다. 특히 기업형사책임이 왜 필요한지를 제일 잘 보여 줄 수 있는 뇌물죄 차원에서 기업형사책임의 공백이 초래하는 여러 문제점에 대해 제대로 인식조차 못하고 있는 상황은 참으로 심각하다고 하지 않을 수 없다.[1]

---

1) 2017년 7월 독일 함부르크에서 열린 G20정상회의에 우리나라도 참석하였는데, 여기서 발표한 각국 정상들의 공동성명에는 반부패 영역에서 개인 범법자뿐만

우리의 경우 뇌물공여죄에 기업형사책임이 없을 뿐만 아니라 기업이 뇌물로 얻은 이익을 박탈하는 법적 수단도 없다. 따라서 기업이 자발적으로 사전 예방적인 컴플라이언스 프로그램을 수립할 유인도 없으며, 사후에 문제가 발생하였을 때 수사기관에 자발적으로 신고하고 수사에 협조할 이유도 없다. 오히려 기업이 철저히 경제적인 차원에서 '합리적(?)'으로 행동한다면 뇌물공여죄를 저지르지 않을 이유가 없는 상황이라고 할 수 있다. 바로 이러한 차이가 우리나라에서 발생한 미국 FCPA 적용 대상 기업의 뇌물공여 사건에서 해당 기업이 한국과 미국 당국을 대하는 행동 양식의 차이를 불러일으키는 결정적인 요인이 된다. 한국에서 발생한 한국 공무원에 대한 뇌물공여 사건에서 해당 기업은 한국 법 보다는 미국 법을 훨씬 더 두려워하고, 한국 당국이 아니라 미국 당국에 대해서만 자발적인 신고 및 수사 협조를 고려하는 현실은 현재 우리 뇌물법의 문제점을 웅변적으로 보여 준다.

2. 뇌물공여자의 범죄수익 박탈 수단의 부재

기업형사책임 여부와 별도로 비교법적 차원에서 우리 형법상 뇌물공여죄의 문제점 중 하나는 뇌물공여자가 뇌물제공을 통해 얻은 이익을 박탈할 수단의 부재이다. 우선 형법상 뇌물공여죄의 벌금형은 비교법적 차원에서 설명하기 어려울 정도로 형량이 낮다. 최고형량이 2천만 원에 불과하여 범죄억지력 차원에서도 미흡할 뿐만 아니라 뇌물공여자의 범죄수익을 박탈하는 수단으로 활용하기에는 턱없이 부족하다. 그나마 징

아니라 부패로 이득을 취한 기업도 책임지울 수 있도록 하겠다는 내용이 포함되어 있다. 따라서 우리에게도 뇌물죄 영역에서의 기업형사책임 도입은 더 이상 늦출 수 있는 사안이 아니다. http://the300.mt.co.kr/newsView.html?no=201707 0901297645205&ref=https%3A%2F%2Fsearch.naver.com; https://economictimes.indiatim es.com/news/international/business/g20-vows-to-make-companies-not-only-individuals-l iable-for-graft/articleshow/59513282.cms (2018. 1. 15. 최종방문)

역형과 선택형 관계여서 징역형을 선택할 경우 부과할 수도 없다.

이는 앞서 살펴본 여러 선진국의 뇌물공여죄의 벌금형 형량과 많은 차이가 있다. 우선 미국의 경우 뇌물 관련 조항들의 법정형은 각각 다르지만(국내뇌물죄 대표조항인 18 U.S.C. § 201의 경우 개인 25만 불, 법인 50만 불, FCPA의 해외뇌물죄 조항의 경우 개인 10만 불, 법인 200만 불), 그 법정 벌금형 상한도 우리 뇌물공여죄보다 훨씬 높을 뿐만 아니라 무엇보다도 그 법정형과 상관없이 Alternative Fines Act에 의해 범죄로 얻은 이익의 2배 범위 내에서 벌금을 부과할 수 있다는 점에서 큰 차이가 있다. 단순히 벌금형 상한이 높은 것뿐만 아니라 벌금형만으로도 뇌물로 얻은 이익을 충분히 박탈할 수 있기 때문이다.

영국 뇌물법의 경우에는 벌금형의 상한 규정이 아예 없다. 앞서 살펴본 바와 같이 영국 뇌물법은 제7조의 뇌물방지실패죄와 함께 이 무제한의 벌금형으로 기업들에게 상당한 공포의 대상이 되고 있다. 또한 양형기준에 의하면 범죄수익의 박탈 효과, 적절한 처벌 효과 및 향후 범죄억지 효과까지 거둘 수 있도록 형량을 정해야 한다고 규정하고 있다.

프랑스 뇌물공여죄의 벌금형 상한은 개인의 경우에는 100만 유로로서 우리 뇌물공여죄의 벌금형 상한 보다 무려 50배 이상 높다. 기업형사책임도 있어서 법인의 경우에는 개인의 5배인 500만 유로가 상한이다. 뿐만 아니라 마치 미국과 같이 프랑스 역시 법정형 상한을 넘어서서 범죄로 얻은 이익의 2배까지 벌금을 부과할 수 있다. 따라서 벌금형 상한도 우리보다 훨씬 높을 뿐만 아니라 벌금형만으로도 뇌물로 얻은 이익을 충분히 박탈할 수 있다.

스위스 뇌물공여죄의 벌금형 상한은 개인의 경우에는 108만 스위스 프랑, 법인의 경우 500만 스위스 프랑이다. 비록 미국이나 프랑스처럼 법정형 상한을 넘어서서 범죄로 얻은 이익의 2배까지 벌금을 부과할 수 있는 조항은 없지만, 적어도 우리 뇌물공여죄의 벌금형 상한보다는 개인의 경우 무려 50배 이상 높다. 또한 뇌물로 얻은 이익에 대해서는 스위스 형법 제70조의 몰수나 제71조의 등가 청구를 통해 철저히 박탈할 수 있음도 살펴보았다.

독일의 경우에는 개인에 대해서는 360만 유로가 벌금형 상한이다. 우리 뇌물공여죄보다 무려 200배가 넘는다. 독일은 기업형사책임을 인정하지 않지만, 질서위반법을 통해 질서위반금을 부과할 수 있는데, 뇌물공여죄와 같이 고의에 의한 범죄의 질서위반금 상한은 1,000만 유로이다. 뿐만 아니라 당해 행위로 얻은 경제적 이익이 그 상한을 초과할 경우 그 경제적 이익을 상회하는 액수를 질서위반금으로 부과할 수 있다.

따라서 이들 선진국의 뇌물공여죄의 벌금형 상한은 우리 형법상 뇌물공여죄의 벌금형 상한 2천만 원과 비교가 무색할 만큼 훨씬 높다. 뿐만 아니라 스위스를 제외하고 모두 뇌물로 얻은 이익을 상회하는 금액을 벌금(독일의 경우 질서위반금)으로 부과하는 것이 가능하다는 점도 인상적이다.

나아가 뇌물로 얻은 이익을 몰수할 수 있는지 여부와 관련해서도 우리 법과 차이가 크다. 앞서 살펴 본 바와 같이 우리의 경우 뇌물공여자가 얻은 범죄수익은 형법상 몰수 대상은 아니다. 2006년 범죄수익은닉규제법의 개정을 통해 형법 제133조의 뇌물공여죄가 중대범죄 중 하나로 포함되었기 때문에 법문상 그리고 개정취지상 뇌물공여자가 뇌물공여행위를 통해 얻은 범죄수익이 동법상 몰수 대상으로 해석할 수 있음에도 아직까지 이를 가능하다고 한 문헌이나 판례는 거의 없는 형편이다. 더구나 필자와 같이 동법상 몰수대상이 된다고 해석하더라도 기업 뇌물 사건과 같이 그 범죄수익이 기업에 귀속된 경우에까지 동법에 의해 기업에 귀속된 범죄수익을 몰수할 수 있는지 여부는 더더욱 불분명하다.

하지만, 앞서 살펴 본 국가 즉, 미국, 영국, 프랑스, 스위스, 독일 모두 뇌물공여자가 얻은 이익 역시 범죄수익으로 몰수가 가능함을 알 수 있었다. 따라서 뇌물공여자가 얻은 범죄수익을 상회하는 벌금을 불과할 수 있는지 여부와 상관없이 위의 모든 국가들은 기본적으로 뇌물공여자가 뇌물제공을 통해 얻은 이익이 범죄수익으로서 몰수의 대상이 된다는 입법태도를 취하고 있다. 결국 몰수와 형사벌금을 통해 실제로 뇌물공여자에게 범죄수익을 훨씬 상회하는 금전적인 제재를 가함으로써 범죄수익 환수 효과, 처벌 효과, 및 범죄억지 효과를 함께 거두고 있는 실정이다. 심지어 미국의 경우에는 이와 별도로 이익환수(disgorgement)제도까지 중첩적으로 활용하여 여러 FCPA 사건에서 천문학적인 징벌금의 부과가 가능하였다. 이런 차원에서 우리 형법상 뇌물공여죄를 바라보면, 뇌물공여자의 범죄수익을 박탈하는 수단의 부재라는 차원에서 심각한 문제점이 있음을 쉽게 알 수 있다.

제2절 뇌물공여죄 고유의 독자성 간과

1. 기존 학설의 문제점

비교법적인 차원에서 바라본 우리 형법상 뇌물공여죄는 기업형사책임의 부재와 뇌물공여자의 범죄수익 박탈 수단 부재라는 심각한 문제점을 노정하고 있다. 이 두 가지 부재가 초래하는 구체적인 문제점에 대해 상론하기 전에 우리 법이 왜 이런 문제점을 갖게 되었는지 혹은 이런 문제점을 왜 인식하지 못하고 있었는지에 대한 성찰이 선행되어야 한다고 생각한다. 사실 우리 뇌물공여죄는 비단 비교법적 차원에서만 문제가 있는 것이 아니라 앞서 살펴 본 바와 같이 우리 뇌물법 체계 안에서 이미 여러 형태의 부조화나 불균형을 발견할 수 있었다. 외국 공무원에게 뇌물을 제공하는 해외 뇌물공여죄의 경우에는 기업형사책임도 인정할 뿐만 아니라 뇌물로 얻은 이익의 2배 범위까지 벌금을 부과할 수 있으나 오히려 국내 공무원에게 뇌물을 제공하는 형법상 뇌물공여죄의 경우 기업형사책임도 없고 벌금형 상한도 2천만 원에 불과한 것이 대표적이다. 또한 같은 국내 공무원에게 금품을 제공한 경우에도 '뇌물성'이 뚜렷하여 형법이 적용될 경우 기업형사책임도 없고 벌금형 상한도 2천만 원에 불과하지만, 만약 그 금품의 성격을 뇌물로 볼 수 없거나 그 성격이 애매하여 부정청탁금지법이 적용될 경우에는 오히려 기업형사책임도 인정되고, 벌금형 상한도 3천만 원이 되는 모순 역시 문제이다. 이러한 뇌물법 체계 안에서의 부조화 내지 모순들을 가만히 음미해 보면 모두 형법상 뇌물공여죄의 입법태도에서 비롯된 것이지 다른 특별법의 형량이나 양벌규정 자체가 잘못된 것이 아님을 알 수 있다. 그렇다면 형법상 뇌물공여죄에 대한 이와 같은 입법태도는 어디서 비롯된 것일까. 이를 알아보기 위해서 형법상 뇌물죄를 바라보는 기존 시각부터 살펴보자.

통상 뇌물죄를 공무원이 직무행위에 대한 대가로 법이 인정하지 않는 이익을 취득함을 금지하는 것을 내용으로 하는 범죄로 보면서 그 보호법익을 직무행위의 불가매수성에 있다고 해석한다.[2][3] 이러한 해석 자체가 잘못된 것은 아니지만, 가만히 보면 이는 뇌물죄 중에 뇌물수수죄 혹은 뇌물수수자를 기준으로 한 해석임을 알 수 있다.[4] 더구나 뇌물수수죄와 뇌물공여죄를 필요적 공범으로 보는 견해[5]는 양 죄를 1개의 범죄의 양면이며, 범인의 신분에 의하여 형의 경중에 차이가 있는 경우에 불과하다고 본다.[6] 한편 필요적 공범이 아니라 별개범죄라고 주장하는 견해[7]는 양자의 차이를 수뢰죄가 공무원의 직무범죄임에 대하여 증뢰죄

---

2) 이재상, 형법각론(제5판), 2006, p.710; 배종대, 형법각론(제4판), 2002, p.746; 백형구, 형법각론, 1999, p.639; 서일교, 형법각론, 1982, p.317; 정영석, 형법각론(5정판), 1983, p.46 등.

3) 통설과 조금 다른 식으로 뇌물죄의 보호법익을 파악한 글로는 한정환, "뇌물죄의 보호법익 그리고 뇌물과 직무행위와의 대가관계", 형사법연구 제9호, 한국형사법학회, (1996. 12. 30), p.265 이하 참조. 여기서는 뇌물죄의 보호법익을 "국가기관의 원활한 기능수행과 국가기관이라는 제도, 그 제도의 원활한 기능수행을 위한 조건들"이라고 한다. 한편 뇌물죄와 배임수재죄를 아우를 수 있는 부패범죄의 보호법익으로서 '공정성'을 제안한 글로는 이용식(b), "부패범죄의 의의와 반사회성 - 부패범죄의 보호법익 -", 비교형사법연구 제13권 제2호, 한국비교형사법학회, (2011), p.527 참조.

4) 예컨대, 김수길, "뇌물죄에 관한 소고", 법과 정책 제10호, 제주대학교 법과정책연구소, (2004. 8. 30), p.132. 뇌물죄 보호법익과 관련한 학설을 자세히 소개한 후 "뇌물죄가 공무원의 직무범죄의 일종인 이상 다른 직무범죄와 통일적인 체계를 유지하면서 뇌물죄의 불법내용을 특징지을 수 있어야 할 뿐만 아니라 직무위반이 없는 뇌물수수와 사전수뢰 및 알선수뢰죄를 포함한 모든 수뢰행위에 타당할 수 있는 보호법익이라야 한다"고 설시하고 있다. 당부를 떠나 뇌물죄의 보호법익을 뇌물수수죄에 초점을 맞추고 있음을 여실히 알 수 있다.

5) 남흥우, 형법강의(각론), 1965, p.358; 이정원, 형법강론, 2000, p.757.

6) 이는 판례가 취하고 있는 태도이기도 하다. 대법원 1971. 3. 9.선고 70도2536 판결; 대법원 1987. 12. 22. 선고 87도1699 판결 등.

7) 서일교, 형법각론, 1982, p.318; 정영석, 형법각론(5정판), 1983, p.46; 황산덕, 형

는 공무의 집행을 방해하는 범죄라고 구분하기도 한다.

이와 같은 견해들이 타당한지 여부를 떠나서 우선 뇌물수수죄와 뇌물공여죄를 하나로 묶어서 그 성격이나 보호법익을 파악하는 것이 적절한지, 나아가 뇌물수수죄를 기준으로 뇌물죄를 바라볼 경우 뇌물공여죄 고유의 본질이나 성격을 제대로 파악하지 못할 가능성은 없는지가 문제될 수 있다. 결국 뇌물수수죄와 뇌물공여죄를 본질적으로 같은 성격의 범죄로 보는 것이 타당한가의 질문으로 귀결될 수 있다. 우선 양 죄를 필요적 공범으로 보는 견해는 이를 긍정한다. 수뢰죄와 증뢰죄가 1개의 범죄의 양면이며 범인의 신분에 의하여 형의 경중에 차이가 있는 경우에 불과하다고 보기 때문이다. 이 견해는 양 죄를 1개의 범죄의 양면이라고 하지만, 자세히 보면 기본적으로 수뢰죄를 중심에 놓고 있다. 증뢰죄를 수뢰죄에 대한 공범의 형태를 별도로 규정한 것이라고 보기 때문이다. 즉 수뢰자를 정범으로 보고, 증뢰자를 수뢰자에 대한 공범이라고 본다.

하지만, 증뢰자를 수뢰자의 범죄에 가담하는 공범이라고 보는 것이 타당한지 매우 의문이다. 통상 증뢰자와 수뢰자는 공무원 신분의 유무만 차이가 나는 것이 아니라 각자 범죄로 나아가는 이유, 그 범죄로 얻는 이익, 그 범죄의 전후에 수반되는 행위태양 등이 모두 다르기 때문이다. 사실상 금품을 주고받는 행위, 즉 뇌물의 "수수"부분만 서로 협동할 뿐 양자는 그 배경, 셈법, 이익 등이 서로 완전히 다르다. 무엇보다도 뇌물수수자는 "뇌물" 그 자체에 초점을 맞추지만, 뇌물공여자는 그 뇌물을 제공함으로서 얻는 "대가"에 초점을 맞춘다는 점에서 가장 큰 차이가 있다.[8] 즉, 뇌물공여자 입장에서는 바로 뇌물과 대가관계에 있는 그 무엇

법각론(5전정판), 1983, p.50.

8) 정진수/강석구, 앞의 글, pp.6-9 참조. 이 글은 뇌물범죄의 책임은 뇌물수수자와 뇌물공여자 양쪽에 모두 있으며, 따라서 뇌물수수자에 대한 대책만으로는 뇌물범죄에 대한 근본적인 대책이 될 수 없고 뇌물공여죄에 대한 대책도 절실

(quid pro quo)을 얻기 위해서 뇌물을 제공하는 것이므로, 뇌물이 아니라 뇌물로 얻는 이익이 더 중요하며, 뇌물은 그걸 얻기 위한 하나의 수단에 불과하다. 따라서 뇌물죄의 성격과 보호법익을 뇌물수수자 기준으로 파악하거나 뇌물공여죄를 뇌물수수죄에 대한 신분 없는 공범 정도로 파악하게 되면, 뇌물공여죄의 핵심인 뇌물의 대가, 즉, 뇌물제공으로 얻은 이익을 간과하게 된다. 물론 뇌물과 직접적인 대가관계에 있는 것은 뇌물수수자의 '직무'일 것이다. 하지만, 뇌물수수자 입장에서 직무 그 자체에만 초점을 맞춰 직무행위의 불가매수성이나 국가기능의 공정성에만 매몰될 경우 뇌물공여자가 뇌물의 대가, 즉 그 직무를 통해 얻는 이익을 놓치기 쉽다. 사실 뇌물공여자 입장에서는 직무행위의 불가매수성 혹은 이에 대한 일반인의 신뢰 나아가 국가기능의 공정성 여부는 관심이 없는 경우가 대부분이다. 심지어 경우에 따라서는 마땅히 자신이 얻어야 하는 이익을 얻기 위한 방편이라고 합리화 하는 경우도 많을 것이다. 따라서 기본적으로 뇌물공여자의 의사는 뇌물수수자의 범행에 가담하는 공범이라는 생각이 거의 없다. 뇌물공여자는 뇌물의 대가로 얻을 이익을 추구하기 위한 방편으로 범행을 계획하고, 실행할 뿐이다. 이런 측면에서 본다면 수뢰죄와 증뢰죄를 별개의 독립된 범죄로 보는 별개범죄설이 더 타당하다. 다만, 이런 입장을 취하면서도 수뢰죄가 공무원의 직무범죄임에 대하여 증뢰죄는 공무의 집행을 방해하는 범죄라고 구분하는 견해는 증뢰죄의 성격을 충분히 파악하지 못했다고 생각한다. 증뢰죄는 단순히 공무의 집행을 방해하는 범죄로 그치는 것이 아니라 뇌물로 공무의 집행에 영향을 미쳐 유무형의 이익을 추구하는 범죄이기 때문이다.

이런 측면에서 본다면 형법상 뇌물공여죄보다 국제뇌물방지법상 뇌물공여죄가 뇌물공여죄의 본질에 더 잘 맞는 입법이라고 생각한다.[9) 앞

하다고 역설하고 있어 뇌물공여죄의 독자성에 대해 어느 정도 필자의 견해와 비슷한 측면이 있으나, 한편 뇌물죄의 보호법익이나 필요적 공범 여부에 대해서는 기존 통설과 판례의 태도에 그대로 머물러 있어 그 한계를 노정하고 있다.

서 살펴 본 바와 같이 국제뇌물방지법상 뇌물공여죄의 경우 구성요건에 서 '부정한 이익을 얻을 목적'이라는 요소를 삽입하여 형법상 뇌물공여 죄와 차이를 보인다. 이 요소는 고의 외에 별도로 '목적'이라는 주관적 요소를 추가로 요구하여 일견 그 범위를 좁히는 것처럼 보이지만 사실 은 거의 대부분의 뇌물공여죄가 부정한 이익을 얻은 목적으로 저질러지 는 만큼 그로 인해 범죄 성립 요건을 좁히는 효과는 별로 없다고 생각한 다. 오히려 뇌물공여죄 고유의 성격을 잘 드러나게 해 주어 형벌의 내용 과 범위에서 차이를 가져오는 효과가 있다. 국제뇌물방지법상 뇌물공여 죄의 경우 양벌규정을 통해 기업형사책임을 도입하였을 뿐만 아니라 개 인과 법인의 벌금형 상한을 모두 범죄행위로 얻은 이익의 2배로 설정하 여, '부정한 이익'의 박탈 및 그 이상의 금전적 제재도 가할 수 있어 억지 력도 함께 갖춘 형사제재 수단을 갖추고 있기 때문이다. 뇌물공여죄가 부정한 이익을 목적으로 저질러지는 범죄라는 성격을 간파하였기 때문 에 형벌에 '범죄행위로 얻은 이익'을 박탈하는 수단을 강구할 수 있었으 며, 뇌물의 여러 유형 중에 부정한 이익 추구의 성격이 가장 강하고 심 각한 뇌물인 기업 뇌물(corporate bribery), 즉 기업이 이윤추구 과정에서 범하는 뇌물죄에 대한 대응 필요성도 함께 인식할 수 있었다.

그럼 국제뇌물방지법상의 뇌물공여죄에서는 위에서 언급한 성격을 형법상 뇌물공여죄보다 더 잘 파악하게 된 이유는 무엇일까. 물론 가장 직접적인 이유는 국제뇌물방지법상 뇌물공여죄는 OECD 협약을 국내법 으로 입법한 것으로서 외국법의 영향을 많이 받았다는 점을 들 수 있다. 사실 서양에서도 전통적으로는 뇌물죄에서 뇌물수수자에게 초점이 맞춰 져 있었다고 한다.[10][11] 심지어 오늘날 뇌물공여자를 의미하는 "briber"가

---

9) 국제뇌물방지법의 모태가 된 OECD 뇌물방지협약의 경우 공정한 경쟁환경의 보호가 보호법익 중 하나라고 하면서 형법상 뇌물공여죄의 경우도 그 보호법 익을 직무와 관련된 공공이익으로 국한할 필요 없이 공정한 경쟁환경의 보호 를 포함시켜야 한다는 주장이 있다. 김종범/김정환, 앞의 글, p.81 이하 참조.

원래는 뇌물수수자를 의미하는 단어였다고 할 정도이다.[12] 또한 예전에는 탐욕스러운 관료에 초점이 맞춰져 있었기 때문에 역사적으로 뇌물공여자를 피해자로 인식하는 법들도 있었다고 한다.[13] 이러한 연혁적 배경과 이유가 흥미롭기는 하지만 현재 중요한 것은 적어도 서양에서는 이러한 인식이 사라진지 오래이며 만약 뇌물공여자를 처벌하지 않는다면 계속 다른 공직자들에게 뇌물을 제공하며 대중을 계속 기망할 것이라는 점을 잘 인식하고 있다는 사실이다.[14] 즉, 뇌물죄는 뇌물수수자와 뇌물공여자 양측이 있는 것이기 때문에 어느 한쪽만 나쁘다고 할 수도 없고, 어느 한쪽에 대한 대응만 주력해서 막을 수 있는 것도 아니다. 양쪽 모두를 효과적으로 대응하지 못하면 뇌물죄 대응에 실패할 수밖에 없는 구조인데, 바로 이 점을 서구 선진국들은 이미 잘 간파한 것이다. 또한 산업화를 일찍 겪어서 이미 오래 전부터 대부분의 비즈니스를 기업이 주도하는 산업사회에 진입한 서구 선진국들의 경우 특히 기업 뇌물의 문제와 그 심각성에 일찍 눈을 뜬 것도 한 요인이 되었다고 생각한다. 바로 이런 점이 OECD 협약에 기업형사책임 도입과 뇌물로 얻은 이익 박탈 수단 강구에 대한 권장 내용이 삽입되게 된 배경이자 이유이고, 결국 우리 국제뇌물방지법까지 영향을 주었다고 생각한다.

국제뇌물방지법이 형법상 뇌물공여죄와 다른 태도를 취할 수 있었던

---

10) Robert E. Wagner, "Mortal Democracy: When Corporation Bribe", 13 N.Y.U. J. L. & Bus. 193, (Fall, 2016), pp.220-221; Tor Krever, 앞의 글, p.84.

11) 동서양 각국의 뇌물죄 연혁에 관한 국내문헌으로는 이동명/이중백(b), "형법상 뇌물범죄에 관한 연구", 법학연구 제2집, 한국법학회, (1999), p.333 이하 참조. 이 글에서도 증뢰죄에 대한 개념은 수뢰죄보다 한참 후에 정립되었음을 알 수 있다.

12) James Lindgren(a), "The Elusive Distinction Between Bribery And Extortion: From The Common Law To The Hobbs Act", 35 UCLA L. Rev. 815, (1988), p.874.

13) Michael W. Carey/ Larry R. Ellis/ Joseph F. Savage, Jr., 앞의 글, p.353.

14) James Lindgren(b), "The Theory, History, And Practice Of The Bribery- Extortion Distinction", 141 U. Pa. L. Rev. 1695, (1993), p.1700.

또 다른 이유로 국제뇌물방지법은 오로지 뇌물공여자만 처벌할 뿐 뇌물 수수자 즉, 외국 공무원에 대한 처벌 규정이 없다는 점도 생각해 볼 수 있다. 형법상 뇌물공여죄의 경우 뇌물수수죄에 대한 종속개념 혹은 신분 없는 공범 개념으로 파악하다 보니 뇌물공여죄 고유의 성격도 간과하게 되고, 형량도 뇌물수수죄보다 낮을 수밖에 없었다. 하지만 국제뇌물방지법에는 뇌물수수죄 자체가 없으므로 오로지 뇌물공여죄만을 독립적으로 바라볼 수 있었고, 그 결과 뇌물공여죄 고유의 성격에 대한 파악이나 그에 기초한 제재수단 강구라는 측면에서 형법상 뇌물공여죄 보다 더 나은 입법이 가능하지 않았을까 한다. 이런 측면에서 보더라도 형법상 뇌물공여죄에 대해 이제는 독립적인 범죄로서 고찰할 필요가 있다고 생각한다.

2. 뇌물공여죄의 독자성 인정이 필요한 이유

앞서 뇌물죄에 대한 기존 학설이 너무 뇌물수수자나 뇌물수수죄에 초점을 맞춘 나머지 뇌물공여죄 고유의 독자적 성격을 간과하고 있음을 설명하였다. 그렇다면 형법상 뇌물공여죄의 독자성 간과가 초래하는 폐해는 무엇일까. 이는 달리 표현하면 뇌물공여죄의 독자성을 인정해야 하는 필요성이 무엇인지의 문제라고 할 수 있다.

우선 뇌물공여죄 고유의 독자적 성격을 잘 파악해야 범행이유나 동기에 대한 정확한 이해가 가능하다.[15] 뇌물공여죄를 뇌물수수죄에 대한

---

15) 기존의 논의는 뇌물이나 부패 관련 이슈를 항상 수뢰죄를 중심으로 파악하다 보니 범죄의 원인이나 대응방안 모두 수뢰죄에 초점을 맞추어 설명하였다. 예컨대, 박봉진, "공무원 뇌물범죄와 대응방안", 법학연구 제51집, 한국법학회, (2013), p.393 이하 참조. 이 글에서 언급한 뇌물범죄의 원인이나 그 대응방안은 모두 뇌물수수자인 공무원을 기준으로 작성되어 있는데 뇌물공여자가 증뢰죄를 범하는 원인이나 그에 대한 맞춤형 대응방안은 간과되어 있음을 알 수 있다. 또한 김현수, "부패방지에 관한 형사법적 대응방안", 법과정책 제20집 제1

종속개념이나 증뢰자를 수뢰자에 대한 신분 없는 공범으로 보면 왜 뇌물공여행위를 하는지에 대한 정확한 이해가 불가능하다는 얘기다. 앞서 밝힌 것처럼 뇌물공여자는 뇌물수수자의 범행에 가담한다는 의사로 뇌물공여죄를 범하는 것이 아니다. 뇌물수수자의 공무집행을 방해한다거나 공무집행의 적정성을 훼손하겠다는 생각이나 인식도 실제로는 찾기 어렵다. 오히려 뇌물의 대가로 얻을 이익 때문에 뇌물공여죄를 저지른다고 보는 것이 가장 정확하고 현실적이다. 그 이익은 단속 회피와 같은 무형의 이익도 있고, 계약 체결이나 단가 인상 등과 같은 유형의 이익도 있다. 아무튼 뇌물의 대가로 얻게 되는 호의, 혜택 등의 이익을 노리고 뇌물공여죄를 범하는 것이며, 뇌물은 그 이익을 얻기 위한 수단에 불과하다.

다음으로는 이렇게 뇌물공여죄의 범행동기나 이유에 대한 정확한 이해가 선행되어야 뇌물의 대가 즉 뇌물로 얻은 이익에 대해 놓치지 않을 수 있다. 현재는 뇌물수수자에 초점이 맞춰져 있다 보니 뇌물 또는 그 뇌물에서 파생된 이익만 박탈할 생각을 한다. 즉, 부지불식간에 뇌물죄라는 범죄에서 뇌물수수자만 경제적 이익을 취하는 듯한 착각에 빠지기 쉽다. 하지만, 뇌물수수자 뿐만 아니라 뇌물공여자도 뇌물제공을 통해 이익을 추구하며, 오히려 뇌물공여자가 뇌물제공을 통해 얻은 이익이 뇌물 그 자체보다 훨씬 큰 경우가 일반적이다. 뇌물제공을 통해 얻을 이익이 뇌물보다 작다면 뇌물을 제공할 유인이 없기 때문이다. 더구나 뇌물공여자는 처벌을 감수하면서까지 뇌물을 제공하는 것이므로 그 대가로 얻을 이익은 뇌물 그 자체보다 훨씬 큰 경우가 대부분이다. 불법을 저지르고 처벌을 감수할 만한 가치가 있는 이익이 있어야 뇌물을 제공할 유인이 있기 때문이다. 결국 뇌물죄에서 불법 이익을 얻는 쪽은 뇌물수수

호, 제주대학교 법과정책연구소, (2014. 3. 30.), p.215 이하 참조. 이 글 역시 현행 반부패 제도의 문제점과 대응 방안에 대해 매우 광범위한 분석과 구체적인 처방을 제시하였으나 뇌물공여자 측에 대한 분석이나 제안은 거의 없는 편이다.

자 뿐만 아니라 뇌물공여자도 해당하며 오히려 뇌물제공을 통해 얻은 불법이익이 뇌물 그 자체보다 큰 경우가 일반적이다. 하지만, 뇌물수수자에 대해서만 불법이익을 박탈할 수단을 마련할 뿐 뇌물공여자가 뇌물제공을 통해 얻은 이익은 그대로 보유하게 한다면 이는 형평에도 맞지 않고 그 자체로 정의에도 반한다. 뇌물공여자가 얻은 이익 역시 뇌물 제공이라는 범죄행위를 통해서 얻은 이익이기 때문이다. 더구나 뇌물공여자가 뇌물제공을 통해 얻은 이익은, 항상 그렇지는 않더라도, 뇌물수수자가 속한 조직에 대한 손해로 환산할 수 있는 경우가 상당히 많다. 아주 쉬운 예로 관급계약의 일방 당사자인 기업이 담당 공무원에게 뇌물을 제공하고 계약 단가를 인상하는 경우를 상정할 수 있다. 이 경우 뇌물을 제공한 기업이 얻은 이익은 사실상 그 담당 공무원이 속한 조직, 즉 국가의 국고 손실과 다르지 않다. 이런 측면에서 보더라도 현행법상 뇌물 관련 법규가 뇌물 그 자체에만 초점을 맞출 뿐 뇌물공여자가 뇌물제공을 통해 얻는 이익 부분을 간과하고 있는 것은 큰 허점이라고 아니할 수 없다.

또한 뇌물공여죄가 이와 같이 불법 이익을 추구하는 범죄라는 성격을 정확히 간파해야 기업 뇌물에 대한 적절한 대응이 가능해진다. 현재는 증뢰자를 수뢰자의 범행에 가담하는 신분 없는 공범으로 보기 때문에 공무원 신분의 유무라는 차이만 강조하였다. 하지만, 뇌물공여죄를 불법 이익을 추구하는 범죄라고 파악한다면 그 주체가 개인인지, 기업인지에 따라 매우 큰 차이를 초래할 수 있다는 점을 쉽게 간파할 수 있다. 기업은 그 자체가 이윤 추구를 목적으로 하는 법인이므로 그 사업 과정에서 불법 이익을 노리고 뇌물죄를 저지를 유인이 개인 보다 상대적으로 많을 뿐만 아니라 뇌물제공을 통해 얻을 불법 이익의 규모나 성격도 통상 개인이 저지르는 뇌물죄와 차원을 달리 할 수 있기 때문이다. 그동안 우리 사회에서 가장 문제가 많이 되고 피해가 심각했던 대형 권력형 비리나 방산비리, 원전비리 등이 거의 예외 없이 기업 뇌물 사건이었다는 점을 보면 쉽게 이해할 수 있다. 더구나 기업 뇌물은 개인이 저지르는 뇌물공여죄와 본질적인 차이가 더 있다. 기업 뇌물도 그 행위 자체는 자연인인 기업의 임직원이 하지만, 뇌물의 자금원이 기업 자금일 뿐만 아니라 뇌물제공을 통해 얻는 이익도 기업에게 귀속된다는 점이다. 즉, 실제 행위자와 뇌물로 얻은 이익의 귀속자 사이에 괴리가 나타나기 때문에 기업 자체를 처벌하지 않고는 효과적인 대응이 매우 어렵다.

마지막으로 뇌물공여죄 고유의 독자적 성격을 정확히 파악해야 뇌물공여죄에 대한 온전한 평가가 가능해지며, 그제야 뇌물공여죄의 본질과 성격에 걸맞은 적절하고 충분한 형벌을 마련할 수 있게 된다. 현재는 뇌물공여죄를 뇌물수수죄의 종속개념이나 신분 없는 공범 개념으로 보기 때문에 뇌물공여죄에 대한 온전한 평가를 못하며, 형벌도 뇌물수수죄에 비해 상대적으로 약할 수밖에 없는 구조이다. 특히 뇌물공여자 역시 뇌물죄를 통해 불법 이익을 얻으며, 뇌물공여자에게는 뇌물 그 자체보다 뇌물로 얻는 불법 이익이 더 중요한데도 현재의 뇌물공여죄 형벌의 수준과 내용은 이러한 점을 완전히 간과하고 있다. 앞서 살펴 본 바와 같이 형법상 뇌물공여죄의 형은 5년 이하의 징역 또는 2천만 원 이하의 벌금이다. 5년 이하의 징역도 높은 편은 아니지만, 특히 2천만 원에 불과한 벌금형 상한은 뇌물공여죄의 성격을 전혀 파악하지 못한 결과의 산물이라고 할 수 있다. 더구나 벌금형은 필요적 병과가 아니어서 징역형을 선택할 경우 금전적인 제재는 전혀 하지 못할 뿐만 아니라 뇌물과 달리 뇌물제공을 통해 얻은 이익은 몰수나 추징의 대상도 아니다. 뇌물수수자에 대해서는 특가법을 통해 가중처벌하면서 수뢰액의 2배에서 5배에 해당하는 벌금을 병과할 수 있으며, 뇌물 또는 거기서 파생한 이익을 몰수 또는 추징할 수 있는 것과는 매우 대조적이다. 이러한 양 죄의 형벌상의 극명한 차이는 그 동안 뇌물공여죄 고유의 독자성을 간과하고 뇌물죄에 대한 초점을 지나치게 뇌물수수죄와 뇌물수수자에게 맞춘 결과라고밖에 설명할 길이 없다. 특히 오늘날 기업 뇌물이 그 어떤 뇌물 유형보다 심각하고 폐해도 커서 이에 대한 효과적인 대응이 중요하다는 점은 누구나 수긍하면서도 특별법을 통해서라도 뇌물공여죄에 기업형사책임을 도입할 시도 자체를 하지 못했다는 사실은 그 동안 우리가 얼마나 뇌물수수죄 중심으로 뇌물죄를 다루고 대응했는지 여실히 보여준다. 따라서 우리 형법상 뇌물공여죄의 허점(loophole)이나 문제점에 대한 인식 및 이에 대한 개선방안을 마련하는 작업의 출발점은 뇌물공여죄 고유의 독자적 성격에 대한 올바른 이해와 온전한 평가에서 출발한다고 생각한다.

제3절 기업형사책임의 부재

1. 기업형사책임 부재가 초래하는 현실적 문제점

국내 형법상 뇌물공여죄에 기업형사책임을 묻지 못하는 현실은 우리 뇌물법 체계 안에서도 심각한 부조화 내지 모순을 초래하고 있다. 우선 외국 공무원에게 뇌물을 제공하였을 때 적용되는 국제뇌물방지법의 경우 형법상 뇌물공여죄와는 달리 양벌규정이 있다. 따라서 법인의 임직원이 외국 공무원에게 뇌물을 제공할 경우 임직원뿐만 아니라 그 임직원이 속한 법인 역시 처벌할 수 있다. 이는 국제뇌물방지법이 OECD 협약을 국내법으로 도입한 결과이다. 즉, OECD 협약 제2조에 의하면 각 회원국은 각국의 법원칙에 맞게 법인에 대한 형사책임을 부과하도록 하고 있다. 그렇다면 다음과 같은 질문이 가능하다. 기업의 임직원이 외국 공무원에게 뇌물을 주었을 경우 그 임직원 외에 그가 속한 기업도 형사처벌이 가능한 반면, 국내 공무원에게 뇌물을 주었을 경우에는 그 임직원만 처벌할 수 있을 뿐 기업은 처벌할 수 없는 현실이 과연 타당할까? 즉, 뇌물을 받은 사람이 외국 공무원인지 국내 공무원인지에 따라서 법인의 형사처벌을 달리 취급하는 입법태도가 타당한가라는 의문이다. 외국 공무원에게 뇌물을 제공한 기업은 양벌규정으로 인해 형사처벌이 가능한 반면 정작 국내 공무원에게 뇌물을 제공한 기업은 형법상 양벌규정이 없어 형사처벌을 할 수 없는 현실은 상식적으로 납득하기 어렵다.

사실 양자를 비교해서 국가 차원에서 법인 처벌의 필요성을 굳이 따진다면 어느 나라나 자국 공무원에게 뇌물을 준 기업에 대한 처벌 필요성을 더 높은 우선순위에 둘 것이다. 전 세계적으로도 1977년 미국의 FCPA가 제정되기 전까지는 기업의 해외뇌물 제공행위를 형사적으로 처벌하는 국가는 없었다. 우리나라 역시 1998년 국제뇌물방지법이 제정되기 전까지는 해외뇌물죄라는 범죄 자체가 없었으며 당연히 기업형사책임도 없었다. 심지어 지금도 통상 뇌물죄 하면 국내뇌물죄를 먼저 떠올리기 마련이며, 해외뇌물죄의 존재에 대해서 알지 못하는 사람들도 여전히 많다. 또한 국내뇌물죄의 경우 국민이 낸 세금의 손실 내지 낭비를 초래하고, 특히 기업 뇌물의 경우 그 손실의 규모가 훨씬 더 클 수 있기 때문에 국가 입장에서 기업 처벌 필요성이 매우 크다. 물론 해외뇌물죄의 경우에도 그 외국 공무원이 속한 나라에 위와 같은 손실을 초래할 수 있으나, 이는 그 나라의 손실일 뿐이며, 순전히 경제적으로만 따진다면 오히려 자국 기업의 이익으로 귀결될 수도 있는 사안이다. 따라서 국가 차원의 경제적 이해득실만 따진다면 국내뇌물죄에 기업형사책임 도입 필요성이 해외뇌물죄에 비해 훨씬 크다. 그럼에도 불구하고 현재 우리 뇌물법은 외국 공무원에게 뇌물을 제공한 기업에 대해서는 엄한 기업형사책임을 부과할 수 있는 반면 국내 공무원에게 뇌물을 제공한 기업에 대해서는 전혀 기업형사책임을 부과할 수 없는 모순이 존재한다.

　형법상 뇌물공여죄에 기업형사책임의 부재기 초래하는 법체계싱 모순은 비단 해외뇌물죄와의 비교로만 확인되는 것은 아니다. 바로 최근에 제정된 부정청탁금지법상의 양벌규정과 비교를 통해서도 확인할 수 있다. 이 법은 법명에서도 알 수 있듯이 부정청탁 및 금품수수 금지를 골자로 하고 있는데, 바로 동법에서 금지하고 있는 금품수수 부분이 형법상 뇌물공여죄와 비교대상이다. 동법 제8조에서 금지하는 금품 수수의 성격이 무엇인지 논란이 있을 수 있지만, 제정 배경이나 조문 내용에 비추어 볼 때 뇌물로 보기는 어려운 접대, 선물 등의 경우에 대해서도 일정한 가액과 기준을 넘을 경우 수수를 금지하는 취지로 보인다. 즉, 불법적인 뇌물과 합법적인 선물이나 사례 사이의 중간지대 혹은 회색지대를 규율하는 조항인 셈이다. 그 입법 태도나 방식이 옳은지는 차치하고라도, 적어도 본 논문의 주제와 관련해서 눈길을 끄는 대목은 동법상의 금품수수 금지 조항에는 양벌규정이 있어서 기업형사책임을 부과할 수 있다는 점이다. 즉, 직무관련성이 없어서 형법상 뇌물로는 보기 어려운(혹은 그 성격상 뇌물 보다는 낮은 단계의) 금품, 접대, 선물 등에 대해서 형법상의 뇌물죄로 처벌하지 못하지만 동법으로는 처벌 할 수 있도록 하였는데, 오히려 이러한 금품 제공행위에 대해서는 양벌규정을 통해 기업형사책임이 인정된다. 그렇다면 기업이 공무원에게 뇌물성이 확실한 금품을 제공하였을 경우(그래서 형법상 뇌물공여죄가 적용될 경우) 기업은 처벌 받지 않지만, 만약 기업이 뇌물성이 확실하지 않은 혹은 뇌물로 보기에는 부족한 성격의 금품을 제공하였을 경우(그래서 부정청탁금지법이 적용될 경우) 기업은 양벌규정으로 처벌 받을 수 있는 비대칭을 도대체 어떻게 설명할 수 있을까. 이 역시 앞서 해외뇌물죄와의 비교를 통해서 살펴 본 바와 같이 국가 차원에서 보면 공무원에게 진정한 의미의 뇌물을 준 기업을 처벌할 필요성이, 뇌물 보다 낮은 단계의 접대나 선물을 제공한 기업을 처벌할 필요성 보다 훨씬 크다는 것은 두말 할 나위가 없다.

　이런 모순은 실제 기업들에게도 골칫거리가 될 수 있다. 예컨대, 기업의 임직원이 공무원에게 접대나 선물을 제공한 경우 통상은 뇌물이 아니라 의례적인 혹은 사교상의 접대나 선물에 해당한다고 주장하는 것이 보통이다. 물론 이때 합법적인 범위 내여서 어떤 범죄에도 해당하지 않는다면 다행이나 만약 부정청탁금지법상의 금지 대상 요건에 걸릴 경우에는 문제이다. 즉, 뇌물로 평가를 받으면 사안의 중요성도 커지고 기업평판에 미치는 영향도 더 나쁠 수 있으나 적어도 기업형사책임은 피할 수 있는 반면, 단순히 부정청탁금지법상의 금지 대상 금품이라고 평가를 받을 경우 뇌물죄 보다는 부정적 이미지가 많이 떨어지는 효과가 있지만, 오히려 양벌규정으로 기업 역시 함께 처벌 받을 수 있는 딜레마에 빠지게 된다. 그리고 이러한 딜레마는 이를 수사 및 기소하는 검찰 역시 자유로울 수 없다. 극단적인 가정을 하면 이론적으로 직무관련성이나 대가성을 인정할 수 있어서 형법상 뇌물공여죄로 기소 못할 사안은 아니지만 뇌물 가액이 소액[16]인 사건에서, 해당 기업도 함께 처벌하기 위해 일부러 양벌규정이 있는 부정청탁금지법위반으로 기소하는 경우도 상정해 볼 수 있다. 그런 경우 기업이 형사처벌을 면하기 위해 해당 금품은 뇌물로 평가할 수 있기 때문에 형법이 적용되어야 한다는 주장을 하는 것이 가능한지도 따져 봐야 한다.

아무튼 이러한 모순과 문제점은 뇌물 관련 특별법 등에 양벌규정이 있기 때문에 생기는 것이 아니라 형법상 뇌물공여죄에 기업형사책임이 인정되지 않기 때문에 생기는 것이다. 광의의 뇌물법 분야에서 가장 기본과 기초가 되는 조항이 형법상 뇌물공여죄와 배임증재인데, 오히려 가장 기본이 되는 범죄 조항에서 기업형사책임을 물을 수 있는 수단이 없기 때문에 특별법상의 다른 조항들과 균형과 조화를 못 이루는 결과를 초래하게 된다. 따라서 이러한 예는 계속 찾을 수 있다. 예컨대, 제약, 의료기기, 건설 분야 등 특정 산업분야를 규율하는 특별법(예컨대, 약사법, 의료기기법, 건설산업기본법 등)에는 형법상 뇌물죄나 배임수증재와는 별도로 독자적인 뇌물이나 불법 리베이트 등을 금지하지는 규정을 마련해 놓는 경우가 있는데, 대개 양벌규정도 함께 있다. 즉, 의료기기 제조회사가 납품과 관련해서 뇌물을 제공할 경우 의료기기법에 따라 해당 기업도 형사처벌이 가능하다. 하지만, 이런 특별법이 없는 분야에서는 형법상 뇌물공여나 배임증재로 처리할 수밖에 없어 기업형사책임이 인정되지 않는데, 이 역시 논리적으로는 설명하기 힘든 차이이다. 예컨대, 최근 많은 화제가 되었던 방산비리 사건과 관련해서는 단 한 개의 기업도 형사처벌된 바 없는데, 이는 바로 이 분야의 뇌물을 규율하는 특별 조항이 없어서 일반법인 형법에 따라 처벌할 수밖에 없기 때문이다.

---

16) 뇌물수수자의 처벌에 집착하는 검찰 속성상 만약 뇌물가액이 크다면 형법상 수뢰죄와 특가법상 가중처벌 조항을 적용해야 하기 때문에 이런 고민을 할 가능성은 희박하다.

의료기기를 납품하면서 뇌물을 제공한 의료기기 제조사들은 기업형사책임이 인정되는 반면, 거액의 국고 손실을 초래하고 국민과 국가의 안위에 직결되는 방산비리를 저지른 기업들에 대해서는 기업형사책임을 물을 수 없는 이러한 역차별을 어떻게 설명할 수 있을지 의문이다. 사실 기업 입장에서는 의료기기를 만들든, 무기를 만들든 계약 체결이나 납품 과정에서 공무원이나 공기업 임직원을 상대할 때 뇌물제공의 유혹을 느끼는 것은 마찬가지이다. 또 국가 입장에서도 이와 같은 뇌물을 제공하는 기업에 대한 처벌 필요성은 그 기업이 무슨 물건을 제조하는지에 따라 달라질 수도 없다. 현재 우리 법체계 안에서 차이가 있다면 오로지 형법이 적용되느냐, 아니면 양벌규정이 있는 특별법이 적용되느냐에 따른 차이가 있을 뿐이다.

더구나 국내 공무원에게 뇌물을 주는 기업은 비단 국내 기업에 국한되지 않는다. 글로벌 시대에는 다양한 외국 기업 혹은 다국적 기업들이 국내에서 각종 경제활동을 하고 있으며, 그 과정에서 국내 공무원 혹은 공무원으로 의제되는 공기업 직원 등에게 뇌물을 제공할 이유나 유인은 셀 수 없을 만큼 존재한다. 실제로 최근 몇 년 동안 사회적으로 큰 이슈가 되었고, 합동수사팀을 꾸려서 장기간 수사를 하였던 방산비리나 원전비리 등이 그 대표적인 사례이다. 방위사업 분야나 원자력사업 분야 등에서 우리 국가나 공기업에 납품하는 기업 중에 외국 기업들이 상당수이다. 이 외국기업들은 한국 수사 기관이 방산비리 등을 수사할 경우 촉각을 곤두세울 수밖에 없으나 그 이유는 기업형사책임이 전혀 없는 한국 형법상 뇌물공여죄가 무서워서가 아니라 미국의 FCPA나 자국 법상의 해외뇌물죄가 무섭기 때문이다. 즉, 범죄지도 한국이고 뇌물 받은 공무원도 한국 공무원(혹은 한국 공기업 직원)이며, 그로 인해 낭비된 세금도 한국 국민이 낸 세금인데, 정작 한국 법은 그 외국 기업을 처벌하지 못하고 따라서 그 외국 기업이 적어도 한국 형법을 두려워하지 않는 현실을 어떻게 설명할 수 있을까. 바로 이 점이 비교법적인 차원에서의 후진성이 단순히 강학상의 논란거리에 그치는 것이 아니라 실무상으로 우리 국가와 사회에 큰 손해와 위험을 초래할 수 있는 실질적인 입법 미비로 작용할 수 있음을 여실히 보여준다.

이제 우리나라의 경제력과 경제규모도 상당한 수준에 이르고 있고 세계화도 많이 진행되어 외국 기업들도 국내에 다수 진출해 있으며, 국내 기업 중에 세계를 무대로 비즈니스를 하는 기업들도 매우 많은 상황이다. 또한 앞서 언급하였듯이 이제는 하나의 뇌물행위에 대해 여러 나라에서 관할이 생길 수 있다. 즉, 한국에서 발생한 미국 기업의 뇌물 사건은 미국 입장에서는 해외뇌물죄인 FCPA 사건이지만, 동시에 우리 입장에서는 형법이 적용되는 국내뇌물죄 사건이다. 그런 상황에서 미국 당국은 미국 기업을 상대로 해외뇌물죄로 엄하게 처벌할 수 있는 반면, 우리는 우리 공무원에게 뇌물을 준 미국 기업 자체는 처벌하지 못한다면 소위 '글로벌 스탠다드' 차원에서 자칫 한국 뇌물법 체계에 심각한 구멍(loopholes)이 있다는 오명을 받을 수 있다.[17] 또한 국내에 진출한 외국 기업에게도 한국에서는 부패 이슈가 생겨도 기업 자체는 처벌받지 않기 때문에 크게 걱정할 필요가 없다는 잘못된 신호를 줄 수도 있다.[18]

하지만 정작 이러한 오명이나 잘못된 신호보다도 더 실질적인 문제는 국가적인 차원에서 입은 실질적인 피해에 대한 회복을 못한다는 점이다. 즉, 외국 기업이 국내 공무원에게 뇌물을 제공하고 얻은 이익은 대부분 그 공무원이 속한 조직 즉, 국가(혹은 지방자치단체나 공기업 등)

---

17) CCI Korea 사건, SSI Korea 사건, IBM Korea 사건, Diageo Korea 사건 등 한국에서 발생한 여러 건의 FCPA사건에서 이미 이런 일이 실제 벌어지고 있다.

18) 실제로 다국적 기업의 한국 자회사에서 뇌물 이슈가 생기면 한국 로펌 등을 고용하여 내부조사(Internal Investigation)를 의뢰하는 경우가 있는데, 그 마지막 단계에서 자발적 신고가 문제가 된다. 미국 등에 자발적 신고를 하는 것은 본사 차원에서 결정할 테니 한국 당국에 대한 자발적 신고 여부를 한국 로펌에서 결정해 달라고 문의하는 경우가 있는데, 이때 한국 형법상 뇌물죄에 기업형사책임을 물을 수 없다고 하면 굉장히 놀라는 경우를 종종 본 적이 있다.

의 손실로 치환될 수 있는데, 정작 우리법은 그와 같은 이익을 얻은 기업을 처벌하거나 뇌물로 얻은 이익을 박탈할 수 있는 수단이 전혀 없기 때문이다. 예컨대, 방산비리를 저지른 외국 기업들에 대해 그 기업들이 뇌물 제공을 통해 얻은 이익을(혹은 그 기업들이 뇌물 제공을 통해 가한 손해를) 정작 우리 법으로서는 전혀 회수(또는 회복)하지 못한다는 현실은 우리 법의 후진성에 대한 오명을 넘어서서 국고손실과 같은 실질적인 손해를 입고도 속수무책이라는 의미와 다름이 아니다.

한편 의식적이든, 무의식적이든 그 동안 이와 같은 우리 법의 미비로 인해 많은 혜택(?)을 누려온 국내 기업들도 기업형사책임과 반부패법에 관한 세계적인 추세에 대해 무딘 상태로 방관하고 있다가는 큰 위험에 처할 수 있다. 오늘날 해외에 진출한 국내 기업들도 다수이고, 미국에 상장된 소위 issuer인 기업들도 상당수가 있는데, 정작 이런 국내기업들도 아직 FCPA나 UK Bribery Act의 내용이나 실무에 대해 제대로 이해하지 못하는 경우가 많다. 나아가 기업형사책임이나 컴플라이언스에 대해서도 국내법과의 차이를 제대로 인식하지 못하거나 아직 제대로 준비가 안 되어 있는 것으로 보인다. 하지만, 이러한 세계적인 추세와 서구 선진국들의 법에 대해 제대로 대처하지 못할 경우 우리 기업들도 언제든지 지멘스 등과 같이 천문학적인 액수의 징벌금을 부과 받은 외국 기업들처럼 될 수 있는 위험에 처할 수 있다. 상황이 이러함에도 기업형사책임 도입에 대한 논의에 대해 일종의 규제나 소위 '기업때리기'식으로 반응하는 입장도 있는데, 범죄를 저지른 기업에게 형사처벌을 해야 한다는 주장을 그런 식으로 호도할 수도 없을 뿐만 아니라 이제는 적어도 세계무대를 상대로 활동하는 기업들은 국내법의 입장과는 상관없이 다른 나라의 법에 의해서도 엄중한 기업형사책임을 부과 받을 수도 있다는 사실을 유념해야 하며, 그 유일한 대비책이 사전에 효과적인 컴플라이언스의 구축밖에 없음을 명심해야 한다.

2. 기업형사책임에 대한 국내 논의

우리 뇌물법 영역에서 기업형사책임의 공백이 초래하는 현실적인 문제점에 대해서는 학계나 실무계에서 간과하고 있을 뿐이지 제대로 인식하고 있다면 그 문제의 심각성에 대해 대체로 공감하리라 생각한다. 하지만, 그 문제의 심각성에 대해 공감한다고 하더라도 바로 그 해결책이 기업형사책임의 도입이라는 점에 대해서는 여전히 이견이 있을 수 있다. 바로 우리 학계와 실무계에 뿌리 깊게 자리 잡고 있는 도그마, 즉 '단체는 범죄의 주체가 될 수 없다'는 도그마의 극복이 필요하기 때문이다. 현재 우리 법상 무수히 많은 특별법에서 전방위적으로 기업형사책임을 인정하고 있음에도 불구하고 여전히 이 도그마를 극복하지 못하는 현실은 참으로 납득하기 어렵다. 하지만, 아무리 앞서 살펴 본 문제가 심각하다고 하더라도 여전히 위 도그마에 사로잡혀 기업뇌물죄라는 새로운 기업범죄의 신설과 그에 걸맞는 기업형사책임의 구비에 대해서는 회의적인 시각이 존재할 수 있다. 따라서 여기서는 여전히 위력을 발휘하는 위 도그마에 대한 필자 나름의 극복 시도를 해보고자 한다.

현재 뇌물죄 영역에 국한해서 혹은 특화해서 기업형사책임을 논하는 글은 찾기가 어렵다. 사실 형법상 기업형사책임 부재가 초래하는 문제는 비단 뇌물공여죄만의 문제가 아니기 때문이다. 따라서 일단 여기서는 현재 우리 기업형사책임 전반에 대한 논의에 대해 먼저 살펴보겠다. 통상 국내법상으로 기업형사책임에 대한 논의는 법인의 범죄능력 여부에 대한 논의로 시작해서 양벌규정의 법적 성격에 대한 논의로 이어진다. 우선 법인의 범죄능력 여부에 대한 논의는 이를 인정하는 견해와 부정하는 견해로 나뉜다.

범죄능력을 인정하는 견해는 (1) 자연인의 행위가 규범적 평가에 의해 형법상 행위로 인정되듯이 법인의 행위도 형법적 의미에서 평가되어야 하고, 법인의 기관을 통해 결정한 의사는 구성원인 개인의 의사와는 별개의 법인 고유의 의사이고, 법인의 인격은 개인의 인격과는 다른 법인 그 자체의 인격으로 법인도 기관을 통한 의사능력과 행위능력을 가지며, (2) 법인 구성원의 행위는 어떤 지위에 있더라도 법인의 범죄행위에 직간접적으로 기여하였기 때문에 그에 상응하여 법인처벌로 인한 불이익을 받는 것이 자기 책임의 원칙에 반하는 것은 아니고, (3) 민법상으로 인정되는 법인의 불법행위능력이 형법상 부정되어야 할 이유가 없고, 법인의 설립목적이 적법해야 한다고 해서 설립된 법인의 불법행위능력까지 부정되는 것은 아니며, (4) 법인에 대한 형사책임은 사회윤리적 비난이라기보다는 법적 비난이라고 할 수 있고, 형법의 본질을 교육형에 두고 법인의 의사형성인 단체의결에 대해 책임을 추궁한다면 법인에게도 책임능력이 있다고 본다.[19]

반면에 범죄능력을 부정하는 견해는 (1) 범죄는 자연인의 의사활동에 따른 행위이므로 의사와 육체가 없는 법인은 이러한 행위의 주체가 될 수 없고, (2) 책임의 윤리적 성질을 강조한 결과 법인에 대해서는 사회윤리적 비난이 불가능하다는 이유로 범죄능력을 부정하며, (3)법인을 처벌할 때에는 범죄와 관계없는 자까지 처벌하는 것이 되어 근대형법의 기본원칙인 개인책임과 자기책임의 원칙에 반하는 결과가 되며, (4) 법인은 적법한 목적의 범위 내에서 존재하게 되므로 법인의 불법행위를 생각할 수 없으며, (5) 법인에게는 사형 또는 자유형을 부과할 수 없기 때문에 법인의 범죄능력은 부정되어야 하며, (6) 법인을 처벌할 필요가 있다고 하더라도 영업정지나 영업취소 등과 같은 행정벌 또는 질서위반벌을 가하면 되기 때문에 굳이 형벌을 가할 필요가 없다고 한다.[20]

통상 다수설[21]과 판례[22]는 법인의 범죄능력을 부정하는 입장이라고

---

19) 김일수, 형법총론, (1989), p.136.
20) 이재상, 형법총론(제7판), (2011) pp.93-94.
21) 박상기, 형법총론(제6판), (2004), p.71; 배종대, 형법총론(제8전정판), (2005), p.212; 이재상, 형법총론(제7판), (2011), p.96-97; 이형국, 형법총론(제4판), 2007,

한다. 우선 판례는 명시적으로 법인은 범죄능력이 없다는 판시를 한 바있다.[23] 하지만, 현재 우리나라 학계에서 법인의 범죄능력을 부정하는입장이 다수설인지는 다소 의문이다. 최근에는 법인의 범죄능력을 인정해야 한다고 주장하는 견해들이 계속 등장하고 있기 때문이다. 즉, 현재우리 법의 태도와 체계를 전제로 법인의 범죄능력을 판단하는 입장에서본다면 범죄능력 부정설이 다수설일지 모르나, 입법론적인 논의까지 포함해서 법인의 범죄능력 여부를 따질 경우 과연 지금도 법인의 범죄능력 부정설이 여전히 다수설인지 의문이다.[24]

다만, 현재 우리 법의 태도를 전제로 한다면 법인의 범죄능력을 원칙적으로 부정하는 입장이 현재 우리 법의 태도라고 할 수 있다. 일단 형사법 분야의 기본법이자 가장 중요한 범죄를 규율하는 형법에서 기업형사책임을 전혀 인정하지 않고 있다. 특별법에서 법인의 형사책임을 인정하는 조항이 있기는 하지만 이 또한 양벌규정의 형태로만 인정된다.양벌규정의 형태로 법인의 형사책임을 인정한다는 것은 자연인인 법인의 임직원이 벌칙 조항에 해당하는 범죄를 범하였을 경우 임직원 개인뿐만 아니라 법인에 대해서도 벌금형에 처하는 방식으로 형사책임을 인정한다는 것이어서 해당 벌칙 조항을 법인이 직접 범하였다는 전제에서는 것이 아니다. 따라서 다수설이 법인의 범죄능력을 부정하면서도법인의 형벌능력은 긍정한다는 것은 바로 이런 의미이다. 즉, 형법이 아닌 행정형법에서 행위자 이외의 법인을 처벌하는 다수의 조항에 대해서

p.87; 정응석 형법강의(제6판), (2005), p.108; 정영일, 형법총론(개정판), (2007), p.81 등.
22) 대법원 1984. 10. 10. 선고 82도2595 판결; 대법원 1994. 2. 8. 선고 93도1483판결 등.
23) 대표적으로 대법원 1984. 10. 10. 선고 82도2595 판결 참조.
24) 이주희(c), "양벌규정의 실효성 확보에 관한 고찰 - 법인에 대한 벌금형 중과를 중심으로 -", 법학연구 제47집, 한국법학회, (2012), p.244. 최근 우리나라에서 법인에 대한 형사처벌의 필요성을 인정하는 입장이 점점 많은 지지를 얻고 있다고 한다.

는 법인도 형벌능력을 가진다고 해석하고 있다. 결국 원칙적으로 법인의 범죄능력은 인정하지 않으나 양벌규정이 있는 일정한 경우에는 형벌을 받을 있는 수형능력은 인정할 수 있다는 의미다. 이러한 해석이 지금 현재 우리 법상 인정되는 기업형사책임을 설명하는 가장 일반적인 입장이라고 할 수 있다.

다만, 문제는 과연 어떤 경우에 양벌규정의 형태로 법인의 형벌능력을 인정할 수 있느냐, 즉, 예외적으로 법인의 형벌능력을 인정하는 기준과 이유는 무엇이냐인데, 이에 대한 설명이 매우 부족하다. 통상 형법 외에 특별법에서 법인의 형벌능력을 인정하는 이유에 대해 행정형법은 고유한 형법에 비하여 윤리적 색채가 약하고 행정목적을 달성하기 위한 기술적·합목적적 요소가 강조되는 것이므로 행정단속 기타 행정적 필요에 따라 법인을 처벌할 수 있다는 것을 이유로 한다.[25]

그러나 필자로서는 위와 같은 다수설의 입장은 이해하기 어렵다. 어차피 지금 현행 형법에서 기업형사책임을 전혀 인정하지 않고, 특별법에서 기업형사책임을 인정할 때에도 양벌규정의 형태로만 하는 것은 입법자의 결단과 선택이기 때문에 그런 입법태도에 대한 비판 및 개선요구는 입법론을 전제로만 가능하다. 다만, 현재의 입법태도와 체계를 두고 설명하는 방식과 논거에 대해서도 납득하기 어려운 점이 있기 때문에 문제이다. 즉, 예외적으로 양벌규정의 형태로 법인의 형벌능력을 인정하는 이유가 행정형법은 고유한 형법에 비하여 윤리적 색채가 약하고 행정목적을 달성하기 위한 기술적·합목적적 요소가 강조되는 것이기 때문이라는 설명은 매우 납득하기 어렵다.

예컨대, 뇌물죄 영역에 위 설명을 대입해 볼 때, 형법과 그 외의 행정형법 사이에 윤리적 색채에 차이가 있다거나 행정목적을 달성하기 위한 기술적·합목적적 요소 때문에 법인 처벌의 필요성이 달라진다는 식의

---

25) 이재상, 형법총론(제7판), (2011) p.97.

논지는 설득력이 매우 약하다. 과연 형법상 국내뇌물죄와 국제뇌물방지법상의 해외뇌물죄 사이에 윤리적 색채에 차이가 있다고 할 수 있을까, 혹은 행정목적 달성을 위한 법인 처벌의 필요성이 달라진다고 할 수 있을까. 나아가 약사법이나 의료기기법, 건설산업기본법 등 특정 사업 분야에서의 뇌물이나 리베이트를 규율하기 위한 벌칙조항에는 형법과 달리 양벌규정이 있는데, 이 역시 윤리적 색채나 행정목적 달성 등의 이유로 그 차이를 설명할 수 있을까. 또한 행정목적 달성의 이유라고 한다면 최근에 방산비리가 그토록 문제가 많이 되었는데, 그 어떤 분야보다도 행정목적상 기업 뇌물의 근절이 필요한 무기나 군수 물자 구입과 관련하여 기업형사책임의 도입이 필요하였을 것임에도 불구하고 관련 양벌규정이 전혀 없다는 것도 설명할 길이 없다.

이러한 차원에서 필자는 법인의 범죄능력은 부정하면서 형벌능력을 인정하는 다수설의 태도는 지나치게 기교적인 도그마로서 현재의 법체계와 법현상을 설명하는데 설득력이 빈약하다고 생각한다. 오히려 "법인 처벌의 방법과 그 한계를 무엇으로 할 것인가는 해당 사회에서 법인범죄의 심각성, 법인범죄에 대한 비형사적 제재수단 구비 정도와 그 효과 등을 고려하여 입법자가 결정할 사안이지, 범죄주체에 대한 이론적 논변에 종속하여 결정될 사안은 아니다"라고 한 조국 교수의 견해에 동의한다.[26][27] 따라서 국내뇌물죄에도 법인처벌이 필요한지 여부는 국내뇌물죄에 있어서 법인범죄의 심각성 및 사회적 중요성, 법인범죄에 대한 비형사적 제재수단 구비 정도와 그 효과, 범죄예방필요성 및 법인처벌이 범죄예방에 미치는 효과 등을 종합적으로 고려해서 입법론적으로 결정

---

26) 조국, "법인의 형사책임과 양벌규정의 법적 성격", 서울대학교 법학 제48권 제3호, 서울대학교 법학연구소, (2007. 9.), p.63.

27) 역시 같은 차원에서 "대다수의 문헌에서 법인의 본질 내지 범죄능력의 존부에 관한 논의로부터 시작하여 양벌규정의 법적 성질에 도달하는 것은 그 선후가 바뀌었다"고 한 조병선 교수의 견해에도 동의한다. 조병선(c), "양벌규정과 법인의 형사책임", 형사판례연구 제3호, 한국형사판례연구회, (1995), p.5.

할 사안이라고 생각한다.

이러한 차원에서 볼 때 국내뇌물죄에 있어서도 법인의 형사책임 필요성은 충분히 인정할 수 있다고 생각한다. 우선 국내뇌물죄에 있어서 법인범죄의 심각성이나 사회적 중요성은 부연 설명이 필요 없다고 할 수 있다. 여전히 개인이나 자영업자의 소액 뇌물 사건이 있지만, 사회적인 이목을 끌거나 구조적인 비리 등과 관련한 뇌물사건에는 대부분 법인이 관련되어 있다. 이는 법인이 사회·경제 활동에서 차지하는 비중이 급증한 현실의 반영으로서 놀라운 일이 아니다. 이에 반해 뇌물죄를 범한 법인에 대한 비형사적 제재수단이 제대로 구비되어있다고 보기 어렵다. 물론 개별법 중에는 건설산업기본법과 같이 공사업체 선정 등의 과정에서 뇌물을 제공한 건설업자에 대해 벌칙 조항과는 별도로 영업정지 혹은 과징금을 부과할 수 있도록 규정[28]을 마련한 경우도 있지만, 오히려 뇌물죄 영역에서 이런 비형사적 제재수단을 마련한 경우는 흔치 않다.[29] 따라서 실무적으로는 법인 입장에서 실제 행위를 한 임직원 개인이 형사책임을 지는 선에서 마무리를 하고(경우에 따라선 그 임직원에 대해서 법인이 사후에 보상을 해 주기도 한다), 뇌물로 인한 혜택은 법인이 그대로 향유하는 것이 일반적이다.[30] 이러한 현실을 감안한다면

---

28) 건설산업기본법 제82조의2 참조. 이외에도 원전비리방지법 제27조에 과징금 부과조항이 있는데 이에 관해서는 후술함.

29) 우리 뇌물죄 영역에서 기업에 대한 비형사적 제재 중 가장 실효적인 것은 부정당업자에 대한 입찰참가제한(debarment)인 듯하다. '국가를 당사자로 하는 계약에 관한 법률', '방위사업법' 등에서 정하고 있는 제재수단인데, 일단 이에 걸릴 경우 기업에게는 상당한 타격이 될 수 있다. 다만 기업 뇌물죄가 도입되어 기업 자체를 뇌물죄로 처벌할 경우 입찰참가제한 대상 선정 측면에서 현재 청렴서약서위반을 통한 방식보다 서약서 대상 범위 등을 둘러싼 논쟁 등을 피할 수 있어서 보다 효과적이라고 생각한다.

30) 예컨대, 방위사업법 제58조에 의하면 방산업체 등이 허위 그 밖에 부정한 내용의 원가계산자료를 정부에 제출하여 부당이득을 얻은 때에는 대통령령이 정하는 바에 따라 부당이득금과 부당이득금의 2배 이내에 해당하는 가산금을 환수

뇌물죄 영역에서 법인에 대한 형사처벌을 통한 범죄예방 필요성은 절실하다고 할 수 있다. 법인에 대한 형사처벌을 하지 못한다면 법인 입장에서 범죄행위로 나아감에 있어 사실상 두려워 할 이유도 없고, 경제적인 관점에서 볼 때에도 뇌물을 통해 얻은 이익을 상쇄하거나 초과하는 불이익도 없기 때문이다.

결국 우리나라도 프랑스나 스위스처럼 형법 개정을 통해 기업형사책임을 전반적으로 도입하는 것을 검토할 시점이 되었다고 생각한다. 특히 우리와 같은 도그마에 사로 잡혀 있던 대륙법계 국가들도 형법총칙 개정을 통해 기업형사책임을 전면적으로 인정한 점은 시사하는 바가 크다. 솔직히 우리나라의 경우 형법상의 범죄에 대해서만 기업형사책임을 인정하지 않을 뿐이지 기타 무수히 많은 특별법에서 양벌규정을 통해 전방위적으로 기업형사책임을 인정하고 있어서 사실상 형법상의 범죄 외의 다른 범죄에 대해서는 앞서 논의한 예외적인 법인의 형벌능력 인정이라는 논리가 무색한 상황이다. 따라서 솔직히 필자에게는 위의 다수설의 논리로 우리 법의 기업형사책임 논의가 수용되기 보다는 지극히 형식적으로 형법상의 범죄에만 기업형사책임이 인정되지 않고, 그 외 특별법상의 범죄에는 기업형사책임이 쉽게 인정되는 법제로 보이며, 거기에 어떤 특별한 이유나 설득력 있는 근거가 발견되지는 않는다. 오히려 원칙적으로 가장 중요하고 기본적인 범죄가 형법에 규정된다는 점을 감안할 때, 뇌물공여죄와 같이 기업형사책임이 더 필요한 범죄에 대해서 형법에 규정되었기 때문에 기업형사책임이 인정될 수 없는 모순이 있는 것으로 보일 뿐이다.

하여야 한다고 정한다. 일종의 이익환수제도인데, 그나마 '허위 그 밖에 부정한 내용의 원가계산자료를 제출한 경우'에 한정되고, 뇌물을 제공한 경우는 그 자체로 바로 위 요건을 충족하지는 않는다.

3. 기업형사책임에 대한 외국 논의

앞서 살펴 본 바와 같이 비교법적 고찰이 유의미한 서구 선진국들 중 대다수가 기업형사책임을 인정하고 있다. 이들 국가의 기업형사책임에 대한 논의는 우리와 어떻게 다를까. 이미 각국의 기업형사책임에 대해 뇌물죄를 중심으로 간략히 살펴 본 바 있으나 기업형사책임을 둘러싼 이론적 논쟁에 대해 자세히 언급하지는 않았다. 하지만 상대적으로 기업형사책임을 일찍 도입하고 현재 다른 국가들에도 지대한 영향을 미치고 있는 미국조차 기업형사책임 도입과정에서 혹은 도입 후에도 격렬한 이론적 논쟁이 있었으므로 이를 살펴보는 것은 우리에게도 도움이 된다고 생각한다. 이하에서는 주로 미국의 논의를 중심으로 기업형사책임에 대한 이론적 논쟁을 소개하겠다.

이미 설명한 바와 같이 미국은 20세기 초에 판례를 통해 비교적 일찍 기업형사책임을 도입하였으며, 20세기 후반에 벌금형의 현실화 작업, 법인에 대한 양형기준 제정, 법인에 대한 수사 및 기소 기준 제정 등 일련의 작업을 통해 실무적으로 효과적인 기업형사책임 제도의 운영을 위한 토대를 마련하였다. 이를 바탕으로 21세기 초부터 전 세계적으로도 선구적인 기업형사책임 제도를 선보이고 있으며, 특히 FCPA 사건을 통해서 기업형사책임의 정수를 보여주고 있다. 이러한 미국의 법제는 영국, 프랑스 등 다른 나라들의 법에도 영향을 미치고 있을 뿐만 아니라 글로벌 기업들의 기업문화를 바꾸고 컴플라이언스 프로그램에 대한 중요성을 각인시키는 효과까지 거두고 있는 실정이다.

하지만, 이러한 미국조차도 기업형사책임을 둘러싼 이론적 논쟁이 쉽게 해소되었던 것은 결코 아니며 심지어 지금까지도 이 논쟁은 진행형이라고 할 수 있다. 1909년에 탄생한 New York Central 판결의 100주년을 기념하는 기업형사책임 심포지엄에서 '실수의 백주년'이라고 일갈한 John Hasnas의 논문[31]이 단적인 예이다. 저자 스스로 현재 판례나 실무상 돌

이킬 수 없는 상태라는 점을 인정하면서도 여전히 기업형사책임의 이론
적 정당성이 전무하기 때문에 그 도입 결정은 비난받아 마땅하다고 강
조하였다. 사실 기업형사책임에 전면적으로 반대하거나 비판적인 태도
를 취하는 학자들은 상당히 많았다. 따라서 여러 학자들이 지적하는 바
와 같이 미국은 기업형사책임에 대한 이론적 정당성 논쟁을 극복하기
전에 철저히 실용적인 입장에서 접근한 판례가 먼저 기업형사책임을 덜
컥 인정해 버렸다고 보는 편이 정확하다.[32] 따라서 연방대법원의 판례
가 나왔음에도 그 후에도 계속 논쟁이 지속되고 있으며, 특히 21세기 초
에 Arthur Anderson 사건으로 인해 다시 점화되기도 하였다.[33] 그럼 이미
판례와 실무가 확고히 기업형사책임을 인정하고 있음에도 계속 이를 반
대하고 비판하는 이들이 제시하는 근거나 이유는 무엇일까. 여러 가지
가 있겠지만, 필자 나름대로 정리하면 다음과 같다. 첫째, 형사책임을 부
여하기 위한 전제로서 필요한 고의, 비난가능성 등을 기업에게는 인정할
수 없다.[34] 둘째, 기업에 형사책임을 물릴 경우 실질적으로 범죄행위와

---

31) John Hasnas, "The Centenary Of A Mistake: One Hundred Years Of Corporate
Criminal Liability", 46 Am. Crim. L. Rev. 1329, (Fall, 2009), p.1329 이하 참조.

32) Gherhard O.W. Mueller, "Mens Rea And The Corporation: A Study Of The Model
Penal Code Position On Corporate Criminal Liability", 19 U. Pitt. L. Rev. 21, (1957),
p.21 저자는 이러한 현상에 대해 기업형사책임이 마치 잡초처럼 아무도 심거
나 재배하거나 경작한 바 없음에도 그냥 알아서 자랐다고 표현한 바 있다.

33) Assaf Hamdani/ Alon Klement, "Corporate Crime And Deterrence", 61 Stan. L. Rev.
271, (November, 2008), p.273; Gabriel Markoff, "Arthur Andersen And The Myth Of
The Corporate Death Penalty: Corporate Criminal Convictions In The Twenty-First
Century", 15 U. Pa. J. Bus. L. 797, (Spring 2013), p.804 이하 참조.

34) 18세기에 영국 Lord Chancellor였던 Baron Thurlow가 남긴 "기업은 비난할 정신
도 없고, 걷어찰 신체도 없다(no soul to damn, no body to kick)"는 유명한 표현
으로 웅변되는 이 주장은 그 후 많은 학자들이 다양한 버전으로 주장하고 있
는 기업형사책임 부인론의 핵심 근거이다. Albert W. Alschuler, "Two Ways To
Think About The Punishment Of Corporations", 46 Am. Crim. L. Rev. 1359, (Fall,
2009), p.1367 이하; John Hasnas, 앞의 글, p.1330 이하.

아무 관련 없는 주주나 임직원을 처벌하는 셈인데 이는 무고한 사람을 형사 처벌할 수 없다는 형사법의 기본원칙에 반한다.[35] 셋째, 기업 범죄 대응 차원에서 기업형사책임이 다른 민사책임이나 행정책임에 비해 효과적이지 않다.[36] 이 중에서 세 번째 논거는 정책적 이슈이므로 첫 번째와 두 번째만 이론적 이슈인데, 사실 두 번째도 첫 번째 논거의 종속 개념에 불과하여 결국 궁극적인 이론적 핵심 논거는 첫 번째 논거이다.

  정책적으로 기업형사책임이 다른 종류의 책임이나 제재에 비해 효과적인지 여부에 대해서는 사후적으로 어느 정도 검증되었다고 생각한다. 이런 주장을 하는 학자들은 1909년 판결이 나왔을 당시에는 미국에서 효과적인 민사책임 부여를 위한 시스템이 정비되지 않았기 때문에 기업형사책임을 인정한 측면이 있다고 주장하나 그 후 백년이 넘는 기간 동안 미국은 효과적인 민사책임 부여 시스템을 갖추었음에도 불구하고 기업형사책임은 오히려 더 확대되고 강화되었다는 점을 설명하지 못한다.[37] 실제로 앞서 살펴 본 바와 같이 21세기에 접어들면서 미국에서 강력한 기업형사책임을 이용해서 기업 스스로 컴플라이언스를 수립하고 나아가 기업 문화를 개선하도록 유도하는 시도는 상당한 효과를 거두고 있어 기업들의 행동과 실무를 바꾸고 있을 뿐만 아니라 영국, 프랑스, 독일 등의 나라에 영향을 미치고 있는 실정이다. 따라서 결국 남은 문제는 이론적 정당화의 가능 여부뿐이다. 기업형사책임이 범죄 예방이나 재범방지에 아무리 효과적이라고 하더라도 전통적 도그마에 입각한 학자 시각에

---

35) Albert W. Alschuler, 앞의 글, p.1367 이하 참조. 저자는 이 글에서 기업형사책임 옹호론자를 매우 신랄하게 비판하면서, 허구의 존재인 기업을 처벌하는 것은 마치 동물이나 물건을 처벌하는 deodand와 같고, 기업을 처벌함으로써 그 구성원의 범죄 예방이나 재범방지를 유도하는 방식은 중세에 10인 1조로 연대책임을 지우는 frankpledge와 같은 연좌제라고 혹독하게 비난한다.

36) V.S. Khanna, 앞의 글, p.1492 이하; Daniel R. Fischel/ Alan O. Sykes, "Corporate Crime", 25 J. Legal Stud. 319, (June, 1996), p.331 이하 참조.

37) Lawrence Friedman, 앞의 글, p.837.

서 보면 컴플라이언스 수립이나 기업 문화를 바꾸기 위해 기업형사책임을 부과하는 것은 마치 아이의 재범을 방지하기 위해 부모를 형사처벌하는 것과 같다고 생각하기 때문이다.[38]

사실 미국에서도 기업형사책임 옹호론자 사이에서 이론적 정당화를 위한 노력은 많이 진행되었다. 기업에도 고의나 비난가능성을 인정하기 위한 다양한 시도가 있었는데, 결국 기업을 형사법적 차원에서 하나의 독립된 정체성을 지닌 인격체로 보려는 시도로 요약할 수 있다. Pamela H. Bucy의 'corporate ethos'[39]나 Lawrence Friedman의 'identifiable persona'[40] 등이 대표적이다. 이러한 이론들은 기업이 사회에서 다른 단위체와 구분될 뿐만 아니라 그 기업의 구성원인 주주, 임직원 등과도 구분되는 개성있는 독립체라고 주장한다. 특히 기업 문화(corporate culture), 기업 의사결정 등에 주목하면서 기업 내외의 사람들로부터 고유한 기풍과 문화를 지닌 독립된 개성체로 인식된다고 한다. 따라서 기업 고유의 기풍과 문화에 따른 독립된 의사결정이 가능하기 때문에 기업 고의나 도덕적 비난가능성을 기업에도 인정할 수 있다는 논리이다. 이런 입장에서는, 예를 들어 수단과 방법을 가리지 않고 실적달성을 최우선시 하는 문화를 가진 기업의 임직원은 개인적으로 뇌물제공이 내키지 않더라도 이 기업문화 혹은 조직논리를 거스르지 못하고 뇌물을 제공하는 경우가 생길 수 있는데, 이때 뇌물제공의 의사결정 주체는 기업으로 볼 수 있고, 그 기업 자체에 비난가능성도 인정할 수 있게 된다. 나아가 이렇게 기업 자체에 고의나 비난가능성 인정이 가능하게 된다면 아무리 민사책임 등 다른 수단이 보다 효과적이라고 하더라도 공동체의 도덕적 비난의 엄숙한 선언이라고 할 수 있는 형사책임으로부터 면책시킬 수 없다고 한다.[41] 즉,

---

38) John Hasnas, 앞의 글, p.1340.

39) Pamela H. Bucy(c), "Corporate Ethos: A Standard For Imposing Corporate Criminal Liability", 75 Minn. L. Rev. 1095, (April, 1991), p.1096 이하 참조.

40) Lawrence Friedman, 앞의 글, p.846 이하 참조.

앞의 예에서 기업이 저지른 뇌물 사건임에도 개인만 뇌물죄로 형사처벌하고, 기업은 뇌물죄의 형사책임으로부터 면책시켜 준다면 공동체 구성원의 통상적인 관념에도 부합하지 않을 뿐만 아니라 기업은 단순히 이를 비용의 문제로 치부할 수 있다는 의미이다.

결국 이러한 논쟁은 궁극적으로는 기업이 형사법적으로 독자적인 단위체로 인정될 수 있는가의 문제여서 결론이 쉽게 날 수 있는 논쟁은 아니다. 다만 필자가 볼 때 기업이 오늘날과 같은 지위와 기능을 담당하기 훨씬 전에 개인을 전제로 발달된 형사법 원칙을 원형 그대로 기업에 적용할 경우 그 어떠한 이론을 개발해도 기존 도그마를 극복할 수 없다. 문제는 개인을 전제로 개발된 형사법 원칙을 기업에 원형 그대로 요구할 필요가 있는가라고 생각한다. 기업이라는 개념과 성격이 선험적인 산물이 아닌 것처럼 오늘날 우리가 금과옥조로 생각하는 형사법 원칙도 선험적인 절대 진리가 아니다. 따라서 그 근본정신과 취지를 온전히 살리면서도 새롭게 등장하는 사회 현상에 유연하게 적용하는 것이 보다 바람직한 형사법의 발전 방향이라고 생각한다.[42] 이런 차원에서 볼 때 결국 기업이 형사법적 독자적인 단위체로 인정될 수 있는가의 논쟁도 궁극적으로는 기업이 지위와 역할 그리고 공동체 안에서 어떻게 받아들여지는가에 의해 경험적으로 바뀔 수 있는 문제로 보인다. 결국 corporate ethos, corporate culture 등의 용어도 기업이 사회 경제적으로 차지하는

---

41) Gregory M. Gilchrist, "The Expressive Cost Of Corporate Immunity", 64 Hastings L. J. 1, (December, 2012), p.6. 저자는 expressivism이 기업형사책임을 정당화할 수 있다고 주장한다.

42) 예컨대, 앞으로 AI나 로봇의 혁신적인 발달로 자율적인 판단이 가능한 로봇이 범죄를 저질렀을 경우 누구를 어떤 형식으로 형사처벌할 수 있는지 논란이 될 수 있다. 그 로봇 자체를 형사처벌 할 수 있을지, 그 소유자를 처벌해야 할지, 제조업체를 처벌해야 할지 등이 문제될 수 있다. 기업형사책임과 상당히 다른 논쟁이지만 어떤 면에서는 본질적으로 같은 이슈라고도 평가할 수 있다. 앞으로도 형사법 이론은 이러한 예기치 못한 상황으로부터 계속 도전을 받을 텐데, 바로 이 점이 유연하고 실용적인 차원에서의 접근이 필요한 이유이다.

비중과 역할이 급격히 확장되고 이를 공동체 구성원들이 받아들이는 방식이 독자적인 개성을 가진 독립체로 수용되고 있기 때문에 생길 수 있는 표현이다. 실제로 2000년대 초에 미국에서 실시된 설문에 의하면 기업에 대한 보다 강한 형사처벌에 반대하는 미국인이 불과 6.5%밖에 되지 않는다는 조사 결과도 있다.[43] 심지어 기업형사 변호를 전문으로 하는 변호사들 사이에서도, 현행 미국의 기업형사책임이 너무 광범위해서 제한이 필요하다는 의견이 절대 다수임에도, 기업형사책임의 폐지를 주장하는 비율은 20%에 불과했다고 한다.[44] 결국 사회 공동체 안에서 기업을 범죄의 주체와 형사처벌의 객체로 자연스럽게 수용하고 있다는 반증인데 현재 추세로 볼 때 이러한 경향은 전 세계적으로 가속되면 가속될 것으로 보이지 기업형사책임 인정 이전으로 회귀할 가능성은 전혀 없어 보인다.

바로 이 점 때문에 미국에서도 현재는 기업형사책임 부인론 혹은 무용론보다 제한론이 주류를 이룬다고 생각한다. 사실 판례가 민사상 불법행위의 사용자책임의 근거로 발달된 대위책임이론을 그대로 형사사건에 차용하여 기업형사책임을 인정하였기 때문에 그 인정범위가 지나치게 광범위하다는 비난은 지속적으로 제기되어 왔다.[45] 심지어는 민사상 인정되는 대위책임의 범위보다 기업범죄에서 인정되는 대위책임의 범위가 더 넓다는 비판을 받고 있는 실정이다.[46] 실제로 현재 판례를 통해

---

43) Charles R.P. Pouncy, "Reevaluating Corporate Criminal Responsibility; It's All About Power", 41 Stetson L. Rev. 97, (Fall 2011), p.100.

44) Charles R.P. Pouncy, 앞의 글, p.101.

45) 이러한 비난 및 제한 시도는 기업형사책임 옹호론자들도 많이 제기한다. 대표적으로 Pamela H. Bucy(b), "Corporate Criminal Liability: When Does It Make Sense?", 46 Am. Crim. L. Rev. 1437, (Fall, 2009), p.1440 이하 참조.

46) Andrew Weissmann/ David Newman, 앞의 글, p.433 이하 참조. 저자는 최근에 민사상 대위책임의 제한을 시도했던 여러 판례들이 기업형사책임에도 적용되어야 한다는 취지로 주장한다.

인정되는 미국의 기업형사책임은 말단 하위직 직원의 독자적인 범행에
대해서도 인정되며, 아무리 효과적인 컴플라이언스 프로그램을 운용하
고 있더라도 면책될 수 없기 때문에 사실상 엄격 대위책임(strict vicarious
liability)라고 할 수 있다.[47] 따라서 다양한 형태와 범위의 제한 시도가
이루어지고 있는데, 크게 보면 기업에 책임을 귀속시킬 수 있는 임직원
의 범위를 제한하려는 시도와 컴플라이언스 항변(compliance defense)을
인정하려는 시도로 요약할 수 있다.[48] 우선 전자는 실제 미국의 모범형
법전(the Model Penal Code)에서 취하고 있는 입장인데,[49] 이사회나 고위
관리자(high managerial agent)에 의해 승인, 요청, 지시, 수행되었거나 용
인된 사안에 대해서만 기업형사책임을 인정하는 제한을 두고 있다.[50]
후자인 컴플라이언스 항변을 인정하려는 시도는 실로 무수히 많은 학자
들이 주장하고 있으며,[51] due diligence defense[52]나 good faith affirmative
defense[53] 등 다양한 명칭으로 불리고 있다. 이러한 지속적인 비판에 대
해서 실무 차원에서도 대응이 있었는데, 앞서 설명한 바와 같이 2012년에
DOJ와 SEC가 발간한 FCPA 가이드와 2016년 DOJ가 선보인 Pilot Program[54]

---

47) Cheryl L. Evans, "The Case For More Rational Corporate Criminal Liability: Where Do
    We Go From Here?", 41 Stetson L. Rev. 21, (Fall 2011), p.28 이하 참조.
48) Cheryl L. Evans, 앞의 글, p.33 이하 참조.
49) 2008년 기준으로 적어도 19개 주에서 MPC 모델과 유사한 제한을 채택했다고
    한다. Andrew Weissmann/ Richard Ziegler/ Luke McLoughlin/ Joseph McFadden, 앞
    의 글, p.19.
50) Roland Hefendehl, 앞의 글, 4 Buff. Crim. L. Rev. 283, (2000), p.283; Andrew
    Weissmann/ Richard Ziegler/ Luke McLoughlin/ Joseph McFadden, 앞의 글, p.19.
51) 대표적으로 Charles J. Walsh/ Alissa Pyrich, 앞의 글, p.676 이하 참조; Andrew
    Weissmann/ David Newman, 앞의 글, p.440 이하 참조.
52) Richard S. Gruner/ Louis M. Brown, "Organizational Justice: Recognizing And
    Rewarding The Good Citizen Corporation", 21 J. Corp. L. 731, (1996), pp.764-765.
53) Ellen S. Podgor, "A New Corporate World Mandates A Good Faith Affirmative
    Defense", 44 Am. Crim. L. Rev. 1537, (Fall, 2007), p.1538.
54) https://www.justice.gov/archives/opa/blog-entry/file/838386/download (2018. 1. 15.

등이 그것이다. 즉, 컴플라이언스 항변을 인정하는 명시적인 법문이나 판례는 없지만, DOJ가 기업들에게 어느 정도 예측 가능한 가이드를 제시함과 동시에 기업들에게 컴플라이언스에 따른 보상이나 면책을 실무상 인정해 주는 자체 프로그램을 운영하는 셈이다.[55]

이상에서 살펴본 미국의 기업형사책임을 둘러싼 논쟁은 우리의 그것과 사뭇 다르다. 우리는 무수히 많은 특별법상 양벌규정을 통해 전방위적으로 기업형사책임을 이미 인정하고 있음에도 불구하고 여전히 형법상 범죄에 대해서는 전혀 기업형사책임을 인정하지 않고 있으며, 학계와 실무계 역시 '단체는 범죄의 주체가 될 수 없다'는 도그마에 지대한 영향을 받고 있다. 이러한 현상은 여러모로 기형적이다. 우선 전통적인 도그마에 대한 발전적 논의를 방해한다. 그 도그마를 둘러싼 혹은 이를 극복하기 위한 논쟁이 무색할 만큼 많은 특별법의 양벌규정을 통해 기업형사책임이 다양한 분야에서 수시로 인정되기 때문이다. 한편으로는 뇌물죄와 같이 기업형사책임의 공백이 초래하는 문제점이 큰 범죄에 대해서는 형법상 범죄라는 이유로 기업형사책임의 도입에 상당한 지장을 초래하고 있다. 또한 이미 양벌규정을 통해 도입된 기업형사책임조차도 대다수는 개인에 대한 벌금형 상한과 같은 금액의 벌금형을 부과하는 것에 그쳐서 실질적인 효과도 발휘 할 수 없을 뿐만 아니라 실무상 특별한 고민 없이 기계적인 처리를 초래한다. 우리 양벌규정은 2007년 헌재결정 이후 면책조항이 도입되어 사실상 컴플라이언스 항변권이 법과 판례에 의해 인정되었기 때문에 적어도 이점에서는 미국보다 선진적이라고 볼 수 있음에도 실무상 이 면책조항을 둘러싼 검토나 논쟁은 거의 없다시

최종방문)

55) 심지어 Holder 메모와 같이 기업형사책임 인정을 위한 DOJ 내부기준에 이미 도덕적 비난가능성을 염두에 둔 요소들이 반영되어 있다고 지적하는 글도 있다. Lucian E. Dervan, "Reevaluating Corporate Criminal Liability: The DOJ's Internal Moral-Culpability Standard For Corporate Criminal Liability", 41 Stetson L. Rev. 7, (Fall 2011), p.12 이하 참조.

피 한 지경에 처해있다. 따라서 이를 통한 컴플라이언스 수립 나아가 기업문화 개선 등의 효과를 기대하기는 무리인 상황이다.

하지만, 미국은 비록 이론적인 정당화 작업을 거치지 않고 판례에 의해 광범위한 기업형사책임을 인정하여 여러 논쟁을 촉발하고 문제점도 노정하고 있지만, 100여 년의 시간이 지나는 동안 실무상 확고한 자리를 잡았을 뿐만 아니라 학계와 실무계 사이의 활발한 소통과 상호작용을 통해 이론적 논쟁도 심오해지고 실무적 아이디어도 풍성해졌다고 할 수 있다. 나아가 1980년대 일련의 개혁입법을 한 입법부, 법인에 대한 양형기준을 마련한 사법부, 법인에 대한 수사 및 기소 기준을 마련한 법무부 등의 노력을 바탕으로 21세기에는 기업형사책임의 정수를 직접 구현하고 있다. 이러한 미국의 실험과 시도가 모든 면에서 옳거나 문제가 없는 것은 아니지만, 적어도 최근 현실에서 분명한 점은 미국 기업을 넘어서 세계의 기업들의 행동 양식에 변화를 초래하고 있으며, 영국, 프랑스, 독일 등 다른 나라의 법과 실무에 영향을 미치고 있다는 사실이다. 영국 뇌물법 제정과 DPA 도입에 영향을 주었으며, 프랑스의 사팽II로 불리는 최근 반부패법상 컴플라이언스 수립 의무 부과와 프랑스판 DPA 도입에도 영향을 미쳤고, 독일의 단체형법안 제정 움직임에도 영향을 미치고 있다.

하지만, 이들 국가들이 단순히 미국의 영향 때문에 이러한 움직임을 보이는 것은 아니고 모두 기업 범죄의 심각성과 기업형사책임의 필요성을 나름대로 절감하고 있기 때문에 자신들의 법과 실무 환경에 맞춰 변화를 꾀하는 과정에서 미국 모델을 참고하고 있을 뿐이다. 즉, 영국의 경우 산업혁명 이후 기업에 의한 법익침해 현상이 증가하자 이를 규제하여 시민을 보호하기 위한 필요성으로 기업의 범죄능력을 인정하기 시작하였다. 산업혁명 이후 기업형사책임에 대한 필요성을 수용하는 실용적인 태도전환이 불가피하다고 판단하였기 때문이다. 원칙 또는 도그마가 현실에 양보하게 된 셈인데, 그 때부터 기업형사책임의 인정 여부에 대한 논의가 해소되고 어떤 방식으로 인정할 지에 대한 논의만 남게 되었다고 한다.[56] 특히 뇌물법 분야에서 미국 FCPA의 영향을 받아 2010년 제정된 영국 뇌물법은 기업형사책임을 단순히 인정하는 수준을 넘어서 뇌물방지실패죄라는 독특한 기업범죄를 신설하는 파격까지 시도하였다. 동법 제7조상의 뇌물방지실패죄는 자연인의 범죄와 처벌을 전제하지 않은 상태에서 바로 기업형사책임을 부과할 수 있는 획기적인 형태의 기업범죄 신설이라고 할 수 있다. 기존 영국에서 기업형사책임을 뒷받침하던 대위책임 이론이나 동일시 이론과는 완전히 다른 형태의 기업범죄를 법으로 신설한 셈이다. 그리고 이 범죄의 유일한 면책 사유로서 '적절한 조치' 항변은 사실상 기업들로 하여금 효과적인 컴플라이언스 프로그램을 구축하도록 유도하려는 영국 나름대로의 새로운 시도라고 평가할 수 있다.

또한 기업형사책임은 영미법계 국가에서만 인정되는 것이 아님은 이미 살펴보았다. 대륙법계 국가이면서도 프랑스와 스위스는 법인의 범죄능력을 인정하면서 형법전에 정면으로 법인(또는 기업)의 형사책임에 관한 근거규정을 두고 있다. 프랑스와 스위스의 형법은 구체적인 규정 형식은 서로 다르지만 각자 나름대로 법인의 정의, 행위자의 범위, 개별적인 범죄유형, 그리고 법인에 대한 다양한 형사제재 등에 대해 구체적으로 규정하고 있다. 프랑스나 스위스와 같이 대륙법계 국가들에서도 증가하는 기업범죄에 대한 형사법적 규제의 필요성 역시 증가하였을 뿐만 아니라, 오늘날 경제활동의 주체로서 법률행위를 하고 있는 기업은 자연인과는 다른 고유의 특수한 성질이 있다는 사실을 직시하여 형법전에 기업형사책임을 정면으로 도입하였다고 할 수 있다. 나아가 프랑스의 경우 뇌물공여죄에 대한 기업형사책임은 상당히 중할 뿐만 아니라 형사제재의 내용도 다양하다는 사실을 알 수 있었다. 특히 프랑스에서 최근

---

56) Markus D. Dubber, 앞의 글, p.224.

에 제정된 반부패법은 매우 흥미로운 내용을 담고 있는데, 일정 규모의 기업에게 컴플라이언스 수립을 의무화한다거나 범죄를 저지른 기업에게 컴플라이언스 수립을 형사제재의 일환으로 부과할 수 있도록 개정한 내용은 눈길을 끄는 대목이다. 이제는 전세계적으로는 기업형사책임의 인정 여부의 논의보다는 엄중한 기업형사책임을 전제로 기업의 자율적인 사전 예방 시스템, 즉 컴플라이언스 시스템 구축을 유도하는 쪽의 논의로 넘어가는 추세임을 여실히 보여주는 사례이다.

한편 대표적인 대륙법계 국가인 독일은 여전히 기업형사책임을 부정하는 입장이다. 하지만, 앞서 살펴 본 바와 같이 질서위반법(OWiG)을 통해서 기업형사책임의 공백을 상당 부분 커버하고 있다. 즉, 여전히 기업은 범죄의 주체가 될 수 없다는 도그마의 영향으로 기업'형사'책임은 인정할 수 없지만, 기업처벌의 필요성마저도 부정할 수는 없어서, 외관상 행정벌의 형태로 기업책임은 인정하고 있다. 사실 금전적 제재라는 측면에서 행정벌인지 형사벌인지 여부가 기업에게 큰 차이가 있지 않으며, 질서위반금의 규모도 범죄로 얻은 이익을 상쇄시킬 수 있을 정도여서 상당히 위력적인 제재이다. 지멘스 사건에서 보았듯이 해외뇌물죄에 대한 질서위반금으로 6억 유로 상당의 부과가 가능하다는 점은 우리에게 시사하는 바가 크다. 더구나 질서위반법을 통해 이와 같이 기업형사책임의 공백을 상당히 커버하고 있음에도 단체형법안을 통한 전면적인 기업형사책임 도입 시도가 왕성하다는 사실 또한 우리가 음미할 대목이라고 아니 할 수 없다.

이렇듯 우리 형사법제의 모델이 되었거나 영향을 준 서구 선진국들은 모두 진작 기업형사책임을 도입하였거나 그 대체수단을 강구하고 있음에도 정작 우리는 법인은 범죄의 주체가 될 수 없다는 도그마에 여전히 사로잡혀 논의의 진척은 보지 못한 채 뇌물죄와 같이 형법상 주요 범죄에 대한 기업형사책임의 부재 상태를 오늘날까지 이어 온 점은 필자로서는 참으로 안타까울 뿐만 아니라 의아하기까지 하다.

4. 기업 뇌물의 주체는 기업

앞에서 우리 형법상 뇌물공여죄의 기업형사책임 부재가 비교법적으로도 후진적이며, 우리 법체계 안에서도 많은 문제점과 모순을 초래함을 살펴보았다. 하지만 단순히 추세에 뒤처지고, 다른 법들과 균형이 맞지 않는다고 하더라도 그 자체가 형법상 뇌물공여죄에 기업형사책임을 도입해야 할 직접적인 이유까지 설명해 주거나 이론적 근거까지 제시하는 것은 아니다. 그렇다면 우리 형법상 뇌물공여죄에 기업형사책임이 필요한 적극적인 이유나 이론적 근거는 무엇일까. 이 논의에는 형사정책상의 논의도 포함되겠지만, 이 부분은 나중에 살펴보도록 하고, 여기서는 보다 직접적으로 소위 기업 뇌물에서 범죄의 주체를 누구로 보는 것이 타당한지에 대한 의문을 정면으로 다뤄보도록 하자. 과연 기업 뇌물에서 개인에 대한 처벌만으로 그 범죄의 성격과 내용을 제대로 평가하고 상응하는 책임을 지우는 것이 가능한지, 나아가 기업 뇌물의 성격에 비추어 볼 때 오히려 범죄의 주체를 기업으로 보는 것이 이론적으로도 보다 타당한 것이 아닌지 하는 다소 도발적인 문제제기를 해 보도록 하겠다.[57]

앞서 언급한 바와 같이 입법론이 아닌 현재 우리 법을 전제로 한 입법태도를 분석해 보면, 원칙적으로 법인의 범죄능력을 부정하여 형법상에는 전혀 기업형사책임을 인정하지 않지만 특별법상으로는 양벌규정의 형태로 기업형사책임을 도입하여 일정한 경우 법인의 형벌능력을 인정하고 있다. 따라서 국내뇌물죄에 효율적으로 대응하기 위한 필요성과 행정상 목적, 그리고 입법자의 결단 등만 있으면 특별법을 통해 양벌규

---

57) 비슷한 시각의 영문 글로는 Erin Sheley, 앞의 글, p.246 이하 참조. 저자는 일반론으로서 기업형사책임을 옹호하기도 하지만, 특히 기업 뇌물에 있어서는 구조적으로 사회에 끼치는 해악이 개인이 끼치는 해악과 차원이 다르며 기업 자체에 그 책임을 물어야만 할 고유의 필요성이 있다고 역설한다.

정의 형태로 뇌물공여죄에 기업형사책임을 도입하는 것이 가능하다. 따라서 단순히 양벌규정의 형태로 기업형사책임을 도입하기 위해서는 형사정책상의 필요성을 부각하여도 충분할지 모른다. 그럼에도 불구하고 필자가 위와 같이 다소 도발적인 문제제기를 하는 이유는 기업 뇌물의 경우 개인의 범죄행위로 보아서 개인에 대한 처벌만 하기에는 그 범죄의 성격과 내용상 법적 평가가 온전할 수 없는 구조적인 문제가 있다고 판단하기 때문이다. 그리고 그 이유를 음미하면 할수록 기업 뇌물의 경우 범죄 주체를 개인이 아니라 기업 그 자체로 보아야만 이론적으로도 타당하며, 제대로 된 법적 평가도 가능할 수 있다는 결론에 이르게 되었다.58) 이하에서는 기업 뇌물의 성격과 특징부터 살펴 본 후 과연 기업 뇌물의 경우 범죄의 주체를 누구로 보는 것이 타당한지 검토해 보도록 하겠다.

우선 기업 뇌물의 경우 사실상 그 뇌물로 얻는 이익이나 혜택이 귀속되는 주체는 기업 자체이다. 예컨대, 뇌물을 제공하고 관급계약을 체결하는 경우, 뇌물을 주고 국책사업의 인허가를 받는 경우 등에서 그 뇌물로 얻은 이익은 뇌물공여 행위를 한 임직원 개인이 아니라 그 임직원이 속한 기업에 귀속된다. 관급계약의 당사자가 바로 기업이고, 인허가를 받는 주체 역시 기업이기 때문이다. 물론 그로 인해 당해 임직원의 실적이 좋아져서 성과급이 올라가거나 승진을 하는 경우도 생길 수 있지만 이렇게 개인에게 돌아가는 혜택은 어디까지나 간접적이고 부수적인 혜택일 뿐이다. 더구나 액수면에서 기업에게 귀속되는 뇌물로 얻은 이익에 비할 바가 못 된다.

또한 기업 뇌물의 경우 뇌물 자체의 자금원도 기업의 자금에서 나오는 경우가 대부분이다. 뇌물로 얻는 이익이 기업에 귀속되는 상황에서 임직원 개인이 뇌물 자금을 개인 돈으로 충당할 이유도 없을 뿐 아니라

---

58) 기업범죄 일반론 차원에서 같은 취지의 글로는 권수진, 앞의 글, p.21 이하; 이천현/윤지영/임정호, 앞의 글, p.19 이하 참조.

통상 기업 뇌물의 경우 뇌물 액수가 수천만 원에서 수억 원에 이르는 경우도 흔하여 이 정도 가액의 뇌물을 임직원 개인 자금으로 부담한다는 것은 현실성이 없기 때문이다. 오히려 우리나라의 현실에서는 술이나 식사 접대, 골프 접대 등의 일반 접대의 경우에도 법인 접대비에서 충당하는 것이 일반적이다.

나아가 기업 뇌물에서는 뇌물제공에 대한 의사 결정이 기업 차원에서 이루어지는 경우가 많다. 예컨대, 음주운전 단속에 걸린 개인이 단속 경찰공무원에게 뇌물을 제공하는 개인 뇌물공여 사건에서는 뇌물제공에 대한 의사 결정에서부터 실행에 이르기까지 그 개인이 모두 다 하지만, 기업 뇌물의 경우에는 전 과정 중 일부만 부분적으로 관여하는 개인이 여러 명이 있을 수 있고, 의사결정 과정에서조차 지휘 및 보고라인을 따라 관여하는 내부자들이 여러 단계에 걸쳐 있을 수 있다. 심지어는 실제 행위를 한 임직원은 그 의사 결정에 반대하였음에도 불구하고 기업 차원의 결정이기 때문에 여러 가지 이유로(예컨대, 승진에서 누락되지 않으려고, 혹은 직장에서 잘릴까봐 두려워서, 혹은 맹목적인 충성심 때문에 등등) 뇌물공여 행위에 나아가는 경우도 충분히 가능하다. 따라서 이 경우 공무원을 상대로 청탁을 하거나 공무원에게 금품을 전달하는 행위 등 대외적인 행위를 한 임직원은 개인의 의사와 상관없이 기업의 지시에 따른 것일 뿐이고 실제 뇌물공여의 의사결정은 따로 기업 차원에서 이루어 질 수도 있다. 물론 이 경우 그와 같은 의사결정 역시 개인이 한 행위이고, 그런 의사 결정을 한 개인들과 실제 행위를 한 개인들 모두 공범이론에 의해 처벌될 수 있다. 하지만 실제 수사과정에서 내부관여자를 모두 색출하는 것이 어려울 수도 있으며, 어떤 경우에는 딱히 특정 개인을 지목할 수 없는 경우도 상정할 수 있다.[59] 예컨대, 누구도 명시

---

59) 이런 차원에서 기업 자체에 대한 처벌의 필요성을 언급한 미국 판례로는 United States v. Hilton Hotels Corp. 467 F.2d 1000 (9th Cir. 1972). 이 사건은 Sherman Act 위반 사건인데, 이 판결에서 미 연방법원은 복잡한 사업 구조, 분

적으로 뇌물을 제공해서라도 관급계약을 따내라고 지시하거나 결정하지 않았지만, 그 기업의 문화 혹은 당시 분위기가 그렇게 하라고 사실상 강요하거나 독려하는 상황도 얼마든지 있기 때문이다. 평소 수단과 방법을 가리지 않고 심지어 뇌물을 제공해서라도 실적을 올리면 인정받고 보상이 따르는 기업 문화 하에서는 이런 상황을 쉽게 상정할 수 있다. 이런 경우 아무리 윤리의식이 투철한 개인이라고 하더라도 이런 분위기에서 혼자의 힘으로 거스르거나 버티기는 힘들 수 있다. 따라서 이런 경우 뇌물공여의 의사결정은 사실상 그 기업 스스로가 한 것으로 평가할 수 있다.

이상에서 살펴 본 바와 같이 기업 뇌물에서는 뇌물로 얻은 이익도 기업에게 귀속되고, 뇌물의 자금원도 기업 자금이며, 뇌물공여의 의사결정도 사실상 기업차원에서 이루어지는 경우가 많아서, 실제 행위자인 직원 개인은 기업을 위해 뇌물공여죄를 대신 범한 것과 같은 형식을 띠게 된다. 즉, 마치 타인을 위해 혹은 타인을 대신하여 뇌물공여죄를 범한 경우와 비슷한 형태가 된다. 예컨대, A가 B의 부탁 혹은 지시를 받고 B를 위해서 B의 자금으로 뇌물을 제공하였고, 그 뇌물의 이익도 B가 얻는 경우와 비슷하다. 이 때 우리 형법상으로는 A와 B 모두 공범으로 처벌 받을 수 있으나 사실상 B가 정범으로서의 지표를 더 많이 갖고 있다고 보아 예컨대 직무관련성 등도 B를 기준으로 판단한다. 이렇게 볼 때 기업 뇌물의 경우 실제 행위자인 임직원 개인과 기업 사이의 관계를 위 사례의 A와 B의 관계로 대입시켜 볼 수 있는데, 문제는 기업 뇌물의 경우 정작 기업은 처벌을 받지 않는다는 점이다.[60] 물론 기업 뇌물의 경우 실제

업화, 권한의 위임 등의 특징으로 인해 실제 위반행위를 한 개인을 특정하여 처벌하는 것이 어렵기 때문에 기업에 대한 처벌이 보다 적정하고 효과적이라는 취지로 설시하고 있다.

[60] 예컨대, 구성요건 자체에서 특정한 자격 내지 신분을 가진 법인만이 처벌의 대상이 된다고 규정한 경우 실제 행위를 한 자연인 처벌의 근거에 대한 논의가 많이 이루어진다(예컨대 김재봉(b), "법인을 위한 행위와 행위자처벌의 근거",

행위를 한 임직원 개인이 기업 소속이기 때문에 그 개인 입장에서 기업이 완전한 타인이 아니라고 반박할 수 있다. 하지만 예컨대, 실제 행위를 한 개인이 그 기업 소속 직원이 아닌 제3자인 경우도 얼마든지 생각해 볼 수 있다. 즉, 당해 기업의 임직원이 직접 뇌물공여 행위를 하는 것이 아니라 하청업체 혹은 대리점 등 중개자를 통해 뇌물을 제공하는 것도 얼마든지 가능하다. 이 경우에도 하청업체나 대리점 등 중개자는 부탁받은 기업을 위해 뇌물공여행위를 대리해 주는 것일 뿐 실제 뇌물공여죄의 정범은 그 기업이라고 할 수 있다. 즉, 기업 뇌물의 경우 그 기업을 뇌물공여죄의 정범으로 보아야만 그 행위의 법적 성격이나 평가가 온전해 질 수 있는데, 정작 기업 자체는 형사처벌을 받지 않게 되니 논리적인 오류가 생기게 된다.

이러한 문제점은 다음과 같이 치환해서 살펴 볼 수도 있다. 즉, 기업 뇌물의 경우 개인에 대한 처벌만으로는 그 법적 평가를 온전히 담을 수 없다.[61] 우선 뇌물로 얻는 이익은 기업에 귀속되기 때문에 실제 행위자인 개인에게 그에 걸맞은 형벌을 부과하는 것이 쉽지 않다. 또한 기업 뇌물의 경우 그 뇌물로 얻은 이익 혹은 뇌물로 인해 초래할 수 있는 해악은 개인 뇌물 사건의 그것과 차원이 다르다. 예컨대, 방산비리 사건과 같이 천문학적인 액수의 군수 계약에서 발생하는 뇌물사건의 경우 뇌물 액수도 거액의 뇌물이 오가지만 그 뇌물을 통해 방산업체가 취하는 경제적 이익은 뇌물 자체와 비교할 수 없을 만큼 훨씬 더 큰 금액이다. 그

법학연구 통권 제42집, 전북대학교 법학연구소, (2014. 9.), p.29 이하 참조). 물론 뇌물공여죄가 구성요건상 이런 제한이 있는 범죄는 아니지만, 기업 뇌물의 경우 그 속성상 뇌물 제공을 하지 말라는 법의 명령(혹은 거래 상대방의 요구)의 대상자는 기업 자체이다. 뇌물과 관련된 거래의 당사자 혹은 행정처분의 대상자가 기업이기 때문이다. 따라서 형사처벌에서도 기업이 주가 되고(직무관련성이나 범죄수익도 기업을 기준으로 판단하고), 기업을 위해 행위 한 개인 처벌의 근거와 수위를 따로 판단하는 구조도 가능하다고 생각한다.

61) 같은 취지로는 이천현/윤지영/임정호, 앞의 글, p.21 참조.

리고 이는 곧바로 그 만큼의 국고손실을 의미한다. 이런 뇌물 사건에서 개인에게만 책임을 묻기에 한계가 있음은 자명하다. 일단 형법상 뇌물 공여죄의 벌금형 상한은 2천만 원에 불과할 뿐만 아니라 뇌물로 얻은 이익의 귀속자가 기업인 상황에서 해당 직원에게 무턱대고 높은 선고형을 부과할 수도 없기 때문이다. 이러한 문제점은 기업형사책임을 도입하지 않고 단순히 뇌물공여죄의 벌금형 상한을 높이거나 뇌물로 얻은 이익과 연동시킨다고 하더라도 해소될 수 없다. 왜냐하면 개인의 경우 그와 같은 거액의 뇌물로 얻은 이익을 토해낼 수 있는 자력이 없는 경우가 많을 것이기 때문이다.

나아가 기업 뇌물의 경우에 개인인 뇌물공여자가 그 뇌물로 얻은 이익 혹은 뇌물로 가한 손해[62]에 대해 충분히 인식하지 못할 수도 있다. 즉, 납품하는 물건에 대한 품질 검사에 대해 너무 까다롭게 하지 말아달라는 부탁과 함께 뇌물을 제공한 영업부 직원이 실제 자사 제품의 품질에 대해 제대로 인식하지 못하고 있을 가능성은 충분히 있다. 예컨대, 영업부 직원은 단순히 지나치게 까다로운 납품 기준을 맞추기에는 제조 원가가 너무 올라가기 때문에 제조 원가를 낮추기 위해 납품 기준을 조금 하회하는 부품을 사용하였다고 알고 있었는데, 알고 보니 제조 파트에서 심각한 안전사고를 야기할 수도 있는 불량품을 사용한 경우이다. 이 경우 뇌물공여죄로 처벌 받을 영업부 직원은 뇌물제공행위 자체에 대해 책임을 지는 것은 당연하다고 여기겠지만, 자신의 뇌물제공행위로 초래할 위험에 대해서는 사실상 제대로 인식하지 못하고 있었기 때문에 그 부분까지 책임을 지우는 것은 부당하다고 생각할 수 있다. 그렇다고 뇌물제공행위 자체에 대해서 알지 못하는 제조파트의 직원에 대해 법상

---

62) 뇌물죄, 특히 기업 뇌물의 경우 그 해악의 예상치 못한 파급으로 인해 직간접적으로 다양한 피해자를 양산할 수 있다는 점이 구조적인 특징이라고 한다. Erin Sheley, 앞의 글, p.250. 특히 이 글에서는 한국의 삼풍백화점 붕괴사고를 이와 같은 사례의 하나로 들고 있다.

다른 책임은 별론으로 하더라도 뇌물공여죄로 처벌할 수는 없는 노릇이
다. 이런 경우 해당 뇌물제공행위의 의미와 효과에 대해 제대로 인식하
고 있는 유일한 존재는 기업이며 이에 대한 형사적 평가를 받을 객체도
해당 기업이라고 할 수 있다. 분업의 원리에 의해 운영되는 기업이 대외
적인 경제활동이나 법률행위에서 하나의 법적 인간으로 총체적인 평가
를 받고 그 행위의 효과도 기업 자체에 귀속되는 것처럼, 불법행위 나아
가 범죄행위에서도 기업 자체가 평가를 받고 처벌을 받아야 그 범죄행
위에 대한 제대로 된 책임 귀속이 가능할 수 있다.[63]

이상에서 살펴 본 바와 같이 기업 뇌물의 경우 그 특징과 성격으로
인해 개인에 대한 처벌만으로는 그 법적 평가가 온전해 질 수 없으며,
범죄의 주체를 개인이 아닌 기업 자체로 보아야만 논리적으로도 제대로
된 이해와 평가가 가능할 수 있다고 생각한다. 물론 위에서 살펴 본 내
용 중에 많은 부분은 비단 기업 뇌물에 국한되지 않고 다른 기업범죄에
도 그대로 적용될 수 있는 것들이다. 다만 대표적인 기업범죄 유형인 기
업 뇌물을 통해서 기업범죄에 대한 성격과 특징을 잘 살펴 볼 수 있으
며, 기업범죄에 대한 정책적 처벌 필요성 외에도 이론적이고 논리적인
차원에서의 범죄주체성 인정 필요성까지도 부각시킬 수 있음을 시도해
보았다.[64]

---

63) 이런 측면에서 미국 판례에 의해 발전된 "집단인식 이론(collective knowledge
doctrine)"도 음미해 볼 필요가 있다. 이 이론은 최초 US v. Bank of New England,
821 F.2d 844, 856 (1987) 사건에서 인정되었는데, 비록 기업 안에서 범행에 관여
된 직원들 개개인 중에는 범행 전체에 대한 인식이나 고의가 있는 사람이 없
다고 하더라도 관여된 개인들의 인식과 의사의 집합체 차원에서 볼 때 범죄의
주관적 요소를 충족할 수 있고, 그 인식과 의사의 집합체는 기업에 귀속할 수
있기 때문에 기업형사책임을 인정할 수 있다는 이론이다. 이에 의하면 범행에
관여된 개개인은 범행 전체에 대한 주관적 요건을 충족시킬 수 없어 처벌할
수 없다고 하더라도 기업 자체는 처벌 할 수 있게 된다. Preet Bharara, 앞의 글,
p.63 이하; 김호기/김택수/최준혁, 앞의 글, pp.29-30.
64) 미국에서도 기업범죄 중에 특히 뇌물죄에 있어서는 특별히 기업형사책임을 반

5. 형사정책상 문제점

여기서는 뇌물공여죄에 기업형사책임이 없는 경우 발생할 수 있는 여러 문제점 중에 형사정책적 차원의 문제점을 살펴보도록 하자. 결국 형사정책적 관점에서 살펴 본 기업 처벌의 필요성도 상당하기 때문이다.

첫째, 기업 뇌물 사건에서 기업형사책임이 없을 경우 범죄 억지력을 기대할 수 없다.[65] 통상 법경제학적 관점에서 보면, 범죄자가 범죄로 얻을 이익, 범죄가 발각되어 처벌 받을 확률, 범죄로 인해 부과될 금전적 제재 액수(벌금) 등을 고려하여 범죄로 나아갈지 여부를 결정하게 된다.[66] 일반적으로 벌금이 범죄로 얻은 이익보다 커야 억지력이 있는데, 모든 범죄가 다 발각되는 것은 아니므로 발각될 확률까지 감안했을 때의 벌금이 범죄로 얻은 이익보다 커야만 억지력이 발휘될 수 있다. 만약 뇌물로 얻을 수 있는 이익이 1억 원이고, 발각될 확률이 0.5라고 한다면 최소한 벌금이 2억 원을 초과하여야 억지력을 기대할 수 있다.[67] 하지만, 형법상 뇌물공여죄에는 기업형사책임이 전혀 인정되지 않기 때문에 이러한 분석이 완전히 무의미하다. 오히려 현 상황에서는 기업이 순전히 경

대할 근거가 미약하다는 주장이 있다. Robert E. Wagner, 앞의 글, p.225 참조. 이에 의하면 뇌물죄의 경우 민사책임이 형사책임 보다 더 낫다는 주장을 하기도 어렵고 환경 등과 달리 뇌물을 전담하는 행정부처도 상정하기 어렵다고 한다. 이런 주장은 우리나라에서도 타당하고 생각한다. 뇌물 범죄는 수사기관조차 밝히기 어려운 범죄라 행정부처에서 이를 다루기 쉽지 않을 뿐만 아니라 과징금 등 행정제재를 전담할 부처를 정하기도 쉽지 않다.

65) 이천현/윤지영/임정호, 앞의 글, p.21.
66) 경제학적 관점에서 최적의 형사제재 산정 방식에 대한 자세한 설명은 Richard A. Posner, "An Economic Theory Of The Criminal Law", 85 Colum. L. Rev. 1193, (October, 1985), p.1205 이하 참조. 범죄로 얻은 이익 대신에 범죄로 인한 손해를 기준으로 optimal penalty를 산정하는 방식에 대한 자세한 설명은 Jeffrey S. Parker, 앞의 글, p.551 이하 참조.
67) 이런 맥락에서 제재와 기업범죄간의 법경제학적 분석에 대한 자세한 설명은 이정민(b), 앞의 글, p.61 이하 참조.

제적인 차원에서 '합리적(?)'으로 행동을 할 경우 뇌물을 제공하지 않을 이유가 없다. 뇌물공여 행위가 발각되더라도 이로 인한 금전적 제재가 전혀 없기 때문이다. 뇌물제공으로 혜택을 받는 기업이 오히려 처벌을 받지 않을 뿐만 아니라 뇌물로 얻은 이익을 박탈당할 위험도 없다면 경제적인 계산만 할 경우 기업이 뇌물죄를 저지르지 않을 이유가 없다.[68]

특히 우리나라에서는 기업의 뇌물공여 행위에 대해서 벌금과 같은 형사적 제재만 없는 것이 아니라 과징금이나 과태료와 같은 행정적 제재도 거의 없다. 또 뇌물공여자의 범죄수익을 박탈하기도 어려운 현실이다. 기업이 제재 차원에서 고려해야 할 부분은 실제 행위를 한 임직원 개인에 대한 형사제재만 고려하면 된다. 따라서 충성심 강한 임직원 개인이 있고, 만에 하나 걸렸을 때 이 임직원 개인에 대한 여러 형태의 지원 및 보상만 담보된다고 하면(물론, 뇌물로 얻는 이익이 이러한 지원 및 보상보다는 비교할 수 없을 만큼 큰 경우가 대다수일 것이다), 기업에게 뇌물공여 범죄를 저지를 유인은 얼마든지 충분하다고 할 수 있다. 실제로 사후에 적발되어 해당 직원이 처벌을 받는 경우 기업 차원에서 경제적인 지원 내지 보전 조치를 해주거나 복역을 마친 후에 오히려 보은인사 차원에서 재취업 내지 승진을 시켜 주는 경우도 허다하다.[69]

오늘날 뇌물 사건 중에 사회적, 경제적 차원에서 중요하고 심각한 사건들은 대부분 기업 뇌물(corporate bribery) 사건이다. 물론 음주단속에 걸린 운전자가 교통경찰에게 촌지를 준다거나, 불법 노점상을 운영하는 상인이 단속 공무원에게 유사 세금 성격의 뇌물을 주는 사건도 여전히

---

68) John Hogarth, "Bribery Of Officials In Pursuit Of Corporate Aims", 6 Crim. L. F. 557, (1995), p.572; Richard A. Posner, 앞의 글, p.1228-1229.

69) 이와 같은 보은인사 문화를 생각하기 어려운 미국조차도, 만약 기업형사책임을 인정하지 않는다면 기업들이 마땅히 기업에게 귀속되어야 할 문제가 생겼을 때 단순히 감옥에 갈 담당 임원을 선정해서 희생양으로 삼으면 그만이라는 풍토가 생길 수 있다는 지적이 있으며, 바로 이런 인식이 앞서 살펴 본 톰슨 메모의 탄생 배경이기도 하다. Christopher A. Wray/ Robert K. Hur, 앞의 글, p.1099.

있기는 하지만, 기업 뇌물 사건에 비하면 사회적 중요도나 경제적 심각성이 훨씬 떨어진다. 수백억 혹은 수천억 원의 국민 혈세가 낭비될 수도 있는 방산 비리나 황금알을 낳는 신규 국책 사업의 인허가를 따기 위한 기업 뇌물 사건 등을 떠올리면 쉽게 이해할 수 있다. 하지만, 이러한 기업 뇌물 사건에서 정작 기업형사책임이 없어서 형사제재를 통한 억지력을 전혀 담보하지 못하는 현행 법제도는 형사정책적 차원에서 심각한 문제가 아닐 수 없다.

둘째, 기업 스스로 자율적인 사전 예방 시스템을 구축할 유인이 없다. 요즘 다국적 기업들 사이에서는 반부패 컴플라이언스 구축은 유행을 넘어서서 반드시 이행해야 하는 의무로 인식하고 있다. 이는 미국을 비롯하여 여러 국가에서 국내뇌물죄 뿐만 아니라 해외뇌물죄에 대해서도 적극적인 법집행을 하고 있으며, 나아가 세계 각 국에서 기업형사책임의 내용과 강도가 점점 더 세지고 있기 때문이다. 따라서 기업 입장에서는 사후에 가혹한 기업형사책임을 부담하는 것보다 사전에 예방 시스템을 구축하는 것이 훨씬 경제적인 선택이라고 판단한다. 또한 이러한 반부패 컴플라이언스의 구축 및 철저한 시행은 향후 본의 아니게 문제가 발생하였을 경우에도 기업형사책임을 완화 내지 면제할 수 있는 유일한 수단이라는 인식이 점점 늘어나고 있다. 앞서 비교법적 고찰에서 살펴보았듯이 선진 각국이 명시적인 컴플라이언스 항변(compliance defense)을 인정하는지 여부와 상관없이 적어도 이러한 반부패 컴플라이언스의 수립 및 시행이 어떤 형태로든 형의 감면 사유로 작동하는 것은 공통적인 현상이기 때문이다.

하지만, 이러한 사전 예방 시스템은 철저하고 엄중한 기업형사책임이 전제되어야만 그 유인이 생긴다고 할 수 있다. 반부패 컴플라이언스 프로그램은 이를 수립하고 시행하는데 그 자체로 많은 물적 인적 자원이 필요할 뿐만 아니라 비용도 많이 들어가는 시스템이기 때문이다. 특히 요즘은 반부패 컴플라이언스 프로그램의 내용도 단순히 윤리강령이나 반부패 내부규정 제정, 직원 교육 등이 전부였던 과거와 달리 전방위적인 위험평가(risk assessment), 거래처나 agent에 대한 실사(due diligence), 효과적인 내부 회계통제 시스템 구축 등의 다양하고 복잡한 내용을 담는 방향으로 진화하고 있어서 소요되는 자원도 많을 뿐만 아니라 많은 비용도 요구하고 있다. 또한 paper compliance나 cosmetic compliance 등과 같이 대외적으로 보여주기용 컴플라이언스 프로그램으로는 실질적인 형의 감면 사유로 기능할 수 없기 때문에 기업 입장에서는 비용이 들더라도 철저하고 효과적인 반부패 컴플라이언스를 구축할 수밖에 없는 상황이다. 그런데, 만약 우리나라 형법상 뇌물공여죄와 같이 그 전제가 되는 기업형사책임이 전혀 없다면, 이렇듯 많은 물적 인적 자원이 소요되고, 막대한 비용이 드는 반부패 컴플라이언스 프로그램을 구축하거나 유지할 이유가 없다. 실제로 뇌물 사건으로 걸렸을 때 해당 기업이 이런 프로그램을 구비하고 시행한다고 해서 그렇지 않은 다른 기업들에 비해 전혀 혜택을 보지 못하는 셈인데, 어떤 경우이든 기업 차원의 형사책임은 없기 때문이다. 오히려 순전히 경제적인 관점에서만 본다면 이런 사전 예방시스템을 구축·운영하는 기업이 여러 가지 측면에서 손해라고 할 수 있다. 예방시스템 자체로 비용이 훨씬 많이 소요될 뿐만 아니라, 만약 예방 시스템이 잘 작동된다면, 뇌물을 제공하는 다른 기업 보다 경쟁력에서 밀릴 것이기 때문이다. 나아가 이런 현상이 기업 문화 차원이나 사회 전반적인 윤리 차원에서 초래할 악영향은, 비록 측정하기는 힘들겠지만, 또 다른 형태의 사회적 손실(social loss)임에는 분명하다.

셋째, 사후적으로 기업의 자발적 신고나 수사 협조를 기대할 수 없다. 요즘 다국적 기업들은 앞서 언급한 사전 예방시스템으로서 반부패 컴플라이언스를 구축하는 것에서 그치지 않고, 만약 이를 통해 이상 징후(red flag)를 발견하였을 경우 적극적인 기업 내부조사(internal investigation)를 실시해서 사안의 실체를 파악한 후 이를 검찰 등 당국에 자발적 신고(voluntary disclosure)하고 수사에 협조하는 경우가 많이 있다. 이렇게 하는 이유는 매우 복합적인데, 그 중 하나는 아무래도 효과적인 반부패 컴플라이언스가 작동하고 있다는 점을 보여 줌으로써 형의 감면을 받을 수 있는 장점이 있기 때문이다. 만약 내부고발자나 언론 등을 통해 수사당국이 당해 부패행위를 알게 되었을 경우 그 자체도 문제이지만, 기업이 사전에 이런 문제점을 알고 있었음에도 불구하고 합리적인 사후 조치를 강구하지 않았다는 사실이 덧붙여질 경우 기업 입장에서 아무리 효과적인 반부패 컴플라이언스를 운영하고 있다고 강변해 봐야 형의 감면 사유로 인정받기는 어려울 것이다. 실제 미국 FCPA 사건 중에 상당수는 DOJ나 SEC가 사전에 전혀 알지도 못하고 있는 상태에서 기업들이 먼저 내부조사 결과를 이들 당국에 자발적으로 신고하여 시작되는 경우이다. 우리 식으로 보면 일종의 자수 감면과 유사하다고 할 수 있는데, 기업형사책임이 전제 되지 않을 경우 이런 실무 관행이 생길 수가 없는 것은 당연하다. 기업 입장에서는 뇌물제공 행위에 실제 임직원 개인의 형사책임 외에 기업 독자적인 형사책임이 전제되어야만 이러한 자발적 신고 및 수사 협조를 할 유인이 발생하기 때문이다.

실제로 이러한 실무 관행을 자세히 뜯어보면 임직원 개인에 대한 형사책임과 별도로 기업 자체에 엄중한 기업형사책임을 부과함으로써 기업과 개인의 이해관계를 분리시키는 효과가 있음을 알 수 있다. 즉, 기업으로 하여금 기업형사책임을 회피하거나 완화시켜야 하는 고유의 이해관계에 충실하게 행동하도록 유인하는 전략인 셈이다. 실제로 기업이 내부조사를 하고, 그 결과를 당국에 자발적으로 신고하며 그 후 당국의 수사에 협조하는 일련의 과정에서 해당 행위의 책임이 있는 임직원 개인의 이해관계와 충돌은 불가피하며, 결국 수사당국이나 규제당국은 이러한 기업과 개인의 이해관계 충돌을 통해 소기의 목적을 달성할 수 있는 구조이다. 그리고 바로 그 대전제가 기업으로 하여금 문제의 임직원 개인의 이해관계를 고려하지 못하도록 강제할 만큼의 엄중한 기업형사책임이다.

  따라서 우리의 형법상 뇌물공여죄와 같이 기업형사책임이 전혀 존재하지 않는 상황에서는 위와 같은 실무관행을 기대하기 어렵다. 실제 우리나라의 경우 기업 뇌물 사건에서 기업이 먼저 자발적으로 수사 당국이나 규제 당국에 알리는 경우도 상정하기 힘들지만, 설령 수사기관이 독자적으로 정보를 입수하여 수사를 하는 경우에도 대부분 기업은 해당 임직원 개인을 적극적으로 엄호하고 지원하는 것이 일반적이다. 어차피 기업형사책임이 존재하지 않는 마당에 기업이 적극적으로 수사에 협조할 유인이 전혀 없기 때문이다. 만약 당해 뇌물 사건이 기업의 임원급이나 최소 중간 간부 이상급에서 기획되거나 지시된 것이라고 한다면 오히려 전사적인 차원에서 기업이 나서서 수사 당국과 싸우는 모습을 모이는 경우가 많으며, 특히 기업의 최고위급 임원이나 기업 오너에게 불똥이 튀지 않게 하기 위해 당국의 수사에 필사적으로 저항하고 방해하는 전략을 구사하는 것을 어렵지 않게 볼 수 있다. 만약 이 경우 우리도 미국과 같이 엄중한 기업형사책임이 독자적으로 존재한다면 이사회나 주주들의 반발로 기업이 문제의 임직원을 감싸는 행동을 하기 어려울 것이다.

  이상에서 살펴 본 바와 같이 뇌물죄 차원에서 기업형사책임 전혀 없는 우리 법제는 형사정책적 차원에서도 심각한 문제를 드러내고 있다. 우선 기업뇌물 사건에서 범죄 억지력을 전혀 기대할 수 없다. 오히려 순전히 경제적인 관점에서만 보면 기업활동 과정에서 뇌물 제공을 장려하는 꼴이다. 또한 기업이 자율적인 사전 예방시스템을 구축할 유인도 제공하지 못한다. 굳이 큰 비용을 들여서 반부패 컴플라이언스를 구축하고 운영할 유인도 없을 뿐만 아니라 그렇지 않은 기업들과 경쟁에서 뒤처지기만 할 뿐이다. 나아가 사후에 문제가 발생하였을 때조차 기업들이 이를 자발적으로 신고하고 수사에 협조할 이유도 없다. 오히려 기업이 나서서 문제의 임직원을 엄호하고 수사에 저항하는 방향으로 행동하는 것을 가능케 하고 있다.

필자는 이러한 우리의 현 상황을 '악순환' 구조로 본다. 반면 기업 내부뿐만 아니라 사회적인 자원과 비용이 범죄를 예방하는데 사용되고, 혹시 문제가 발생하였을 경에도 이를 은폐하고 다투는 것이 아니라 자발적으로 신고하고 수사에 협조하여 형의 감면을 받는 구조가 '선순환' 구조라고 할 수 있다. 하지만, 현재의 우리는 기업 내부뿐만 아니라 사회적으로 뇌물과 부패에 대해 관대하고 따라서 사전 예방에 힘을 쏟기 보다는 이를 보다 교묘하게 가장하거나 은폐하는데 자원과 비용이 낭비되고, 사후에 적발도 힘들 뿐만 아니라 어렵게 적발하더라도 기업 차원에서 이를 다투고 수사를 방해하는 방향으로 나서게 되는 구조이기 때문에 '악순환' 구조라고 할 수 있다. 이러한 악순환 구조를 선순환 구조로 바꾸는 시작은 엄중한 기업형사책임의 도입이라고 생각한다.

제4절 뇌물공여자의 범죄수익 박탈 수단의 부재

1. 뇌물공여로 얻은 이익 박탈의 필요성

뇌물이라는 범죄는 주는 쪽과 받는 쪽의 이해관계가 맞아 떨어지기 때문에 발생하는 범죄이므로 아무리 받는 쪽만 강하게 처벌하고 받는 쪽의 이익을 박탈해도 주는 쪽에 대한 대응에 허점이 있을 경우 효과적으로 대처하기 힘든 범죄이다. 따라서 뇌물수수자로부터 뇌물 혹은 뇌물로부터 파생된 이익을 박탈하는 문제 못지않게 뇌물공여자로부터 뇌물제공을 통해 얻은 이익을 박탈하는 문제도 중요하다. 여기서는 뇌물공여로 얻은 이익을 박탈해야 할 이유 및 필요성에 대해 살펴보도록 하자.

첫째, 뇌물공여자가 뇌물을 통해 얻은 이익은 부당이득이자 범죄수익이어서 이를 박탈하지 않는 것은 정의에 반한다. 뇌물공여자가 이를 보유할 법적 근거가 없기 때문이다. 이는 기업 뇌물의 경우 뇌물로 얻은 이익이 기업에게 귀속될 때에도 마찬가지이다. 즉, 형법상 뇌물공여죄에 기업형사책임이 없어서 개인만 처벌되고 기업은 형사처벌 되지 않더라도, 기업이 뇌물제공을 통해 얻은 이익은 범죄수익으로 박탈해야 형평의 관점에서 타당하다.

사실 뇌물공여자가 뇌물제공을 통해 얻은 경제적 이익은 따지고 보면 국민의 세금으로 이루어진 국고의 손실을 통해 얻은 이익인 경우가 많다. 이는 다수의 뇌물 사건의 경우 공금 횡령의 공범 사건으로 치환할 수 있다는 점에서 보면 분명해 진다. 흔한 예로 관급계약 과정에서 담당 공무원에게 뇌물을 주고 단가를 올리는 경우를 생각해 보자. 국민의 세금을 보관 혹은 관리하는 지위에 있는 공무원에게 뇌물을 주고 원래 받아야 할 대금보다 많은 대금을 받아가는 구조이다. 예컨대, 원래 적정

단가가 100만 원짜리 물건 10,000개를 납품하는 100억 원 상당의 관급계약에서 뇌물 1억 원을 매개로 담당 공무원과 납품회사가 짜고 단가를 10% 올릴 경우 낭비되는 공금은 10억 원이다. 만약 단가를 20% 올릴 경우 낭비되는 공금은 20억 원으로 그 배가 된다. 적정 단가가 있는 상황에서 티가 나게 단가 인상을 많이 할 수 없다고 생각할지 모르나 외부에서 정확한 적정단가를 알기 어려운 경우도 많을 뿐만 아니라 단가 인상이 필요한 사유는 얼마든지 쉽게 갖다 붙일 수 있다. 특히 이 사례처럼 뇌물 액수를 1억 원으로 고정하는 것이 아니라 인상된 단가를 통해 낭비되는 공금을 양측이 일정 비율로 나눠 갖는 식으로 약정하는 것도 얼마든지 가능한데, 이 경우는 관급계약을 이용하여 공금을 횡령하는 횡령죄와 구분이 사실상 어렵다. 따라서 이런 경우 뇌물공여자가 뇌물로 얻은 이익을 박탈 또는 환수하는 것은 횡령된 국고를 환수하는 차원과 실질적으로 다를 바가 전혀 없다.

둘째, 뇌물공여자가 뇌물로 얻은 이익을 박탈하지 않을 경우 범죄 억지력 차원에서 심각한 허점으로 작용한다.[70] 사실 억지력 차원에서 본다면 단순히 뇌물로 얻은 이익만 박탈하는 수준에서 그치면 안 되고 그 이상의 '벌'이 가해져야 실질적인 억지력이 있다.[71] 하지만 현재 법상으

---

70) 정웅석(a), "기업범죄의 범죄수익에 관한 몰수 및 추징의 실효성 확보방안", 비교형사법연구 제15권 제2호, 한국비교형사법학회, (2013), p.340. 이에 의하면 "특히 기업범죄 등 이욕범죄에 대한 실질적인 제재는 부정한 이익을 철저히 환수함으로써 부정한 이익을 재판 이후에도 누릴 수 없도록 할 때에만 실질적인 효과를 거둘 수 있다. 즉 경제적인 이익이 그 주된 동기인 범죄를 억제하는 가장 효과적인 방법은 범죄로부터 얻은 수익을 철저하게 다시 몰수 내지 추징하여 범행동기 그 자체를 말살시킴으로써 범인이 범행에 나아가는 것을 포기하게 하는 것이다"라고 한다.

71) 이용식(b), 앞의 글, p.527 참조. 이에 의하면 부패억지에 있어서 사후 처벌이라는 인자는 무시할 수 없다고 하면서 부패행위에 수반되는 이익이 부패비용과 적발가능성 및 적발시 처벌에 의한 부담액보다 클 때 부패행위가 이루어진다고 한다.

로는 뇌물공여자가 뇌물로 얻은 이익에 대해서는 몰수나 추징의 대상이 되는지 명확하지 않을 뿐만 아니라 형법상 뇌물공여죄의 벌금형 상한이 2천만 원에 불과하여 뇌물로 얻은 이익을 박탈하는 데에도 턱없이 부족하다. 그나마 벌금형이 징역형과 선택형 관계이어서 징역형을 선택할 경우 뇌물공여자에게 가해지는 금전적 제재는 전혀 없게 된다. 또한 기업 뇌물의 경우 뇌물로 얻는 이익은 기업에 귀속되나 기업 자체는 어떠한 형사처벌도 받지 않게 되므로, 실질적으로 임직원 개인이 받는 형사책임은 별론으로 하고, 기업에게 가해지는 금전적 제재도 없으며 뇌물로 얻은 이익을 박탈할 방법도 전혀 없다.

　사실상 이런 상황에서 억지력을 논하는 자체가 무의미해 보인다. 순전히 경제적인 계산만 한다면 기업 입장에서는 뇌물공여죄를 저지르지 않을 이유가 없을 정도이기 때문이다. 물론 개인에 대한 징역형으로 억지력이 어느 정도 있다고 생각할 수 있으나 최소한 뇌물로 얻은 이익이라는 범죄수익은 박탈하거나 환수하는 것은 기본으로 한 상태에서 징역형을 부과해야 제대로 된 억지력이 있다고 할 수 있다. 만약 뇌물로 얻을 수 있는 이익이 수십 억 혹은 수백억 원이 될 수 있는 상황이고 설령 적발되더라도 그 이익을 사후적으로 박탈당할 위험이 없다고 한다면 개인 입장에서는 징역형을 감수하고서라도 뇌물공여죄를 저지를 유혹은 충분히 있다. 더구나 징역형의 법정 상한도 5년에 불과하여 높지도 않다. 실무상으로 뇌물수수자에 대해서는 특가법에 의해 가중처벌도 되고, 실제 선고형도 상당히 높은 실형이 선고되지만, 뇌물공여자에 대해서는 가중처벌되는 특별법도 없을 뿐만 아니라, 특히 수사에 협조한 뇌물공여자에 대해서는 실제 선고형도 높지 않는 것이 일반적인 경향이다. 더구나 뇌물가액과 달리 뇌물로 얻은 이익은 양형단계의 고려 요소조차 되지 않는 것이 현실이다.

　이런 상황에서는 중단기 자유형만으로는 사실상 억지력을 갖기 힘들다고 생각한다. 이는 뇌물공여죄가 이익범죄[72] 혹은 경제범죄로서의 성격을 갖고 있다는 점을 생각하면 쉽게 이해가 될 수 있다. 앞서 언급한 바와 같이 뇌물죄를 국고 횡령의 공범과 매우 유사한 형식으로 치환해서 볼 수 있다고 했는데, 횡령죄의 형량을 살펴보자. 형법 제355조상 횡령죄의 법정형은 5년 이하의 징역 또는 1천5백만 원 이하의 벌금이고, 동법 제356조상 업무상 횡령죄의 경우는 10년 이하의 징역 또는 3천만 원 이하의 벌금이다. 하지만 횡령액이 5억 원 이상일 때에는 특정경제범죄 가중처벌 등에 관한 법률(이하 '특경법'이라고 한다) 제3조에 의해 가중처벌 되는데, 횡령액이 5억 원 이상 50억 원 미만일 경우에는 3년 이상의 유기징역, 횡령액이 50억 원 이상일 경우에는 무기 또는 5년 이상의 유기징역으로 가중처벌 되며 이 경우 횡령액 이하에 상당하는 벌금형을 병과할 수 있도록 규정하고 있다. 이와 같은 가중처벌 규정을 마련한 이유는 이득액에 따라 징역형의 법정형을 가중하는 의미도 있지만 한편으로는 이득액 이하의 벌금을 병과할 수 있도록 하여 횡령범이 경제적 이익을 그대로 보유하는 것을 차단할 수 있는 효과도 거두려는 의도이다. 더구나 횡령 사건의 경우 피해자가 가해자를 상대로 민사상 청구를 통해 피해회복을 하는 길도 마련되어 있을 뿐만 아니라 가해자측에서 형사상 선처를 받기 위해 자발적으로 피해회복을 해 주고 피해자와 합의를 하는 경우도 흔히 있다. 그럼에도 불구하고 이득액이 큰 경우에는 가중처벌 조항을 마련해 둔 이유를 음미해 보면 현재 뇌물공여죄에 관한 억지력 차원에서의 허점이 크게 느껴질 수 있다.

한편 뇌물공여죄를 독점규제 및 공정거래에 관한 법률(이하 공정거래법이라 한다) 제23조상의 불공정거래행위 중 부당고객유인 행위와 비

---

72) 뇌물공여죄를 바로 이익범죄나 재산범죄로 본다면 논란이 될 수 있으나, 그와 같은 성격이 있음은 부인하기 어렵다. 예컨대 사기죄는 상대방을 기망에 빠뜨려 처분행위를 하게 함으로써 재물 또는 재산상 이익을 얻는 구조인데, 뇌물공여죄는 상대방에게 뇌물을 주고 호의적인 처분을 하게 함으로써 경제적 이익을 얻는 구조이기 때문이다.

교해 볼 수 있다. 실제로 제약회사들의 불법리베이트 제공행위에 대해서 공정거래위원회가 종종 위 조항 위반으로 과징금을 부과하고는 한다.73) 물론 이는 사적 영역의 뇌물이어서 공적 영역의 뇌물인 형법상 뇌물공여죄와 차이가 있기는 하지만 뇌물공여죄의 경제범죄로서의 성격을 파악하는 데에는 유용하다. 공정거래법상 부당고객유인행위에 대해서는 동법 제24조의2에 의하여 대통령이 정하는 매출액에 100분의 2를 곱한 금액을 초과하지 않는 범위 안에서 과징금을 부과할 수 있다. 또 동법 제67조에 따라 2년 이하의 징역 또는 1억 5천만 원 이하의 벌금에 처할 수도 있다.

　제약회사의 불법 리베이트 제공행위는 시장질서를 교란하는 불공정 거래행위로 평가할 수도 있지만, 사실상 뇌물과 성격이 다르지 않다. 국가에 따라서는 국공립병원의 의사 등을 공무원으로 간주하여 뇌물죄로 다스리는 경우도 있으며 실제로 FCPA사건 중에 다국적 제약회사들의 불법 리베이트 제공 사건들이 꽤 있다. 우리나라에서는 이를 공적 영역의 뇌물로 다루지는 않지만, 약사법과 의료기기법에 소위 리베이트 쌍벌제를 도입할 때 형법상 배임수재·증재와 비교한 논란이 많았다는 사실은 제약회사의 불법리베이트가 뇌물죄로서의 성격도 갖고 있음을 잘 보여준다. 그런데 여기서 주목할 부분은 바로 제약회사의 불법리베이트 제공행위에 대해서는 과징금을 부과할 수 있다는 점이다. 즉, 제약회사의 불법리베이트 제공행위를 적절히 대응하고 억제하기 위해서는 불법리베이트 제공을 통해 얻는 경제적 이익에 대한 박탈 혹은 그 유사한 효과가 있어야만 하기 때문이다. 그리고 이러한 논리는 관급계약을 체결하는 과정에서 경쟁자를 따돌리고 계약을 체결하기 위해 뇌물을 제공하는 뇌

---

73) 공정거래위원회 운영 블로그에 게시된 기사만 해도 여러 건이다. 예컨대, "부당하게 고객을 유인한 한국노바티스에 과징금 5억 원" (2017. 6. 8.) http://kftc.tistory.com/8986; "9개 제약회사 부당고객유인행위에 대한 시정조치" (2011. 5. 30.) http://kftc.tistory.com/2885 등 다수(각 2018. 1. 15. 최종방문).

물공여죄에도 얼마든지 적용될 수 있으며 그런 차원에서는 제약회사의 불법리베이트 제공행위와 달리 볼 이유가 하나도 없다.

이렇듯 뇌물공여죄, 특히 기업 뇌물에 효과적으로 대응하고 확실한 범죄억지력을 발휘하기 위해서는 뇌물공여죄가 갖는 이익범죄 혹은 경제범죄로서의 성격을 충분히 감안해야 한다. 그 동안 뇌물죄를 너무 뇌물수수자 혹은 뇌물수수죄 측면에서만 바라보다 보니 뇌물공여자 차원에서의 뇌물죄 성격을 제대로 파악하지 못한 측면이 크다. 특히 기업 뇌물은 기업이 경제적 이익을 극대화하기 위해 저지르는 여러 불법행위 중에 하나이며 이익범죄 혹은 경제범죄로서의 성격도 함께 갖고 있다는 점을 충분히 인식해야 한다. 그런 차원에서 뇌물공여자의 범죄수익을 박탈하는 법적 장치가 미비해서는 형사정책상 충분한 범죄억지력을 갖기 어렵다는 점은 너무도 자명하다.

2. 형사법적 수단 미비의 문제점

가. 현행법상 뇌물공여자의 범죄수익은 몰수의 대상인가?

뇌물공여자가 뇌물제공으로 얻은 이익을 박탈할 수 있는 형사상 수단은 범인으로부터 일정한 재산을 박탈하는 재산형이다. 결국 벌금과 몰수를 생각할 수 있는데, 형벌의 취지상으로는 몰수가 가장 직접적이고 적합할 수 있다. 범죄반복의 방지나 범죄에 의한 이득의 금지를 목적으로 범죄행위와 관련된 재산을 박탈하는 것을 내용으로 하는 재산형이 몰수이기 때문이다.[74]

하지만, 앞서 살펴 본 바와 같이 뇌물공여자가 뇌물로 얻은 이익을 현행법상 몰수나 추징의 대상이 된다고 주장한 문헌은 거의 없는 형편

---

74) 우리 법과 판례상 몰수의 법적 성격에 대한 견해 대립에 대해서는 이상원(b), 앞의 글, pp.248-250.

이다.[75] 뿐만 아니라 실제 사례나 판례도 찾지 못하였다. 현행 형법상 몰수는 이익 몰수 개념이 없기 때문에 따져 볼 필요도 없지만, 이익 몰수를 인정하고 있는 각종 특별법상의 몰수·추징 대상에도 뇌물공여자의 범죄수익은 포함되지 않는다고 생각하는 것이 일반적인 듯하다. 앞서 언급한 바와 같이 범죄수익은닉법의 경우 2005년 개정을 통해 명시적으로 형법 제133조의 뇌물공여죄를 중대범죄로 포함시켰음에도 불구하고 아직도 이에 관해 학계나 실무계에서 전혀 반향이 없다는 사실은 다소 놀랍다. 필자는 법문상 명확하다는 점과 개정취지가 명백하다는 이유로 범죄수익은닉법에 의해 뇌물공여자의 범죄수익을 몰수할 수 있다고 보는 입장이나 필자와 같은 주장을 하는 글도 거의 없고, 나아가 실제 사례도 없는 이상 현재 우리 법상 뇌물공여자의 범죄수익이 몰수 가능하다고 단정할 수 있을지 의문이다. 특히 실무상 이런 시도 자체가 전혀 없었다는 점은 오히려 적어도 현재까지는 뇌물공여자의 범죄수익에 대한 몰수는 불가능하다고 보는 것이 더 대세가 아닌가 싶다. 그 이유를 정확히 알 수는 없지만, 우선 필자 나름대로 몇 가지 가상 근거를 제시한 후 그 타당성을 살펴보도록 하겠다.

우선 뇌물을 둘러싼 논의와 실무에서 상대적으로 뇌물수수자와 뇌물 그 자체에 대한 지나친 경도가 이러한 현상을 초래하지 않았을까 생각한다. 즉, 너무 뇌물수수자에 초점을 맞춘 나머지 뇌물 그 자체나 뇌물에서 파생한 재산만을 범죄수익이나 부패재산으로 보는 것이다. 앞서 살펴 본 바와 같이 우리는 뇌물죄를 지나치게 뇌물수수자 혹은 뇌물수수죄 차원에서 바라보기 때문에 통상 뇌물죄 차원에서 범죄수익이나 부패재산을 논하면 수뢰자, 즉 공무원이 받은 뇌물이나 수뢰를 통해 부정

---

75) 최근 삼성물산 합병 관련해서 뇌물 제공 혐의를 받는 이재용 부회장이 뇌물로 얻은 이익에 대해 범죄수익은닉법상 범죄수익으로 몰수할 수 있다는 주장에 대해서는 http://www.edaily.co.kr/news/NewsRead.edy?SCD=JG31&newsid=03699846 615794112&DCD=A00703&OutLnkChk=Y (2018. 1. 15. 최종방문)

하게 축재한 재산만을 생각하기 일쑤다. 그 동안 뇌물을 수수한 공무원
에 대한 처벌의 정도를 높이는 문제나 그 공무원이 받은 뇌물이나 그 뇌
물에서 파생된 이익을 박탈하는 문제는 자주 논의되는 이슈이며, 실제로
여러 입법(예컨대, 특가법을 통한 수수자에 대한 가중처벌, 공무원범죄
몰수법이나 부패재산몰수법을 통한 뇌물이나 뇌물에서 파생한 이익 몰
수 등)을 통해 한층 강화되고 있다. 하지만 이렇게 뇌물수수자 혹은 뇌
물수수죄에 경도되어 있다 보니 뇌물공여자가 뇌물 제공을 통해 얻은
이익이 상대적으로 간과되기 쉬우며, 심지어 이를 범죄수익으로 보는 훈
련 자체가 안 되어 있는 것 같다. 특히 앞서 언급한 바와 같이 뇌물죄의
보호법익을 국가기능의 공정성 측면으로만 보는 입장도 이에 크게 영향
을 미치고 있다. 통설[76]과 판례[77]는 뇌물죄의 보호법익을 직무행위의 불
가매수성에 있다고 본다. 그 자체가 잘못된 것은 아니나 이 역시 뇌물죄
를 뇌물수수자인 공무원을 기준으로 바라보는 시각이 투영된 것으로 뇌
물공여죄에 이익추구형 범죄로서의 성격이 있다는 점을 간과하고 있다.

다음으로 통상 뇌물수수자가 받은 뇌물 그 자체는 '범죄행위로 취득
한 재산'에 해당하여 몰수 대상이 된다고 보지만 뇌물공여자가 뇌물로
얻은 이익은 뇌물 자체와 달리 '범죄행위로 취득한 재산'에 해당하지 않
는다고 보는 것 같다. 아마도 뇌물공여자가 뇌물로 얻은 이익은 뇌물제
공으로 바로 얻은 직접적인 이익이 아니라 다른 행위, 즉 통상 뇌물수수
자가 뇌물을 받고 취하는 호의적인 행위가 개입되어서 얻게 되는 이익
이라는 점 때문에 달리 보는 듯하다. 뇌물공여자가 얻은 이익은 예컨대,
뇌물을 수수한 공무원이 관급계약의 상대방으로 선정해 준다거나, 혹은

---

76) 이재상, 형법각론(제5판), 2006, p.710; 배종대, 형법각론(제4판), 2002, p.746; 백
형구, 형법각론, 1999, p.639; 서일교, 형법각론, 1982, p.317; 정영석, 형법각론(5
정판), 1983, p.46 등.

77) 대법원 1965. 5. 31.선고 64도723 판결; 대법원 1984. 8. 14. 선고 84도1139 판결;
대법원 1984. 9. 25. 선고 84도1568 판결 등.

기존 단가를 인상해 준다거나 하는 호의적 행위가 개입되어서 얻은 이익으로 볼 수 있다. 즉, 공무원이 뇌물을 받은 대가로 취한 호의적인 조치에 의한 이익이라는 것이다.

한편으로는 뇌물수수자가 받은 뇌물과 달리 뇌물공여자가 뇌물로 얻은 이익은 특정하거나 계산하기 어려워서 몰수나 추징의 대상이 되기 부적합하다는 견해도 있을 수 있다. 사실 모든 뇌물공여죄에서 뇌물공여자가 뇌물을 주고 대가로 받은 혜택이 항상 숫자나 금액으로 환산 가능한 경제적 이익에 해당하지는 않을 것이다. 예컨대, 단속 경찰관에게 금품을 주고 음주단속을 피한 경우가 그러하다. 이런 경우 몰수나 추징 대상인 범죄수익의 산정이 가능한지 문제될 수 있다. 하지만, 앞서 본 바와 같이 많은 기업 뇌물의 경우 사실상 뇌물로 얻은 이익은 숫자나 금액으로 환산 가능한 경제적 이익인 경우가 매우 많다. 물론 이런 경우도 뇌물공여자가 얻은 경제적 이익 중에 '뇌물'로 얻은 이익을 특정하거나 계산하는 것이 가능한가 하는 의문이 들 수 있다. 특히 앞서 언급한 바와 같이 통상 뇌물공여자가 뇌물로 얻는 이익은 사실상 뇌물의 대가로 취해진 호의적인 조치로 얻은 이익이라는 점까지 더해지면 이를 특정하거나 계산하는 것이 쉬운 작업은 결코 아닐 것이다.

하지만, 이상의 근거들은 모두 뇌물공여자가 뇌물제공을 통해 얻은 경제적 이익을 범죄수익으로서 몰수할 수 없다고 볼 만큼 충분하거나 결정적이지는 않다고 생각한다. 우선 형법상 뇌물죄가 공무원의 직무에 관한 죄 중에 하나이기는 하지만 이는 뇌물수수자 기준으로 그런 것이고, 뇌물공여자 측면에서는 불법적인 수단으로 경제적 이익을 추구하는 이익범죄나 불공정경쟁을 통한 시장질서를 교란시키는 경제범죄로서의 성격도 갖고 있다. 이를 달리 표현하면 뇌물수수자 측면에서 볼 경우 침해되는 법익이 직무행위의 불가매수성이라는 숫자나 금액으로 산정이 어려운 무형의 가치가 되겠지만, 뇌물공여자 측면에서 침해되는 법익을 생각해 보면 마치 공금의 횡령이나 불공정거래행위를 통한 시장질서 교란 등과 유사한 양상을 띠게 되고 따라서 피해자에게 숫자나 금액으로 표시 가능한 경제적 손해를 가함과 동시에 뇌물공여자 역시 숫자나 금액으로 표시 가능한 경제적 이익을 얻는 구조임을 알 수 있다.

물론 뇌물죄의 보호법익인 직무행위의 불가매수성이 침해됨에 따라 초래되는 국고손실이나 뇌물을 통한 불공정경쟁으로 초래되는 시장질서 교란 등은 2차적이고 부수적인 법익침해여서 이런 것까지 모두 뇌물죄의 보호법익으로 보는 것은 무리라는 주장도 나올 수 있다. 뇌물죄의 보호법익을 수뢰죄 중심으로 보는 기존 학설에서는 그렇게 주장할 수 있으나, 뇌물공여죄 고유의 성격을 인정하는 전제에서 뇌물공여죄의 보호법익을 재정립한다면, 국고나 시장질서(혹은 공정한 경쟁환경[78]) 등의 보호도 포함되는 것으로 볼 수 있다. 즉, 기존 논의가 뇌물수수자 혹은 뇌물수수죄를 기준으로 뇌물죄의 성격을 파악하다 보니 뇌물공여죄 고유의 성격이 많이 간과되고 있는데, 뇌물공여자의 입장에서 뇌물죄를 바라본다면 많은 경우 구체적인 피해자가 존재하고, 그 범죄로 가한 손해나 그 범죄로 얻은 이익이 비교적 명확하게 보이는 이익범죄나 경제범죄로서의 성격도 구비하고 있음을 알 수 있다. 따라서 이러한 관점에서 뇌물공여죄를 평가하고 대응하는 노력이 수반되었어야 했는데, 현재 우리 법의 태도는 그런 면에서 매우 부족했다고 생각한다.

또한 흔히 간과하는 사실이 하나 더 있는데, 바로 뇌물수수자가 받는 뇌물 그 자체보다도 뇌물공여자가 그 뇌물 제공을 통해 얻은 이익이 훨씬 큰 경우가 절대 다수라는 점이다. 우선 뇌물공여자 입장에서는 통상 뇌물로 인해 얻을 수 있는 경제적 이익이 뇌물 액수를 훨씬 상회해야만 뇌물을 제공할 유인이 생기기 마련이다. 또한 뇌물수수자의 경우는 공무원 개인인 반면, 뇌물공여자는 사업가나 기업인 혹은 사실상 기업 그

---

78) 형법상 뇌물공여죄의 보호법익을 직무와 관련된 공공이익으로 국한할 필요 없이 공정한 경쟁환경의 보호를 포함시켜야 한다는 주장으로는 김종범/김정환, 앞의 글, p.81 이하 참조. 이에 동조하는 견해로는 정진수/강석구, 앞의 글, p.46.

자체인 경우가 많아서 경제적 이익에 대한 관념이나 셈법에서 양자는 크게 다르다. 예컨대, 뇌물로 제공되는 1억 원은 수수하는 공무원 입장에서는 그 액수 자체로 큰돈이라는 인식이 있겠지만, 제공하는 입장에서는 그 1억 원을 통해 얻을 수 있는 경제적 이익이 10억 원 혹은 100억 원인 경우에는 언제든지 쉽게 제공할 수 있는 상대적으로 작은 금액일 수 있다. 즉, 뇌물을 제공하는 뇌물공여자 입장에서는 뇌물로 얻은 이익이 더 중요한 기준이 되며, 뇌물 액수의 다과 역시 뇌물로 얻은 이익과 관련해서 판단되는 종속 개념이다.

한편 범죄행위로 취득한 재산을 반드시 범죄행위에서 바로 취득한 직접적 이익으로 한정할 필요는 전혀 없다고 생각한다. 비록 뇌물공여자가 얻는 이익은 뇌물제공행위에서 바로 취득한 이익이 아니라 뇌물수수자의 호의적인 조치에 의해 취득한 이익이기는 하나 바로 그 호의적인 조치를 위해서 뇌물을 제공한 것이기 때문에 결국에 뇌물제공행위로 인해 얻은 이익으로 충분히 볼 수 있다. 즉, 수뢰자의 호의적인 조치에 의해 뇌물제공행위와 뇌물공여자의 이익 사이에 인과관계의 단절이 생기는 것이 아니다. 또한 실제 사회통념상으로도 뇌물공여자의 범죄수익이 뇌물제공행위와 관련된 혹은 인과관계 있는 이익으로 보는 것이 일반적이다. 이미 범죄수익은닉법상 중대범죄에 해당하는 다른 범죄의 경우에도 그 범죄행위에서 바로 이익을 취득하는 경우가 아닌 상황도 포함되어 있다. 예컨대 금융투자상품의 매매, 그 밖의 거래와 관련하여 부정한 수단, 계획 또는 기교를 사용하는 행위가 구 증권거래법상 처벌되는 불공정거래행위이고 이 범죄행위로 취득한 재산이 범죄수익은닉법상 몰수할 수 있는 범죄수익이다. 그런데, 금융투자상품의 매매 또는 거래와 관련해서 부정한 수단, 계획 또는 기교를 사용하는 행위 자체로는 바로 경제적 이익이 발생하는 것은 아니다. 예컨대, 허위사실 유포 행위 자체에서 바로 이익이 발생하지는 않는다. 대법원 판례도 이런 경우 몰수의 대상이 되는 불법수익은 해당 범죄행위와 관련된 거래로 인한 이익으로서 위반행위로 인하여 발생한 위험과 인과관계가 인정되는 것을 의미한다고 한다.[79] 따라서 이 판례에 의하면 뇌물공여자가 얻은 이익도 동법상 '범죄행위로 얻은 재산'에 충분히 포함될 수 있다고 생각한다. 뇌물공여자가 뇌물제공 그 자체로 바로 이익을 얻는 것은 아니지만, 적어도 뇌물제공과 관련된 거래로 이익을 얻는 것으로 볼 수는 있기 때문이다.

끝으로 뇌물공여자가 얻은 이익에 대한 특정이나 계산이 어렵다는 점도 이를 몰수하지 못할 결정적인 이유가 될 수 없다. 사실 해외뇌물죄를 규율하는 국제뇌물방지법에 '범죄행위로 얻은 이익' 개념이 벌금형의 상한을 정하는 기준으로 이미 도입되어 있다. 즉, 동법에 의하면 범죄행위로 얻은 이익의 2배에 해당하는 금액 이하의 벌금에 처할 수 있는데, 이는 외국 공무원에게 뇌물을 제공해서 얻은 이익 개념이 벌금형 상한을 정하는 기준으로 사용될 수 있다는 의미다. 뇌물공여자가 얻은 이익이 벌금형의 상한을 정하는 기준이 될 수 있다면, 뇌물로 얻은 이익을 특정하거나 계산하기 어렵기 때문에 몰수 대상이 될 수 없다는 견해는 설득력이 떨어진다.

실제 뇌물죄와 관련된 것은 아니지만, 앞서 언급한 대법원 판례[80]에 의하면 증권거래법상 벌금액의 상한 기준으로 도입된 사기적 부정거래행위로 얻은 이익이 범죄수익은닉법상 임의적 몰수 또는 추징 대상인 불법수익과 같은 개념이라고 판시한 바 있다. 이는 구 증권거래법 제207조의2에서 정한 '위반행위로 얻은 이익'에 관한 것인데, 동조에 의하면 사기적 부정거래행위 등에 해당할 경우 위반행위로 얻은 이익의 3배에 해당하는 금액 이하의 벌금에 처하도록 규정하고 있다. 한편 범죄수익은닉법에 의하면 위 증권거래법 제207조의2 위반죄로 인한 불법수익을 임의적 몰수 또는 추징의 대상으로 규정하고 있는데, 위 대법원 판례는

---

79) 대법원 2010. 4. 15. 선고 2009도13890 판결.
80) 대법원 2010. 4. 15. 선고 2009도13890 판결.

범죄수익은닉법에서 임의적 몰수 또는 추징 대상으로 정한 '증권거래법 제207조의2 위반죄로 인한 불법수익'이 바로 동조에서 정한 '위반행위로 얻은 이익'과 사실상 같은 개념임을 확인시켜 주었다. 따라서 범죄행위로 얻은 이익 개념을 벌금형의 상한을 정하는 기준으로 사용할 수 있다면 몰수 또는 추징의 대상이 되는 불법수익으로도 사용될 수 있다.

다만, 뇌물공여자가 뇌물로 얻은 이익을 몰수의 대상으로 보아 박탈할 것인지, 아니면 벌금형의 상한 기준으로만 활용할 것인지는 입법자의 선택 사항이다. 실제 해외뇌물죄를 규율하는 국제뇌물방지법에서도 범죄행위로 얻은 이익 개념이 뇌물공여자의 벌금형 상한을 정하는 기준으로 도입되어 있음에도 불구하고 몰수의 대상으로 규정하고 있지 않다. 즉, 동법 제5조 몰수 조항을 보면 뇌물만 몰수 대상으로 정할 뿐 범죄행위로 얻은 이익은 몰수 대상으로 보지 않고 있다.

나. 지나치게 낮은 벌금형

만약 현행법상으로는 뇌물공여자의 범죄수익에 대해 몰수·추징할 수 없다고 본다면 뇌물공여자에게 부과할 수 있는 형사상 금전적 제재는 벌금형이 유일하다. 하지만, 형법상 뇌물공여죄의 벌금형 상한은 2천만 원에 불과하여 뇌물로 얻은 이익을 박탈하는 수단으로 활용되기에는 너무 낮은 수준이다. 그리고 이마저도 징역형에 병과할 수 없는 선택형이어서 징역형을 선택할 경우 뇌물제공으로 경제적 이익을 얻은 뇌물공여자에게 가할 수 있는 금전적인 제재수단은 전무하게 된다.

이러한 문제점은 뇌물수수자에 대한 처벌과 비교해 보면 더욱 극명해 진다. 즉, 뇌물수수자에 대해서는 특가법에 의해 뇌물의 가액에 따라 가중처벌 될 뿐만 아니라 수뢰액의 2배 이상 5배 이하의 벌금을 병과하도록 되어 있기 때문이다. 이렇듯, 뇌물수수자에 대해서는 몰수를 제외하고 벌금형만으로도 수수한 뇌물의 5배까지 박탈할 수 있는 법적 수단이 잘 마련되어 있는 반면, 오히려 뇌물수수자보다 훨씬 더 큰 이익을 얻을 수 있는 뇌물공여자에 대해서는 뇌물로 얻은 이익을 박탈할 수단이 전무하다는 것은 논리적으로 상당히 납득하기 어렵다.

왜 우리 입법자가 뇌물공여자와 뇌물수수자 사이에 이런 형량의 비대칭성을 취하였는지 알 길은 없으나,[81] 앞서 살펴 본 바와 같이 뇌물죄의 법적 성격이나 평가에 있어서 뇌물수수자 혹은 뇌물 그 자체에만 지나치게 초점을 맞춘 나머지 뇌물공여자 혹은 뇌물공여자가 뇌물로 얻은 이익에 대해 간과한 것이 아닌가 생각한다. 이런 차원에서 해외뇌물죄를 규율하는 국제뇌물방지법의 입법태도를 살펴보면 상당히 흥미로운 점을 발견할 수 있다. 앞서 여러 번 언급하였듯이 해외뇌물죄의 경우에는 개인이나 법인의 벌금형 상한의 기준으로 '범죄행위로 얻은 이익' 개념을 도입하여 형법상 뇌물공여죄 보다 훨씬 중한 처벌이 가능하기 때문이다. 국제뇌물방지법에 따르면, 개인의 경우에는 벌금형 상한이 원칙적으로 2천만 원이나, 만약 범죄행위로 얻은 이익이 1천만 원을 초과할 때에는 그 이익의 2배에 해당하는 금액 이하의 벌금에 처할 수 있다(동법 제3조 제1항). 또한 법인의 경우에는 벌금형 상한이 원칙적으로 10억 원이나 만약 범죄행위로 얻은 이익이 5억 원을 초과할 때에는 그 이익의 2배에 해당하는 금액 이하의 벌금에 처한다고 규정하고 있다(동법 제4

---

81) 이와 같은 수뢰죄와 증뢰죄의 벌금형량 차이에 대한 이유를 설명하는 문헌을 찾기 힘들었다. 예컨대, 우영기, "증뢰죄와 배임증재죄의 재검토 – 부정부패의 효율적 방지를 위한 제언 –", 법조 Vol. 523, 법조협회, (2000. 4.), p.190 이하 참조. 이 글에서는 이러한 벌금형량의 차이를 지적하면서 "특가법의 목적은 특정한 범죄 등에 대한 가중처벌을 규정함으로써 건전한 사회질서의 유지와 국민경제의 발전에 기여함에 있다고 하는데(동법 제1조) 입법자는 증뢰액은 아무리 고액일지라도 수뢰죄와 달리 건전한 사회질서의 유지나 국민경제의 발전과는 무관하다고 본 결과인지 알 수 없다"고 적고 있다. 한편 이를 불법의 차이의 반영이라고 본 글도 있다. 박성민, 앞의 글, p.136 참조. 이에 의하면 "뇌물죄는 수뢰자와 증뢰자의 불법의 차이를 감안하여 형종의 다양성과 차별화된 법정형을 규정함으로써 법적용의 유연성을 담보하고 있다"고 한다.

조). 이와 같이 동법에서는 '범죄행위로 얻은 이익'을 벌금형의 상한을 정하는 기준으로 활용하고 있는데, 이는 국내뇌물죄에는 없는 개념이다. 하지만, 해외뇌물죄의 이와 같은 입법태도는 매우 효과적이어서 벌금형만으로도 뇌물로 얻은 이익을 박탈할 수 있는 수단을 강구하고 있을 뿐만 아니라 그 2배까지 금전적 제재를 가할 수 있도록 하여 효과적인 범죄억지력을 발휘할 수 있도록 하였다.

이러한 국내뇌물죄와 해외뇌물죄의 입법태도상의 차이가 어디서 왔는지 명확히 확인할 길은 없다. 아무래도 해외뇌물죄를 규율하는 국제뇌물방지법은 OECD 뇌물방지협약을 국내법으로 수용하면서 제정된 법률이니 만큼 OECD 뇌물방지협약 및 (OECD 뇌물방지협약에 지대한 영향을 끼친) 미국 FCPA의 영향을 많이 받았을 것이다. 실제로 국제뇌물법상 벌금형 상한을 뇌물로 얻은 이익의 2배 이하로 규정한 것은 마치 미국 FCPA 사건의 경우 대안벌금법(Alternative Fines Act)이 적용되어 벌금형 상한이 뇌물로 얻은 이익의 2배 이하로 되는 것을 연상시킨다. 하지만, 우리 입법과정에서 외국법의 영향을 받거나 국제협약을 국내법으로 수용하는 경우라고 하더라도 우리 법의 태도나 체계상 받아들일 수 없는 내용이라면 그대로 따라가지 않았을 것이다. 즉, 국내법으로 수용하는 과정에서 나름대로 그 타당성을 검토하고 그 결과 어떻게 입법하는 것이 합리적 수용인지 판단하는 과정을 거쳤을 것이다. 그렇다면 국내뇌물죄에서 뇌물공여자에 대한 벌금형 상한이 2천만 원인 상황에서 외국 공무원에게 뇌물을 제공한 해외뇌물공여자에 대한 벌금형 상한을 범죄로 얻은 이익의 2배로 하는 입법을 가능케 한 검토 배경은 무엇일까. 우선 해외뇌물죄를 규율하는 국제뇌물방지법의 경우 뇌물공여자만 처벌하는 법이라는 점을 주목할 필요가 있다. 뇌물수수자인 외국 공무원에 대해서는 그 외국 공무원이 자국의 법으로 처벌받는 것은 별론으로 하더라도 우리나라 법으로 형사처벌 할 수는 없는 노릇이다. 필자가 이런 차이를 주목하는 이유는 국내뇌물죄와 달리 해외뇌물죄에서는 순전히

뇌물공여자에 초점을 맞추고 입법을 하였기 때문에 뇌물공여죄의 성격
에 대해 보다 정확히 파악할 수 있었고, 그 바탕 하에 위와 같이 벌금형
의 상한에 '범죄행위로 얻은 이익' 개념을 도입할 수 있었던 것이 아닌가
하는 생각이 들기 때문이다. 더구나 '국제상거래에 있어서 외국 공무원
에 대한 뇌물방지법'이라는 법명에서도 알 수 있듯이 동법은 뇌물공여
사건 중에 '국제상거래'와 관련된 뇌물 사건에 한정해서 규율하는 법이
라는 점도 큰 영향을 미쳤을 것이다. 실제로 뇌물공여자의 형사책임을
규정한 동법 제3조를 보면 '국제상거래와 관련하여 부정한 이익을 얻은
목적으로'라는 표현이 들어가 있는데, 이는 형법상 뇌물공여죄에는 없는
요건이다. 이를 보면 상거래와 관련해서 부정한 이익을 목적으로 범한
뇌물공여 행위에 초점을 맞춰 동법을 제정했음을 알 수 있다. 바로 이런
측면들이 '범죄행위로 얻은 이익' 개념을 도입하여 그 2배 이하로 벌금
형 상한을 정하고, 나아가 양벌규정을 통해 기업형사책임을 도입한 배경
이자 이유가 되었을 것이다. 국제상거래와 관련하여 부정한 이익을 얻
을 목적으로 외국 공무원에게 뇌물을 제공하는 범죄는 구조적으로 기업
뇌물 사건이 (개인 뇌물 사건보다) 사실상 주류를 형성할 수밖에 없을
것이기 때문이다.

　통상 외국법의 영향을 받아 국내법을 제정하거나 국제협약을 국내법
으로 수용할 때 그 신생법이 기존 국내법의 내용이나 태도와 조화를 이
루지 못할 경우 그 신생법이 비난 받을 수 있으나, 적어도 해외뇌물죄에
관한 국제뇌물방지법의 경우에는 오히려 기존법인 형법상 뇌물공여죄의
문제점을 보다 선명하게 보여준다고 평가할 수 있다. 외국 공무원에게
뇌물을 공여한 자에 대해서는 뇌물로 얻은 이익의 2배 범위 내에서 벌금
형을 가할 수 있어서 사실상 뇌물로 얻은 이익을 박탈할 수단을 확보하
고 있는데, 정작 국내 공무원에게 뇌물을 공여한 자에 대해서는 벌금형
상한이 2천만 원에 불과하여 범죄로 얻은 이익을 박탈하기에 턱없이 부
족하기 때문이다. 물론 앞서 언급한 바와 같이 해외뇌물죄의 경우 '상거

래와 관련하여 부정한 이익을 얻을 목적으로' 한 뇌물공여라는 특별 요건이 있기 때문에 벌금형의 차이를 단순 비교하는 것이 무리라는 견해가 있을 수 있으나 그렇다면 국내뇌물공여죄에서도 최소한 동일한 요건 하에 있는 뇌물에 대해서는 비슷하게 규율할 수 있는 별도조항이나 특별법이 있어야 균형이 맞을 것이다. 더구나 오늘날 여러 뇌물죄 유형 중에 가장 심각하고 중대한 유형인 기업 뇌물의 경우 거의 대부분 '상거래와 관련하여 부정한 이익을 얻을 목적으로' 한 뇌물공여이기 때문이다. 이런 측면에서 본다면 형법상 뇌물공여죄의 경우 기업 뇌물을 규율하는데에는 심각한 허점을 안고 있으며 뇌물로 얻은 이익을 박탈하는 수단으로 활용하기에도 턱없이 부족한 법정형을 갖고 있다.

이런 차원에서 본다면 범죄로 얻은 이익 개념을 굳이 해외뇌물죄에만 도입할 필요가 있는 지 의문이다. 앞서 말한 것과 같이 뇌물 제공을 통해 얻은 이익을 박탈하거나 나아가 이익 이상의 벌금을 가해 뇌물 제공의 유인을 제거해야 할 필요성에 국내뇌물죄와 해외뇌물죄 사이에 차이가 있을 수 없기 때문이다. 따라서 이는 국내뇌물죄 규정에도 도입되어야 할 개념인데, 특히 현재 뇌물공여죄 규정이 벌금형 상한도 너무 낮고, 뇌물공여자의 범죄수익을 박탈시키는 효과를 전혀 기대할 수 없는 상태라는 점을 감안하면 더 그렇다. 현 상태로는 뇌물로 얻은 이익이 매우 큰 경우에 그 범죄수익에 눈이 멀어 처벌을 감수하면서까지 뇌물 행위로 나아갈 유혹을 받을 가능성도 다분하기 때문이다.

다만 '범죄행위로 얻은 이익'이 정확히 무엇이고 구체적으로 어떻게 계산 혹은 산출될 수 있는 것인지에 대해서는 아직 불명확하다. 국제뇌물방지법에도 '범죄행위로 얻은 이익'에 관해 정의 규정이 없다. 입법 당시 법무부에서 내놓은 해설서가 이에 대한 설명으로 유일한데, 이에 의하면 '범죄로 얻은 이익'은 뇌물제공자 또는 관련 법인이 뇌물제공과 관계된 거래행위로부터 얻게 되었거나 뇌물제공행위를 통하여 취득, 보유하게 된 부당한 이익, 즉 뇌물제공행위와 인과관계가 있는 이익을 의미한다고 한다. 또한 실제 사례에 있어 이익액 산정이 어려운 경우가 있기는 하겠으나 이는 수사기법 및 입증의 문제로서 불가능한 것은 아니며, 향후 법시행단계에서 수사기관은 이익산정을 위한 증거수집 방안 등 관련 수사기법의 개발을 위하여 노력할 것이라고 부연하고 있다.82) 하지만 필자가 과문한 탓인지 몰라도 아직까지는 법무부나 검찰 등 수사기관이 동법상의 이익산정을 위한 증거수집 방안 등 관련 수사기법을 개발했다거나, 이익 산정 방식과 관련한 연구나 비교법적 고찰을 진행했다는 추가 소식은 접하지 못하였다. 또한 국제뇌물방지법위반 사례 중에 실제로 범죄행위로 얻은 이익을 기준으로 벌금형을 정한 경우 역시 아직 발견하지 못하였다.

하지만 '범죄행위로 인한 이익' 개념이 도입된 동법이 제정된 지도 20년이나 지났을 뿐 아니라 이익산정이 제대로 운영되면 뇌물로 얻은 이익을 박탈할 수 있는 효과적인 수단이 될 수 있다는 점에서 서둘러 관련 연구를 진행시키고, 실질적인 가이드도 제시해야 한다. 특히 미국 등 해외에서 이미 실시하고 있는 방식인 만큼 비교법적 차원에서 참고할 실제 운영례가 많이 있을 것이며, 비록 뇌물법 분야는 아니지만 현재 증권범죄, 영업비밀침해범죄 등에서 유사한 방식이 국내법상으로도 이미 도입되어 있고 그 분야에서는 이미 판례도 형성되어 있는 만큼 뇌물죄에서 뇌물로 얻은 이익의 산정 방식이 아직 미비하다는 점은 충분히 보완 가능하다고 생각한다.83)

---

82) 법무부·전국경제인연합회, "문답식 국제상거래뇌물방지법 해설 - OECD 뇌물방지협약 국내이행법률 -", (1999. 2), p.35 참조.

83) 예컨대, 영업비밀침해에 있어서 이익과 손해액 산정에 대한 한국과 미국의 논의 및 판례의 태도에 관한 글로는 안성수, "형사상 영업비밀 침해에 있어서 이익과 손해액 산정 - 올바른 양형기준의 정립과 관련하여 -", 정보법학 제11권 제1호, 한국정보법학회, (2011), p.21 이하 참조.

다. 양형 단계에서의 철저한 간과

앞서 살펴 본 바와 같이 사실 뇌물공여자의 범죄수익은 국내 뇌물공여죄의 양형인자로서도 전혀 고려되지 않고 있다. 즉, 양형위원회가 마련한 뇌물범죄 양형기준에 의하면 뇌물 액수 자체만 형량의 기준이 되고 있을 뿐 뇌물공여자가 뇌물제공으로 얻은 이익 자체는 형량의 기준이나 가중 혹은 감경 요소로서의 양형인자로 고려되지 않고 있다.[84] 결국 뇌물로 얻은 이익 개념 자체는 법정형의 상한 기준으로 도입되지 않았을 뿐만 아니라 양형 기준이나 양형인자로서도 철저히 간과되고 있는 실정이다.

반면 뇌물수수자 뿐만 아니라 뇌물공여자도 뇌물 액수가 양형기준으로 작용함을 알 수 있다. 하지만, 통상 뇌물제공으로 얻은 이익이 뇌물 액수 보다 클 뿐만 아니라 뇌물공여자 입장에서는 뇌물제공으로 얻은 이익이 더 중요하다는 점에서 뇌물제공으로 얻은 이익이 뇌물공여자에 대한 양형기준이나 인자로서의 역할을 전혀 못하는 현실은 이해하기 어렵다. 예컨대, 같은 뇌물 1억 원을 제공한 뇌물공여자라고 하더라도 그 1억 원의 뇌물로 얻은 이익이 10억 원인 뇌물공여자와 20억 원인 뇌물공여자의 형량이 같다면 형평에 맞지 않는다. 특히 앞서 설명한 바와 같이 많은 뇌물 사건의 경우 공금 횡령의 공법으로 치환할 수 있다는 점에서 보면 이는 분명해 진다. 예컨대, 원래 적정 단가가 100만 원짜리 물건 10,000개를 납품하는 100억 원 상당의 관급계약에서 뇌물 1억 원을 매개로 담당 공무원과 납품회사가 짜고 단가를 10% 올릴 경우 낭비되는 공금은 10억 원이지만, 만약 단가를 20% 올릴 경우 낭비되는 공금은 20억 원으로 그 배가 된다. 즉, 뇌물로 얻은 이익이 많은 경우 그 만큼 더 큰 액수의 공금이 낭비되었다는 해석이 가능한데 이런 점이 양형단계에서

---

84) http://sc.scourt.go.kr/sc/krsc/criterion/criterion_02/bribe_01.jsp (2018. 1. 15. 최종방문)

조차 고려되지 않는 현실은 이해하기 어렵다.

뇌물수수자 입장에서는 뇌물수수죄를 통한 경제적 이익이 뇌물 그 자체이지만, 뇌물공여자 입장에서는 뇌물을 제공하고 얻은 반대급부로서의 이익이기 때문에 양자의 경제적 이익은 완전히 다르다. 특히 뇌물공여자가 얻은 범죄수익은 많은 경우 뇌물공여죄를 통해 피해자에게 가한 손실과 같거나 그 이상이 된다. 따라서 뇌물공여자에 대한 형량의 판단에 있어서 보다 중요한 요소는 뇌물 보다는 그 뇌물 제공을 통해 얻은 이익(즉, 뇌물공여자의 범죄수익 혹은 피해자에게 가한 손실)이 되어야 한다. 이런 측면에서 현재 뇌물수수자나 뇌물공여자 모두에게 뇌물 액수가 양형기준이 될 뿐 뇌물제공으로 얻은 이익은 전혀 고려되지 않는 뇌물범죄에 대한 양형기준은 재검토가 필요하다고 생각한다.

3. 과징금 등 행정제재 수단 부재

현재 뇌물공여자에게 형사 제재 외에 과징금 등의 행정제재를 일률적으로 부과하여 뇌물로 얻은 이익을 박탈할 수 있는 방법은 없는 실정이다. 다만 개별 특별법에서 과징금을 부과하는 경우가 있기는 하지만 매우 예외적이다. 예컨대, 몇 년 전 원전비리의 여파로 제정된 원전비리방지법에 과징금 부과조항이 있다. 동법 제18조에서 협력업체의 행위제한 규정을 마련한 후, 제27조에서 그 제한규정을 위반한 사업자에 대해 산업통상자원부장관은 5억 원(위반행위로 얻은 이익의 3배에 해당하는 금액이 5억 원을 초과하는 경우에는 그 이익의 3배에 해당하는 금액)을 초과하지 아니하는 범위에서 과징금을 부과할 수 있도록 하였다. 협력업체 금지행위의 첫 번째 유형이 바로 '원자력발전공공기관에 물품 등을 공급함에 있어 뇌물을 약속, 공여하거나 공여의 의사를 표시하는 행위'이기 때문에, 결국 원자력발전공공기관에 뇌물공여죄를 범한 협력업체에 대해 뇌물로 얻은 이익의 3배 이하의 과징금을 부과할 수 있다.[85) 뇌물공여자에게 형사처벌 외에 과징금을 부과할 수 있는 근거를 마련한 점에서 매우 의의가 있을 뿐만 아니라 그 과징금 액수 상한 설정에 위반 행위로 얻은 이익 개념을 도입하여 그 이익의 3배 범위 내에서 과징금을 부과할 수 있도록 디자인했다는 점에서도 매우 획기적이다.

하지만, 위와 같은 예는 매우 예외적인 경우이고, 이런 개별법상 특별조항이 없는 상황에서 형법상 뇌물공여죄를 저지른 사람에게 일률적으로 과징금 등의 행정제재를 부과할 수 있는 수단은 아직 없다. 앞서 언급한 바와 같이 미국의 경우 이익환수금(disgorgement) 제도가 있어서 형사벌금과 별도로 뇌물공여자가 얻은 경제적 이익을 형평법의 관점에서 환수하는 제도가 마련되어 있다. FCPA 적용대상자 중에 issuer에 대해서는 SEC가, 나머지에 대해서는 DOJ가 disgorgement를 부과하고 있다. 우리식의 상장사에 해당하는 issuer에게 부과하는 SEC의 disgorgement는 실제로 그 액수가 천문학적인 금액인 경우도 많아서, FCPA 사건에서 기업에 부과되는 금전적 제재 중에 disgorgement는 형사벌금과 더불어 양 대 축을 형성하고 있다.

우리나라의 경우도 형사벌과 별도로 주무 행정부처나 규제기관에서 특별법 위반 행정사범에 대해 과징금을 부과하는 경우가 많이 있다. 예컨대, 공정거래위원회가 담합 또는 불공정거래행위 등을 한 기업에 대해 과징금을 부과하는 경우가 대표적인 예이다. 이러한 과징금 부과 근거는 기업들이 위반행위로 얻은 경제적 이익을 박탈하기 위함이다. 그리고 동일한 위반행위에 대해 관련 특별법상 과징금과 형사벌을 모두 규정하고 있는 경우도 많은데, 이에 대해 이중처벌로 보지 않는 것이 일반적인 견해이다.[86] 즉, 담합을 한 기업들에 대해 공정거래위원회에서 과

---

85) 다만 양벌규정은 없어서 형사처벌은 협력업체 임직원에 대해서만 할 수 있다.
86) 이정민(b), 앞의 글, p.48 이하; 안경옥(a), "기업범죄의 내용 및 합리적 제재방안 – 행정적·자율적 규제를 중심으로", 비교형사법연구 제14권 제2호, 한국비교형사법학회, (2012), p.410 이하 참조.

징금을 부과하는 것과 별도로 검찰의 기소를 통해 법원에서 형사 벌금
이 부과될 수도 있는데, 이에 대해 이중처벌로 보지 않는다. 전자는 기
업의 부당이득을 박탈하기 위한 행정제재인 반면 후자는 범죄에 대한
형벌로서의 벌금형을 부과하는 것이어서 양자는 그 근거를 달리 하기
때문이다.

　하지만, 현재 뇌물공여죄에 대해서는 형사처벌과 별도로 과징금을 부
과할 수 있는 일반적인 법적 근거는 전혀 없는 형편이다. 행정부처 중에
부패방지에 관한 주무 부처 혹은 규제기구는 국민권익위원회라고 할 수
있으나,[87] 공정거래위원회가 담합 등 공정거래사건에서 기업들에게 과
징금을 부과하듯이, 국민권익위원회가 뇌물 제공 기업들에 대해 과징금
을 부과할 수 있는 법적 수단은 전혀 없다. 최근에 제정된 부정청탁금지
법 상으로도 위반행위에 대한 금전적 제재로서 벌금과 과태료만 있을
뿐 과징금 부과 근거는 전혀 없다. 동법 제17조에서 부당이득의 환수라
는 제목으로, 공공기관의 장은 제5조(부정청탁의 금지), 제6조(부정청탁
에 따른 직무수행 금지), 제8조(금품 등의 수수 금지)를 위반하여 수행한
공직자 등의 직무가 위법한 것으로 확정된 경우에는 그 직무의 상대방
에게 이미 지출·교부된 금액 또는 물건이나 그 밖에 재산상 이익을 환수
하여야 한다고 규정하고 있는데, 이는 공공기관의 장에게 부당이득 환수
를 촉구하거나 의무를 부과하는 취지에 불과하다. 즉, 동 조항에 의해
부당이득 환수의 효과가 발생하거나 그와 같은 처분을 내릴 수 있는 것이
아니기 때문에 원전비리방지법상의 과징금 부과 조항과 차원이 다르다.

　따라서 뇌물죄 영역에서는 공정거래 영역과 달리 형사제재 외에 과
징금 등의 행정제재를 일반적으로 부과할 수 있는 법적 근거나 주무 관
청이 전혀 없는 셈이다. 그렇다고 원전비리방지법처럼 특정 산업분야의
비리가 발생할 때마다 특별법을 통해 개별적으로 과징금 부과 규정을

---

87) 부패방지 및 국민권익위원회 설치와 운영에 관한 법률 제1조.

신설하는 것도 결코 바람직한 방법은 아니다. 결국 그런 개별 특별법을 통하는 방법보다 일률적이고 일반적인 법적 근거를 마련하는 편이 훨씬 나은 방법인데, 이제는 뇌물공여자의 범죄수익을 박탈하기 위해 형사 제재 외에 과징금 등 행정제재를 부과할 수 있는 법적 근거 마련을 고민할 시점이 되었으며, 이론적으로도 충분히 가능하다고 생각한다. 실제로 불법리베이트를 제공한 제약회사에 대해 공정거래위원회가 공정거래법상 부당고객유인행위로 보아 과징금을 부과하는 경우가 종종 있다. 뇌물공여죄의 모든 유형이 공정거래법상 부당고객유인행위에 해당하는 것은 아니겠지만, 기업 뇌물 중에 이에 해당할 수 있거나 유사하게 평가할 수 있는 경우는 꽤 있을 것이다. 물론 공정거래법상 부당고객유인행위와 형법상 뇌물공여행위를 항상 같은 기준으로 평가할 수는 없지만, 뇌물공여의 일부 유형이 이미 공정거래법상 과징금을 부과할 수 있는 행위에 해당한다는 점은 주목할 필요가 있다. 또한 실제로 기업 범죄 차원에서는 anti-trust와 anti-corruption이 많은 면에서 유사점을 찾을 수 있는데, 전자에 대해 과징금과 형사벌을 병과할 수 있다면 후자에 대해서도 그와 같은 정책을 취하는 것에 전혀 무리가 없다고 생각한다.

4. 민사적 수단을 통한 박탈의 어려움

사실 뇌물공여자가 뇌물을 제공하여 얻은 경제적 이익은 종종 뇌물죄의 피해자가 입은 경제적 손실에 대응하는 경우가 많다. 특히 뇌물을 통해 이익을 추구하는 기업 뇌물의 경우에는 더 그렇다. 여기서 피해자는 뇌물수수자가 속한 조직일 것이다. 즉, 뇌물수수자가 공무원인 경우에는 국가 또는 지방자치단체이고, 각종 특별법상 공무원으로 의제되는 공기업 혹은 공공기관의 임직원인 경우에는 그가 속한 공기업 혹은 공공기관이다. 뇌물공여자의 뇌물제공 행위로 인하여 더 좋은 조건의 업체가 낙찰 받았어야 함에도 뇌물제공 업체가 낙찰 받았다거나, 부당하게 단가가 인상되었다거나, 품질 기준에 미달하는 물품을 납품받았을 경우 피해자에게 손해가 발생하였다고 볼 수 있다.[88] 이런 경우 피해자인 국가, 지방자치단체, 공기업, 공공기관 등은 뇌물공여자를 상대로 불법행위에 기한 손해배상청구가 가능하다.[89]

　하지만, 적어도 우리나라에서 뇌물 사건이 발생하였을 경우 뇌물수수자가 속한 단체(즉, 피해자)가 나서서 민사소송을 통해 손해를 회복하는 경우는 흔하지 않은 것 같다. 그 이유는 무엇일까. 우선 뇌물 사건의 경우 뇌물 그 자체에 초점을 맞출 뿐 그로 인해 '입은 손해'나 '얻은 이익'에 대해 상대적으로 매우 무심한 편이다. 즉, 공무원(의제공무원 포함)이 직무와 관련해서 금품을 받았다는 사실 자체에 너무 집중한 나머지 그로 인해 반대편 즉, 뇌물공여자 측에서 얻은 이익에 대해 간과하기 쉽다. 특히 뇌물은 은밀하게 이루어지는 그 성격상 피해자 측에서 자체적으로 발견하는 경우 보다는 사후에 수사기관을 통해 밝혀지는 경우가 많은데, 수사 과정에서도 항상 뇌물수수자인 공무원에 너무 초점을 맞춘 나머지 뇌물공여 행위가 초래한 효과에 대해서까지 입체적으로 조사하지 못하는 경우가 많다. 나아가 뇌물사건에서는 많은 경우 뇌물공여자의 제보나 협조 없이는 뇌물수수자를 밝히거나 기소하기가 어렵기 때문에 뇌물공여자가 수사에 협조하는 경우 그 순간부터 뇌물공여자는 뇌물수수자를 잡기 위한 수사의 동반자로서 보호하고 관리하는 경우가 많은 것이 사실이다.[90] 더구나 앞서 살펴보았듯이 우리 법상 뇌물공여자에 대한

---

88) 뇌물을 매개로 하여 체결된 계약의 효력에 대해서는 정대익, "회사의 부패행위로 인한 민사법적 법률관계", 상사판례연구 제26집 제3권, 한국상사판례학회, (2013. 9. 30.), p.251 이하 참조.

89) 정대익, 앞의 글, pp.265-270.

90) 이런 실무상의 필요성으로 인해 증뢰죄와 배임증재죄의 폐지를 검토하는 다소 황당한 실무 연구도 있다. 우영기, 앞의 글, p.196 이하 참조. 물론 이 글 역시 증뢰죄와 배임증재죄 폐지에 따른 문제점 때문에 폐지가 불가함을 인정하고 있으나, 공여자측이 처벌되지 않도록 법개정이 되면 대부분의 부정부패사건이

금전적 제재 수단은 매우 미미하다. 이런 현실 및 수사 실무에 비추어 볼 때 특별한 사정이 없는 한 수사 과정에서 뇌물이 초래한 손해나 이익까지 제대로 평가하기를 기대하는 것은 무리이다.

그렇다면 뇌물수수자가 속한 단체 즉, 피해자 측에서 적극적으로 뇌물이 초래한 손해에 대해 확인하고 소송 등을 통해 이를 회복하고자 노력하여야 하나 현실은 오히려 피해자측도 소극적인 경우가 많다. 대외적인 평판 등을 고려해서인지는 몰라도 보통은 소속 공무원(의제공무원 포함)이 비록 뇌물은 수수하였어도 그로 인해 직무에 영향은 없었다는 식으로 강조하기 일쑤다. 특히 그 은밀성으로 인해 뇌물이 밝혀지는 시점은 실제 뇌물이 발생한 시점보다 훨씬 후인 경우가 많고, 따라서 뇌물이 밝혀진 시점에는 이미 뇌물로 얻은 계약 관계 등이 모두 종료된 이후인 경우도 많다. 따라서 피해자 측에서도 특별한 사정이 없는 한 이미 오래 전에 완료된 거래 내용을 다시 파헤쳐 굳이 손해를 밝히거나 소송을 제기하기 꺼릴 수 있으며 오히려 그 과정에서 대외적인 이미지만 실추될 수 있다고 판단할 가능성도 많다.

이런 차원에서 2015년 법무부가 '국고손실 환수송무팀'을 출범시킨 것은 상당히 고무적인 조치라고 할 수 있다.[91] 이는 최근 몇 년 동안 국가적인 차원에서 방산비리 사건을 집중적으로 수사하던 와중에 부패사건을 통해 초래되는 국고손실이 막대함에도 불구하고 이를 제대로 환수하지 못하는 문제점을 인식하고 이에 대한 대응책으로 마련한 조치이다. 지금이라도 뇌물사건에서 뇌물공여자를 상대로 민사적인 방법을 통해 국고손실을 환수하려는 노력은 환영할만한 일이다.[92]

없어질 것이라는 저자의 생각에는 상당한 의문이 든다.

91) http://www.etoday.co.kr/news/section/newsview.php?idxno=1204156; http://news.heraldcorp.com/view.php?ud=20150922000398&md=20150922110226_BL(각 2018. 1. 15. 최종방문)

92) 정대익, 앞의 글, p.245 이하 참조. 이 글에 의하면 "경제적 동기가 부패행위에서 가장 중요한 역할을 하는 점을 고려하면 부패행위로 인해 취득한 경제적

사실 해외에서는 방산비리 사건과 같은 국가상대 계약에서 발생하는 뇌물 사건에서 뇌물 때문에 경쟁에서 떨어진 업체가 뇌물을 제공한 업체를 상대로 민사소송을 제기하는 사례가 종종 있었다. 이런 사례 중 하나가 Korea Supply Co. v. Lockheed Martin Corp. 사건[93]인데 이는 우리나라의 유명한 방산비리 사건 때문에 미국에서 민사소송이 제기된 사건으로 매우 흥미로운 사건이다. 당시 우리나라에서 이 방산비리 사건은 백두사업 비리로 수사가 된 사건이지만, 세간에는 여성 로비스트와 국방부 장관의 부적절한 관계 폭로로 더 회자가 되었던 사건이었다. 문제는 이러한 불법 로비를 통해 입찰에서 떨어진 경쟁업체 측에서 낙찰 받은 업체를 상대로 손해배상소송을 미국에 제기한 것이다. 이 사건을 여기서 자세하게 소개할 여력은 없지만,[94] 결과적으로는 7년여의 오랜 소송 끝에 원고와 피고가 비공개를 전제로 한 합의로 사건이 종결되었다. 이 사건 자체도 흥미롭지만, 여기서 강조하고 싶은 것은 국내 공무원에 대한 뇌물 사건에서 경쟁에서 떨어진 민간업체조차 뇌물제공 업체를 상대로 손해배상청구를 하고 배상을 받기도 하는 일이 오래되었는데, 정작 우리는 그 동안 국가 차원에서 국고손실을 환수하려는 노력이 부진하였다는 점이다.

이런 차원에서 지금이라도 법무부가 나서서 부패 사건에서 초래된 국고 손실을 민사소송을 통해 환수하려는 노력은 바람직하지만, 사실 민사소송에 의한 국고손실 환수에는 여러 제약이 있음을 지적하지 않을

이익의 박탈과 더불어 부패행위로 침해된 당사자의 이해를 회복하는 수단, 특히 피해당사자의 손해에 대한 배상책임을 부과할 수 있는 사법적 제재수단에 대한 검토는 부패방지를 위한 효과적 수단을 고려할 때 간과할 수 없으며, 형사법적 규제수단과 동일한 비중으로 검토가 이루어져야 한다'고 한다.

93) Korea Supply Co. v. Lockheed Martin Corp., 63 P.3d 937, (Cal. 2003).
94) 이 사건에 대한 자세한 소개는 Ethan S. Burger/ Mary S. Holland, "Why The Private Sector Is Likely To Lead The Next Stage In The Global Fight Against Corruption", Fordham International Law Journal(Vol. 30, 2006), p.66 이하 참조.

수 없다. 우선 우리 민사소송은 미국식 사전증거조사제도 즉, 디스커버리제도가 없기 때문에 소송과정을 통해 상대편으로부터 증거를 수집하는 것이 매우 어렵다. 뿐만 아니라 최근 기업 뇌물의 경우 직접 뇌물을 제공하는 경우보다 중간에 현지 에이전트, 컨설팅업체 등 제3자를 끼어넣은 후 이를 통해 뇌물을 제공하는 방식이 훨씬 더 많다. 이런 경우 원고측에서 그 전모를 정확하게 알거나 각각의 관여도에 대해 입증할 수 있는 증거가 사전에 충분히 확보되지 않은 이상 어느 쪽을 상대로도 소송을 제기하기에 상당한 문제가 있다. 일단 서로에게 책임을 떠넘길 가능성도 많을 뿐만 아니라 실제 뇌물제공행위자와 뇌물로 얻은 이익의 귀속자가 달라지는 문제 등도 있기 때문이다.

이상의 점을 고려할 때 뇌물공여자가 뇌물을 통해 얻은 이익을 민사적 수단에 의해 완전하고 수월하게 박탈하기를 기대하는 것은 무리이다. 그리고 바로 이런 점이 많은 선진국들이 뇌물 사건에서의 국고 손실 환수에 형사적 수단을 우선시 하는 이유라고 생각한다. 앞서 살펴 본 바와 같이 현재 우리 법제상으로는 형사적 제재를 통한 국고손실 환수 방법이 마땅치 않은데, 매우 큰 법적 허점이 아닐 수 없다.

제5장
개선방안

제1절 기업형사책임의 도입

앞서 언급한 바와 같이 국내 뇌물공여죄의 가장 큰 문제점은 기업형사책임의 부재이며 이는 시급히 개선해야 할 입법의 공백이다. 비교법적으로 보더라도 영미법계인 영국, 미국뿐만 아니라 프랑스, 스위스 등 대륙법계의 선진 국가 대부분도 기업형사책임을 인정하고 있다. 끝까지 법인의 형사책임을 인정하지 않는 독일조차도 사실상 질서위반법을 통해 행정벌의 형태로 그 공백을 메우고 있는 상황이다. 따라서 선진국의 입법태도와 비교해 보더라도 뇌물공여죄에 있어서 기업형사책임(적어도 기업책임)을 인정할 수단을 전혀 구비하지 못하고 있는 국내 뇌물 관련 법규는 상당히 후진적이다.[1][2]

---

1) 뇌물공여죄에도 기업형사책임을 도입해야 한다는 필자의 견해(오택림(a), 앞의 글, p.174 이하 참조)에 동조하는 입장으로는 김혜정, "양형기준의 시행결과를 통해 바라본 뇌물죄 처벌의 적정성에 관한 소고", 형사정책연구 제25권 제2호, (2014 여름), p.175; 이천현/윤지영/임정호, 앞의 글, pp.98-99. 한편 필자의 견해에 대해 다소 회의적인 반응으로는 표성수, "공직부패범죄의 본질과 그 폐해, 제도적 전환의 필요", 법조 Vol. 716, 법조협회, (2016. 5.), p.82 이하 참조. 이 글은 기본적으로 공직부패에 대한 대처방안으로 형사적 대응 방법은 그 효과가 제한적이거나 미흡하다는 취지이다. 하지만 기존의 형사적 대응 방법이 주로 수뢰자측에 집중한 반면 필자의 제안은 증뢰자에 초점이 맞추어져 있다는 점, 형사적 대응 방안에 허점이 있을 경우 다른 제도적·정책적 개선방안의 효과가 반감될 수밖에 없다는 점 등을 지적하지 않을 수 없다.

2) 필자가 박사학위논문을 발표한지 얼마 되지 않아 법인의 뇌물제공행위를 형사처벌할 수 있는 법안이 발의되었다. 2018. 3. 13. 최운열의원이 대표발의한 "법인의 뇌물제공행위 처벌에 관한 법률안"이 바로 그것이다. 필자로서는 이 법률안의 제안 과정에 대해 아는 바는 없지만, 드디어 뇌물공여죄에 기업형사책임 도입을 시도하는 법률안이 발의되었다는 사실 자체가 상당히 반가웠으며, 나아가 법률안의 제안이유나 제안내용에서 필자의 박사학위논문을 포함한 기존 글들과 유사한 부분을 많이 발견할 수 있어서 흥미로웠다. 물론 세부 내용에서

다만 국내 뇌물공여죄에 기업형사책임을 도입한다고 할 때 어떤 방식으로 도입을 하는 것이 가장 좋은 방법인지는 또 다른 차원의 깊이 있는 논의가 필요한 주제이다. 입법론 차원의 개선방안이므로 형법을 개정하는 방법부터 새로운 특별법을 제정하는 방식에 이르기까지 다양한 방법을 검토해 보아야 할 뿐만 아니라 무엇보다도 기존의 형사법 체계와 조화를 이루면서도 가장 효과적인 방식으로 도입해야 하기 때문이다. 특히 현행 특별법상 많은 양벌규정이 개인에 대한 벌금형과 동일한 액수의 벌금형을 법인에게 부과하는 형식인데 뇌물공여죄에도 이런 방식으로 기업형사책임을 도입해서는 실질적인 효과를 거두기 어렵다.

이하에서는 형법에 도입하는 방식, 특가법 등 기존 특별법에 도입하는 방식, 독립된 뇌물법을 특별법으로 새로 제정하는 방식으로 나누어서 각각의 장단점을 살펴보고 필자의 의견을 개진하고자 한다.

1. 형법에 도입하는 방식

사실 형법상 기업형사책임을 도입하는 문제는 비단 뇌물공여죄만의 문제는 아니다. 따라서 여기서 형법의 개정을 전제로 논의를 전개하는 것은 우리 법상 기업형사책임의 전반을 논하는 것과 다를 바 없어서 본 연구의 범위를 넘어선다고 할 수 있다. 더구나 경험적으로 볼 때 형법을 개정하는 것은 매우 지난한 작업이 아닐 수 없어서 실질적으로는 나중에 살펴 볼 특별법을 통한 해결이 보다 현실성이 있는 대안이라고 생각한다. 기업형사책임의 필요성은 모든 기업범죄에서 논할 수 있는 것이어서 궁극적으로는 형법 개정이 필수이기는 하지만 자칫 이로 인해 형

는 필자의 견해와 다른 부분도 많았는데, 예컨대, 뇌물공여죄의 양벌규정을 새로운 특별법의 형식을 취해 도입한 점, 법정 벌금형을 범죄행위로 얻은 이익의 2배 이상 5배 이하로 설정한 점 등이다. 이에 대해서는 관련 부분에서 따로 언급하도록 하겠다.

법이 개정될 때까지 오랜 시간 동안 뇌물공여죄에서 기업형사책임의 공백 사태를 유지하는 것은 바람직하기 않기 때문이다. 다만 필자 개인적으로는 궁극적으로는 형법 개정을 통해 해결하는 것이 바람직하다는 견해를 가지고 있으므로 여기서는 장기적인 개선방안 차원에서 형법상 어떻게 기업형사책임을 도입하는 것이 바람직한지 간략히 필자의 개인 견해를 피력하고자 한다.

가. 양벌규정의 문제점

형법 개정을 통한 기업형사책임의 도입이 필요하다고 생각하는 입장에서는 현행 양벌규정의 문제점을 먼저 지적하지 않을 수 없다.[3] 주지하다시피 현행법상으로는 양벌규정을 통해서만 법인을 형사처벌할 수 있다. 또 가장 중요하고 기본적인 범죄에 대해 규율하고 있는 형법전에는 양벌규정이 전혀 없으며, 특별법상에만 양벌규정이 도입되어 있다. 하지만 이러한 양벌규정의 형식으로 기업형사책임을 커버하려는 시도는 다음과 같은 이유로 더 이상 실효성을 거두기 어렵다고 생각한다.

첫째, 양벌규정은 원칙적으로는 법인의 범죄능력을 부정하는 입장에 서서 예외적으로 법인의 형사처벌을 가능케 하는 형식을 취하는 모델이다. 형법상 법인의 범죄능력이 인정되지 않는 상황에서 최소한 기업의 범죄행위에서 기인한 불법이익을 차단하고 범죄적 결과를 최대한 예방 감소시켜 보려는 목적으로 고안된 특이한 입법형식인 것이다.[4][5] 하지만 이는 논리적으로 많은 문제점을 내포하고 있다. 우선 범죄능력이 없이

---

3) 현행 양벌규정의 문제점에 대한 글로는 이천현, 앞의 글, p.63 이하 참조.
4) 김성룡/권창국(a), 앞의 글, p.124
5) 양벌규정이 법인의 행위능력에 대해 어떤 태도를 취하는지에 관한 자세한 내용은 김성돈(a), "기업에 대한 형사처벌과 양벌규정의 이론적 기초 - 법인의 행위성 문제를 중심으로 -", 형사법연구 제28권 제2호, 한국형사법학회, (2016), p.3 이하 참조.

수형능력만 있다는 것이 가능한가 하는 문제제기가 가능하다. 설령 가
능하다고 하더라도 그럼 어떤 상황과 전제에서 가능한가, 즉, 어떤 경우
에 무슨 근거로 범죄능력 없이 수형능력만 인정하여 형사처벌이 가능한
가 하는 공격이 이어질 수 있다. 이런 점 때문에 원칙적으로 법인의 범
죄능력을 부정하면서도 양벌규정이 있는 경우에는 범죄능력이 인정된다
는 견해도 나오고 있다. 즉, 양벌규정으로 법인의 범죄능력이 창설된다
는 것이다. 하지만, 이 견해 역시 여러 공격으로부터 자유롭지 못하다.
우선 양벌규정의 형식을 살펴보면 행위자인 자연인의 범죄행위에 법인
의 처벌을 종속시키는 형식이어서 만약 법인의 범죄능력을 인정한다면
그런 종속적인 형식으로 처벌하는 이유를 설명하기 어렵다. 이런 차원
에서 법인의 범죄능력을 부정하면서 양벌규정이 있는 경우에만 법인의
범죄능력을 인정하는 것은 문제의 선후관계가 뒤바뀐 것이며, 이론과 현
실에서 오는 모순을 조화롭게 해결하고자 하는 노력에서 나온 견해일
뿐이라는 비판을 받는다.[6]

　뿐만 아니라 양벌규정에 의한 법인처벌의 근거와 관련해서 벌어지는
무과실책임설, 과실책임설, 부작위책임설 등의 논의에서 볼 수 있듯이
법인처벌의 근거를 기존의 형법이론으로 매끄럽게 설명하기 힘든 것이
사실이다. 예컨대, 법인의 범죄능력을 원칙적으로 인정하지 않는 입장이
라고 한다면 논리적으로 무과실책임설이 보다 솔직한 접근법이라고 할
수 있으나,[7] 형법상 기본 원칙인 책임주의에 반하는 이론적 난제에 부
딪히기 때문이다. 헌법재판소 결정[8]으로 인해 과실책임설의 입장으로
정리되는 것으로 보이지만,[9][10] 여전히 법인의 범죄능력을 원칙적으로

---

6) 권수진, 앞의 글, p.54.
7) 김재봉(c), "양벌규정과 기업처벌의 근거·구조", 법학논총 제24집 제3호, 한양대
　　학교 법학연구소, (2007), p.7.
8) 헌재 2007. 11. 29. 2005헌가10; 헌재 2010. 12. 28. 2010헌가73.
9) 김재봉(d), "양벌규정에서 법인과 행위자의 법정형 분리의 필요성", 법과 정책
　　연구 제12집 제3호, 한국법정책학회, (2012. 9.), p.990.

부인하는 입장에서는 이러한 과실책임설을 조화롭게 설명하는 것이 어려워 보인다. 필자 입장에서는 현행 양벌규정의 형태를 취하고 있는 한 이러한 이론상의 문제점들을 논리적으로 무리 없이 풀어내는 것은 원칙적으로 불가능해 보인다.[11)]

둘째, 양벌규정이 인정되는 경우와 그렇지 않은 경우에 대한 기준 설정이 어렵다. 특히 형법상으로는 기업형사책임을 전혀 인정하지 않으면서 특별법상으로는 너무나도 많은 양벌규정을 쉽게 도입해 폭넓은 기업형사책임을 인정하는 현 상태에서 기업형사책임이 인정되는 범죄와 그렇지 않은 범죄에 대한 기준을 설명할 방법이 없어 보인다. 오히려 유일한 기준은 형법과 특별법이란 차이 밖에 없어 보이는데, 이는 참으로 납득하기 어렵다. 물론 기존 학설은 통상 형법 외에 특별법에서 법인의 형벌능력을 인정하는 이유에 대해 행정형법은 고유한 형법에 비하여 윤리적 색채가 약하고 행정목적을 달성하기 위한 기술적·합목적적 요소가 강조되는 것이므로 행정단속 기타 행정적 필요에 따라 법인을 처벌할 수 있다고 설명한다.[12)] 하지만 앞서 살펴 본 바와 같이 이러한 설명은 설득력이 많이 떨어진다. 이미 특별법상 인정되는 양벌규정 중에는 형

---

10) 한편 헌재 결정으로 인해 2007년 이후 양벌규정이 헌법상 요구되는 책임주의 원칙과 조화를 이루게 되었다는 통설에 대해 비판적 견해로는 김성돈(c), "양벌규정과 책임주의원칙의 재조명", 형사법연구 제27권 제3호, 한국형사법학회, (2015), p.124 이하 참조.

11) 2007년 헌법재판소 결정으로 인해 양벌규정이 법인의 처벌요건을 자연인의 처벌요건에 상응하게 맞춤으로써 기업형법의 도그마틱을 개인형법의 도그마틱의 수준에 상응시키는 방향으로 발전시켜 나갈 수 있는 가능성을 보여주었다고 평가한 글로는 김성돈(b), "기업형법과 양벌규정의 도그마틱 : 양벌규정상의 법인에 대한 형벌부과 요건을 중심으로", 형사정책연구 제27권 제2호, 한국형사정책연구원, (2016), p.129 이하 참조. 이 글은 헌재 결정을 토대로 우리 양벌규정 하에서 개인형법의 도그마틱 언어(행위, 불법, 책임 등)를 사용하여 법인 처벌근거를 모색하는 담대한 시도를 하고 있다.

12) 이재상, 형법총론(제7판), (2011), p.97.

법상 범죄에 못지않은 윤리적 색채를 띠고 있는 것도 많으며, 형법상 범죄 중에도 기업이 범할 경우 기업을 처벌해야 할 행정적 필요가 높은 것도 얼마든지 상정할 수 있기 때문이다. 정작 가장 중요하고 기본적인 범죄를 규율하는 형법전에는 전혀 기업형사책임이 인정되지 않기 때문에 오히려 이런 형법상 중요 범죄를 저지른 기업을 형사처벌하지 못하는 일종의 엉뚱한 역차별을 낳기만 할 뿐이다. 그리고 그런 대표적인 예가 바로 뇌물공여죄이다. 오히려 외국 공무원에게 뇌물을 준 경우(국제뇌물방지법) 혹은 뇌물 보다 낮은 단계의 접대를 한 경우(부정청탁금지법) 등에서는 관련 특별법상의 양벌규정에 따라 기업형사책임이 인정되나, 정작 국내 공무원에게 정식 뇌물을 준 경우에는 형법이 적용되어 기업형사책임이 인정되지 않는데 이러한 차별은 범죄 자체의 특성에서 근거를 찾을 수 없고 오로지 형법이 적용되기 때문에 기업형사책임이 인정되지 않는 것에 불과하다. 결국 이런 현재 법 상태를 계속 고수할 경우 형법상 범죄에 대해 기업형사책임의 필요성이 대두될 때마다 새로운 특별법을 제정하거나 기존 특별법의 개정을 통하여 양벌규정을 도입할 수밖에 없는데 이는 매우 비효율적일 뿐만 아니라 일관성도 결여된 입법방식이다.

셋째, 종속적 모델의 양벌규정의 형식으로는 제대로 된 기업형사책임을 구현하기 어렵다. 양벌규정은 자연인의 범죄행위에 법인의 형사처벌을 종속시키는 형식이다.[13] 따라서 기업범죄에서도 항상 기업 내의 구체적인 행위자를 특정해야 하는 것은 물론 그 개인의 범죄행위를 전제로 해야 하기 때문에 독자적인 기업형사책임을 묻기 어려운 형식일 수밖에 없다. 하지만 이러한 접근법은 현재 거대화·복잡화·조직화된 기업범죄의 특성과도 부합하지 않을 뿐만 아니라, 기업범죄를 저지른 구체적인 자연인을 특정하는 것이 항상 가능한 것은 아니라는 차원에서 합리

---

13) 김호기/김택수/최준혁, 앞의 글, p.18; 김재봉(c), 앞의 글, (2007), p.40.

적인 대응방법이 될 수 없다.14) 어떤 기업범죄가 발생하였을 때 기업 내
부의 의사결정 및 그 실행과정에서 누가 주도하였는지 특정하기도 어렵
고, 관련자의 범위를 명확히 확정하기도 어려운 경우가 태반이다. 예컨
대, 기업이 공무원에게 뇌물을 제공한 사건에서 처음에 누가 결정하였
고, 내부 구성원 중에 이를 알고 있는 사람이 누구이며, 그 실행 과정에
관여한 사람은 누구인지 명확히 특정하거나 범위를 확정하는 것이 쉬운
것은 아니다. 나아가 관련자들 사이에서도 그 역할이나 인식의 정도가
천차만별일 것이다. 물론 공범이론으로 해결할 수도 있으나 그렇지 못
한 상황도 있다. 예컨대, 실제 공무원에게 쇼핑백을 전달한 직원은 그
안의 내용물이나 그 행위의 성격에 대해서 제대로 인식하지 못할 수도
있으며, 청탁을 한 임원은 청탁만 하였을 뿐 그 후 뇌물 제공행위에 대
해서는 모르는 경우도 상정할 수 있다. 물론 그 안에서 전체적인 조율을
한 주범이 있을 것이나 실제 수사 과정에서 분업화·조직화된 기업의 특
성상 모든 조각을 맞춰줄 주범을 명확히 특정해서 찾는 것이 항상 가능
한 것은 아니다.15) 이런 측면에서 기업형사책임이 어느 나라보다 활성
화된 미국의 시스템은 참고가 될 수 있다. 앞서 소개한 바와 같이 미국
에서는 기업들이 선처를 받기 위해 기업내부조사 결과를 자발적으로 검
찰에 신고하는데 이 과정에서 자연스럽게 기업과 관련 행위자의 분리가
이뤄지고 기업이 당해 범죄의 책임자 개인에 대한 자료와 정보를 검찰
에 제공하는 경우가 많다. 즉, 검찰 등 수사기관이 기업을 통해 자연인
의 범죄를 확인하거나 파악하는 경우가 많으며 나아가 그 자연인에 대
한 수사 및 처벌과정에 이르기까지 기업의 도움을 계속 받는 경우가 흔
히 있다. 우리 식의 양벌규정 모델 하에서는 결코 상상하기 어려운 시스
템이라고 할 수 있다.

---

14) 김성룡/권창국(a), 앞의 글, p.124-125.
15) 이런 문제는 비단 뇌물뿐만 아니라 환경범죄나 경제범죄 등 전통적인 기업범
　　죄에서 얼마든지 다양한 형태로 노출될 수 있다.

넷째, 종속형 모델인 양벌규정 방식에서는 기업에 대한 형벌로서 실효성있는 벌금형을 부과하기 어렵다.[16] 개인의 범죄행위에 기업의 처벌을 종속시키다 보니 실제 대다수의 양벌규정에서 기업에 부과되는 법정벌금형은 통상 처벌본조에 정한 위법행위를 한 개인에게 부과되는 벌금액과 동일하게 되어 있다. 결국 개인과 비교하여 양벌규정에 의해 기업에 부과되는 벌금액으로 인한 충격이 높지 않다보니 일반예방적 효과 등 형벌로서의 실효성에 의문이 제기될 수 있다. 그 대안으로 위법행위를 실행한 자연인과 분리하여 기업에게 부과되는 벌금액을 상향하는 법개정이 이루어지고 있지만,[17] 기존의 통설 판례가 지적하듯이 기업의 형사책임이 본질적으로 선임감독의무의 부적절한 이행이라는 과실책임에 해당한다면 그 불법성과 책임비난이 제한될 수밖에 없고 그렇다면 벌금액을 마냥 상향 조정하는 것도 그리 쉬운 일은 아니다.[18]

이상에서 살펴 본 바와 같이 형법상으로는 전혀 기업형사책임을 인정하지 않으면서 특별형법상의 많은 양벌규정을 통해 기업형사책임을 인정하는 방식은 여러 가지 모순과 문제점을 안고 있다. 실제로 필자가 외국 기업고객이나 외국 로펌의 변호사들에게 우리나라의 기업형사책임에 대해 설명을 하다 보면 이들이 매우 놀라워하는 것을 종종 목격하곤 한다. 우선 뇌물공여죄와 같이 형법상의 범죄에 대해서는 전혀 기업형사책임이 인정되지 않는다는 점에 한번 놀라고, 하지만 너무도 많은 특별법상의 다양한 범죄에 양벌규정의 형태로 폭넓은 기업형사책임이 도입되어 있다는 점에 다시 한 번 놀라며, 끝으로 양벌규정 형태로 도입된 유일한 기업형사처벌 수단인 벌금형의 상한이 너무도 낮다는 점에 또

---

16) 이주희(c), 앞의 글, p.252.
17) 법인에 대한 법정형을 행위자에 대한 법정형으로부터 분리가 필요하다는 주장으로는 김재봉(d), 앞의 글, p.989 이하 참조 이에 의하면 법인의 법정형을 자연인인 행위자에 종속시키는 것은 외국의 입법추세에도 반하고 기업 범죄에 대한 실효성 있는 처벌에도 적합하지 않다고 한다.
18) 김성룡/권창국(a), 앞의 글, p.126.

다시 한번 놀라곤 한다.

사실 현재 우리 법은 형법상 기업형사책임이 없을 뿐, 너무도 많은 특별법상 다양한 범죄에 기업형사책임이 도입되어 있다. 이런 법 현실을 놓고 법인의 범죄능력을 원칙적으로 부정하면서 예외적으로 형벌능력만 인정하는 도그마는 더 이상 설득력을 얻기도 힘들고, 나아가 진화하는 기업범죄에 효과적으로 대처할 수도 없다. 따라서 형법전에 정면으로 법인의 범죄능력을 인정하는 형식으로 기업형사책임을 도입할 때가 되었다고 생각한다.[19]

나. 현행 형법의 개정 방식

결국 필자는 더 이상 특별법상 양벌규정을 통한 기업형사책임을 인정하는 현행 시스템은 존속하기 어렵고 궁극적으로 형법의 개정을 통해 정면으로 기업형사책임을 인정해야 한다고 생각한다. 물론 현행 형법전에 기업형사책임을 도입할 경우에도 그 방식은 다양한 형태가 가능하다.[20] 이에 관해 상론할 여유는 없으나 이때 참고할 수 있는 입법례가 바로 법인의 범죄능력을 전면적으로 인정하여 법인의 형사처벌에 관한 규정을 형법전에 마련한 프랑스와 스위스의 입법례라고 생각한다. 즉, 법인의 행위능력·책임능력·수형능력을 모두 인정한 상태에서 기업의 형사책임에 관한 명문규정과 기업에 적합한 형사제재를 형법총칙에 규정하고, 형법각칙상 개별범죄유형 중에 법인이 범죄의 주체가 될 수 있는 범죄를 구별하여 법인도 범죄의 주체가 될 수 있도록 관련 규정을 개정하는 방법이다.[21] 이러한 방식은 우선 법인의 범죄능력, 책임능력, 그리

---

19) 형법전에 법인처벌 규정을 도입하자는 취지의 글로는 이천현, 앞의 글, p.71 이하 참조.

20) 박기석(b), "판례와 사례분석을 통한 기업범죄 처벌의 개선 방안", 형사정책 제20권 제2호(2008), 한국형사정책학회, p.89 이하 참조.

고 수형능력도 인정하고 법인에게 형사제재를 부과한다는 점에서는 논리 일관적이다.[22] 다만 이 경우 기업에 인정되는 형벌유형으로 벌금형만을 규정하는 스위스 입법례보다는 벌금을 포함하여 해산, 직업활동 등 수행금지, 영업소 폐쇄 등 다양한 법인형벌을 규정하는 프랑스 입법례가 개인적으로 더 타당하다고 생각한다. 법인에 대한 범죄능력 및 수형능력을 형법전 개정을 통해 정면으로 인정한다면, 벌금형 외에 법인의 특성에 맞는 다양한 형사제재를 부과할 수 있는 방안을 함께 도입하는 것이 기업범죄의 보다 효율적인 규제 차원에서 바람직하기 때문이다.

다만 이 경우에도 직접 행위자인 자연인의 특정 여부, 법인의 처벌을 위해 자연인의 처벌을 전제로 할지 여부 등이 문제 될 수 있다.[23] 또 기업이 범할 수 있는 개별적인 범죄의 유형, 기업에 적합한 형사제재의 종류[24] 등의 문제 역시 남게 된다. 이런 문제들은 각각 그 자체로 많은 논의와 연구를 필요로 하는 과제여서 기업형사책임의 전반의 문제를 주제로 하지 않고 뇌물공여죄에 초점을 맞춘 본 논문의 연구 범위를 훨씬 뛰어 넘기 때문에 여기서는 더 이상 상론하지 않겠다. 더구나 현실적으로 형법을 개정하는 것은 지난한 작업이 아닐 수 없다. 특히 다수설과 판례가 아직 법인의 범죄능력 부정설의 입장을 취하고 있는 현실을 감안할 때 형법 개정을 통해 기업형사책임을 일반론으로 도입하는 것은 실현 가능성이 낮거나 적어도 시간이 오래 걸릴 것으로 예상된다. 따라서 본 논문에서는 뇌물공여죄에 기업형사책임을 도입하는 방식으로 형법전을 개정하는 방안은 더 이상 상론하지 않고, 보다 현실적인 대안들을 검토해 보도록 하겠다.

---

21) 같은 취지로는 이천현/윤지영/임정호, 앞의 글, p.123 이하 참조.
22) 권수진, 앞의 글, p.128.
23) 이러한 문제에 관한 자세한 분석은 권수진, 앞의 글, p.131 이하 참조.
24) 이에 관해서는 권수진, 앞의 글, p.141 이하 참조.

2. 기존 특별법에 도입하는 방식

만약 형법 자체의 개정을 통한 기업형사책임 도입이 어렵거나 시간이 너무 오래 걸린다면 생각해 볼 수 있는 가장 간명한 방법 중에 하나가 특가법 등과 같이 기존에 있는 특별법에 뇌물공여죄의 양벌규정을 도입하는 방식이다.[25]

현재 특가법에는 형법상 뇌물죄(정확하게는 뇌물수수죄)에 대한 가중처벌 규정이 있다. 즉, 특가법 제2조에 의하면 뇌물의 가액, 즉 수뢰액에 따라 뇌물수수자에 대하여 형법상의 징역형을 가중처벌하며 벌금 역시 수뢰액의 2배 이상 5배 이하의 벌금을 병과 하도록 되어 있다.

하지만, 이러한 가중처벌은 뇌물수수자에게만 해당하고 뇌물공여자에 대한 가중처벌은 없는 형편인데, 앞서 언급한 바와 같이 뇌물공여자에 대한 형법상 법정형이 너무 낮은 점을 감안하면 뇌물공여자에 대해서도 가중처벌 규정의 신설이 필요하다고 생각한다. 따라서 뇌물공여자에 대한 가중처벌 규정을 두면서 이때 동 조항에 대한 양벌규정을 도입하면 자연스럽게 뇌물공여죄에 기업형사책임을 도입할 수 있게 된다.

물론 양벌규정 도입은 단순 가중처벌이 아니라 법인에 대한 새로운 처벌규정 도입이기는 하지만, 특가법에 있는 조항들이 기존 형법상의 범죄에 대한 가중처벌 조항만 있는 것은 아니다. 예컨대, 특가법 제3조에서 규정하고 있는 알선수재는 특가법에서 신설한 범죄 조항이다. 또한

---

25) 양벌규정에서 실제 위반행위를 저지른 종업원 외에 업무주를 처벌하는 목적은 한편으로는 그 위반행위로 인하여 발생한 이익의 귀속주체인 업무주로부터 부당하게 취득한 불법수익을 박탈하고, 다른 한편으로는 형벌의 위하력을 사용하여 업무주로 하여금 종업원의 위반행위를 방지할 수 있는 조치를 취하게 함으로써 장래 종업원의 위반행위를 예방하는 것이라고 한다. 이주희(b), "양벌규정의 개선입법에 관한 고찰", 한양법학 제20권 제4집, 한양법학회, (2009. 11.), p.101. 이런 차원에서 본다면 기업뇌물에서 양벌규정 도입의 필요성도 더 이상 부연 설명이 필요 없다고 할 수 있다.

특가법 자체에는 양벌규정이 있는 범죄가 없지만, 특가법과 유사한 형태의 입법인 특경법에는 양벌규정이 도입된 범죄가 있다. 즉, 동법 제4조에 규정된 재산국외도피의 죄의 경우 동법에서 신설한 범죄일 뿐만 아니라 동조 제4항에 양벌규정을 두고 있어 기업형사책임을 인정하고 있다. 따라서 이런 예에 비춰 보더라도 특가법 개정을 통해 뇌물수수자 외에 뇌물공여자에도 적용되는 가중처벌 조항을 두면서 법인에 대한 기업형사책임을 인정하는 양벌규정을 신설하는 것은 무리가 없다고 생각한다.

　이렇듯 특가법 개정을 통해 도입하는 방식의 장점은 비교적 가장 신속하고 효과적으로 개정하여 입법목적을 달성할 수 있다는 점이다. 현재의 특가법 제2조에 뇌물공여자 가중처벌 조항, 벌금형 병과 조항, 양벌규정 조항 등 몇 개 조항만 추가하면 되기 때문이다. 따라서 단기적으로는 제일 선호할 수 있는 방식이다. 다만, 특가법의 개정을 통해 뇌물공여죄에 기업형사책임을 도입한다고 하더라도, 그 기업형사책임의 내용과 수준을 어떻게 설정할 것인가 하는 문제는 남는다. 주지하다시피 현재 우리 법상 기업형사책임은 양벌규정을 통해서만 인정되며 양벌규정에서 정한 법인에 대한 형벌의 종류는 벌금형이 유일하다. 또한 양벌규정이 자연인의 범죄행위에 법인의 형사처벌을 종속시키는 형태이다 보니 현행 양벌규정에서 정한 법인의 법정 벌금형은 실제 행위자인 자연인의 법정 벌금형과 동일한 경우가 대부분이다. 하지만, 만일 형법상의 뇌물공여죄에 대한 기업형사책임을 도입하면서 통상의 양벌규정과 같이 자연인의 벌금형 수준으로 법인의 벌금형을 정한다면 이는 뇌물공여죄에 기업형사책임을 도입하는 의미를 상당히 반감시킬 것이다. 현재 형법상 뇌물공여죄의 경우 벌금형 상한이 2천만 원에 불과하여 개인에 대한 벌금형이란 점을 감안하더라도 매우 낮은 형편인데, 양벌규정을 통해 법인에 대한 벌금형도 개인과 같은 수준으로 맞춘다면 이는 뇌물공여죄에 기업형사책임을 도입하였다는 상징적인 의미 외에 실질적인 형벌로서의 효과나 기능을 전혀 기대할 수 없을 것이다.[26] 설령 특가법에 뇌물공여죄에 대한 가중처벌 규정을 통해 개인의 벌금형 상한을 어느 정도 상향 조정한다고 하더라도 개인과 법인에 대한 벌금형을 동일한 수준으로 하는 통상의 양벌규정 형식을 취하는 한 위에서 지적한 문제는 계속 남을 것이다.[27] 이는 일반적으로 개인과 법인 사이에 금전적 제재인 벌금형 수준에 대한 감수성에 큰 차이가 있을 수밖에 없으며, 특히 기업 뇌물과 같이 범죄로 얻은 이익이 기업에 귀속되는 기업범죄에서 개인과 기업에 대한 벌금형 수준을 똑같이 한다는 것은 공정하지도 않기 때문이다. 따라서 뇌물공여죄에 대한 기업형사책임을 양벌규정의 형태로 도입하더라도 법인에 대한 벌금형은 개인에 대한 벌금형과 분리하여 독자적으로 정하는 것이 바람직하다고 생각한다.[28] 이때 참고할 수 있는 것이 좋은 예가 바로 해외뇌물죄에 대한 양벌규정을 담고 있는 국제뇌물방지법이다. 앞서 언급한 바와 같이 외국 공무원에 대한 뇌물제공행위인 해외뇌물죄의 경우 국제뇌물방지법 제4조의 양벌규정을 통해 법인도 처벌을 받게 되는데, 이때 법인에 대한 벌금형은 자연인의 벌금형과 별도로 정해진다. 즉, 자연인의 경우 동법 제3조에서 정한 법정 벌

---

26) 권수진, 앞의 글, pp.142-143. 이에 의하면 양벌규정에서 법인에게 부과되는 벌금액이 개인에 부과되는 벌금액과 동일한 점은 법인에게는 지나치게 소액에 불과하므로 형벌로서의 기능을 다하지 못한다는 문제점으로 지적되어 왔다고 한다. 이럴 경우 법인은 이러한 벌금을 기업의 이익창출을 위한 비용으로 여길 수 있다는 것이다. 따라서 우리와 마찬가지로 양벌규정을 통해 법인을 처벌하고 있는 일본도 법인에 대한 벌금형의 상한을 자연인에 대한 벌금액의 20배 내지 100배까지 높게 규정하고 있다고 한다.

27) 법인에 대한 형사처벌의 실효성 제고방안으로서 벌금액 상향 조정을 제안한 글로는 이주희(c), 앞의 글, p.253 이하 참조.

28) 이정민(b), 앞의 글, p.112 이하 참조. 이에 의하면 기업범죄에 효과적으로 대처하기 위해 현행 양벌규정의 폐지를 주장하면서, 만약 양벌규정을 유지한다면 자연인과 법인의 벌금형을 따로 규정하는 것이 바람직하다고 주장한다. 특히 일본의 경우 양벌규정은 유지하면서 자연인과 법인간 형벌의 감수성을 고려하여 자연과 법인의 벌금액을 분리시켜 법인의 벌금액을 따로 규정하여 상향조정하는 "벌금중과규정"이 증가하고 있는 추세라고 한다.

금형은 기본적으로 2천만 원 이하이고, 만약 범죄행위로 인해 얻은 이익이 1천만 원을 초과할 때에는 그 이익의 2배에 해당하는 금액 이하로 정하고 있다. 반면 법인의 경우 동법 제4조에서 정한 법정 벌금형은 기본적으로 10억 원 이하이고, 만약 범죄행위로 인해 얻은 이익이 5억 원을 초과할 때에는 그 이익의 2배에 해당하는 금액 이하로 정하고 있다. 형법상 뇌물공여죄와 달리 국제뇌물방지법상 해외뇌물죄의 경우 개인과 법인 모두 범죄행위로 얻은 이익의 2배까지 벌금을 부과할 수 있어서 뇌물공여죄 보다 훨씬 중한 벌금형을 규정하고 있을 뿐만 아니라 통상의 양벌규정과 달리 법인의 벌금형 수준을 개인과 따로 정하고 있다는 점에서도 그 특징이 있다. 이런 측면에서 특가법을 통해 뇌물공여죄의 양벌규정을 도입할 경우에도 국제뇌물방지법상 양벌규정의 형식이 모범이 될 수 있다고 생각한다. 특히 뒤에서 자세히 살펴보는 바와 같이 형법상 뇌물공여죄에 있어서도 국제뇌물방지법과 같이 범죄행위로 얻은 이익을 벌금형의 상한 기준으로 도입할 필요가 있는데, 이 역시 특가법 개정을 통해 양벌규정을 도입하면서 함께 도입할 수 있다. 다만 그 구체적인 내용이나 조문 예시에 대해서는 뒤에서 다룰 뇌물로 얻은 이익의 박탈 수단으로서 벌금형의 개선에 대한 설명이 선행되어야 하므로 그 때 다시 다루도록 하겠다.

3. 독립된 뇌물법을 특별법으로 제정하는 방식29)

현재 국내법상 광의의 뇌물 관련 조항은 여러 법에 산재해 있다. 가

---

29) 앞서 언급한 "법인의 뇌물제공행위 처벌에 관한 법률안"도 독립된 특별법 형태로 뇌물공여죄의 기업형사책임을 인정하는 방식이기는 하다. 하지만 그 내용을 보면 단순히 형법상 뇌물공여죄에 대한 양벌규정을 별도의 특별법을 제정하여 인정하는 것에 불과함을 알 수 있다. 따라서 여기서 필자가 말하는 독립된 뇌물법을 특별법으로 제정하는 방식과는 거리가 있으며, 오히려 내용면에서는 앞서 언급한 기존 특별법에 양벌규정을 도입하는 방식과 더 유사하다.

장 대표적으로는 국내뇌물죄에 대해 규정한 형법, 해외뇌물죄에 대한 규정한 국제뇌물방지법이 있고, 최근에 입법된 부정청탁금지법이 있다. 물론 부정청탁금지법을 과연 뇌물법이라고 할 수 있는지 논란이 있을 수 있으나 뇌물의 전제 내지 근간이 될 수 있는 청탁 및 접대를 금지한다는 차원에서, 또 뇌물인지 접대인지 불분명한 경우에 처벌 근거를 마련하기 위해 제정된 법이라는 의미에서 광의의 뇌물 관련 법규라고 할 수 있다. 또한 특가법이나 특경법상 뇌물 관련 조항들이 있다. 단순 가중처벌 조항이나 공무원의 범위를 확대하는 조항들 외에도 알선수재나 금융기관 임직원에 관한 뇌물조항 등 형법에 없는 별도의 뇌물 관련 조항들이 있다. 따라서 이렇듯 여러 법에 흩어져 있는 뇌물 관련 법규를 하나로 모아서 가칭 '뇌물법'(혹은 '뇌물방지법')이란 특별법의 제정도 생각해 볼 수 있다.[30]

이때 참고할 수 있는 것이 2010년 제정된 영국 뇌물법이다. 앞서 살펴보았듯이 영국 뇌물법은 국내뇌물죄와 해외뇌물죄를 모두 포함하고 있을 뿐만 아니라 국내뇌물죄 안에서도 공적 영역의 뇌물과 사적 영역의 뇌물을 합쳐서 하나의 뇌물공여죄와 뇌물수수죄로 규율하는 방식을 취하고 있다. 즉, 우리식의 형법상 뇌물죄, 배임수재·증재 뿐만 아니라 국제뇌물방지법상의 해외뇌물공여죄를 다 포섭하고 있다. 이러한 입법 방식은 본질적으로 뇌물죄라는 같은 성격을 갖는 범죄 유형을 하나의 법 안에 포섭하여 조항의 통일성을 꾀할 수도 있고, 한 나라의 뇌물법 체계와 내용을 한눈에 알아 볼 수 있는 간명성과 편의성도 있다. 뿐만

---

30) 뇌물범죄는 결국 국가질서를 교란시키는 것인데, 현대산업사회에서는 시장질서의 공정성이 국가 내지 사회의 전체 질서에서 차지하는 비중이 매우 크게 되었으므로 이제는 민간영역에서의 질서교란행위까지도 포함해서 부패범죄를 고찰해야 한다는 주장이 있다. 조병선(b), "'신종'의 뇌물범죄에 대한 한국의 형법적 대처방안에 대한 고찰", 형사법연구 제21권 제4호, 한국형사법학회, (2009), pp.102-104. 이에 의하면 현대산업사회에서는 형법상의 뇌물범죄만이 아니라 부패재산몰수법상의 29가지 부패범죄로 확대하여 고찰하는 것이 필요하다고 한다.

아니라 벌금형 상한의 철폐, 독특한 기업범죄인 뇌물방지실패죄 등으로 대내외적으로 많은 주목을 받았고, 여러 국내외 기업이나 다른 국가들에게 영국의 부패 척결의 의지를 천명하고 홍보하는 효과도 함께 누리고 있다. 이런 효과 때문에 실제 사건 수사나 법집행 차원에서 미국의 FCPA에 비하면 영국 뇌물법은 아직 매우 초라한 실적을 거두고 있지만, 대외적인 명성은 FCPA에 버금가는 일종의 거품 현상까지 있을 정도이다.

우리의 경우 앞서 살펴보았듯이 형법을 개정하는 방식은 시간도 오래 걸릴 뿐만 아니라 그 작업도 순탄하지 않을 것이므로 단기적으로는 기존에 있는 특별법인 특가법의 개정을 통해 그 공백을 메우는 것이 가장 효과적이기는 하지만, 중기적으로는 영국 뇌물법과 같이 독립된 뇌물법을 특별법으로 제정하는 것도 매우 좋은 시도라고 생각한다. 특별법을 통해 기업형사책임의 도입이 상대적으로 용이할 뿐만 아니라 형법, 국제뇌물방지법, 부정청탁금지법 등에 산재해 있는 뇌물 관련 법규정을 한데 묶어서 정비하면 형량이나 처벌 방식의 부조화나 모순 등의 문제도 용이하게 해결할 수 있다. 예컨대, 외국 공무원에게 뇌물을 준 경우와 국내 공무원에게 뇌물을 준 경우 사이의 형량의 치이, 형법상 뇌물공여와 부정청탁금지법상 금품공여 사이의 벌금형 상한의 차이 등에서 볼 수 있는 모순과 부조화를 정비하기에 훨씬 용이하다. 또한 사적 영역의 뇌물인 배임증재도 공적 영역의 뇌물인 뇌물공여와 본질적인 성격에서 다르지 않음에도 배임증재의 벌금형 상한이 500만 원에 불과한 현 상황은 시급히 정비가 필요한데,[31] 만약 독립된 통합 뇌물법을 제정한다면 이 역시 쉽게 현실화 할 수 있다.[32]

---

31) 앞서 살펴본 바와 같이 현재 많은 특별법상 공무원의제 규정을 통해 형법상 뇌물죄가 적용되는 범위가 워낙 광범위하다 보니 외관만으로는 형법상 뇌물죄가 적용될 사안인지, 배임수증재가 적용될 사안인지 구분이 안가는 경우가 상당히 많이 있다. 그런 점까지 감안한다면 배임증재와 뇌물공여죄 사이의 지나친 형량의 차이는 더더욱 바람직하지 않을 것이다.
32) 공적영역의 뇌물과 사적영역의 뇌물이 본질적으로 다르지 않을 뿐만 아니라

사실 그 동안 우리 뇌물법상 여러 법적 미비로 인해서 국제사회나 외국 기업들에게 잘못된 인식을 주었는데, 차제에 독립된 뇌물법을 제정하여 영국 뇌물법과 같이 부패 척결의 의지를 대내외에 천명한다면 위와 같은 오명을 씻을 수 있는 부수적인 효과도 기대해 볼 수 있다. 이런 차원에서 중기적으로는 독립된 통합 뇌물법 제정을 추진할 만한 이유가 충분하다고 생각하며 이를 통해 기업형사책임을 도입함과 동시에 그 동안 우리 뇌물법 영역에서 산재했던 여러 모순과 법적 미비도 해소하여 한 단계 업그레이드 된 입법의 실현이 가능하다고 생각한다.

사적영역의 뇌물을 관대하게 처벌할 경우 공적영역의 뇌물에 대한 대응이 어려울 수 있다는 지적으로는 Dominic Saglibene, 앞의 글, p.124 이하 참조.

제2절 뇌물공여자의 범죄수익 박탈 수단 도입

앞서 살펴 본 바와 같이 현행법으로는 뇌물공여자가 뇌물 제공을 통해 얻은 경제적 이익을 박탈할 수 있는 수단이 사실상 전무한 상태이다. 현행법상 뇌물공여자의 범죄수익을 몰수(또는 추징)할 수 있는지 명확하지 않으며 형법상 뇌물공여죄의 벌금형 상한이 2천만 원에 불과하여 형사벌금을 통해 이를 박탈하기도 어려운 실정이다. 또한 뇌물죄 영역에서는 과징금 같은 행정적 수단도 거의 없다. 따라서 뇌물공여자의 범죄수익을 박탈할 법적 수단이 마땅히 없다는 점은 현재 우리 법상 커다란 허점 중 하나이다.

뇌물공여죄에 기업형사책임을 도입한다고 해서 이 문제가 자동으로 해결되지는 않는다. 우선 뇌물로 얻은 이익을 박탈해야 할 필요성은 반드시 기업 뇌물에만 국한되지 않는다. 자영업자나 개인사업자가 경제적 이익을 위해 뇌물을 제공하는 경우도 얼마든지 있기 때문이다. 또한 기업 뇌물의 경우에 설령 기업형사책임을 도입하더라도 그 형사제재의 정도와 방식을 어떻게 하느냐에 따라 뇌물공여로 얻은 이익을 박탈할 수 있는지 여부가 결정된다. 예컨대, 통상의 양벌규정 형태와 같이 법인의 벌금형을 개인의 벌금형과 같은 수준으로 정해서는 뇌물로 얻은 이익을 박탈하는 수단으로 활용하기 어렵다.[33]

또한 뇌물공여자의 범죄수익을 박탈할 수 있는 여러 수단 중 어느 방

---

33) 박기석(a), "벌금형 개선방안", 형사정책 제12권 제2호, 한국형사정책학회, (2000), p.10 이하 참조. 이에 의하면 우리나라의 벌금형은 "자연인에 대해서도 소액이라고 비판받고 있는 상황에서 동일한 액수를 법인에 대해 부과하고 있는 만큼, 그 문제점은 다론을 요하지 않을 것"이라고 한다. 한편 법인에 대한 법정형을 행위자에 대한 법정형으로부터 분리할 수 있는 이론적 근거에 대해서는 김재봉(d), 앞의 글, p.1000 이하 참조.

식이 현행 우리법의 체계와 조화를 이룰 수 있는지도 간단한 문제는 아니다. 형사적 제재뿐만 아니라 행정적 제재도 고려해 볼 수 있으며, 형사적 제재안에서도 몰수나 추징 방식이 좋은지, 아니면 벌금형의 내용과 형식을 개정하는 방식이 좋은지, 아니면 양자를 모두 활용하는 방식이 좋은지 등에 따라 여러 의견이 있을 수 있다. 본 논문이 형법상 뇌물공여죄의 개선방안에 초점을 맞추고 있는 만큼 이하에서는 벌금형과 몰수제도 등 형사적 제재를 중심으로 살펴보도록 하자.

1. 뇌물공여죄의 벌금형 개선

가. 벌금형 개선의 필요성

현재 형법상 뇌물공여죄의 벌금형 상한은 2천만 원에 불과하다. 사실 현재의 경제규모, 뇌물공여죄의 이익추구형 범죄로서의 성격 등을 감안할 때 금 2천만 원은 처벌효과나 범죄억지효과 등을 거의 기대하기 어려운 수준의 금액이어서 나아가 뇌물로 얻은 이익을 박탈할 수단이 될 수 있는지를 논하는 것 자체가 무색한 지경이다. 더구나 뇌물공여죄의 벌금형은 징역형과 선택적 관계여서 징역형을 선택할 경우 벌금형을 병과할 수도 없다. 만약 뇌물공여자의 범죄수익은 현행법상 몰수나 추징의 대상도 되지 않는다고 해석한다면 뇌물공여자에게 징역형을 선택할 경우 사실상 뇌물공여자에게 형사적으로 취할 수 있는 금전적 제재는 전혀 없는 상황에 놓이게 된다.

이런 현 상황은 뇌물수수자에 대한 형벌과 크게 대비된다. 현재 형법상 수뢰죄에 대해서는 징역형 또는 자격정지만 있을 뿐 벌금형 규정이 없다. 상대적으로 가벼운 벌금형을 선택형으로 마련하지 않은 것이다. 다만 뇌물에 대해서는 몰수 또는 추징할 수 있어서 뇌물수수자가 얻은 이익에 대한 박탈은 가능하다. 하지만 이러한 형법상 뇌물수수자에 대한 형벌은 특가법에 의해 훨씬 가중된다. 즉, 특가법 제2조 제2항에 의하면 형법상 수뢰죄를 범한 사람에 대해서는 수뢰액의 2배 이상 5배 이하의 벌금을 병과하도록 규정하고 있다. 특가법 제2조 제1항에 의하면 징역형에 대해서는 수뢰액이 3천만 원 이상의 경우부터 가중처벌할 수 있으나, 벌금형에 대해서는 수뢰액의 다과와 상관없이 특가법에 의해 필요적 병과를 하도록 특별규정을 마련하였다. 따라서 금전적 제재 측면에서 보면 형법 제129조부터 제132조에서 정한 수뢰죄를 범한 뇌물수수자는 뇌물 자체도 몰수될 뿐만 아니라 수뢰액의 2배 또는 5배 이하의 벌금이 필요적으로 병과된다. 이는 뇌물공여자와 크게 대비되는데, 통상 뇌물보다 더 큰 경제적 이익을 얻는 뇌물공여자에 대해서는 뇌물로 얻은 이익도 몰수할 수 없고, 선택형에 불과한 벌금형의 상한도 2천만 원에 불과하여 금전 제재 차원에서 뇌물수수자의 수준에 훨씬 못 미친다. 따라서 현재 뇌물공여자에 대해서는 특가법 제2조 제2항과 같은 벌금형의 필요적 병과를 인정하지 않는 점은 매우 이해하기 어렵다.[34]

형법상 뇌물공여죄의 위와 같은 허점은 외국 공무원에 대한 뇌물공여를 처벌하는 국제뇌물방지법과 비교해도 여실히 드러난다. 동법 제3조 제1항 제1문에 의하면 외국 공무원에 대한 뇌물공여죄의 법정형이 5

---

34) 형사특별법에서 많이 발견되는 징역에 대한 벌금의 필요적 병과 특히 배수벌금형의 필요적 병과에 대해 책임원칙이나 과잉금지의 원칙 등에 위배된다는 이유로 반대하는 견해가 있다. 예컨대, 박달현, "형법 및 형사특별법상 '징역과 벌금의 병과'에 관한 연구, 형사정책 제25권 제1호, 한국형사정책학회, (2013. 4.), p.158 참조. 배수벌금형의 필요적 병과를 규정할 때 책임원칙이나 과잉금지 원칙 등에 위배되지 않도록 주의할 필요가 있다는 점에서는 경청할 부분이 있으나, 징역과 벌금형의 필요적 병과 혹은 배수벌금형의 필요적 병과가 그 자체로 위헌이라고 생각하지 않는다. 헌법재판소도 수회에 걸쳐 이러한 형식의 필요적 병과가 법관의 양형재량권, 평등의 원칙, 과잉금지원칙, 이중처벌금지 원칙 등을 침해하지 않아 합헌이라고 판시한 바 있다. 헌법재판소 2009. 3. 26. 선고 2008헌바52, 104 결정, 헌법재판소 2005. 7. 21. 선고 2003헌바98 결정 등 참조.

년 이하의 징역 또는 2천만 원 이하의 벌금이어서 원칙적으로 형법상 뇌물공여죄와 같다. 하지만, 국제뇌물방지법 제3조 제1항 제2문은 범죄로 얻은 이익이 1천만 원을 초과할 때에는 5년 이하의 징역 또는 그 이익의 2배에 해당하는 금액 이하의 벌금에 처한다고 규정하여 벌금형의 상한이 뇌물로 얻은 이익의 2배 이하로 상향된다. 또한 동조 제3항은 징역에 처하는 경우에는 벌금을 병과한다고 규정하여 벌금형이 필요적 병과사항이다. 동법 제4조의 양벌규정을 통해 법인을 형사처벌하는 경우에도 원칙적으로 10억 원 이하의 벌금에 처하도록 하면서 만약 범죄로 얻은 이익이 5억 원을 초과할 때에는 그 이익의 2배에 해당하는 금액 이하의 벌금에 처한다고 규정하여 법인에 대한 벌금형 역시 그 상한을 뇌물로 얻은 이익의 2배로 규정하고 있다. 동법 역시 제5조에서 뇌물만 몰수 대상으로 삼을 뿐 뇌물공여로 얻은 이익은 몰수 대상에 포함시키지 않았으나, 벌금형 상한을 범죄행위로 얻은 이익의 2배로 정하고 있기 때문에 벌금형만으로도 충분히 뇌물공여자의 범죄수익을 박탈할 수 있는 셈이다.

나. '범죄행위로 얻은 이익' 개념 도입

이상에서 살펴 본 특가법상 뇌물수수자에 대한 가중처벌 규정과 국제뇌물방지법상 외국 공무원에 대한 뇌물공여자에 대한 처벌 규정은 우리 형법상 뇌물공여죄의 벌금형 개정에 참고가 될 수 있다. 우선 형법 개정을 통해 뇌물공여죄의 벌금형을 직접 고칠 수 있다면 국내 뇌물공여죄의 벌금형도 국제뇌물방지법상의 벌금형과 유사한 형식과 수준으로 개정하는 것이 바람직하다. 벌금형만으로도 뇌물공여자의 범죄수익을 박탈하고 나아가 경제적 차원에서 확실한 처벌 효과를 거두어 형벌로서의 억지력을 발휘하기 위해서는 지금과 같은 총액벌금형제로는 대응하기 힘들고 국제뇌물방지법과 같이 벌금형 상한의 기준으로 범죄행위로 얻은 이익 개념을 도입한 배수벌금형제가 더 낫다고 생각한다. 더구나 국내 공무원에게 뇌물을 제공한 경우를 외국 공무원에게 뇌물을 제공한 경우보다 경하게 처벌할 이유도 전혀 없어서 양 뇌물공여죄 형량의 비대칭을 시정하는 것은 시급한 과제이다.[35]

다만, 앞서 언급한 바와 같이 경험적으로 형법을 개정하는 작업은 쉽지 않을 뿐만 아니라 시간도 오래 걸리므로 보다 현실적인 대안을 강구한다면 특가법 개정을 통하는 방법이 좋다고 생각한다.[36] 현재 특가법에는 뇌물수수자에 대한 가중처벌 조항도 이미 도입되어 있는 만큼 특가법 제2조를 개정하여 뇌물공여자에 대한 가중처벌 조항을 도입하는 것이 상대적으로 간명하고 신속하게 대처할 수 있는 방안이다. 다만 이때 뇌물공여자에 대해서는 수뢰액이 아니라 '범죄행위로 얻은 이익' 즉, 뇌물로 얻은 이익을 기준으로 삼아야 한다. 현재 특가법상 뇌물수수자에 대한 징역형과 벌금형의 가중은 모두 수뢰액을 기준으로 하고 있다. 뇌물수수자에게는 수뢰액 기준이 타당할 수 있으나 뇌물공여자에 대한 기준으로는 적절하지 않다. 누누이 밝힌 바와 같이 뇌물공여자가 뇌물제공을 통해 얻은 이익은 뇌물 그 자체(즉, 수뢰액)보다 훨씬 큰 경우가 거의 대부분이다. 뇌물공여로 얻은 이익이 뇌물보다 작을 경우에는 뇌물을 제공할 이유가 없기 때문이다. 또한 발각되었을 경우 입을 손해나 감수해야 할 처벌 등을 고려하면 뇌물로 얻은 이익이 뇌물보다 조금 커서는 뇌물을 제공할 유인이 될 수 없다. 보통의 뇌물 사건도 이와 같은

---

35) 김종범/김정환, 앞의 글, p.84.

36) 다만 현재 특가법이나 특경법 등 형사특별법에 이득액에 따른 가중처벌조항들이 우후죽순으로 생겨나고 있는 현상에 대해 이 조항들이 책임주의 원칙에 비추어 문제가 많고 형사기본법인 형법의 '사문화' 초래 우려 등이 있다는 이유로 비판적인 시각이 있다. 예컨대, 안경옥(c), "특정경제범죄가중처벌등에관한 법률의 정비방안", 형사정책 제17권 제2호, 한국형사정책학회, (2005), p.9 이하 참조. 경청할 부분이 있는 지적이나 여기서는 형사특별법의 전체적인 정비나 형법에 편입 등의 거대과제에 대해 함께 다룰 여력이 없을 뿐만 아니라 뇌물공여죄 벌금형의 시급한 개선 필요성에 의해 단기적으로 특가법에 가중처벌조항을 신설하는 방식을 택하였다.

데, 경제적 이익 추구를 위해 뇌물을 제공하는 기업 뇌물의 경우에는 뇌물제공을 통해 얻은 이익이 뇌물 그 자체와는 비교할 수도 없을 만큼 더 클 수 있다. 예컨대, 방산비리를 생각해 보면 쉽게 이해할 수 있다. 무기나 방산물자처럼 계약 규모 자체가 워낙 커서 체결만 하면 이익이 많이 남는 거래인 경우도 있고, 뇌물을 통해 단가를 조금만 올리거나 계약 조건을 조금만 기업측에 유리하게 바꿔도 훨씬 많은 수익을 거둘 수 있는 경우도 있다. 하지만, 이런 경우 뇌물수수자 입장에서도 기업이 이로 인해 얼마의 이익을 얻을지 정확하게 알지 못하는 경우도 많다. 또한 뇌물 수수자 입장에서는 통상 공여자가 뇌물로 얻는 이익 보다는 뇌물 그 자체의 액수를 기준으로 수수 여부를 결정할 가능성이 더 많은데, 통상 공무원(의제 공무원 포함)인 수수자 입장에서 주관적으로 느끼는 뇌물 액수의 다과는 상대편인 기업이 느끼는 뇌물 액수의 다과, 나아가 뇌물로 얻은 이익의 다과와는 수준이 다르다. 즉, 공무원 입장에서는 수뢰액 1억 원이 굉장히 큰 돈일 수 있으나, 기업 입장에서 그로 인해 수억 혹은 수십억 원의 경제적 이익을 얻는다면 큰 돈이 아닐 수 있다. 바로 이런 측면이 수뢰액이 뇌물로 얻은 이익과 어느 정도 상관관계는 있을 수 있지만, 항상 정비례로 연동하지 못하는 이유이기도 하다. 따라서 이상의 이유로 뇌물공여자에게는 수뢰액(보다 정확하게는 증뢰액[37] 혹은 뇌물가액)을 기준으로 형량을 정하는 방식[38]보다는 뇌물공여자가 얻은 범죄수익을 기준으로 형량을 정하는 방식이 훨씬 낫다고 생각한다. 뇌물공여자에게는 뇌물가액보다 뇌물공여로 얻은 이익을 기준으로 형량을 정하는 방식이 보다 정확하고 공평하기 때문이다. 따라서 특가법에 뇌물

---

37) 현재 특가법 제2조 제1항에서 수뢰자가 수수·요구 또는 약속한 뇌물의 가액을 '수뢰액'으로 정의하였는데, 뇌물공여죄 입장에서 보다 정확한 표현은 증뢰자가 약속, 공여 또는 공여의 의사표시를 한 뇌물의 가액이란 의미의 '증뢰액'이란 표현이다. 혹은 이 둘을 합하여 뇌물 가액으로 명명하는 것도 가능하다.
38) 현재 뇌물공여죄에 대한 양형기준이 그런 입장이다.

공여자에 대한 가중처벌 규정을 둘 경우에도 국제뇌물방지법과 같이 '범죄행위로 얻은 이익' 개념을 도입하여, 벌금형 상한을 '범죄행위로 얻은 이익' 즉, 뇌물공여로 얻은 이익의 2배로 설정하고, 징역형을 선택할 경우 벌금형을 필요적으로 병과하도록 규정할 필요가 있다.[39]

다만 모든 뇌물공여죄가 이익추구형 범죄는 아니기 때문에 범죄행위로 얻은 이익을 기준으로 벌금형을 가중하기 위해서는 논리적인 차원에서 구성요건상 특별한 요건을 추가해야 한다는 주장이 있을 수 있다. 실제로 현행 국제뇌물방지법상으로는 '국제상거래와 관련하여 부정한 이익을 얻을 목적으로'라는 요건이 추가되어 있다. 따라서 특가법에 뇌물공여죄의 가중처벌조항을 도입할 때에도 범죄행위로 얻은 이익을 기준으로 벌금형을 가중하는 방식이라면 '상거래와 관련하여 부정한 이익을 얻을 목적으로' 혹은 최소한 '부정한 이익을 얻을 목적으로'라는 요건이 필요하다는 주장도 일리가 있다. 특히 본 논문의 초점인 기업 뇌물의 경우 거의 대부분이 상거래와 관련하여 부정한 이익을 얻을 목적으로 범해지는 뇌물 사건이므로 이와 같은 특별 요건을 추가하더라도 크게 제한을 받거나 지장을 초래하지는 않을 수 있다. '부정한 이익을 얻을 목

---

39) 앞서 언급한 "법인의 뇌물제공행위 처벌에 관한 법률안"도 국제뇌물방지법과 같이 '범죄행위로 얻은 이익' 개념을 도입하였으며, 법인에 대한 기본 벌금형 상한도 10억 원으로 정하였다. 다만 법인이 범죄행위로 얻은 이익이 5억 원을 초과할 때에는 그 이익의 2배 이상 5배 이하에 해당하는 금액의 벌금에 처한다고 규정하고 있어 2배 이하로 규정하고 있는 국제뇌물방지법과 법정형에 있어서 매우 큰 차이를 보이고 있다. 2배 이상 5배 이하라는 기준이 어디에서 유래되었는지 알 길이 없으나 특가법상 뇌물수수자에 대해 수뢰액의 2배 이상 5배 이하의 벌금을 병과하도록 한 규정과 유사함을 알 수 있다. 다만, 뇌물수수자의 범죄수익인 수뢰액에 비해 뇌물공여자의 범죄수익이 통상 훨씬 크다는 점, 국제뇌물방지법상 법정 벌금형과 너무 큰 차이를 보인다는 점, 매우 이례적으로 뇌물공여죄를 범한 협력업체에 과징금을 부과하는 원전비리방지법상 과징금도 위반행위로 얻은 이익의 3배 이하에 불과한 점 등에 비추어 보면 위 법률안의 법정 벌금형은 지나치게 과하다고 생각한다.

적으로'라는 요건을 추가함으로써 범죄행위로 얻은 이익을 벌금형 상한의 기준으로 활용하는 근거가 한층 더 명확해지고 논리적 정합성이 보다 뛰어난 구조가 될 수도 있다. 하지만, '부정한 이익을 얻을 목적'을 어떻게 해석하느냐에 따라 적용대상의 범위를 둘러싼 불필요한 논쟁을 불러일으킬 수 있다는 점, 이익추구형 뇌물공여죄가 아닌 경우에도 현행 뇌물공여죄의 형량이 지나치게 낮기 때문에 가중처벌의 필요성이 있다는 점 등을 생각하면 이 요건을 추가하지 않는 편이 더 낫다고 생각한다. 특히 대부분의 뇌물공여죄가 어떤 형식이든 이익을 얻기 위해 범해지는데 그 방식으로 뇌물이라는 부정한 수단을 사용하기 때문에 결국 그 이익은 부정한 이익이 될 수밖에 없다는 시각에서 바라보면 '부정한 이익을 얻을 목적'이라는 요건은 사실상 형해화되기 쉽다. 반면 '부정한 이익을 얻을 목적'을 지나치게 좁게 해석할 경우 많은 뇌물공여죄가 가중처벌의 대상에 빠져나가 형법을 적용받게 되는데 현재 형법상 뇌물공여죄의 형량이 지나치게 낮고 기업형사책임도 없다는 점을 감안하면 결코 바람직하지 않다. 따라서 적어도 형법 개정을 통해 뇌물공여죄 기본조항의 형량도 대폭 상향되고 기업형사책임도 도입되기 전까지는 특가법상 가중처벌조항에 이 요건을 추가하지 않는 편이 더 낫다고 생각한다.

다. 기본 벌금형 상향

여기서 한 가지 더 고려할 요소는 형법상 뇌물공여죄의 벌금형 상한인 2천만 원 자체를 상향할 필요는 없을까 하는 점이다. 뇌물로 얻은 이익이 경제적 이익이 아닌 경우도 있을 수 있고, 또 경우에 따라서는 금전적으로 산정하기 어려운 경우도 있기 때문에 기본 벌금형은 여전히 중요하다. 예컨대, 음주단속 중인 경찰공무원에게 뇌물을 주고 단속을 피한 경우가 여기에 해당할 수 있다. 특히 그동안 우리 판례는 범죄수익이 벌금형 상한 기준으로 작용하거나 범죄수익을 기준으로 벌금형이 가중될 경우 그 '이득액' 산정에 지나치게 까다로운 기준을 요구하는 경우가 많았다.[40] 물론 형벌권의 존부 및 범위에 관한 사실(예컨대, 구성요건 해당사실, 위법성 조각사유, 책임조각사유, 처벌조건, 법률상 형의 가중·감면의 이유되는 사실 등)에 대하여 엄격한 증명[41]이 필요하다고 하더라도 '이득액' 산정방식이나 '인과관계' 등의 입증에 실무상 지나치게 까다로운 기준을 요구할 경우 이득액 입증이 사실상 불가능에 가까운 경우도 얼마든지 생길 수 있다. 만약 뇌물공여자가 뇌물공여행위로 얻은 이익에 대한 입증에도 지나치게 엄격한 입증을 요구한다면, 애써 '범죄행위로 얻은 이익' 개념을 도입했다고 하더라도 그 운용 실무에 따라서는 효과가 별로 없을 수 있다.

따라서 '범죄행위로 얻은 이익' 개념을 도입하더라도 그 이익 산정이 어려운 경우에 대비하여 기본 벌금형으로 현행 2천만 원의 상한이 적정한지 살펴 볼 필요가 있다. 일단 국내법상 비교대상 조문들을 보면 우선 국제뇌물방지법상으로도 기본 벌금형 상한은 2천만 원이다. 외국 공무원에게 뇌물을 제공했을 때보다 자국 공무원에게 뇌물을 제공하였을 때 벌금형 상한이 낮다면 문제가 되겠지만, 그 반대의 경우는 그 자체로 문제라고 할 수는 없다. 여기서 형평상 함께 고려해야 할 법이 부정청탁금지법이다. 앞서 언급한 바와 같이 동법의 경우 직무관련성이 없거나 그 판단이 애매하여 형법상 뇌물로 의율하기 어려운 상황에 대해서도 일정한 요건이 갖춰지면 형사처벌을 가능케 하기 위한 의도로 입법되었다. 즉, 불법 뇌물과 적법한 사례(접대, 선물 등) 사이의 회색지대에 대해 규

---

40) 예컨대, 구 증권거래법 제207조의2와 제214조상의 '위반행위로 얻은 이익' 산정 방법에 관한 판례(대법원 2010. 4. 15. 선고 2009도13890 판결, 대법원 2010. 12. 9. 선고 2009도6411 판결, 대법원 2011. 2. 24. 선고 2010도7404 판결 등 다수)와 특경법 제3조상의 '이득액' 산정 방법에 관한 판례(대법원 2005. 4. 29. 선고 2005도856 판결, 대법원 2007. 4. 19. 선고 2005도7288 전원합의체 판결, 2012. 9. 13. 선고 2012도3840 판결 등 다수) 참조.

41) 이재상, 신형사소송법(제2판), (2009), p.501.

율하기 위한 법이라고 할 수 있다. 하지만 동법 위반의 경우 벌금형 상한이 3천만 원이어서 형법상 뇌물공여죄의 벌금형 상한인 2천만 원보다 높다. 정식 뇌물로 볼 수 없거나 그보다 낮은 단계의 불법 사례(접대나 선물)에 대해 규율하는 동법의 벌금형 상한보다 정식 뇌물에 대해 적용되는 형법상 뇌물공여죄의 벌금형 상한이 낮다는 것은 합리적으로 설명하기 어렵다. 따라서 형법상 뇌물공여죄의 벌금형 상한을 최소한 부정청탁금지법상 벌금형 상한과 같거나 높게 설정해야 한다.

하지만, 뇌물공여죄의 기본 벌금형을 2천만 원에서 3천만 원으로 상향하더라도 금전적 제재 차원에서 큰 실효를 거두기 어려울 뿐만 아니라 현재 경제규모 등을 감안했을 때 시대착오적이라는 비판을 받기는 마찬가지이다. 이미 살펴본 바와 같이 비교법적으로 볼 때에 서구 선진국들의 뇌물공여죄 법정 벌금형은 훨씬 높다. 미국의 경우 벌금형 상한은 25만 불(18 U.S.C. § 201 국내뇌물죄) 혹은 10만 불(FCPA 뇌물방지규정)이고 영국의 경우는 벌금형 상한이 없다. 대륙법계인 프랑스의 경우 100만 유로, 스위스의 경우 108만 스위스프랑, 독일의 경우 360만 유로이다. 이렇게 개인에 대한 벌금형 역시 우리보다 수십 배 혹은 수백 배 더 높다. 이는 기본적으로 뇌물공여죄에 대한 기본적 인식의 차이에서 비롯된 결과이기도 하지만, 우리 형법상 벌금형이 전반적으로 지나치게 낮은 수준으로 머물러 있는 문제에서 기인한 결과이기도 하다.[42] 현재 우리 형법상 벌금형 상한 최고액은 5천만 원[43]에 불과하며 대부분 3천만 원 이하에 머물러 있다. 이런 상황에서 뇌물공여죄에 대해서만 벌금형을 획기적으로 상향하기도 사실상 어렵다. 따라서 미국이 1980년대 Sentencing

---

42) 박기석(a), 앞의 글, p.5 이하 참조. 우리나라 벌금형의 가장 큰 문제는 "법정된 벌금형의 액수가 너무 낮아 현대형 범죄에 효율적으로 대처하기 어렵다는 점"이라고 한다.

43) 형법 제295조 참조. 동 조항은 인신매매죄 등에 대해 5천만 원 이하의 벌금을 병과할 수 있다는 조항으로 원래 2천만 원에서 2013. 4. 5. 개정을 통해 5천만 원으로 상향하였다.

Reform Act와 같은 일련의 개혁입법들을 통해 연방형사법의 대대적인 정비와 손질을 하면서 벌금형의 수준을 상당히 상향하는 현실화 작업을 하였듯이 우리도 그와 비슷한 작업을 통해 형법상의 벌금형 전반에 대한 상향 및 현실화가 필요하다.[44] 그리고 이러한 작업 안에서 뇌물공여죄의 벌금형 상향도 이루어져야 현재 경제 규모 등을 감안하여 실질적인 억지력을 담보할 수 있는 수준까지 대폭 상향하는 개정이 가능할 수 있다.

　그렇다면 뇌물공여죄의 기본 벌금형을 어느 정도 상향하는 것이 적절할까. 형법 개정을 통해 벌금형을 현실화하는 작업을 하는 것은 지난한 작업이라 시간이 오래 걸릴 수 있지만, 특가법 개정을 통해 뇌물공여죄의 가중처벌 조항을 신설할 때 뇌물공여죄의 기본 벌금형을 상향하는 것은 상대적으로 수월할 수 있다. 하지만, 뇌물공여죄의 기본 벌금형을 얼마로 설정하는 하는 것이 적정한가에 대해서는 광범위한 통계 분석, 비교법적 고찰, 형사정책적 논의 등을 거쳐야 하므로 여기서 임의로 정할 사안은 아니며 필자의 능력 밖의 영역이다. 다만 조문 예시의 편의를 위해 일응의 기준을 제시한다면 현행 벌금형 상한보다 최소 10배인 2억 원은 되어야 한다고 생각한다. 그래봐야 비교법적 고찰을 한 서구 선진국들보다 훨씬 낮은 수준이고[45] 뒤에서 살펴보는 바와 같이 뇌물수수자에 대한 특가법상 벌금형 가중보다 낮은 수준이 될 수 있어서 여전히 미흡한 부분은 있다. 아무튼 여기서는 조문 예시의 편의상 일응의 기준을 제시하였을 뿐 실제 기본 벌금형의 수준을 정하는 문제는 광범위한 통계 분석과 깊이 있는 형사정책적 논의 과정을 거쳐야 한다는 점을 다시

---

44) 벌금형 개선방안에 관한 글로는 이용식(a), "벌금형의 제도적 개선방안에 대한 연구", 법무부 형사법 개정연구 자료집, (2008); 심호/이희선/오영근, "벌금형 관련 2011년 형법개정안 분석 연구", 한양법학, 제22권 제4집(통권 제36집), 한양법학회, (2011. 11.) 등 참조.

45) 미국의 경우 비슷하다고 생각할 수 있으나 미국은 경합법 가중의 방식이 다르기 때문에 단순 비교가 곤란하다.

밝힌다.

한편 형법상 뇌물공여죄에 대한 특정 요건 추가 없이 일반적인 가중을 특가법에서 할 수 있는지 의문이 들 수 있다. 예컨대, 특가법 제2조 제1항의 경우에는 수뢰액이 일정 액수 이상인 경우에만 그 액수에 따라 징역형을 가중하고 있기 때문에 이와 같은 의문이 생길 수 있다. 하지만 특가법상 수뢰자에 대한 벌금형 가중의 경우에는 특별한 요건 추가 없이 일반적인 가중처벌 조항을 두었다. 즉 동조 제2항을 보면 형법상 여러 수뢰죄에 대해 특정 요건 없이 일률적으로 수뢰액의 2배 이상 5배 이하의 벌금을 병과하도록 하였다. 따라서 증뢰자에 대해서도 특가법을 통해 일률적인 벌금형의 가중처벌을 하는 방식이 불가능해 보이지 않는다.[46]

끝으로 기업형사책임도 특가법 개정을 통해 양벌규정을 도입하는 방식을 취한다면, 이 역시 국제뇌물방지법 제4조의 양벌규정과 같은 형식과 내용이 적절하다고 생각한다. 따라서 기본적으로 벌금형 상한을 10억 원으로 정하고, 만약 범죄행위로 얻은 이익이 5억 원을 초과할 경우에는 그 이익의 2배 이하로 정하는 방식이 타당하다. 다만 이 때 특가법상 양벌규정 도입을 별도 조문으로 할지 아니면 특가법 제2조 안에서 항을 추가하여 할지가 문제되는데, 특경법 제4조가 참고가 될 수 있다. 특경법 제4조는 재산국외도피의죄에 대해 규정하면서 동조 제4항에 양벌규정의 형태로 법인의 형사책임을 인정하고 있다. 따라서 특가법의 개정을 통해 형법상 뇌물공여죄에 대한 법인 형사책임을 도입할 때에도 같은 양식을 취할 수 있다고 생각한다. 이를 기준으로 특가법 제2조에 추가할 조문의 예시는 다음과 같다.

---

46) 현행 특가법에는 이와 같은 원래 법상의 형량을 가중하는 방식이 아니라 원래 법 규정에 처벌조항이 없는 경우에 이를 신설하는 방식도 있다. 예컨대 동법 제4조의3(공무상 비밀누설의 가중처벌)의 경우에는 국회법 제54조의2 제2항을 위반한 사람에 대해 5년 이하의 징역 또는 500만 원 이하의 벌금에 처하도록 되어 있는데, 국회법 자체에는 동조항에 대한 처벌 규정이 전혀 없다.

③ 「형법」 제133조에 규정된 죄를 범한 사람은 5년 이하의 징역 또는 2억 원 이하의 벌금에 처한다. 이 경우 범죄행위로 얻은 이익이 1억 원을 초과할 때에는 5년 이하의 징역 또는 그 이익의 2배에 해당하는 금액 이하의 벌금에 처한다.

④ 제3항의 죄를 범하여 징역에 처하는 경우에는 제3항에서 정한 벌금을 병과한다.

⑤ 법인의 대표자나 대리인, 사용인, 그 밖의 종업원이 그 법인의 업무에 관하여 제3항의 위반행위를 하면 그 행위자를 벌하는 외에 그 법인도 10억 원 이하의 벌금에 처한다. 이 경우 범죄행위로 얻은 이익이 5억 원을 초과할 때에는 그 이익의 2배에 해당하는 금액 이하의 벌금에 처한다. 다만, 법인이 그 위반행위를 방지하기 위하여 해당 업무에 관하여 상당한 주의와 감독을 게을리하지 아니한 경우에는 그러하지 아니하다.

라. '뇌물 가액'을 보충적 기준으로 활용

이상의 조문 예시는 기본적으로 국제뇌물방지법상 외국 공무원에 대한 뇌물공여죄와 비슷한 구조이다. 개인에 대한 기본 벌금형을 2천만 원에서 2억 원으로 상향한 점만 다를 뿐 나머지 구조와 내용은 동일하다. 하지만 지금보다 10배 상향한 2억 원을 기본 벌금형 상한으로 하더라도 충분할지는 여전히 의문이다. 그 정도 상향해도 앞서 살펴본 서구 선진국들보다 훨씬 낮은 수준일 뿐만 아니라 여전히 특가법상 뇌물수수자에 대한 벌금형보다도 낮은 수준이 될 가능성이 크다. 현재 뇌물사건에서 뇌물 가액이 수천만 원에서 수억 원인 경우도 흔한데, 뇌물수수자에 대해서는 특가법에 의해 수뢰액의 2배 이상 5배 이하의 벌금을 필요적으로 병과하도록 되어 있기 때문이다.[47] 뇌물공여자의 범죄수익이 뇌물수

---

47) 예컨대, 최근 소위 '최순실 게이트'에서 검찰은 최순실에 대해 이 방식으로 수뢰액의 2배인 1185억 원의 벌금을 구형했다. 보도에 의하면 검찰은 최씨가 삼

수자의 수뢰액보다 훨씬 클 수밖에 없는 구조에서 적어도 금전적 제재인 벌금형에 있어서 뇌물공여자의 벌금형 상한이 뇌물수수자 수준에 못미친다면 곤란하다고 생각한다. 그런데 현재 뇌물공여죄의 기본 벌금형상한이 너무 낮은 반면 뇌물 가액이 고액인 뇌물사건들이 현실에서 빈번하게 발생하고 있기 때문에 기본 벌금형을 어지간히 대폭 상향하지않고서는 뇌물 가액의 2배 이상 5배 이하의 벌금을 병과하는 방식보다못한 결과가 발생하기 쉽다. 물론 '범죄행위로 얻은 이익' 개념을 도입하였기 때문에 이를 잘 활용할 경우 낮은 수준의 총액벌금형의 문제[48]를상당부분 회피할 수 있지만, 앞서 언급한 바와 같이 '이득액' 산정과 관련하여 까다로운 기준을 요구하는 판례의 경향상 범죄행위로 얻은 이익산정이 곤란하다고 판단될 경우도 얼마든지 있기 때문에 여전히 문제는남는다.

　따라서 우리 벌금형 전반의 개선 내지 상향 작업을 통해 뇌물공여죄의 기본 벌금형을 현실화하기 전까지는 '뇌물 가액'을 보충적인 기준으로 활용하는 방법도 고려할 수 있다고 생각한다. 물론 앞서 언급하였듯이 뇌물공여자에 대해서는 뇌물 가액이 아니라 뇌물공여자가 얻은 범죄수익, 즉 '범죄행위로 얻은 이익'이 벌금형의 기준이 되어야 한다. 뇌물수수자에 대한 벌금형 기준이 뇌물수수자의 범죄수익(즉, 수뢰액)인 것처럼 뇌물공여자에 대한 벌금형 기준도 뇌물공여자의 범죄수익이 되어

성그룹으로터 433억 2800만 원, 롯데그룹으로부터 70억 원, SK그룹으로부터 89억 원 등 합계 592억 2800만 원을 받거나 받기로 약속하였다고 보아 그 2배인 1185억 원의 벌금을 구형하였다고 한다. http://news.joins.com/article/22210735 (2018. 1. 15. 최종방문)

48) 총액벌금형제도의 여러 문제 중의 하나로 경제사정의 변화와 물가인상 그리고 화폐가치의 하락에 시기적절하게 대응할 수 없다는 단점을 지적한 글로는 서보학, "벌금형제도 소고: 비판과 입법론적 대안", 형사정책 제10호, 한국형사정책학회, (1998), pp.78-79. 이런 차원에서 총액벌금형제도를 독일식의 일수벌금형제도로 개선하자는 주장도 있다. 예컨대, 안경옥(c), 앞의 글, pp.29-30.

야 맞다. 따라서 뇌물공여자에 대해서는 '범죄행위로 얻은 이익'이 벌금형 상한의 1차적 기준이 되어야 한다. 다만 여기서 뇌물 가액을 보충적으로 활용하고자 하는 이유는 '범죄행위로 얻은 이익'을 산정하기 어려울 때 총액벌금형 형태의 상한으로는 미흡할 수 있기 때문이다. 따라서 뇌물 가액 기준은 어디까지나 2차적이고 보충적인 기준이라고 할 수 있다.

이에 대해 뇌물공여자에게 뇌물 가액을 기준으로 벌금형 상한을 정할 근거가 부족하다는 반론이 제기될 수 있다. 필자도 뇌물공여자에 대한 벌금형 상한 기준으로 뇌물 가액보다는 범죄행위로 얻은 이익이 더 적합하다고 언급하였다. 문제는 범죄행위로 얻은 이익을 산정하기 곤란한 경우인데 이런 특수한 상황에서 '뇌물 가액'을 보충적인 기준으로 삼는 것이 비합리적이거나 근거가 빈약하다고 보이지는 않는다. 왜냐하면 뇌물 가액이 뇌물공여자의 범죄수익을 정확히 반영하거나 정비례로 연동하지는 않지만, 분명히 밀접한 관련이 있다는 점은 부인할 수 없기 때문이다. 즉, 같은 뇌물을 주고도 얻는 범죄수익이 다를 수 있지만, 일반적으로 뇌물 가액이 증가할수록 뇌물제공을 통해 얻는 이익도 증가하는 식의 상관관계는 충분히 인정할 수 있기 때문이다. 따라서 뇌물공여자의 벌금형 기준으로 범죄행위로 얻은 이익이 뇌물 가액보다 나은 기준이라는 점은 분명하지만, 범죄행위로 얻은 이익을 산정하기 곤란한 특수한 상황에서 보충적으로 뇌물 가액을 기준으로 삼는다고 근거가 없다거나 불합리하다고 생각하지 않는다.

오히려 여기서 더 어려운 문제는 뇌물 가액의 '몇 배'를 벌금형 상한으로 삼는 것이 적정한가이다. 이는 사실 범죄행위로 얻은 이익에도 제기할 수 있는 문제이다. 즉 배수벌금형제를 도입한다고 하더라도 그 상한을 몇 배로 하는 것이 타당한지에 대한 문제는 여전히 남는다. 현재 범죄행위로 얻은 이익의 2배와 뇌물 가액의 5배는 모두 기존 법규에서 차용한 것이다. 전자는 국제뇌물방지법상 해외뇌물공여죄 조항에서, 후자는 특가법상 뇌물수수자의 벌금형 가중처벌 조항에서 차용하였다.[49)]

하지만 기존 법규에서 차용하였을 뿐 그 배수가 적절한지 여부에 대한 독자적인 검증이나 분석은 하지 못하였다. 이는 그 자체로 광범위한 통계 분석, 비교법적 고찰, 형사정책적 분석 등이 수반되는 거대 작업이라 필자의 능력 밖이다. 다만 범죄행위로 얻은 이익의 2배는 이미 외국 공무원에 대한 '뇌물공여죄'에 도입된 방식일 뿐만 아니라 미국, 프랑스 등에서도 이미 사용하고 있는 방식이라 상대적으로 나은 편이다. 하지만, 뇌물 가액의 5배는 뇌물수수자에 대한 벌금형 상한 기준이어서 성격도 다르고 앞서 검토한 비교법적 고찰에서 유사 사례를 찾기 어렵다.[50] 또한 뇌물공여로 얻은 이익을 산정하기 어려울 때 보충적 기준으로 사용한다고 하더라도 뇌물 가액의 5배가 범죄행위로 얻은 이익의 2배와 비슷한 수준이라는 보장은 어디에도 없다. 굳이 뇌물 가액 5배의 기준점을 찾는다면 통상 뇌물수수자보다 더 큰 이익을 얻는 뇌물공여자에게 최소한 뇌물수수자의 벌금형 수준은 되어야 한다는 기준 정도이다. 따라서 적어도 '배수'와 관련해서는 추가 연구와 검증이 필요한 부분이라는 점을 분명히 밝힌다. 다만 여기서는 필자가 주장하는 벌금형 개선의 방향을 보여주는 예시로서 기존 법규에 이미 도입된 방식을 활용하였을 뿐

---

49) 현행법상 수뢰액을 기준으로 벌금형을 가중처벌하는 사례 중에 무려 수뢰액의 5배 이상 10배 이하의 벌금을 병과할 수 있는 조항이 있다. 원전비리방지법 제31조 제2항에 의하면 원자력발전소의 건설·운영에 필요한 물품 등을 구매 또는 거래함에 있어서 형법 제129조부터 제133조까지의 죄를 범한 원자력발전공공기관의 임직원은 그 죄에 대하여 정한 형에 수뢰액의 5배 이상 10배 이하의 벌금을 병과할 수 있다고 한다. 원전비리의 심각성과 폐해에 대해 공감하지만, 수뢰액의 5배 이상 10배 이하라는 기준이 적정한지에 대한 의문이 남는다. 또한 대상범죄에 수뢰죄뿐만 아니라 형법 제133조까지 적시하여 뇌물공여자에 대해서도 이 가중처벌이 적용될 수 있는지 의문이다. 비록 형법 제133조를 언급하였지만, '수뢰액'이라는 표현을 사용하였고, 원전비리에서 주로 공여자의 위치에 있을 협력업체를 제외시키고 있기 때문이다.

50) 앞서 비교법적 고찰에서 미국 연방법상 국내뇌물죄(18 U.S.C § 201)의 경우 뇌물 가액의 3배가 벌금형의 기준이 될 수 있음은 살펴보았다.

이다.

한편 '뇌물 가액'역시 엄격한 증명의 대상일 뿐만 아니라 이를 특정하거나 산정할 수 없는 경우도 있다.[51] 하지만, 일반적으로 뇌물 가액 산정은 실무상 비교적 어렵지 않은 편이며 특히 뇌물공여자의 범죄수익인 '범죄행위로 얻은 이익' 산정보다는 훨씬 용이하다는 점은 부연 설명이 필요 없다.

따라서 특가법 개정을 통해 뇌물공여죄에 대한 가중처벌 조항을 도입할 때 범죄행위로 얻은 이익을 기준으로 벌금형 상한을 정하되, 그 이익을 산정하기 곤란한 경우에는 뇌물 가액을 보충적인 기준으로 활용하는 방법도 충분히 가능하다고 생각한다. 즉, 범죄행위로 얻은 이익 개념을 도입하여 그 2배 이하의 금액까지 벌금을 부과할 수 있도록 규정함과 동시에 범죄행위로 얻은 이익을 산정하기 곤란한 경우에는 뇌물 가액의 5배 이하의 벌금을 부과하도록 규정하면 기본 벌금형이 낮아서 생기는 문제도 어느 정도 피할 수 있다. 다만 뇌물 가액의 산정이 어려운 경우도 있고, 뇌물 가액이 작아 그 5배만으로는 벌금형으로서 기본적인 처벌효과나 억지효과를 담보하기 어려운 경우도 있으므로 여전히 기본 벌금형을 상향할 필요는 있다. 앞에서와 같이 일응의 기준으로 2억 원을 기본 벌금형 상한으로 정할 경우 특가법 제2조에 추가할 조문의 예시는 다음과 같다.

③ 「형법」 제133조에 규정된 죄를 범한 사람은 5년 이하의 징역 또는 2억 원 이하의 벌금에 처한다. 이 경우 범죄행위로 얻은 이익과 약속, 공여 또는

---

51) 대법원 2011. 5. 26. 선고 2009도2453 판결 참조. 이 판결에 대한 평석으로는 권순건, "수수된 금품에 직무관련성이 있는 업무에 대한 대가와 직무관련성이 없는 업무에 대한 사례가 혼재되어 있는 경우의 형사상 취급 - 대법원 2011. 5. 26. 선고 2009도2453 판결을 중심으로 -", 형사판례연구 21, 형사판례연구회, (2013. 6.), p.287 이하 참조.

공여의 의사표시를 한 뇌물의 가액(이하에서 '증뢰액'이라 한다)에 따라 다음 각 호와 같이 가중처벌한다.

1. 범죄행위로 얻은 이익이 1억 원을 초과할 때에는 5년 이하의 징역 또는 그 이익의 2배에 해당하는 금액 이하의 벌금에 처한다.

2. 범죄행위로 얻은 이익을 산정하기 곤란한 경우 중에 증뢰액이 4천만 원을 초과할 때에는 5년 이하의 징역 또는 증뢰액의 5배 이하의 벌금에 처한다.[52]

④ 제3항의 죄를 범하여 징역에 처하는 경우에는 제3항에서 정한 벌금을 병과한다.

⑤ 법인의 대표자나 대리인, 사용인, 그 밖의 종업원이 그 법인의 업무에 관하여 제3항의 위반행위를 하면 그 행위자를 벌하는 외에 그 법인도 10억 원 이하의 벌금에 처한다. 이 경우 범죄행위로 얻은 이익이 5억 원을 초과할 때에는 그 이익의 2배에 해당하는 금액 이하의 벌금에 처한다. 범죄행위로 얻은 이익을 산정하기 곤란한 경우 중에 증뢰액이 2억 원을 초과할 때에는 증뢰액의 5배 이하의 벌금에 처한다. 다만, 법인이 그 위반행위를 방지하기 위하여 해당 업무에 관하여 상당한 주의와 감독을 게을리하지 아니한 경우에는 그러하지 아니하다.

결국 이 방식은 범죄행위로 얻은 이익의 2배 이하의 가중을 기본으로 하되, 그 이익을 산정하기 곤란한 경우에는 증뢰액의 5배 이하로 가중하는 구조이다. 다만 범죄행위로 얻은 이익의 2배 또는 증뢰액의 5배가 기본 벌금형 상한에 못 미칠 경우에는 기본 벌금형에 처하게 된다. 앞서 밝힌 바와 같이 여기서는 조문 예시의 편의상 현행 벌금형 상한의 10배

---

52) 문구를 다음과 같이 표현할 수도 있다. "범죄행위로 얻은 이익을 산정하기 곤란할 때에는 5년 이하의 징역 또는 증뢰액의 5배 이하의 벌금에 처한다. 다만 증뢰액을 산정하기 곤란한 경우 또는 증뢰액의 5배에 해당하는 금액이 2억 원 이하인 경우에는 벌금의 상한액을 2억 원으로 한다."

인 2억 원을 기준으로 하였으나, 관련 통계 분석과 심도 있는 논의를 통해 다른 액수의 기본 벌금형을 산출하였을 경우 그 금액에 따른 변형은 얼마든지 가능하다. 법인에 대한 기본 벌금형 상한인 10억 원 역시 마찬가지이다. 이미 국제뇌물방지법상 양벌규정에 설정되어 있어서 일응 뇌물공여죄의 양벌규정에도 차용하였으나 그 금액이 적정한지 여부도 재검토가 필요할 수 있다. 범죄행위로 얻은 이익의 2배, 증뢰액의 5배라는 배수 역시 기존에 있는 방식에서 차용한 기준이므로 뇌물공여죄의 벌금형 상한 기준으로 적정한 배수인지 여부에 대한 논의와 분석도 원점에서 가능할 수 있다.

다만, 뇌물수수자에 대한 특가법상 벌금형 가중과 달리 공여자에 대해서는 증뢰액의 2배 이상을 벌금형의 하한으로 설정하지 않았다. 공여자에 대한 보다 확실한 금전적 제재의 필요성, 뇌물수수자와의 형평성 등을 감안하면 공여자에 대해서도 증뢰액의 2배 이상을 벌금형의 하한으로 설정하는 방식도 생각해 볼 수 있다. 다만 공여자에게는 원칙적으로 범죄행위로 얻은 이익을 벌금형의 기준으로 삼고 증뢰액은 보충적 기준으로만 사용하는데, 증뢰액을 기준으로 일률적이 벌금형의 하한을 정한다면 논리적으로도 안 맞을 수 있고, 실무 운영상 지나치게 재량의 폭을 좁히는 결과를 초래할 우려가 있다고 생각한다.

마. 소결

이상에서 현행 뇌물공여죄 벌금형의 개선방안에 대해 살펴보았다. 기본적으로 뇌물공여자의 범죄수익을 박탈할 수 있는 수준과 형식의 벌금형이 필요하다는 인식하에 구상한 내용을 기술하였다. 특히 막대한 범죄수익이 발생하는 기업 뇌물에 효과적으로 대응하기 위해서 단순히 '기업뇌물죄' 신설로는 부족하고, 그에 걸맞은 '기업형사책임'이 수반되어야 하는데, 그 핵심 형벌로서의 벌금형의 내용과 형식을 어떻게 디자인하는 것이 최선인지에 대해 고민한 내용을 제시하였다. 이를 간략히 정리하면 다음과 같다.

첫째, 범죄행위로 얻은 이익 개념을 도입하여 그 이익의 2배 이하의 벌금 부과가 가능하도록 하였다. 이는 국제뇌물방지법에 이미 도입된 방식일 뿐만 아니라 공여자에 대해서는 원칙적으로 공여자의 범죄수익을 기준으로 벌금형 상한을 정하는 방식이 보다 더 정확하고 타당하기 때문이다. 물론 여기서도 '범죄행위로 얻은 이익'의 범위와 산정방식에 대한 추가 연구가 필요하다. 특히 '이득액'을 기준으로 가중처벌될 경우 엄격한 증명과 책임원칙 등에 입각해서 매우 까다로운 수준의 입증을 요하는 기존 판례의 입장을 고려할 때 이에 대한 추가연구는 매우 시급하다.[53] 다만 기존 판례의 취지와 우려는 공감하면서도 그 동안 개별 사례에 따라서는 지나치게 까다로운 수준의 입증을 요구하여 범인 처벌 및 범죄수익 박탈에 소홀한 점은 없었는지 반성적 고찰도 필요하다고 생각한다.

둘째, 기본 벌금형의 대폭 상향이 필요함을 역설하였다. 현행 뇌물공여죄 벌금형 상한인 2천만 원은 기업은 고사하고 개인에 대한 처벌 차원

---

53) 미국 등 서구 선진국에서는 이미 뇌물공여자의 범죄수익을 산정하여 처벌한 사례 등이 많이 있으므로 이에 대한 광범위한 사례 수집과 연구가 필요하다. 뿐만 아니라 기존 우리 법상 이득액 산정과 관련된 유사 사례들도 많이 있으므로 이에 대한 분석도 도움이 될 수 있다. 예컨대, 특경법 적용 여부를 놓고 사기의 이득액 산정과 관련된 여러 사례와 논문들이 있는데 이 역시 참고가 될 수 있다. 물론 사기는 뇌물과 그 구조가 다르지만, 이득액 산정 차원에서 참고가 될 부분도 있기 때문이다. 즉, 사기에서는 상대방을 기망에 빠뜨려 처분행위를 하게 함으로써 재물 또는 재산상 이익을 얻는 구조인데, 뇌물공여에서는 상대방에게 뇌물을 주고 호의적인 처분을 하게 함으로써 경제적 이익을 얻는 구조이기 때문에, 취득한 '이득액' 산정 차원에서 보면 사기죄 관련 사례들도 충분히 참고가 될 수 있다고 생각한다. 특경법상 이득액 평가에 관한 논문으로는 안경옥(b), "특경법 제3조 제1항의 '이득액' 평가에 대한 검토", 경희법학 제45권 제4호, 경희대학교 법학연구소, (2010), p.261 이하 참조.

에서도 매우 시대착오적인 금액이다. 물론 범죄행위로 얻은 이익 개념을 도입할 경우 낮은 수준의 총액벌금형의 문제를 많이 회피할 수 있지만, 범죄행위로 얻은 이익의 산정이 어려운 경우도 있으므로 기본 벌금형의 대폭 상향은 불가피하다. 물론 이는 비단 뇌물공여죄의 벌금형에 국한된 문제는 아니므로 우리도 1980년대 미국에서 일련의 개혁입법을 통해 벌금형의 대폭 상향 및 현실화 작업을 한 것처럼 형법 전반의 벌금형에 대한 개선작업이 선행되어야 한다. 결국 여기서는 특가법상의 가중처벌조항을 통해 상향하는 방식을 택하였다. 다만 구체적으로 얼마나 상향하는 것이 적정한 지에 대해서는 광범위한 통계 분석과 형사정책적 논의가 필요한 작업이어서 필자의 능력 밖이다. 조문 예시를 위해 개인 2억 원, 법인 10억 원으로 일응의 기준을 설정하였으나, 그 액수 자체에 대해서는 원점에서 다시 논의가 가능하다.

셋째, 기본 벌금형을 위와 같이 상향하더라도 서구 선진국들의 수준에 못 미칠 뿐만 아니라 뇌물수수자에 대한 특가법상 벌금형 가중 수준보다 낮을 가능성이 많기 때문에, '범죄행위로 얻은 이익' 산정 불가시 보충적 기준으로 뇌물 가액을 활용할 수 있음을 아이디어로 제시해 보았다. 물론 뇌물공여자의 벌금형 기준으로는 '범죄행위로 얻은 이익'이 '뇌물가액'보다 더 정확하고 타당하므로 이상적으로는 '범죄행위로 얻은 이익'의 산정방법 개발을 통해 이익 산정을 못하는 경우나 어려운 경우가 발생하지 않도록 해야 한다. 하지만, 만약 이득액 입증에 대해 지나치게 까다로운 기존 판례의 입장으로 인해 뇌물공여자의 범죄수익 산정이 제대로 이루어지지 못하는 상황이 속출할 경우 총액벌금형제도의 벌금형 상한으로는 효과적인 처벌이 사실상 어렵기 때문에 보완적으로 뇌물 가액을 보충적 기준으로 활용하는 방법도 괜찮다고 생각한다. 특히 뇌물공여자의 범죄수익이 뇌물수수자의 범죄수익(뇌물 가액 혹은 수뢰액) 보다 훨씬 클 수밖에 없는 구조에서 뇌물수수자에 대해서만 특가법상 뇌물 가액의 2배 이상 5배 이하의 벌금을 필요적으로 병과하도록 가중처벌하는 방식은 형평에 반한다. 따라서 적어도 뇌물공여자에 대해서도 범죄행위로 얻은 이익을 산정하기 어려울 경우에 한에서 뇌물 가액을 보충적 기준으로 활용하여 그 5배 이하의 벌금을 부과하는 방안은 충분히 고려할 가치가 있다. 특히 수억 혹은 수십억 원의 대형 기업 뇌물 사건이 빈번하게 발생하고 있는 현실에서는 총액벌금형제도로는 기본 벌금형 상한을 어지간히 대폭 상향하더라도 뇌물공여자의 범죄수익을 충분히 박탈하기 힘든 구조이기 때문이다.

　위 내용을 바탕으로 특가법 개정 조문 예시를 다음 표와 같이 2가지 경우로 나눠서 만들어 보았다. 예시1이 범죄행위로 얻은 이익 개념만 사용한 경우이며, 예시2가 범죄행위로 얻은 이익 산정 불가시 뇌물가액을 보충적 개념으로 사용한 경우이다. 전자는 현행 국제뇌물방지법과 동일한 구조여서 이미 기존 법에 수용되어 있을 뿐만 아니라 내용상으로도 훨씬 간명하다는 장점이 있다. 다만 범죄행위로 얻은 이익의 범위와 산정 방식에 대한 학계의 연구와 실무의 노력이 뒷받침되지 않아 기존 판례의 까다로운 입증의 벽을 넘지 못할 경우 현실적으로는 후자가 더 효과적인 방식이 될 수 있다.

개정 특가법(예시1)	개정 특가법(예시2)
제2조(뇌물죄의 가중처벌) ① (현행과 같음) ② (현행과 같음) ③「형법」제133조에 규정된 죄를 범한 사람은 5년 이하의 징역 또는 2억 원 이하의 벌금에 처한다. 이 경우 범죄행위로 얻은 이익이 1억 원을 초과할 때에는 5년 이하의 징역 또는 그 이익의 2배에 해당하는 금액 이하의 벌금에 처한다.	제2조(뇌물죄의 가중처벌) ① (현행과 같음) ② (현행과 같음) ③「형법」제133조에 규정된 죄를 범한 사람은 5년 이하의 징역 또는 2억 원 이하의 벌금에 처한다. 이 경우 범죄행위로 얻은 이익과 약속, 공여 또는 공여의 의사표시를 한 뇌물의 가액(이하에서 '증뢰액'이라 한다)에 따라 다음 각 호와 같이 가중처벌한다. 　1. 범죄행위로 얻은 이익이 1억 원을 초과할 때에는 5년 이하의 징역 또는 그

④ 제3항의 죄를 범하여 징역에 처하는 경우에는 제3항에서 정한 벌금을 병과한다. ⑤ 법인의 대표자나 대리인, 사용인, 그 밖의 종업원이 그 법인의 업무에 관하여 제3항의 위반행위를 하면 그 행위자를 벌하는 외에 그 법인도 10억 원 이하의 벌금에 처한다. 이 경우 범죄행위로 얻은 이익이 5억 원을 초과할 때에는 그 이익의 2배에 해당하는 금액 이하의 벌금에 처한다. 다만, 법인이 그 위반행위를 방지하기 위하여 해당 업무에 관하여 상당한 주의와 감독을 게을리하지 아니한 경우에는 그러하지 아니하다.	이익의 2배에 해당하는 금액 이하의 벌금에 처한다. 2. 범죄행위로 얻은 이익을 산정하기 곤란한 경우 중에 증뢰액이 4천만 원을 초과할 때에는 5년 이하의 징역 또는 증뢰액의 5배 이하의 벌금에 처한다. ④ 제3항의 죄를 범하여 징역에 처하는 경우에는 제3항에서 정한 벌금을 병과한다. ⑤ 법인의 대표자나 대리인, 사용인, 그 밖의 종업원이 그 법인의 업무에 관하여 제3항의 위반행위를 하면 그 행위자를 벌하는 외에 그 법인도 10억 원 이하의 벌금에 처한다. 이 경우 범죄행위로 얻은 이익이 5억 원을 초과할 때에는 그 이익의 2배에 해당하는 금액 이하의 벌금에 처한다. 범죄행위로 얻은 이익을 산정하기 곤란한 경우 중에 증뢰액이 2억 원을 초과할 때에는 증뢰액의 5배 이하의 벌금에 처한다. 다만, 법인이 그 위반행위를 방지하기 위하여 해당 업무에 관하여 상당한 주의와 감독을 게을리하지 아니한 경우에는 그러하지 아니하다.

2. 뇌물공여자의 범죄수익 몰수 추진

가. 벌금형 외에 몰수까지 필요한가?

뇌물공여자의 범죄수익을 벌금형을 통해 박탈하는 방법 외에도 또 다른 금전적 제재인 몰수 제도를 이용하는 방법도 생각할 수 있다. 사실 범인이 범죄를 통해 얻은 경제적 이익을 박탈한다는 차원에서는 몰수형이 보다 그 취지에 부합한다고 할 수 있다. 범죄반복의 방지나 범죄에 의한 이익의 금지를 목적으로 범죄행위와 관련된 재산을 박탈하는 것을 내용으로 하는 재산형이 몰수이기 때문이다.

다만, 뇌물공여자의 범죄수익을 박탈하는 방법으로 벌금형을 이용할지, 아니면 몰수를 이용할지, 혹은 양자를 모두 이용할지는 일단 입법자의 선택 사항이라고 할 수 있다. 실제 해외뇌물죄를 규율하는 국제뇌물방지법에서는 범죄행위로 얻은 이익의 2배까지 벌금형을 부과할 수 있어 뇌물공여자가 얻은 범죄수익을 벌금형을 통해 박탈할 수 있도록 하였지만, 몰수의 대상으로 규정하고 있지는 않다. 즉, 동법 제5조 몰수 조항을 보면 범죄행위에 제공된 '뇌물'만 몰수 대상으로 정할 뿐 범죄행위로 얻은 이익은 몰수 대상으로 보지 않고 있다.

하지만, 앞서 살펴 본 바와 같이 미국, 영국, 프랑스, 스위스, 독일 모두 뇌물공여자의 범죄수익을 몰수의 대상으로 보는 입법태도를 취하고 있다. 특히 미국과 프랑스는 우리 국제뇌물방지법과 유사하게 범죄로 얻은 이익의 2배까지 벌금형을 부과할 수 있음에도 불구하고 벌금형과 별도로 몰수까지 인정하고 있다. 영국의 경우에는 벌금형의 상한이 없음에도 불구하고 몰수가 가능하며 다만 벌금형의 형량을 정하는 단계에서 이를 고려하도록 하고 있다. 스위스는 원칙적으로 뇌물공여자의 범죄수익은 몰수 또는 등가 청구를 통해 박탈하고, 벌금형은 처벌효과 및 억지력을 위한 형벌로서 병렬적으로 부과하는 입장을 취하고 있다. 독일도 비슷한 입장이나 기업의 경우에는 질서위반법을 통해 질서위반금의 법정형 상한과 상관없이 범죄로 얻은 이익을 상회하는 질서위반금 부과가 가능토록 하였다. 다만 이 경우 이익 몰수를 병과할 수는 없도록 하였다.

이상의 외국례를 보면 알 수 있듯이 사실 뇌물공여자의 범죄수익을 몰수를 통해 박탈하는 이슈는 벌금형을 통해 이를 박탈할 수 있는지 여부와 상관없이 독자적으로 인정되는 이슈라고 할 수 있다. 보다 정확히 표현하면 오히려 뇌물공여자의 범죄수익을 박탈하는 기본 수단은 몰수이고, 다만 이를 전제로 한 상태에서 벌금형을 통해서도 범죄수익을 박탈하는 효과를 가능하게 할지, 한다면 중첩적으로 할지, 선택적으로 할지, 또 범죄수익의 몇 배 범위에서 벌금형의 상한을 정할지 등을 따지는 것은 입법자의 선택사항이다. 이는 앞서 설명한 바와 같이 몰수의 본질이 범죄에 의한 이익의 금지를 목적으로 범죄행위와 관련된 재산을 박탈하는 것을 내용으로 하는 재산형이라는 점을 상기하면 당연한 이치이다. 범인이 범죄를 통해 얻은 경제적 이익을 박탈한다는 차원에서는 몰수형이 벌금형보다 그 취지에 부합하기 때문이다. 이런 차원에서 본다면 우리 국제뇌물방지법이 취하고 있는 태도는 앞서 살펴 본 외국례에 비춰 다소 이례적이라고 할 수 있다. 동법에 특별히 형법과 별도의 몰수 조항을 두면서도 뇌물공여자의 범죄수익을 몰수 대상으로 보지 않고 다만 벌금형을 통해 이를 박탈할 수 있는 효과를 거둘 수 있는 입법태도를 취하고 있기 때문이다.

이상에서 살펴 본 몰수의 본질, 외국의 입법태도 등을 차치하고도 벌금형과 별도로 뇌물공여자의 범죄수익을 몰수를 통해 박탈하는 방법을 논할 실익은 또 있다. 기업 뇌물의 경우에는 뇌물제공을 통해 얻은 경제적 이익이 기업 자체에 귀속되는데, 만약 기업형사책임의 도입이 어렵다면 몰수를 통해서라도 뇌물로 얻은 이익을 박탈할 수 있는 법적 수단을 강구할 필요가 있다. 즉, 기업형사책임이 없을 경우에는 아무리 벌금형 상한의 기준으로 범죄행위로 얻은 이익 개념을 도입하였다고 하더라도 임직원 개인에게 기업에 귀속된 이익을 기준으로 벌금형을 부과할 수는 없기 때문이다. 또한 기업형사책임을 도입하더라도 앞서 살펴 본 바와 같이 우리 양벌규정은 과실책임주의를 천명하고 있어서 상당한 주의와 감독을 게을리하지 않은 경우 면책될 수 있는데, 이 경우에는 벌금형을 통해 뇌물로 얻은 이익을 기업으로부터 박탈할 수 없게 된다. 그렇다고 직원의 뇌물공여행위로 얻은 불법이익을 그대로 기업이 보유하도록 하는 것도 정의에 반한다. 따라서 이 경우 비록 기업에 대해서는 형사면책을 하더라도 기업에 귀속된 뇌물제공을 통해 얻은 이익은 불법이익으로 몰수 또는 추징을 통해 박탈할 수 있는 것이 필요하다. 따라서 벌금형 외에도 별도로 몰수를 통한 뇌물로 얻은 이익 박탈 방안에 대한 논의는 그 자체로 실익이 있다.

끝으로 이 경우 뇌물공여자가 뇌물제공을 통해 얻은 이익을 몰수 또는 추징을 통해서 박탈하면서 다시 그 이익의 2배 범위 내에서 벌금형을 부과하여 이중으로 박탈하는 것은 지나치게 과하다는 견해가 있을 수 있다. 하지만 몰수와 벌금은 서로 존재 이유와 취지가 다른 재산형으로 양자를 함께 부과한다고 하더라도 이를 이중처벌로 볼 수 없다.[54] 특히 몰수는 범죄에 의한 이득의 금지를 목적으로 것으로 원칙적으로 다른 형에 부가하여 가하는 부가형이다. 또한 통설은 몰수를 형식적으로는 일종의 형벌이지만 실질적으로는 대물적 보안처분에 속한다고 해석하고 있다. 반면 벌금형은 범죄인에 대하여 일정한 금액의 지불의무를 강제적으로 부담하게 하는 방식의 금전적 제재로서의 '형벌'이다. 따라서 그 형벌의 내용과 범위는 범죄인이 범죄행위로 얻은 이익에 국한될 필요가 없으며 오히려 억지력 차원에서 볼 때 그 이상의 제재를 가해야 일반예방적 효과나 특별예방적 효과를 기대할 수 있다. 실제로 자본시장과 금융투자업에 관한 법률(이하 자본시장법이라 한다) 제443조의 경우에도 이를 위반할 경우 위반행위로 얻은 이익 자체가 범죄수익은닉법상 범죄수익으로 몰수의 대상일 뿐만 아니라 그 이익의 3배 이하에 상당하는 벌

---

54) 특히 뒤에서 보는 바와 범죄수익은닉법상의 몰수는 임의적 몰수이다. 따라서 실무상으로는 벌금형의 형량을 고려하여 몰수 여부를 결정할 수는 있을 것이다. 우리 실무에서는 임의적 몰수의 경우라도 몰수의 요건이 충족되는 경우 가급적 몰수선고를 하는 것이 통례라고 하지만 비례원칙에 입각하여 재량에 의해 몰수 선고를 하지 않는 경우도 종종 있다(이에 관해서는 이상원(a), "몰수와 비례원칙", 형사판례연구12, 한국형사판례연구회, (2004), p.176 이하 참조). 필자 개인적으로는 뇌물공여자 범죄수익의 박탈수단으로 몰수를 원칙으로 하고, 처벌효과와 억지효과를 위한 형벌로서의 벌금형을 부과할 때 몰수를 감안하여 벌금액수를 산정하는 것이 더 이상적이라고 생각한다.

금에 처할 수 있도록 규정하고 있다. 따라서 뇌물공여죄의 경우에도 뇌물공여자가 뇌물제공으로 얻은 이익을 몰수함과 별도로 그 이익의 2배 이하의 범위에서 벌금형을 부과하더라도 이중처벌 또는 과잉처벌의 문제는 발생하지 않는다고 생각한다.

나. 해석론적 방법

그러면 뇌물공여자의 범죄수익을 몰수하는 방안은 현행 우리법상 몰수 또는 추징의 법리에 부합할 수 있을까. 이미 살펴 본 바와 같이 현행 법상으로 뇌물공여자가 뇌물제공을 통해 얻은 이익이 몰수 또는 추징의 대상이 되는지 명확하지 않다. 우선 형법 제134조에 뇌물죄에 대한 몰수 특별조항이 있지만, 뇌물 또는 뇌물에 공할 물품만 그 대상으로 한다. 형법상 몰수의 일반 조항인 제48조에서도 뇌물로 얻은 이익은 몰수 대상으로 상정하지 않고 있다. 형법상으로는 이익 몰수 개념 자체를 인정하지 않기 때문이다. 따라서 뇌물공여자의 범죄수익을 형법상 몰수제도를 이용하여 박탈하기 위해서는 형법 개정이 필요하고 사실 우리 형법상 몰수 제도를 전반적으로 손질하려는 노력이 이미 많이 시도되고 있지만,[55] 이는 본 연구의 범위를 넘는 광범위한 주제여서 여기서는 더 이상 언급하지 않도록 하겠다.

오히려 필자는 이익 몰수 개념을 인정하고 있는 여러 특별법, 특히 그 중 가장 기본이 되는 범죄수익은닉법상으로도 뇌물공여자의 범죄수익을 몰수하는 것이 진정 불가능한가 여부에 초점을 맞추도록 하겠다.

---

55) 이에 관한 글로는 조균석, 앞의 글, p.112 이하; 박미숙(a), "몰수의 범위와 몰수에 관한 법령의 단일화", 형사법연구 제22호, 한국형사법학회, (2004. 겨울), p.445 이하; 김민이/성경숙, "조직범죄에 대한 형사제재로서의 범죄수익몰수", 법학논총 제25집(2011년 1월), 숭실대학교 법학연구소, p.31 이하; 이무선, "범죄수익 몰수에 대한 형사법적 검토", 경희법학 제49권 제1호, 경희대학교 법학연구소, (2014), p.234 이하 등 다수.

일단 필자는 뇌물공여자의 범죄수익을 몰수하는 것이 현행법상 몰수 또는 추징의 법리에 부합할 수 없다고 생각하지 않는다. 즉, 현재 뇌물죄 관련 몰수 제도가 뇌물수수자 혹은 그가 받은 뇌물 그 자체에 지나치게 초점을 맞춘 나머지 뇌물공여자 혹은 그가 뇌물 제공을 통해 얻은 이익을 간과하고 있을 뿐이지 뇌물공여자가 뇌물제공을 통해 얻은 경제적 이익을 몰수 또는 추징을 통해 박탈한다고 하더라도 현행 몰수 또는 추징의 법리에 반한다고 보지 않는다.

우선 우리 법상 이미 경제적 이익을 추구하기 위해 저지른 범죄에 대해 그 행위를 통해 얻은 이익을 몰수 또는 추징하는 경우들이 많이 있다. 대표적으로 범죄수익은닉법상 몰수 또는 추징의 대상이 되는 범죄수익이 대부분 그러한 경우이다. 동법상 중대범죄는 재산상 부정한 이익을 취득할 목적으로 범한 죄로서 동법 제2조 제1호에서 정한 별표에 규정된 죄인데, 이 중대범죄에 해당하는 범죄행위에 의하여 생긴 재산이 동법 제8조의 몰수대상이 되는 범죄수익에 해당한다. 그런데 2005년 동법 개정을 통해 명시적으로 형법 제133조 뇌물공여죄가 중대범죄를 나열한 별표에 추가되었다. 이 개정 전까지는 형법 제129조 내지 제132조의 죄, 즉 수뢰 관련 죄들만 포함되어 있다가 2005년 개정을 통해 형법 제133조를 추가한 것이기 때문에 뇌물공여자가 뇌물제공행위로 얻은 경제적 이익까지 몰수 대상으로 하겠다는 명시적인 입법자의 의지 표현이라고 해석함이 타당하다. 특히 이 개정안에 대한 검토보고나 심사보고를 보면 '뇌물공여도 다액의 범죄수익이 발생하는 범죄이므로 이로부터 발생하는 범죄수익은 박탈하여야 한다'는 점을 명확히 밝히고 있다. 따라서 개정 경위나 입법자의 의도를 살펴보면 뇌물공여자가 뇌물공여행위로 얻은 경제적 이익도 동법상 범죄수익에 해당하여 몰수가 가능하다고 해석해야 마땅하다.

물론 앞서 언급한 바와 같이 현재까지 뇌물공여자가 얻은 범죄수익을 몰수할 수 있다고 언급한 판례는 발견하지 못하였다. 심지어 실제 사례에서 그와 같은 시도가 있었다거나 그에 관한 가부 논쟁이 벌어졌다는 얘기 등도 들어 본 적이 없다. 이와 같은 이유로 현재 학계나 실무계에서 뇌물공여자의 범죄수익을 현행법상 몰수할 수 있다고 보는지 여부는 여전히 분명하지 않으나 적어도 필자는 이러한 현 상황이 동법상 명시적인 법문 개정과 분명한 입법의도를 거슬러 해석할 근거가 될 수 없다고 생각한다.

법개정에도 불구하고 학계의 반향이 없다거나 실무상 시도가 없었다는 점보다도 오히려 뇌물공여자의 범죄수익이 동법의 문언상 '범죄행위에 의하여 생긴 재산' 요건에 해당할 수 있는지 여부가 극복해야 하는 더 큰 문제일지도 모른다. 학자나 실무가들이 여전히 뇌물공여자가 얻은 범죄수익은 동법상 '범죄행위에 의하여 생긴 재산'에 해당하지 않는다고 해석할 가능성도 많기 때문이다. 뇌물수수자 입장에서는 뇌물수수행위라는 범죄행위에 의하여 바로 뇌물이라는 범죄수익을 취득하게 되지만, 뇌물공여자 입장에서는 뇌물공여행위로 바로 범죄수익을 취득하지는 않는다. 오히려 뇌물공여행위 이후에 공무원이 취하게 되는 별도의 호의적인 조치(계약체결, 단가 인상 등)에 의해 경제적 이익을 취득하게 된다. 즉 뇌물공여행위로 인해 뇌물공여자에게 바로 범죄수익이 발생하는 것은 아니기 때문에 뇌물공여자의 범죄수익은 동법상 '범죄행위에 의하여 생긴 재산'에 해당된다고 보기 어렵다는 식의 해석이 가능할 수 있다.

하지만 필자는 '범죄행위에 의하여 생긴 재산'의 의미를 반드시 그렇게 좁게 해석해야 할 필요가 있다고 생각하지 않는다. 이미 범죄수익은닉법상 중대범죄에 해당하는 다른 범죄의 경우에도 그 범죄행위에서 바로 이익을 취득하는 경우가 아닌 상황도 포함되어 있기 때문이다. 예컨대, 동법상 중대범죄 중 하나로 열거된 자본시장법 제443조의 죄가 그런 경우이다. 자본시장법 제443조에 의해 처벌되는 대표적인 행위가 바로 동법 제178조에서 정한 불공정거래행위인데, 여기에는 금융투자상품의 매매, 그 밖의 거래와 관련하여 부정한 수단, 계획 또는 기교를 사용하는 행위 등이 포함된다. 그런데, 금융투자상품의 매매 또는 거래와 관련해서 부정한 수단, 계획 또는 기교를 사용하는 행위 자체로는 바로 경제적 이익이 발생하는 것은 아니다. 예컨대 주식 거래와 관련해서 허위사실을 유포하는 경우 범죄행위는 허위사실을 유포하는 행위인데, 허위사실 유포행위 자체에서 바로 이익이 발생하는 것이 아니다. 허위사실이 유포된 상태에서 그와 관련된 주식 거래를 함으로써 이익이 발생하는 것이다. 판례도 이런 경우 몰수의 대상이 되는 불법수익은 해당 범죄행위와 관련된 거래로 인한 이익으로서 위반행위로 인하여 발생한 위험과 인과관계가 인정되는 것을 의미한다고 한다. 즉, 위에서 언급한 예와 같은 경우이지만, 구법인 증권거래법상 조문과 관련된 사안을 다룬 대법원 2010. 4. 15. 선고 2009도13890 판결에 의하면 "구 범죄수익은닉의 규제 및 처벌 등에 관한 법률(2007. 12. 21. 법률 제8719호로 개정되기 전의 것) 제2조 제1호 [별표 제16회], 제2호 (가)목, 제8조, 제10조에서 몰수 또는 추징 대상으로 정한 '구 증권거래법(2007. 8. 3. 법률 제8635호로 공포되어 2009. 2. 4. 시행된 자본시장과 금융투자업에 관한 법률 부칙 제2조에 의하여 폐지) 제207조의2의 범죄행위에 의하여 생긴 재산인 불법수익' 역시 구 증권거래법 제207조의2 위반행위와 관련된 거래로 인한 이익으로서 위반행위로 인하여 발생한 위험과 인과관계가 인정되는 것을 의미한다"고 판시한 바 있다. 더구나 동 판례는 몰수 대상으로서의 불법수익이 당해 위반행위에 대한 벌칙 조항에서 벌금형의 상한 기준으로 작용하는 '위반행위로 얻은 이익'과 사실상 같은 개념으로 보고 있다. 즉, 동 판례에 의하면 "구 증권거래법(2007. 8. 3. 법률 제8635호로 공포되어 2009. 2. 4. 시행된 자본시장과 금융투자업에 관한 법률에 의하여 폐지) 제207조의2와 제214조에서 정한 '위반행위로 얻은 이익'이라 함은 그 위반행위와 관련된 거래로 인한 이익을 말하는 것으로서 위반행위로 인하여 발생한 위험과 인과관계가 인정되는 것을 의미한다"고 판시하고 있다.

따라서 이상의 내용을 종합해 보면 뇌물공여자가 뇌물로 얻은 이익역시 충분히 우리 법상 몰수 또는 추징의 대상으로 포섭하는 것이 가능하다고 생각한다. 뇌물공여자가 뇌물제공행위 자체로 바로 이익을 얻는 것은 아니지만, 적어도 뇌물제공과 관련된 거래로 이익을 얻는 것으로볼 수 있기 때문이다. 즉, 뇌물공여라는 범죄행위에 의하여 생긴 재산인불법수익은 "뇌물공여라는 범죄행위와 관련된 거래로 인한 이익으로서그 행위로 인하여 발생한 위험과 인과관계가 인정되는 것"을 의미한다고 정의하는 것이 충분히 가능하다. 예컨대, 뇌물을 주고 관급계약을 획득하거나, 기존 계약상의 단가를 인상한 경우 뇌물공여자가 얻은 범죄수익은 뇌물공여와 관련된 거래로 인한 이익이라고 보는데 아무 문제가없으며, 또한 뇌물공여 행위로 인하여 발생한 위험, 즉 공무원의 호의적인 조치와 인과관계가 인정되는 이익이라는 점도 분명하다.

이런 측면에서 본다면 뇌물공여자가 뇌물제공을 통해 얻은 경제적이익을 몰수 또는 추징의 대상으로 삼아도 현행 몰수 관련 법규나 법리에 배치된다고 볼 수는 없다. 오히려 현재 범죄수익은닉법상 중대범죄에 뇌물수수죄뿐만 아니라 뇌물공여죄인 형법 제133조가 포함되어 있음에도 불구하고 해석상 뇌물공여자가 뇌물로 얻은 이익은 '범죄행위에 의하여 생긴 재산'으로 보지 않는 것이 더 이상하다고 생각한다. 따라서필자는 현행 범죄수익은닉법상으로도 뇌물공여자의 범죄수익을 충분히몰수할 수 있다고 생각한다. 즉, 추가적인 입법조치 없이도 현행 범죄수익은닉법이나 부패재산몰수법을 통해 뇌물공여자의 범죄수익 몰수가 가능하다는 입장이다. 오히려 필요한 것은 실무상 과감한 시도를 통해 선례를 만드는 작업이다. 물론 이를 위해서는 뇌물공여자의 범죄수익에대한 계산방법에 대한 연구와 외국 사례의 광범위한 수집 작업이 전제되어야 한다고 생각한다. 따라서 향후 연구되어야 할 주제는 뇌물공여자의 범죄수익에 대한 몰수 가능 여부가 아니라 뇌물공여자의 범죄수익의 계산 방법에 초점이 맞춰져야 할 것이다.

다. 입법론적 방법

앞서 언급한 바와 같이 필자는 현행 범죄수익은닉법이나 부패재산몰수법상으로도 뇌물공여자의 범죄수익을 몰수할 수 있다는 입장이기는 하지만, 아직까지 실제 사례나 판례가 전혀 없고, 해석상 여러 이견이 있을 수 있으므로 입법을 통해 명확히 해결하는 방법도 생각해 볼 수 있다. 만약 입법을 통해 해결을 시도할 때 가장 먼저 생각해 볼 수 있는 것이 형법 개정을 통한 방법이나 앞서 설명한 바와 같이 형법상 몰수 제도를 손질하는 것은 그 자체로도 여러 이슈를 내포하고 있어서 여기서 다루기에는 벅찬 논의이므로 이에 대한 언급은 생략하도록 하겠다. 또한 이 문제는 기업 뇌물 사건에서 기업에 귀속된 범죄수익을 박탈하는 이슈도 포함하고 있어서 기업형사책임 도입과도 불가분적으로 연결된 문제인데 앞서 살펴 본 바와 같이 기업형사책임을 형법상 전면적으로 도입하는 문제 역시 거대하고 지난한 사안이어서 적어도 형법 개정을 통한 입법론적 해결 방안에 대해서는 더 이상 다루지 않도록 하겠다.

따라서 가능한 방법은 앞서 기업형사책임 도입과 관련해서 살펴 본 특가법 개정이나 뇌물특별법 제정 시 뇌물공여자의 범죄수익을 몰수하는 조항을 삽입하는 방식이다. 특히 뇌물공여죄의 벌금형을 개정할 때 '범죄행위로 얻은 이익' 개념을 도입한다면 바로 그 이익을 뇌물공여죄에서 몰수 또는 추징 대상에 해당하는 범죄수익으로 볼 수 있도록 규정하는 방법이 좋은 방법이라고 생각한다.

이때 한 가지 더 생각해 볼 이슈가 기업이 면책되는 경우에도 기업에 귀속된 이익을 몰수할 수 있는 방안을 마련하는 문제이다. 즉, 바로 기업 뇌물에서 해당 기업이 우리 양벌규정상 '상당한 주의 감독'을 다 한 것으로 인정받아 형사면책 될 경우에도 기업에 귀속된 범죄수익을 몰수를 통해 박탈할 수 있는지가 문제될 수 있으나 현형법과 판례의 태도로서는 어려울 것으로 보이기 때문이다. 현행 형법은 제49조에서 몰수는 타형에 부가하여 과한다고 규정하여 몰수의 부가성을 인정하고 있다. 다만 동조 단서에서 "행위자에게 유죄의 재판을 아니할 때에도 몰수의 요건이 있는 때에는 몰수만을 선고할 수 있다"고 규정하여 부가성의 예외를 인정하였고, 판례에 의하면 이는 범죄수익은닉법상의 몰수에도 적용된다고 판시한 바 있다.[56] 따라서 일응 양벌규정상 '상당한 주의 감독'을 게을리 하지 않은 것으로 판단되어 무죄가 선고된다고 하더라도 몰수나 추징은 선고할 수 있을 것으로 생각할 수 있으나, 현재 판례는 형법 제49조 단서가 적용될 수 있는 경우를 매우 좁게 해석하여 무죄가 선고된 경우에 몰수만을 따로 선고할 수는 없다고 한다.[57] 아직 법인이 양벌규정에 의해 기소된 사안에서 무죄를 선고하면서 몰수가 가능한지 여부를 정면으로 다룬 사건은 없지만, 법인에 대한 몰수나 추징이 가능하다고 본 판례들[58]은 한결같이 양벌규정에 의해 법인을 처벌하는 이상 그 법인에게 부가형인 몰수나 추징도 가할 수 있다는 취지로 판시하고 있다. 따라서 이 경우 궁극적으로는 우리 법상 독립몰수가 가능히도록 법 개정이 필요한데,[59] 결국 형법상 몰수의 부가성 원칙을 바꾸는 문제

---

56) 대법원 2008. 11. 13. 선고 2006도4885 판결.
57) 대법원 1992. 7. 28. 선고 92도 700 판결, 이에 대한 자세한 평석은 서정걸, "몰수·추징의 부가성의 의미 및 그 예외", 형사판례연구 제2권, (1994) 참조.
58) 대법원 1980. 12. 9. 선고 80도584 판결; 대법원 1961. 6. 7. 선고 60도923 판결 등. 참고로 헌법재판소 2010. 5. 27. 자 2009헌자28 결정에 의하면 몰수나 추징의 경우에도 책임주의 원칙이 적용되어야 함을 전제로 하고 있다.
59) 독립몰수에 관한 글로는 홍찬기, "독립몰수 도입에 관한 입법론적 연구 - 범죄수익 독립몰수를 중심으로 -", 형사소송의 이론과 실무 제6권 제2호, 한국형사소송법학회, (2014. 12.), p.29 이하; 정응석(b), "유죄판결 없는 몰수제도 도입에 관한 연구", 형사법의 신동향 통권 제46호, 대검찰청, (2015. 3.), p.182 이하; 김혜경, "형법개정안상 공소제기 없는 몰수의 해석과 집행절차에 관한 연구 - 법적 성격과 적용범위를 중심으로 -", 형사정책연구 제26권 제2호, 한국형사정책연구원, (2015 여름), p.59 이하 등.

로서 본 연구의 범위를 넘어서는 큰 주제이기 때문에 여기서는 더 이상 상술하지 않도록 하겠다.[60]

한편 이 경우 행위자, 즉 개인 임직원에 대한 몰수로서 법인에 귀속된 이익을 몰수할 수 있는지도 검토해 볼 문제이다. 앞서 살펴 본 바와 같이 독일의 경우 가능하다. 독일 형법 제73b조 제1항은 범인이 타인을 위하여 범죄를 행하고 이를 통하여 타인이 이익을 취득한 경우에 몰수할 수 있다고 규정하고 있으며 이 때 타인에는 법인도 포함된다고 해석한다. 하지만 이와 같은 규정이 없는 우리법의 경우에는 문제가 될 수 있다. 범죄수익은닉법 제9조에 의하면 범인 외의 자가 범죄 후 그 정황을 알면서 그 몰수대상 재산 또는 혼화재산을 취득한 경우에는 그 몰수대상재산 또는 혼화재산이 범인 외의 자에게 귀속된 경우에도 몰수할 수 있다고 규정하고 있다. 임직원의 뇌물제공행위로 인해 법인이 범죄수익을 얻은 경우가 여기에 해당할 수 있을까? 동 조항은 원래 범인인 취득한 범죄수익을 그 후에 그 정황을 알면서 제3자가 취득한 경우에도 몰수할 수 있도록 한 규정이다. 따라서 임직원의 뇌물제공행위로 인해 법인이 범죄수익을 얻은 경우를 법인이 '범죄 후 그 정황을 알면서' 몰수대상재산을 취득한 것으로 볼 수 있는지가 문제될 수 있다. 구체적으로 두 가지 이슈를 따져봐야 하는데 하나는 이 경우 법인이 '그 정황을 알면서' 취득한 것으로 볼 수 있는가 하는 이슈이다. 다른 하나는 임직원이 얻은 범죄수익을 그 후에 법인이 취득하는 것이 아니라 법인이 계약이나 거래의 당사자로서 처음부터 범죄수익을 바로 취득하는 구조인데

---

60) 다만 후술하는 바와 같이 필자는 자발적으로 신고하고 수사에 협조하는 기업에 대한 조건부 기소유예 제도의 활용을 개선방안의 하나로 제시하고 있는데, 조건부 기소유예의 경우에도 기업에 귀속된 범죄수익의 박탈은 필요하다. 따라서 법인에 대한 기소여부와 상관없이 법인에 귀속된 범죄수익의 박탈을 가능케 하는 독립몰수의 도입은 필요하다고 생각한다. 비슷한 취지의 글로는 조인현, "기업의 부패범죄에 대한 형사처벌 제도 개선 방안 - 국제 반부패 규범상 뇌물거래 금지와 관련하여 -", 경찰법연구 제15권 제1호(2017), p.160.

그 경우에도 이 조항의 적용이 가능한가 하는 이슈이다. 두 이슈 모두 현 상태에서 가능하다고 해석하기에는 무리가 있어 보인다. 결국 이를 위해서는 우리도 독일 형법 제73b조 제1항과 같은 규정의 도입이 필요하다고 생각한다. 이 역시 우리 형법상 몰수 제도의 개정이 필요한 사안이라 여기서는 입법론적 보완의 필요성을 지적하는 수준에서 그치도록 하겠다.

제3절 반부패 컴플라이언스 도입

1. 도입의 필요성

앞서 살펴 본 바와 같이 국내 형법상 뇌물공여죄에는 기업형사책임이 없다. 따라서 적어도 형사책임 차원에서는 자율적 예방 수단인 반부패 컴플라이언스를 도입한 기업과 그렇지 않은 기업에 대한 차별화가 이루어지지 않는 셈이다. 더 정확히 말하면 컴플라이언스가 없거나 부실한 기업이 형사책임 차원에서 부담하는 불이익이 전혀 없는 상황이다. 하지만, 이는 국내기업들이 자율적인 반부패 예방 수단을 내부적으로 수립 시행할 인센티브가 없다는 의미와 다름 아니어서 상당히 문제가 크다. 형사정책적으로 보더라도 기업 뇌물의 경우에 수사기관이 사후적으로 모두 적발하여 처벌하는 것을 기대하기는 어렵기 때문에 기업 스스로의 사전 예방책을 자율적으로 수립 시행하는 것이 훨씬 바람직하다. 하지만, 국내 뇌물공여죄에 기업형사책임 자체가 없다보니 기업차원에서는 비용과 시간을 들여서 반부패 컴플라이언스를 수립 시행할 이유가 딱히 없다. 오히려 이윤 추구를 목적으로 하는 기업 입장에서는 기업형사책임도 없고 뇌물로 얻은 이익도 박탈당하지 않기 때문에 순전히 경제적인 셈법만 놓고 볼 때 기업 활동에 도움이 된다면 뇌물제공을 하는 것이 합리적(?)인 행동이라고 판단할 수 있다.

하지만, 앞서 비교법적 고찰에서도 살펴보았듯이 현재 미국, 영국, 프랑스, 스위스 등 서구 선진국들은 기업 뇌물에 대해 강력한 기업형사책임을 부과할 뿐만 아니라 이를 레버리지로 활용하여 기업 스스로 사전 예방 시스템을 구축하고 나아가 자율적으로 기업 문화를 바꾸는 쪽으로 입법을 하고 실무 관행을 형성하고 있다. 미국은 법인에 대한 양형기준에서 기업 컴플라이언스를 양형 단계에서 기업이 감경을 받을 수 있는 유일한 수단으로 활용하고 있으며, 미 법무부 역시 이러한 취지를 살려서 법인에 대한 수사 및 기소 가이드에 관한 일련의 메모에서 기업 컴플라이언스의 중요성을 점점 더 강조하는 쪽으로 발전시키고, 기업들에게 이런 점을 적극적으로 홍보하고 있는 실정이다. 심지어 최근에 미 법무부는 연방검사들이 기업의 컴플라이언스 프로그램에 대한 평가를 할 때 조언과 도움을 줄 수 있도록 전직 연방검사이자 여러 대기업에서 컴플라이언스 실무를 담당했던 변호사를 영입하여 화제가 되기도 하였다. 즉, 이제는 기업들에 대한 형사책임 여부나 수위를 정할 때 그 기업의 컴플라이언스가 단순히 서류상의 컴플라이언스이거나 보여주기식의 컴플라이언스인지, 아니면 진짜 효과적으로 작동하는 컴플라이언스인지 여부까지 실질적으로 평가하고 판단하겠다는 시도이다.

이러한 미국의 영향으로 영국, 프랑스, 스위스 등도 기업의 자율적인 사전 예방 프로그램을 독려하고 의무화하는 방향으로 입법 노력을 기울이고 있다. 영국 뇌물법의 뇌물방지실패죄상의 면책사유로서의 '적절한 조치' 역시 영국 법무부가 내놓은 해설서에 의하면 컴플라이언스 프로그램과 실질적으로 같은 내용이다. 부패방지실패죄라는 독특하고 새로운 범죄를 창설하면서 엄격책임으로 규정하여 엄포를 놓고 이에 대한 유일한 면책사유로 '적절한 조치'를 마련해 놓은 것은 영국식의 기업 컴플라이언스의 독려 내지 유도라고 평가할 수 있다.

프랑스 역시 최근에 사핀II로 불리는 새로운 부패방지법을 제정하여 일정 규모 이상의 기업들에게 컴플라이언스 수립을 의무화하였을 뿐만 아니라 형법 역시 일부 개정하여 범죄를 저지른 기업에 대한 컴플라이언스 실시를 새로운 형사제재 수단으로 추가한 것은 매우 주목할 만하다. 특히 대륙법계 국가 중에서 일찍 기업형사책임을 형법에 전면적으로 도입하였을 뿐만 아니라 기업에 대한 형벌로 벌금형 외에 다양한 특별형벌까지 인정하는 파격을 보여 준 프랑스에서 이번에는 반부패 개혁

의 일환으로 컴플라이언스 실시 의무 부과를 기업에 대한 새로운 특별
형벌의 하나로 추가한 것은 현재 기업형사책임의 전 세계적인 추세를
상징적으로 보여주는 입법이라고 생각한다.

또한 스위스 역시 프랑스처럼 기업형사책임을 형법에 도입하였을 뿐
만 아니라 뇌물공여와 같은 특정 범죄에 대해서는 기업이 범죄 발생의
방지를 위해 필요한 조치를 다하였는지 여부를 기업형사책임 인정 요건
으로 삼고 있는데, 바로 여기서 말하는 필요한 조치가 컴플라이언스 프
로그램과 실질적으로 같은 내용이다. 이는 효과적인 컴플라이언스 프로
그램의 수립 및 운용 여부에 의해 기업형사책임 인정 여부가 결정된다
는 의미여서 스위스 역시 기업형사책임을 전제로 컴플라이언스 프로그
램의 실시를 유도 또는 독려하는 세계적인 추세와 맥이 닿아 있다.

심지어 기업형사책임을 인정하지 않는 독일조차도 미국과 마찬가지
로 컴플라이언스 프로그램을 도입할 필요가 있다는 점이 일찍부터 논의
되었고, 지금은 모든 사람들이 이에 대해 언급하고 있는 상황이 되었다
고 한다.[61] 앞서 언급한 바와 같이 독일의 경우 질서위반법을 통해 기업
형사책임 부재의 공백을 커버하고 있을 뿐만 아니라 특히 질서위반법
제130조에서 알 수 있듯이 기업주가 형벌 또는 질서위반금의 부과대상
이 되는 의무위반을 방지하는데 필요한 감독조치를 취하지 않은 경우
그 자체가 질서위반행위가 될 수 있어서 이 역시 독일식 컴플라이언스
프로그램의 유인책으로 볼 수 있다. 이 때 말하는 기업주의 '감독의무'의
의미와 내용이 컴플라이언스 프로그램과 같은 맥락으로 볼 수 있기 때
문이다.[62]

---

61) 양천수, "기업의 사회적책임(CRS)과 법준수프로그램(CP)에 관한 연구", 형사정
    책연구원 연구총서 10-17-04, 2010, p.119; 김성룡/권창국(b), 앞의 글, p.70. 이에
    의하면 독일 변호사들은 앵글로 아메리칸 법역의 관련 규정에 기대어 준법감
    시체계(Compliance System)의 도입주장을 계속해 오고 있다고 한다.
62) 양천수, 앞의 글, p.126 이하 참조.

따라서 우리도 단순히 뇌물공여죄에 기업형사책임을 도입하는 논의에 그칠 것이 아니라 이를 전제로 기업의 자율적인 사전 예방 수단의 구축을 유도하고 나아가 기업 문화까지 개선할 수 있는 우리식의 방안을 마련하는 논의까지 함께 해야 보다 더 좋고 효과적인 개선방안을 도출할 수 있다. 특히 컴플라이언스 프로그램의 법적 의미를 어떤 방식으로 얼마만큼 인정할 것인가 하는 문제는 기업형사책임의 성격, 즉 과실책임주의의 근거로 활용가능한가 하는 문제부터 기업형사책임에 대한 면책사유로서 컴플라이언스 항변을 인정할 것인가의 문제에 이르기까지 다양한 형태로 논의가 가능하다. 또한 우리 법상 기업형사책임을 인정하는 방식인 양벌규정의 형태를 그대로 유지하는 한, 컴플라이언스 프로그램을 우리의 양벌규정과 어떤 방식으로 조화를 이루게 하는 것이 가장 이론적으로 무리가 없고, 실무적으로도 효과를 극대화 할 수 있는지에 대한 논의도 매우 중요하다. 이런 차원에서 아래에서는 컴플라이언스 프로그램에 대한 우리 식의 도입 방안에 대해 살펴보도록 하겠다.

2. 현행 양벌규정상 '상당한 주의와 감독'

만약 뇌물공여죄에 기업형사책임을 도입할 경우 앞서 살펴 본 바와 같이 가장 현실적인 방법은 특가법에 양벌규정을 도입하는 방법이다. 이때 유의할 점은 우리나라의 양벌규정은 엄격책임 조항이 아니라는 점이다. 헌법재판소 결정에 의해 양벌규정으로 법인을 처벌하는 경우에도 과실책임주의가 철저히 관철되어야 함이 천명된 바 있다.[63][64] 헌법재판

---

63) 최대호, "법인의 형사책임 -양벌규정의 법인면책사유로서 '상당한 주의와 감독의 판단기준' -", 중앙법학 제13집 제1호, 중앙법학회, (2011. 3), p.136; 조병선 (a), "개정양벌규정에서의 기업의 형사책임 : 과실추정설에 대한 반론", 형사정책 제21권 제1호, 한국형사정책학회, (2009. 6). p.351-352.

64) 헌법재판소 2007. 11. 29. 2005 헌가 10 결정 등 다수.

소는 "양벌규정이 종업원의 범죄행위에 대해 아무런 책임이 없는 영업주에 대해서까지 처벌할 수 있는 가능성을 열어 놓고 책임의 정도에 비해 지나치게 무거운 법정형을 규정한 것은 책임주의에 반하므로 법치국가의 원리와 헌법 제10조의 취지에 위반하여 헌법에 위반된다"고 결정하였다.[65] 그리고 이러한 헌법재판소의 결정취지를 반영하여 법무부는 합리화 방안을 마련하였고 그 주된 내용은 종업원의 범죄행위를 방지하기 위해 관리·감독의무를 다한 경우에는 법인의 형사책임을 면제하는 것이었다.[66] 실제로 국내 뇌물공여죄에 양벌규정을 도입할 경우 참고가 될 수 있는 국제뇌물방지법상 양벌규정에서도 법인이 "위반행위를 방지하기 위하여 해당 업무에 관하여 상당한 주의와 감독을 게을리하지 아니한 경우"에는 면책될 수 있도록 단서 조항을 마련해 놓고 있다. 따라서 현재의 양벌규정에 따르면 법인이 임직원의 위반행위를 방지하기 위하여 해당 업무에 관하여 상당한 주의와 감독을 게을리 하지 아니한 경우에는 처벌받지 않는다. 결국 면책사유로서 "상당한 주의와 감독"을 어떻게 해석하고, 그 기준을 어떻게 설정하며, 이를 실무에서 어떻게 반영할 것인가가 관건이라고 할 수 있다. 이를 어떻게 해석하고 운영하는지 여부에 따라 법인에 대한 과잉처벌 우려를 해소할 수 있을 뿐 아니라 기업범죄 예방효과 달성도 함께 이룰 수 있기 때문이다.

문제는 소위 '상당한 주의와 감독'에 대한 기준이 제대로 마련되어 있지 않다는 점이다. 이 문제는 뇌물공여죄에 양벌규정을 도입하기 위한 선결 과제로도 중요한 의미를 갖는다. 왜냐하면 이러한 기준이 제대로 마련되지 않은 상태에서 뇌물공여죄에 기업형사책임을 묻게 될 경우 기업들이 이에 대비하기도 어려울 뿐만 아니라 자칫 도입 자체를 반대할

---

65) 헌법재판소 2007. 11. 29. 2005 헌가 10 결정 등 다수.
66) 최대호, 앞의 글, p.136; 조병선(a), 앞의 글, pp.351-352; 이천현/송효종, "기업범죄에 대한 제재체계의 현황과 개선방안", 형사정책연구원 연구총서 10-17-01, 한국형사정책연구원, (2010. 12), p.25 이하 참조.

명문을 제공할 수도 있기 때문이다. 하지만, 사실상 모든 양벌규정에 '상
당한 주의와 감독'에 관한 면책조항이 마련되어 있음에도 불구하고 그
구체적인 기준이나 내용에 대해서는 의외로 판례의 축적도 많지 않고
학계의 논의도 상대적으로 활발한 편은 아닌 것 같다. 그 이유는 여러
가지가 있겠지만, 무엇보다도 현행 양벌규정에 대해 실무상 기업형사책
임의 의미에 대한 신중한 숙고 없이 기계적인 적용 관행이 있었고, 한편
법인 입장에서도 통상 양벌규정을 통해 부과되는 벌금의 수준이 사실상
매우 미미하다 보니 면책조항을 이용하여 치열하게 다툴 실익이 많지
않았다는 점 등을 거론할 수 있다. 하지만, 앞서 언급한 바와 같이 뇌물
공여죄의 양벌규정에 범죄행위로 얻은 이익 개념을 도입하여 뇌물공여
자로부터 뇌물로 얻은 이익의 2배 범위 내에서 벌금형을 부과할 수 있도
록 하여 기업형사책임을 현실화 한다면 사정은 완전히 달라질 것이다.
그런 차원에서 "상당한 주의와 감독"의 기준을 살펴보고 이를 구체화 하
는 작업은 여러 모로 실익이 크다.

　　우선 "상당한 주의와 감독"에 관한 판례의 판단 기준은 당해 법률의
입법취지, 처벌조항 위반으로 예상되는 법익 침해의 정도, 그 위반행위
에 관하여 양벌규정을 마련한 취지, 위반행위의 구체적인 모습, 그로 인
하여 야기된 실제 피해 결과와 피해 정도, 법인의 영업 규모 및 행위자
에 대한 감독 가능성, 구체적인 지휘감독관계, 법인이 위반행위 방지를
위하여 실제 행한 조치 등을 종합하여 판단하여야 한다고 한다.[67] 하지
만 판례가 내세운 위와 같은 요소들은 사실 따지고 보면 너무 추상적이
거나 일반적일 뿐만 아니라 실질적인 판단 기준의 내용과 거리가 있다.
예컨대, 법률의 입법취지, 예상되는 법익침해의 정도, 양벌규정의 취지,
위반행위의 구체적인 모습과 그로 인한 피해 결과 및 피해 정도 등은 법
인의 상당한 주의와 감독이 있었는지를 판단하기 위한 전제 고려 요소

---

67) 대법원 2010. 4. 15. 선고 2009도14605 판결.

일지는 몰라도 그 자체로는 상당한 주의와 감독을 결정하는데 구체적인 기준을 제시하지 못한다.[68] 오히려 법인이 위반행위 방지를 위하여 실제 행한 조치가 사실상 법인의 주의감독의무의 실질적인 내용이라고 할 수 있는데, 이에 대한 부연 설명은 없는 형편이다.[69] 적어도 뇌물죄 영역에서는 앞서 살펴 본 미국 FCPA 가이드에 나온 반부패 컴플라이언스의 내용이나, 영국 뇌물법의 적절한 조치(adequate procedures)의 6가지 원칙 등과 무척 대비된다고 할 수 있다.

위와 같이 구체적인 기준이 없다 보니 실무상으로도 검찰 단계에서 법인에 대한 기소 여부 결정을 할 때 면책사유에 대한 깊이 있는 증거수집이나 조사가 사실상 별로 없는 상태이다. 기껏해야 법인이 관련 내부 규정이나 지침을 마련하고 있었는지 여부나 당해 종업원에게 관련 교육을 시킨 적이 있었는지 여부 등에 대한 확인이 고작이다.[70] 이러한 현실은 한편으로는 기업들에게 충분한 가이드라인을 주지 못하여 사전 예방을 위한 노력을 기울이는데 어려움을 줄 수 있고, 다른 한편으로는 사실상 형식적인 위장(예컨대, 앞서 언급한 paper compliance)만으로도 쉽게 기업형사책임을 피해갈 수 있게 만들어 범죄예방 효과를 반감시킬 수도 있다.

3. 반부패 컴플라이언스의 내용

따라서 적어도 국내뇌물죄 영역에 양벌규정을 신설한다면 해당 양벌규정에서 면책사유로 정한 '상당한 주의와 감독'의 구체적 내용과 기준

---

68) 최대호, 앞의 글, p.140.
69) 이주희(b), 앞의 글, p.107.
70) 따라서 면책사유와 관련한 판례에서도 교육과 관련된 언급이 자주 보인다. 예컨대, 대법원 2010. 4. 15. 선고 2009도14605 판결, 대법원 2009. 5. 28. 선고 2008도7030 판결 등.

에 대한 가이드를 제시하는 것이 바람직하다고 생각한다.[71] 앞서 살펴
본 바와 같이 현재 이에 관한 판례도 많지 않을 뿐만 아니라 판례에서
언급한 판단기준은 기업들이 실질적인 가이드로 활용하기 어려울 만큼
모호하거나 구체적이지 않은 상태이다. 사실 '상당한 주의와 감독'의 구
체적인 내용이나 기준 자체를 판례를 통해 형성할 수 있다고 기대하는
것이 무리일지 모른다. 오히려 해당 법의 내용과 입법취지에 대해 잘 파
악하고 있는 주무부처에서 구체적인 가이드를 제정하고 법원은 개개 사
건에서 기업이 기울인 사전조치와 노력이 그 구체적인 가이드에 부합하
였는지 여부를 판단하는 편이 훨씬 효율적이고 현실적인 방향이라고 생
각한다.

따라서 우리도 국내뇌물죄 영역에 양벌규정을 신설한다면 주무부처
인 법무부에서 뇌물죄 영역에서의 '상당한 주의와 감독'에 관한 구체적
인 기준을 마련해서 제시하는 것이 필요하다. 이때 미국이나 영국 법무
부가 자국 뇌물법에 대한 반부패 컴플라이언스 가이드로 제시한 내용이
많은 참고가 될 수 있다.[72][73] 사실 국제뇌물방지법에 양벌규정이 이미

---

71) 같은 취지로 이천현/윤지영/임정호, 앞의 글, p.119.
72) 미국의 컴플라이언스 제도가 상당한 주의와 감독의 기준으로 참고될 수 있다는
   취지로는 최대호, 앞의 글, p.149 이하; 이진국(a), 앞의 글, p.81 이하; 이정민(a),
   "기업범죄 억제를 위한 제안으로서 컴플라이언스 프로그램(Compliance Program)",
   법학논총, 제34권, 제1호, 단국대학교 법학연구소, (2010), p.371 이하; 이주희(b),
   앞의 글, p.108 이하; 안경옥(a), 앞의 글, p.414 이하 참조. 반면에 양벌규정의 단
   서조항을 준법감시프로그램과 연계시키는 시도에 대해 부정적인 견해로는 김성
   돈(b), 앞의 글, p.158 이하 참조. 이 글에 의하면 양자는 그 내용과 지향점도 다
   를 뿐만 아니라 법인에 대한 준법감시프로그램의 형식적·기계적 준수를 조건으
   로 법인으로 하여금 형사책임에서 벗어나게 할 가능성을 폭 넓게 인정하는 것은
   기업처벌을 하지 말자는 것과 다를 바 없다고 한다.
73) 이와 관련해서 앞서 언급한 "법인의 뇌물제공행위 처벌에 관한 법률안"은 매우
   독특한 시사점을 주고 있다. 이 법률안은 실질적으로는 형법상 뇌물공여죄에
   대한 양벌규정을 내용으로 하고 있는데, 통상의 양벌규정에서 볼 수 있는 단서
   조항과 매우 다른 형식과 내용을 취하고 있다. 즉, 이 법률안에서는 제3조(면

도입된 이상 더 이상 늦출 문제도 아니다.[74] 만약 국내뇌물죄에 양벌규정이 신설되었을 때 그 규정 방식이 국제뇌물방지법상 양벌규정과 다르지 않을 것이며, 그 경우 법인의 주의감독 의무의 기준 역시 국내뇌물죄와 국제뇌물죄에서 크게 다를 이유는 없다고 생각한다.

이 경우 뇌물죄 영역에서의 '상당한 주의와 감독'의 구체적인 기준을 어떻게 설정하고 어떤 내용과 요소를 담을 것인지가 문제 될 수 있다. 결국 우리식의 반부패 컴플라이언스의 내용과 기준을 어떻게 설정할 것인가의 문제인데, 이에 관해 그 구체적인 내용을 언급한 국내 문헌도 사실 많지 않은 형편이다.[75] 본 논문에서도 반부패 컴플라이언스의 기준과 내용에 대해 각 요소별로 상술할 여력은 없으나, 실무적인 차원에서 보다 강조되어야 할 몇 가지 내용에 대해서 언급해 보도록 하겠다.

사실 필자의 경험에 의하면 기업의 반부패 컴플라이언스에 대해 논의할 때 아직도 많은 기업들이 내부 규정이나 직원 교육이 전부인 것처럼 착각하는 경우가 많았다. 당해 기업이 윤리 규정 혹은 반부패 정책을 마련하고 있는지, 임직원들에게 전사적이고 지속적인 반부패 교육을 하고 있는지 등의 내용도 주요한 반부패 컴플라이언스의 내용이 되겠지만,

---

책)이라는 별도의 조항을 두고 있을 뿐 아니라 명시적으로 반부패 자율준수프로그램이라는 개념을 도입하여 이를 '상당한 주의와 감독'의 내용으로 연동시키고 있다. 나아가 반부패 자율준수프로그램에 대해 뇌물공여 등의 행위를 방지하기 위한 기준, 절차 및 감독에 관한 것으로서 세부적인 사항은 대통령령으로 정한다고 규정하고 있다. 결국 이 법률안은 반부패 자율준수프로그램, 즉 반부패 컴플라이언스를 상당한 주의·감독의 내용으로 보고 있을 뿐만 아니라 그 구체적인 가이드라인을 대통령령으로 제시하려는 시도를 하고 있어서 매우 흥미롭다.

74) 나아가 약사법, 건설산업기본법, 부정청탁금지법 등 특별법에 뇌물 관련 조항을 두고 있는 경우에는 양벌규정 역시 마련되어 있기 때문에 이러한 법에 이미 도입된 양벌규정의 면책사유 기준 설정을 위해서도 유의미한 작업이다.

75) 컴플라이언스 프로그램의 기본요소에 대해 비교적 상술한 글로는 이정민(a), 앞의 글, p.377 이하; 정성숙, "부패와 기업윤리", 영산법률논총 제5권 제1호, 영산대학교 법률연구소, (2008. 9.), p.245 이하 참조.

그 외에도 많은 요소와 기준들이 반부패 컴플라이언스의 내용에 포함될 수 있다.

그 중에서 제일 중요한 것은 바로 기업 최고위층의 부패 엄단의 의지 혹은 부패 무관용 정책이라고 할 수 있다. 이는 기업이 실제 사업을 할 때 이윤 추구를 포기하면서까지, 나아가 필요하다면 손해를 감수하면서까지 법을 준수하겠다는 의지와 방침을 최고 경영진의 결심으로 천명하는 것이다. 이 최고위층의 의지와 결심이 중요한 이유는 바로 이 점이 서류상의 컴플라이언스와 효과적인 컴플라이언스의 제일 중요한 구분 기준이 되기 때문이다. 즉, 일상적이고 별로 중요하지 않은 사안에서는 윤리 경영과 반부패 컴플라이언스를 강조하다가도 실제 중요하고 수익이 많이 날 수 있는 프로젝트나 사업 건에서 이윤 추구를 위해 컴플라이언스가 양보되는 상황이 온다면 그 기업의 다른 컴플라이언스 프로그램이 아무리 훌륭하고 직원 교육 등을 열심히 실시한다고 하더라도 전혀 의미가 없다. 이는 사실 너무도 당연한 얘기 같지만, 실제 실무에서는 - 특히 국내 기업 내부에서는 - 상시적으로 발생하는 문제로서 대외적으로는 컴플라이언스 프로그램이 글로벌 기준에 부합하는 외관을 갖추고 있는 대기업이라고 할지라도 구체적인 개별 사안에서 사업부서와 컴플라이언스(혹은 법무) 부서가 충돌할 경우 사업 기회와 이윤을 포기하지 못해 법위반 위험을 감수하는 경영진의 판단은 아주 흔하게 볼 수 있는 현상이다. 따라서 컴플라이언스 내용의 하나로서 이러한 기업 최고위층의 의지는 우리식 양벌규정상 상당한 주의와 감독의 판단에서도 중요하게 고려되어야 할 요소이다. 예컨대, 기업 뇌물 사건에서 최고위층이라고 할 수 있는 최고경영자나 주요 임원이 연루되어 있거나 그들의 지시 내지 묵인 하에 이루어졌다면 아무리 다른 컴플라이언스의 내용이나 요소에 참작할 만한 내용이 있다고 하더라도 기업이 상당한 주의와 감독을 다 한 것으로 판단할 수 없기 때문이다. 또한 기업 뇌물을 저지른 직원이 그 동기로 실적 압박에서 오는 부담감 때문이라고 한다거나 특정 사안에서 수단과 방법을 가리지 말고 목표 달성(예컨대, 사업 수주, 관급 계약 체결, 인허가 취득 등)을 하도록 독려하는 사내 분위기가 있었다는 식의 사실관계가 확인될 경우에도 '상당한 주의와 감독'을 다 했다고 볼 수 없을 것이다.

다음으로 기업의 반부패 컴플라이언스와 관련해서 기업 내부 실무자들이 가장 낯설어 하거나 잘 이해하지 못하는 항목이 바로 위험평가 혹은 위험사정이라고 불리는 risk assessment이다. 이는 한마디로 말하면 기업은 자신이 노출된 예상가능 한 모든 유형의 부패 위험의 내용과 성격 및 그 정도를 정기적으로 평가하고 체크해야 한다는 의미이다. 예컨대, 글로벌 비즈니스를 하는 다국적 기업의 경우 자신이 사업을 하는 국가별 위험 요소는 어떠한지, 수많은 유형의 거래 상대방뿐만 아니라 현지 에이전트, 유통업체 등 비즈니스 파트너에 따른 부패 노출 위험은 어떠한지, 사업 분야나 성격에 따른 대관업무 과정에서의 위험은 어떠한지 등을 다양한 각도에서 주기적으로 평가하고 문서화해야 한다는 의미이다. 이를 위해서 흔히 사용하는 방법 중에 하나가 일선에서 영업을 하는 직원들을 상대로 구체적인 부패 위험에 관한 설문조사나 인터뷰를 하는 것인데 막상 이를 해 보면 기업의 컴플라이언스 부서나 최고 경영진 차원에서는 생각하지도 못했던 다양하고 심각한 위험에 기업이 노출되어 있다는 사실에 놀라는 경우가 많다. 반부패 컴플라이언스의 주요 내용 혹은 항목으로서 위험평가에 대해 우리 기업들이 생소하게 받아들이는 이유는 그 동안 컴플라이언스에 대해 매우 수동적으로 인식하고 있었기 때문이다. 즉, 적극적이고 능동적으로 문제점이나 위험 요소를 사전에 감지하고 이에 대응하려는 노력을 하기 보다는 오히려 기업 차원에서는 일선의 구체적인 위험이나 문제점을 애써 외면하거나 심지어 많이 알수록 사후에 일이 터졌을 때 기업에 득이 될 것이 없다는 자세로 임해 왔기 때문이다. 이는 많이 모를수록 기업 경영진이나 기업 자체를 방어하는데 더욱 도움이 될 수 있다는 잘못된 인식에 기초하고 있는데, 실무적으로는 뇌물 사건이 터졌을 때 일선 해당 직원의 개인적인 일탈로 치부하고 경영진 혹은 기업 차원에서는 알지 못했던 일이라는 식의 항변으로 나타나기 쉽다. 하지만, 이는 오히려 뇌물죄 차원에서 '상당한 주의와 감독'을 하지 못한 전형적인 징표가 될 수 있다고 생각한다. 만약 기업이 사전에 적극적이고 능동적인 위험 감지 노력을 하고 예방조치를 취했음에도 일선 직원 개인의 일탈이 발생한 것이라고 한다면 참작이 될 수 있겠지만, 기업이 노출된 위험에 대한 사전 파악이나 인식에 노력을 기울이지 않았거나 오히려 애써 외면하고 있었다고 한다면 이는 범죄 예방을 위한 상당한 주의와 감독을 하지 못한 것이기 때문이다. 이는 마치 안전사고 사건에서 작업장 내의 여러 안전저해 요소에 대해 사전에 정기적으로 점검 및 검사를 하지 않고 있다가 안전사고가 발생한 경우 사업주로서의 기업에 면책사유를 인정할 수 없다는 점을 생각해 보면 쉽게 이해할 수 있다. 하지만 뇌물 사건에서는 여전히 많은 기업들이 일선의 여러 부패 위험 요소에 대해 적극적으로 파악하려는 노력을 기울이지 않거나 심지어 이를 외면하려는 듯한 태도를 취하는데 이러한 점은 '상당한 주의와 감독' 판단에 주요한 고려요소가 될 수 있다.

끝으로 국내 기업들이 risk assesment만큼이나 낯설어 하는 요소인 due diligence에 대해 살펴보자. 앞서 언급한 바와 같이 위험평가 혹은 위험사정을 통해 기업이 노출된 여러 위험에 대해 감지하고 파악하였다면, 기업은 그 부패 위험을 감소시키기 위해 자신을 위해 혹은 자신을 대리해 업무를 수행하는 자에 대한 철저한 실사를 하여야 한다는 원칙이다. 즉, 거래 상대방이나 비즈니스 파트너에 대해 위험평가 결과에 따라 산출된 위험에 비례하는 방식과 강도로 철저한 실사를 함으로써 결국 관련자에 의한 부패 노출 위험을 감소시킬 수 있다는 의미이다. 앞서 언급한 위험평가를 통해 여러 위험 징후들을 감지할 수 있는데, 예컨대, 특정 사업 수주를 위해 고용한 에이전트가 사업 규모나 기존 관행에 비해 훨씬 고액의 수수료를 요구하는 경우, 특정 컨설팅 업체와는 컨설팅 비용만 지급되었을 뿐 그 업체로부터 받은 서비스의 구체적인 내용이 객관적으로 파악되지 않는 경우, 컨설팅업체나 현지 에이전트의 능력, 전문성, 구성원 등에 대해 여러 의구심이 제기되는 상태에서 용역계약이 체결되는 경우 등이 그것이다. 이때 감지한 위험의 구체적 내용을 확인하고 위험 감소를 위한 적극적 조치로서 관련자들에 대한 철저한 실사가 요구된다. 특히 뇌물죄 영역에서 반부패 컴플라이언스의 내용으로서 실사가 더더욱 중요한 이유는 요즘 기업 뇌물 사건의 상당 부분이 제3자를 통한 뇌물이기 때문이다. 전 세계적으로 뇌물에 대한 감시와 규제가 강화되자 해당 기업과 관련 공무원이 직접 접촉하여 뇌물을 주고받는 것이 점점 더 어려워지기 때문에 중간에 이를 대행할 중개인을 끼워 넣는 경우가 많아지고 있다. 그 중개인은 에이전트, 컨설팅업체, 하청업자, 유통업자 등 다양한 형태로 존재할 수 있다. 기업 입장에서는 이런 중개인을 통해 뇌물을 제공함으로서 기업에 대한 위험을 차단할 수 있다고 착각할 수 있는데 바로 이러한 점을 방지하기 위해서 요즘 반부패 컴플라이언스의 중요한 항목 중에 하나로 Due Diligence가 더욱 강조되고 있는 실정이다. 따라서 기업은 중개인의 위험을 감지 혹은 파악하기 위해 적극적으로 노력하여야 하고 그 위험을 인지하였을 경우 철저한 실사를 통해 부패 위험을 감소시켜야만 효과적인 반부패 컴플라이언스가 작동한다고 평가 받을 수 있다. 우리도 뇌물죄에 양벌규정이 도입된다면 '상당한 주의와 감독'의 판단 기준의 하나로 중개인에 대한 실사가 반드시 고려되어야 한다. 그렇지 않을 경우 기업 입장에서는 중간에 제3자를 끼워 넣은 후 사후에 적발되더라도 제3자의 뇌물제공에 대해 기업이 몰랐다거나, 통제할 수 없었다는 식의 항변을 통해 손쉽게 위험을 전가할 수 있기 때문이다. 기업을 위해 혹은 기업을 대리해 업무를 수행하는 제3자의 뇌물제공행위 역시 기업이 직접 제공한 것과 같은 수준으로 책임을 물을 수 있도록 '상당한 주의와 감독'의 기준 설정이 필요하다.

이상에서 반부패 컴플라이언스의 요소 중에 '상당한 주의와 감독'의 기준과 내용으로 활용될 수 있는 몇 가지를 살펴보았다. 이 외에도 컴플라이언스 업무를 전담하는 담당자를 지정하는 등 컴플라이언스 수립 및 이행을 위해 법인의 물적 인적 자원을 효과적으로 투입하고 있는지, 내부고발자를 위한 신고 시스템이나 보호 및 보상시스템이 갖춰져 있는지, 문제가 발생하였거나 위험 징후가 발견되었을 때 이를 은폐하기 보다는 철저히 내부조사 등을 통해 밝히고 비위 직원에 대해 징계 등 철저한 책임을 묻는지 여부 등도 반부패 컴플라이언스의 주요 내용 중에 하나가 될 수 있다.

사실 앞서 언급한 미국 DOJ나 영국 MOJ의 가이드뿐만 아니라 민간 영역에서 마련한 반부패 컴플라이언스 인증시스템인 ISO 37001 등 많은 참고자료가 이미 나와 있기 때문에 우리 법무부가 뇌물죄 영역에서 기업면책사유로서 '상당한 주의와 감독'의 기준과 내용을 마련하는 작업 자체는 그렇게 어려운 작업이 아니라고 할 수 있다. 오히려 실제 검찰이 법인에 대한 기소 여부 결정하는 단계나 법원이 유무죄를 선고하는 단계에서 실질적인 조사와 증거 수집을 통해 위와 같이 마련된 구체적 기준의 부합 여부를 다각도로 검토하고 실질적으로 판단하는 작업을 제대로 수행할 수 있는지가 관건이 될 것이다. 이 작업이 제대로 되지 않을 경우 서류상의 컴플라이언스와 효과적인 컴플라이언스의 차별이 확실히 되지 않을 수도 있기 때문이다. 단순히 외형상의 면책사유가 있는지 여부에서 나아가 실질적인 주의감독 의무를 다 한 것이 맞는지를 정확히 판단할 수 있는 시스템 정비가 필요하고 시급한 이유이다.

제4절 자발적 신고 및 협상 시스템

1. 선순환 구조 정착

반부패 컴플라이언스를 통한 '상당한 주의·감독'의 기준 수립과 함께 생각해 볼 수 있는 것이 자발적 신고 및 협상 제도이다. 현재 우리 뇌물 공여죄에는 기업형사책임이 없기 때문에 기업뇌물 사건에서 기업이 이를 수사당국에 자발적으로 신고할 이유도 없을 뿐만 아니라 수사에 협조해서 관용을 기대할 유인도 없다. 아무리 기업이 뇌물을 주고 그 뇌물로 얻은 이익이 기업에 귀속된다고 하더라도 기업은 형사처벌을 받지 않고, 범죄수익도 그대로 보유할 수 있기 때문이다. 따라서 통상은 수사기관이 그 뇌물 사건을 인지하여 수사하는 경우라 하더라도 기업은 조사 받는 당해 임직원을 직간접적으로 지원하는 방식으로 함께 수사에 대응하고, 특별한 사정이 없는 한 수사에 협조하기 보다는 범죄를 은폐하거나 수사기관과 다투는 식으로 저항하거나 최소한 비협조적인 입장을 취하는 경우가 다수이다.

하지만 앞서 살펴 본 바와 같이 미국의 경우에는 효과적인 컴플라이언스의 징표 중에 하나가 법인 안에서 위험 징후(red flag)가 나타났을 때 이에 대한 내부조사(internal investigation)를 거쳐 철저히 진상을 규명하고 관련자에게 책임을 물릴 수 있는지 여부이다. 나아가 필요한 경우 기업이 내부조사 결과를 검찰 등 사법당국에 자발적으로 신고를 하고 수사에 협조하여, 향후 법인 처벌에 대한 감경 사유로 인정받는 실무 관행이 정착되어 있다.

기업 입장에서는 당해 불법행위가 회사 차원의 불법이 아니라 직원이 독자적으로 회사 방침에 반하는 일탈을 한 것이라는 점을 대외적으

로 표시하는 수단일 뿐만 아니라 평소 컴플라이언스 프로그램이 효과적
으로 작동하고 있었음과 부패를 용인하지 않는 의지가 확고하게 기업
문화로 자리 잡고 있음을 동시에 보여주는 방식이 된다. 그리고 이러한
자발적 신고를 통해 수사에 협조하였다는 점에서 형을 감경 받는 혜택
도 누리게 된다. 검찰 입장에서도 수사를 위해 소비해야 하는 시간과 노
력을 많이 절약할 수 있다는 점에서 매우 효과적일 뿐만 아니라, 강력한
기업형사책임을 무기로 기업들로 하여금 효과적인 컴플라이언스를 수립
하게 하고 이를 통해 발견한 불법행위를 자발적으로 신고하게 하며 그
후 당국의 수사에 협조하게 하는 선순환 구조를 정착시킬 수 있어 매우
좋은 시스템이라고 할 수 있다.

　필자는 앞서 우리 뇌물공여죄에 강력한 기업형사책임을 도입하고 기
업이 뇌물로 얻은 범죄수익을 박탈할 수 있는 법적 수단을 강구함과 동
시에 면책사유로서 반부패 컴플라이언스를 인정하는 방향으로 개선해야
함을 역설하였다. 그렇다면 이러한 개선방안을 토대로 여기서 한발 더
나아가서 기업이 범죄사실을 자발적으로 신고하고 수사에 협조해서 형
의 감면을 받도록 유도할 수 있는 우리식의 선순환 구조를 정착할 수 있
지 않을까?

　우리의 경우 미국식의 자발적 신고 및 수사협조 시스템을 바로 도입하
는 데에는 어려움이 있어 보인다. 궁극적으로는 미국식 협상(settlement)
시스템과 법인에 대한 양형기준(sentencing guideline)[76]이 확립되어 있어
야 하기 때문이다. 특히 미국에는 유죄협상에 해당하는 plea bargain 뿐
만 아니라, 유죄 인정은 아니지만 사실상 징벌과 의무부과를 용인하면서
이를 이행할 경우 종국적으로는 기소를 면하는 협상도 있는데, 바로

---

76) 미국에서 실제 재판까지 가지 않고 검찰과 협상(settlement)하는 경우에도 미국
　　양형기준(U.S. Sentencing Guidelines)이 협상당사자에게 일응의 기준이 되고 있
　　다. 통상 기업이 협상에 응할 경우 양형기준에 따라 계산한 형량보다 감경해
　　주는 것이 일반이다.

DPA와 NPA가 그것이다.[77] DPA는 법원에 일단 기소를 함과 동시에 그 유예를 요청하고(따라서 법원의 심사를 받는다), 유예된 기간 동안 금전적 제재를 포함하여 부과된 조건과 의무를 성실히 이행하면 공소를 취소하는 협상이다. 반면 NPA는 법원에 일단 기소를 하지 않는다는 점에서 DPA와 다르나(이 경우 검찰은 기소권은 보유하며 법원의 심사도 받지 않는다), 일정한 금전적인 제재 및 의무가 부과되고 이를 이행하면 종국적으로 불기소 결정을 하는 협상이다.[78] 사실 미국에서는 이와 같은 협상에 가장 중요한 고려요소 중 하나가 컴플라이언스와 함께 자발적 신고로 대변되는 수사협조이다. 따라서 기업 입장에서 불확실한 배심재판으로 가는 것 보다는 형량에서 관대한 처분을 기대하면서 자발적 신고를 통해 수사협조를 하는 협상의 길을 택하는 경우가 보다 다수이다. 미국에서도 이러한 NPA나 DPA의 남용에 대해 우려하는 목소리가 있는 것은 사실이나,[79] 수사의 효율성 및 기업 자율 규제시스템의 제고 차원에서 상당히 유용하고 합리적인 순기능을 하고 있는 것 또한 사실이다.

바로 이러한 순기능 때문에 최근에는 영국이나 프랑스도 미국의 DPA와 비슷한 제도를 도입하여 운영하고 있음은 앞서 살펴 본 바와 같다. 하지만, 미국식의 DPA 등 협상 시스템을 우리나라에 도입하는 것은 그 자체로도 논란의 소지가 많을 뿐만 아니라 본 연구 논문의 범위를 훨씬 벗어나는 주제여서 여기서는 다루지 않으려고 한다. 다만 필자 생각에는 우리의 경우도 기존에 있는 제도를 잘 활용하면 비슷한 효과를 충분히 거둘 수 있다고 생각한다. 즉 기업이 자발적 신고와 수사협조를 하도

---

77) 양자의 차이에 대해서는 Leonard Orland, 앞의 글, p.56.
78) 자세한 내용은 FCPA 가이드 p.74 이하; Lauren Giudice, 앞의 글, p.360 이하 참조.
79) 이에 관해서는 Lauren Giudice, 앞의 글, p.366 이하; John A. Gallagher, "Legislation Is Necessary For Deferred Prosecution Of Corporate Crime", Suffolk University Law Review, (2010), p.447 이하 참조.

록 유도하면서 그렇게 하였을 경우 형의 감면 등 혜택을 받을 수 있는 공식적인 방법을 기존 제도의 활용을 통해 가능한지 살펴보도록 하자.

2. 법인의 자수감면

사실 미국에서 기업의 자발적 신고(voluntary disclosure) 제도의 기원은 공교롭게도 바로 FCPA 제정배경인 1970년대 SEC의 대대적인 기업수사에서 비롯되었다고 한다. 당시 SEC가 기업들에게 자체적으로 내부조사를 하고 그 결과를 SEC에 보고할 경우 선처를 하겠다는 취지로 유도하기 위해 고안한 프로그램이 원조인 셈이다.[80] 그 후 미국에서는 SEC 외에도 다른 조사당국에서도 유사한 프로그램을 운영하기도 하였는데, 특히 최근에 DOJ와 SEC가 기업들의 FCPA 위반 사건을 대대적으로 수사하고 천문학적인 형사벌금과 이익환수금을 부과하면서, 기업들이 DPA 등 협상 과정에서 선처를 받기 위해 아예 자기들의 내부조사 결과를 자발적으로 신고하는 실무 관행이 정착되고 있다.

앞서 언급한 바와 같이 검찰과 피의자 사이의 협상을 인정하지 않는 우리 법제상 이러한 미국의 실무 관행을 그대로 도입하는 것은 어려우나 나름 우리 식으로 장점만 살릴 수 있는 방식이 없는 것은 아니다. 우선 미국식 자발적 신고의 경우 우리 형법상 자수에 해당할 수 있다. 형법 제52조 제1항에 의하면 죄를 범한 후 수사책임이 있는 관서에 자수한 때에는 그 형을 감경 또는 면제할 수 있다고 규정한다. 즉, 형법상 자수는 형의 임의적 감면 사유인데, 여기서 자수의 의미는 범인이 자발적으로 자신의 범죄사실을 수사기관에 신고하여 그 소추를 구하는 의사표시를 말한다고 한다.[81] 따라서 미국식의 자발적 신고는 충분히 우리 형법상 자수로 평가될 수 있어서 형의 임의적 감면사유로 작동할 수 있다.

---

80) Christopher A. Wray/ Robert K. Hur, 앞의 글, p.1108.
81) 대법원 1999. 4. 13. 선고 98도4560 판결.

다만 문제는 법인도 자수를 할 수 있는지, 또 자수로 인한 임의적 감면 혜택을 받을 수 있는지가 별도로 문제될 수 있다. 이에 대해 우리 판례는 명시적으로 이를 인정하고 있다. 대법원 1995. 7. 25. 선고 95도391 판결에 의하면 양벌규정에 의한 법인의 형사책임에 관하여 자수 감경이 적용될 수 있음을 명시적으로 밝히고 있다. 이 판결에 의하면 "법인의 직원 또는 사용인이 위반행위를 하여 양벌규정에 의하여 법인이 처벌받는 경우, 법인에게 자수감경에 관한 형법 제52조 제1항의 규정을 적용하기 위하여는 법인의 이사 기타 대표자가 수사책임 있는 관서에 자수한 경우에 한하고, 그 위반행위를 한 직원 또는 사용인이 자수한 것만으로는 위 규정에 의하여 형을 감경할 수 없다"고 판시하였다. 이 판결은 범죄행위를 한 직원 개인의 자수만으로는 법인의 자수로 볼 수 없다는 취지이나, 판시내용에서 명확히 알 수 있듯이 형법상 자수 감경이 양벌규정에 의해 법인이 형사처벌 받는 경우에도 적용됨을 분명히 밝히고 있다. 다만 법인의 자수로 인정받기 위해서는 그 방식이 법인의 이사 기타 대표자가 하여야 함을 지적하고 있다.

따라서 만약 국내 뇌물공여죄에도 양벌규정을 통한 기업형사책임을 도입한다면, 기업이 내부조사 등을 통해 알게 된 뇌물 사건에 대해 검찰 등 수사기관에 자발적 신고를 하고 형법상 임의적 자수감면 혜택을 받는 것이 충분히 가능하다. 미국에서는 우리 법과 달리 변호인과 의뢰인 사이의 비밀유지특권 등이 발달하여 있어서 내부조사 결과를 수사기관에 자발적으로 신고를 하는 과정에서 이 특권들을 둘러 싼 여러 이슈가 있으나 현재 우리 법상으로는 오히려 이런 이슈들이 문제될 소지도 없다. 다만, 형법상 자수는 임의적 감면 사유이므로 기업이 자수할 경우 받을 수 있는 혜택에 대해 어느 정도 구체적 기준을 마련하여 기업들에게 예측가능성을 부여하는 방안은 강구할 필요가 있다고 생각한다.

한편 기업의 자발적 신고가 형법상 자수로서 임의적 감면사유가 되는 것과 별도로, 기업의 이익으로 기능할 수 있는 방법이 있는지 여부와 관련해서 살펴봐야 하는 것이 바로 양벌규정의 면책사유로서 참작될 수 있는지 여부이다. 앞서 살펴 본 바와 같이 헌법재판소 결정 이후에 현재 우리의 양벌규정은 모두 법인이 위반행위를 방지하기 위하여 상당한 주의와 감독을 게을리 하지 아니한 경우에는 면책될 수 있는 단서조항이 있다. 만약 국내 뇌물공여죄에도 양벌규정을 통한 기업형사책임이 도입된다면 역시 이 면책사유를 담은 단서조항이 포함될 것이다. 이때 기업의 자발적 신고를 '상당한 주의와 감독'의 여러 참작 사유 중 하나로 볼 수 있는지가 문제될 수 있다. 일단 문언상으로는 위반행위를 방지하기 위한 상당한 주의와 감독이므로 위반행위가 발생한 사후에 수사기관에 자발적으로 신고하는 것은 고려대상이 아니라고 볼 소지가 다분하다. 하지만, 위와 같이 지나치게 좁게 해석할 필요가 있는지 의문이다. 우선 기업이 자체적으로 위반행위를 적발해서 수사기관에 자발적으로 신고하는 것은 위반행위를 방지하기 위한 상당한 주의와 감독이 평소 제대로 작동하고 있다는 반증일 뿐만 아니라 그와 같은 예방 조치들의 진정성을 알 수 있는 좋은 예시가 될 수 있다. 오히려 내부 윤리 규정의 유무, 반부패 교육의 실시 횟수 등과 같은 형식적이고 외형적인 요소보다 기업의 자발적 신고가 '부패 무관용 원칙'에 대한 단호한 의지 천명으로서 보다 더 평가받아야 한다고 생각한다. 따라서 일단 법문상의 한계를 감안하더라도 평소 문제가 있을 때마다 기업이 자발적으로 신고를 해왔고, 그것이 기업의 방침이라고 한다면 그 자체가 위반행위를 방지하기 위하여 상당한 주의와 감독을 게을리 하지 아니한 징표로서 참작될 수 있다고 생각한다. 또한 자발적 신고를 한 당해 사건과 관련해서도 '상당한 주의와 감독'에 해당할 수 있는 기업의 여러 조치들의 진정성을 담보하는 징표로서 기능하는 것도 가능하다고 생각한다. 즉, 자발적 신고 자체는 위반행위를 방지하기 위한 상당한 주의·감독이라고 볼 수 없지만, 상당한 주의·감독에 해당할 수 있는 반부패 컴플라이언스의 여러 내용이나 개별 조치들과 결합하여 그 조치들의 진정성을 보여주는 징표로서 기업에게 유리한 고려사유로 기능하는 것은 충분히 가능할 것이다.

3. 조건부 기소유예

사실 자발적 신고 보다 우리식의 도입이 더 어려운 것이 DPA와 같은 미국식 협상 시스템이다. 주지하다시피 아직 우리는 검찰과 피의자 사이에 협상을 통해 사건을 종결하는 제도가 전무하다. 따라서 미국식 협상시스템을 도입하는 문제는 그 자제로도 매우 논란이 될 수 있을 뿐만 아니라 본 논문의 연구범위를 크게 벗어나는 주제이기도 하므로 여기서 이를 다룰 생각은 없다. 다만 기업이 자발적 신고와 수사 협조를 통해 굳이 정식 재판을 거치지 않고도 선처를 받을 수 있는 공식적인 제도를 구축하는 것은 앞서 언급한 선순환 구조를 정착하는데 매우 중요한 요소이다. 만약 아무리 자발적 신고를 하고 수사에 협조하더라도, 기업이 양벌규정상의 면책사유에 해당되지 않는 한, 항상 정식재판을 통해서 형이 결정된다면 선순환 구조를 구축하기 위한 유인책으로 부족할 수밖에 없을 것이다. 따라서 비록 미국식 협상시스템을 도입하지 않더라도 우리의 기존 제도를 통해 비슷한 효과를 낼 수 있다면 검토할 가치가 충분히 있다고 생각한다.

우선 미국의 NPA나 DPA는 사실상 우리의 기소유예와 상당히 유사한 부분이 있다. 주지하다시피 우리의 기소유예는 형사소송법 제247조 제1항에 근거를 두고 있다. 이에 의하면 검사는 형법 제51조 양형의 조건에서 정한 사항들, 즉 범인의 연령, 성형, 지능과 환경, 피해자에 대한 관계, 범행의 동기, 수단과 결과, 범행 후의 정황 등을 참작하여 공소를 제기하지 아니할 수 있다. 따라서 만약 기업이 자발적으로 신고를 하고 수사기관의 수사에 적극 협조할 뿐만 아니라 범죄행위 방지에 필요한 상당한 주의·감독의 미흡한 부분을 개선하는 노력을 한다면 기업에 대해 기소유예를 못할 이유는 없다고 본다.

다만 미국이나 영국의 DPA 등과 우리의 기소유예는 다음 두 가지 점에서 결정적으로 차이가 있다. 우선 우리의 기소유예는 검찰의 독자적인 결정이지 피의자와 협상을 통한 합의(agreement)는 아니라는 점에서 미국이나 영국의 DPA 등과 근본적으로 다르다. 앞서 언급한 바와 같이 검찰과 피의자 사이의 공식적인 협상 시스템을 도입하지 않는 한 이 차이는 극복할 수 없는 문제이다. 다만 우리의 기소유예 역시, 기업의 범행 후의 정황을 참작하여 기소유예 결정을 할 경우에는, 실무상 그 과정이 마치 기업과 검찰 사이의 협상과 비슷한 양상을 취할 것으로 보인다. 즉, 기업의 이사 등 대표권이 있는 자가 자수의 형태로 수사기관에 자발적 신고를 할 때에는 처음부터 기소유예를 염두에 두고 검찰수사에 적극적으로 협조하거나 컴플라이언스의 개선 사항 등을 부각하는 등의 방식으로 검찰의 기소유예 결정을 끌어내기 위해 상당한 설득 노력을 기울일 것이다. 검찰 역시 사안의 성격이나 죄질 등에 비추어 볼 때 도저히 기소유예를 할 수 없는 사건이 아니라면 기업에 대한 기소유예를 유인책으로 활용하면서 실제 위반행위를 한 개인 임직원에 대한 수사에 적극적인 협조를 요구하거나 미흡한 컴플라이언스의 개선 노력 등을 요구할 수 있다. 이런 측면에서 본다면 공식적인 협상제도를 통한 합의는 아니지만 그 점이 유사한 효과를 거두는 데 결정적인 장애는 아니라고 생각한다.

오히려 미국이나 영국의 DPA 등은 기업에 사법감시 수용 등과 같은 의무를 부과할 수 있을 뿐만 아니라 사실상의 금전적인 제재를 부과할 수 있다는 점이 우리의 기소유예와 보다 큰 차이를 나타내는 부분이라고 할 수 있다. 즉, DPA나 NPA는 기업에게 유죄인정이나 정식재판을 회피할 수 있는 혜택을 주는 대신 사실상 형벌이나 보호관찰에 해당할 수 있는 형사제재를 함께 부과할 수 있는 제도이다. 앞서 살펴 본 바와 같이 미국에서 FCPA 사건으로 기업이 천문학적인 징벌금을 낸 사건들 중에 실제 배심재판을 통해 형이 확정된 경우는 거의 없고 대부분 DPA나

NPA(경우에 따라서는 plea bargain) 등의 협상제도를 통해 사건을 종결하면서 징벌금을 부과한 사안들이다. 과연 우리도 기업을 상대로 이런 식의 기소유예가 가능할까?

현재 우리 기소유예의 경우 금전적 제재를 함께 부과하는 경우는 없으나 조건이나 의무를 부과하는 조건부 기소유예는 우리에게도 있다. 주지하다시피 선도조건부 기소유예나 교육이수조건부 기소유예 등이 그 것이다. 여러 형태의 조건부 기소유예는 현재 실무상 소년뿐만 아니라 성인에게도 활용되며, 범죄의 유형도 성범죄, 가정폭력부터 마약, 저작권법위반 등에 이르기까지 다양하다. 물론 조건부 기소유예의 유효성이나 법적 근거의 필요성 등을 둘러싼 여러 논의[82]가 있으나 본 논문의 연구 범위를 벗어나는 주제이므로 상술하지 않도록 한다. 다만 현 실무상 위와 같이 광범위하게 활용되고 있는 조건부 기소유예를 통해서 미국의 DPA 등과 같은 효과를 거둘 수 있을까? 우선 조건부 기소유예를 법인에게 활용한 실제 사례를 찾지 못하였지만, 실무상 이를 못할 이유는 없다고 판단된다. 오히려 문제는 우리의 조건부 기소유예를 통해 컴플라이언스 개선의무, 사법감시(monitorships) 수용 조건 등의 부과가 가능한지 나아가 사실상의 벌금액에 버금가는 금전적인 제재가 가능한지 여부일 것이다. 일단 현재 조건부 기소유예의 경우에도 교육프로그램이나 상담 등의 이수를 조건으로 부과할 수 있다는 점을 감안할 때, 컴플라이언스 개선의무나 사법감시 수용 조건 등의 부과를 근본적으로 못할 이유는 없다고 생각한다. 오히려 위와 같은 의무나 조건이 깊은 전문성과 오랜 시간을 요구한다는 점을 감안할 때 기소여부를 결정할 검찰의 현재 수준이나 여건이 이를 감당할 수 있을지는 매우 의문이나 순수하게 조건

---

82) 이에 관해서는 이진국(b), "조건부 기소유예 도입에 관한 검토", 형사정책연구 제15권 제1호, 한국형사정책연구원, (2004), p.63 이하; 허일태, "조건부 기소유예제도에 관한 연구", 법학연구 제33집, 전북대학교 법학연구소, (2011. 9.), p.3 이하 등 참조.

자체의 유효성 여부만 놓고 볼 때 못할 이유는 없다고 생각된다.

문제는 사실상의 금전적인 제재의 부과가 가능할 수 있는가이다. 현재 우리의 기소유예 중에 금전적인 제재를 부과하는 형태의 조건부 기소유예는 없다. 다만, 우리나라의 조건부 기소유예를 논의할 때 자주 비교되는 독일 형법 제153a조의 조건부 기소유예(Einstellung mit Auflage)의 경우에는 부담사항 내지 지시사항으로서 범행으로 인하여 야기된 손해를 원상회복하기 위해 일정 급부의 이행, 공익시설 또는 국고에 일정액의 금전 납부 등이 포함되어 있다.[83] 만약 우리도 독일법과 같은 조항이 있다면 사실상의 금전적인 제재를 부과하는 조건부 기소유예가 가능하겠지만, 이런 명문의 근거가 없는 상태에서는 사실상 어렵다고 생각한다. 금전적인 제재의 부과가 중요한 이유는 비록 기업의 자발적 신고, 수사협조, 컴플라이언스 개선 등 범죄 후의 정황에 비추어 기소유예를 한다고 하더라도 기업에 속한 범죄수익에 대한 박탈이 필요하기 때문이다. 이 부분은 몰수 특히 독립몰수의 가능 여부와도 연결되는 이슈이고 궁극적으로는 조건부 기소유예에 관한 입법적인 개선이 필요한 사안이기 때문에 여기서는 더 이상 상술하지 않도록 하겠다.

하지만 현재 조건부 기소유예를 통해서도, 자발적 신고를 한 기업의 경우 실제 평소 효과적인 컴플라이언스를 갖추고 있었고(혹은 갖추려고 노력하고 있었고), 당해 불법에 대한 주의감독 의무 위반의 정도가 크지 않다면, 향후 일정 기간 재발방지를 위한 컴플라이언스 개선과 모니터링 시스템을 조건으로 과감히 기소유예를 해 주는 시스템을 개발할 필요가 있다고 생각한다. 이 시스템이 정착 될 경우 기업 입장에서도 강력한 기업형사책임에 대한 부담과 우려가 훨씬 경감될 수 있을 뿐만 아니라 비리를 은폐하고 소송으로 다투기 보다는 스스로 적발하여 신고한 후 선처를 받는 쪽으로 전략을 세울 확실한 유인이 생기게 된다. 또한 범죄

---

83) 이진국(b), 앞의 글, p.79.

적발 후 기업형사책임을 면하기 위해 검찰 법원 단계에서 다투는 사후 소송비용을 컴플라이언스 수립, 내부조사 등의 사전 예방비용에 투입할 수 있는데, 통상은 사후 소송비용보다는 사전 예방비용이 훨씬 적을 것이므로 기업 입장에서는 경제적 관점에서도 유리하다. 검찰 역시 비리 행위 적발 및 수사에 대한 부담을 훨씬 경감할 수 있으면서도 당국의 규제를 사경제 주체의 자율 규제 시스템으로 전환하여 기업 문화를 바꿀 수 있는 일석이조의 효과를 누릴 수 있다. 다만 이때 비리 적발 및 수사에 대한 부담을 더는 대신 컴플라이언스 점검 및 향후 모니터링 결과 검토 등 부과된 조건과 의무의 철저한 이행 여부에 대한 사후 점검의 노력은 담보되어야 위 선순환 구조의 실질적인 정착이 이루어 질 것이다.

제6장
결론

'과연 우리 뇌물법은 기업 뇌물에 대한 대응 수단으로 적절한가'라는
의문에서 본 논문이 시작되었다. 앞서 살펴보았듯이 그 동안 우리 뇌물
법은 뇌물수수자 혹은 뇌물수수죄에만 지나치게 집중한 나머지 뇌물죄
의 다른 한 축인 뇌물공여자 혹은 뇌물공여죄에 대해 간과하는 우를 범
하였다. 하지만 뇌물이라는 범죄에 효과적으로 대처하기 위해서는 뇌물
을 받는 쪽뿐만 아니라 뇌물을 주는 쪽에 대한 정확한 이해와 맞춤형 대
응이 필요하다. 이런 시각에서 볼 때 형법 제133조라는 단 한 조문으로
규율되는 뇌물공여죄에는 여러 문제점과 법적 미비를 노정하고 있다.
특히 기업이 뇌물을 주는 주체로서 등장한지 오래이며, 그 사회적 폐해
나 심각성이란 측면에서 오늘날 여러 뇌물죄 유형 중에 단연 가장 중요
한 위치를 차지하는 기업 뇌물에 대한 대응 차원에서 보면 우리 뇌물공
여죄는 사실상 속수무책이라고 할 수 있다.

그리고 이와 같은 우리의 뇌물공여죄는 비교법적 차원에서 볼 때 매
우 후진적이다. 앞서 살펴본 바와 같이 미국, 영국, 프랑스, 스위스 등 영
미법계와 대륙법계를 가리지 않고 비교법적으로 유의미한 서구 선진국
들은 대부분 뇌물공여죄에 매우 중한 기업형사책임을 인정하고 있다.
여전히 기업형사책임을 부인하는 독일조차도 질서위반법을 통해 뇌물을
제공한 기업에 대한 엄중한 '법적 책임'을 물을 수 있는 장치를 이미 잘
갖추고 있다. 또한 이런 서구 선진국들은 대부분 벌금형이나 몰수제도
등을 통해 뇌물공여자가 뇌물 제공을 통해 얻은 이익에 대한 박탈 수단
도 다양한 형태로 구비하고 있다. 나아가 미국의 양형기준, 영국의 뇌물
방지실패죄, 프랑스의 최근 반부패법인 사핀II 등에서 잘 알 수 있듯이
최근 뇌물법 영역에서 기업형사책임의 주된 이슈는 엄중한 기업형사책

임을 레버리지로 활용하여 어떻게 하면 기업의 자율적인 사전 예방 시스템, 즉 반부패 컴플라이언스의 수립을 유도할 수 있는가의 국면으로 넘어가고 있다. 이런 세계적인 추세에 비춰보면 우리의 뇌물공여죄는 단순히 후진적이라는 표현으로도 부족할 지경이다. 특히 서구 선진국들에 비해 상대적으로 기업 뇌물이 더 빈번하게 발생할 뿐만 아니라 그 사회적 폐해도 훨씬 심각한 우리의 현실을 감안할 때 아이러니가 아닐 수 없다.

이상의 문제나 법적 미비는 비단 뇌물죄에서만 발생하는 것이 아니라 원칙적으로 기업형사책임을 인정하지 않는 우리 형법에 기인하는 일반적 현상이라고 해석할 수도 있다. 그 동안 우리 학계와 실무계는 '단체는 범죄의 주체가 될 수 없다'는 도그마에 여전히 사로 잡혀 있었기 때문에 부분적으로는 맞는 말이나 완전한 설명이라고 보기 어렵다. 여러 번 강조하였듯이 우리 법제는 형법상 범죄에만 기업형사책임을 인정하지 않을 뿐이지, 무수히 많은 법에 양벌규정의 형태로 다양한 범죄에 대한 기업형사책임을 인정하고 있다. 따라서 앞서 언급한 문제점들에 대한 올바른 인식만 있었다면 얼마든지 특별법을 통해 뇌물공여죄에 양벌규정의 도입이 가능하였을 것이다. 현재 우리의 뇌물법은 외국 공무원에 대한 뇌물에 대해서는 기업형사책임을 인정하면서 정작 국내 공무원에 대한 뇌물에 대해서는 기업형사책임을 부정한다. 또한 부정청탁금지법을 통해 뇌물로 보기 힘든 접대나 선물 제공 행위에 대해서도 기업형사책임을 인정하면서 정작 정식 뇌물 제공 행위에 대해서는 기업형사책임을 부정하는 모순을 노정하고 있다. 따라서 필자는 이러한 우리 뇌물공여죄의 문제점과 미비를 그 동안 뇌물죄의 법적 성격이나 보호법익을 파악할 때 지나치게 뇌물수수죄에 치우친 해석을 한 나머지 뇌물공여죄 고유의 독자적 성격을 간과한 데에서 찾아야 한다고 생각한다. 즉, 우리 뇌물공여죄의 여러 문제점을 제대로 파악하고 이에 대한 올바른 개선방안을 제시하는 첫걸음은 뇌물공여죄 고유의 독자성에 대한 정확한 이해에서 시작한다. 이러한 차원에서 볼 때 뇌물공여죄는 뇌물수수죄의 신분 없는 공범이 아니라 뇌물 제공을 통해 직무에 영향을 미쳐 부정한 이익을 취하는 독립된 범죄라고 할 수 있다. 공무원 신분의 유무가 중요한 차이가 아니라, 뇌물수수죄는 직무와 관련해서 뇌물을 받는 범죄임에 반해서 뇌물공여죄는 뇌물 제공을 통해 얻는 반대급부를 추구하는 범죄라는 점에서 큰 차이가 있다. 따라서 뇌물수수자 혹은 뇌물에만 초점을 맞출 경우 뇌물공여자가 뇌물 제공을 통해 얻은 이익을 간과할 수 있으며, 뇌물공여자가 개인일 경우와 기업일 경우 생길 수 있는 여러 성격상 차이도 간과하기 쉽다. 우선 뇌물공여자가 뇌물제공을 통해 얻은 이익은 범죄를 통해 얻은 부당이득으로서 이를 보유할 법적 근거가 없을 뿐만 아니라 많은 경우 뇌물수수자가 속한 조직에 가한 손해로 치환할 수 있는 것이어서 이를 박탈하고 회수해야 한다. 또한 뇌물공여의 주체가 기업일 경우 실제 뇌물공여행위를 하는 개인에 대한 처벌만으로는 효과적인 대응이 불가능하다. 무엇보다도 뇌물 제공을 통해 얻는 이익이 기업에 귀속되기 때문이다. 더구나 본래적으로 이윤 추구를 목적으로 경제활동을 하는 기업의 속성상 부정한 이익을 추구하는 뇌물공여죄 고유의 성격이 극대화되어 사실상 담합이나 불공정거래행위와 같은 경제범죄로서의 성격이 도드라진다. 실제로 기업 뇌물의 경우 anti-corruption 사건이지만 anti-trust 사건과 성격상 차이가 거의 없으며 따라서 대응 방식이나 제재 수단도 많은 유사성을 띠기 마련이다.

이와 같은 뇌물공여죄 고유의 성격을 간과하고, 특히 기업 뇌물에 대한 정확한 인식에 실패한 나머지 우리 뇌물공여죄는 기업형사책임도 없을 뿐만 아니라 벌금형의 상한도 2천만 원에 불과하여 금전적 제재로서의 기능을 거의 못하는 상태로 방치되어 왔다. 또한 수뢰자가 받은 뇌물 또는 그 파생이익에 대한 몰수·추징만 신경 썼을 뿐 그 보다 훨씬 더 큰 뇌물공여자의 범죄수익에 대한 박탈은 못하고 있는 실정이다. 현실이 이렇다 보니 기업 스스로 자율적인 사전 예방 시스템을 구축할 유인도 없으며, 설사 기업이 내부제보자 등을 통해 뇌물사건을 먼저 인지하게 되었다고 하더라도 이를 자체적으로 열심히 조사하여 진상을 파악하거나 나아가 검찰 등 수사기관에 이를 자발적으로 신고할 이유도 전혀 없다. 따라서 현재 우리의 기업 뇌물 관련 생태계는 반부패 컴플라이언스와 같은 자율적인 사전 예방 시스템에 비용을 들이고 인적 물적 자원을 투입하기 보다는, 오히려 이윤 추구를 위해 수단 방법을 가리지 않거나 이를 묵인·조장하는 기업 문화가 팽배하고, 사후적으로도 문제가 생기면 일단 이를 감추거나 축소하기 급급하며, 수사기관의 수사에 협조하기 보다는 이를 다투는 쪽으로 사회적 비용이 소모되고, 한번 걸린 기업도 금전적 제재도 없을 뿐만 아니라 뇌물로 얻은 이익도 그대로 보유하기 때문에 언제든 다시 뇌물 제공의 유혹을 느끼는 일종의 악순환 구조라고 할 수 있다.

이러한 악순환 구조를 끊기 위해서는 무엇보다도 우선적으로 뇌물공여죄에 엄한 기업형사책임을 도입하여야 한다. 그리고 그 도입방식은 궁극적으로는 프랑스처럼 형법 개정을 통해 전면적인 기업형사책임 도입이 바람직하겠지만, 단기적으로는 특가법의 개정을 통해 입법미비에 대한 신속한 보완이 가장 효율적인 방식이다. 특히 형법 개정을 시도할 경우 법인의 범죄주체성 여부로 시작하는 지난한 기업형사책임 도그마 논쟁에 함몰되어 자칫 뇌물공여죄의 기업형사책임 도입이 사장되거나 늦춰지는 것은 결코 바람직하지 않다.[1] 오히려 뇌물수수죄에 대한 가중

---

1) 이제 우리도 기업형사책임에 대해 보다 전향적인 자세가 필요한 시점이다. 그 동안 지나치게 법인의 범죄주체성 여부와 관련된 도그마 논쟁에 함몰되어, 범죄의 주체와 형벌의 객체로서의 기업의 특수성에 대한 논의와 연구는 상대적으로 미비했다. 기본적으로 이윤추구를 목적으로 경제활동을 하는 단체인 기업은 자연인에 비해서 의사결정 과정이 상대적으로 이성적인 경향이 있으며, 금전적인 유인에 보다 민감한 편이라고 할 수 있다. 따라서 기업형사책임의 내용과 형식을 잘 디자인한다면 기업을 자연인보다 더 쉽게 법준수 입장을 취하도록 유도할 수 있다. 즉, 형사책임의 내용과 수준을 감안할 때 법준수가 기업

처벌 조항만 있는 특가법에 뇌물공여죄 고유의 독자성에 초점을 맞춘 별도의 가중처벌 조항 및 양벌규정 조항을 추가하는 방식으로 개정하는 방식이 훨씬 간명하며, 형법 개정에 앞서 선행되어야 한다. 그리고 그 기업형사책임의 내용으로는 개인의 법정형과 같은 수준을 부과하는 통상의 양벌규정 형식이 되어서는 곤란하며 국제뇌물방지법상의 양벌규정과 같은 수준의 기업형사책임이 도입되어야 한다. 또한 중기적으로는 형법상 뇌물죄와 배임수증재죄, 국제뇌물방지법, 부정청탁금지법 등 여러 법에 산재한 뇌물 관련 규정을 하나로 묶어서 가칭 '뇌물법'이란 독립된 특별법 제정도 진지하게 고민해 볼 만하다. 현재 우리 뇌물법 체계상의 여러 모순과 부조화도 한 번에 해결할 수 있을 뿐만 아니라 2010년 영국 뇌물법과 같은 대대적인 홍보효과도 거둘 수 있기 때문이다.

둘째로는 뇌물공여자의 범죄수익을 박탈할 수 있는 형사법적 수단을 마련해야 한다. 여기에는 벌금형을 이용하는 방식과 몰수·추징을 이용하는 방식이 있다. 우선 벌금형을 이용하는 방식으로는, 현행 국제뇌물방지법과 같이, 뇌물공여죄의 벌금형 상한을 범죄행위로 얻은 이익의 2배까지로 하여 벌금형을 통해 뇌물로 얻은 이익을 초과하는 금전적 제재를 가할 수 있도록 해야 한다. 한편 뇌물수수자가 받은 뇌물뿐만 아니라 뇌물공여자가 뇌물 제공을 통해 얻은 이익 역시 몰수 또는 추징의 대상인 범죄수익으로 보아야 한다. 2005년 범죄수익은닉규제법의 개정을 통해 뇌물공여죄가 동법상 중대범죄에 추가되었기 때문에 뇌물공여행위로 얻은 이익도 동법상 범죄수익으로 몰수할 수 있다고 해석함이 마땅하다. 비록 뇌물공여자의 범죄수익을 동법상 몰수 대상이라고 해석한

에 궁극적으로 이득이라고 판단되거나, 사전 컴플라이언스 비용이 사후 형사처벌 비용보다 작다고 판단될 경우에는 법위반보다 법준수의 '비즈니스 판단'이 개인보다 상대적으로 용이하다. 따라서 이제는 법인의 범죄주체성에 대한 도그마 논쟁에서 벗어나서 자연인과 대비되는 기업의 특수성에 기반한 형사책임의 내용과 형식을 형사정책적으로 어떻게 설계할지 논의할 때이다.

문헌이나 사례가 아직 거의 없는 상태이나, 동법 개정 경위나 입법자의 의도를 감안하면 뇌물공여자의 범죄수익을 몰수 대상으로 보는 해석은 충분히 가능하다. 다만 현행법상 명확성이 부족하다고 판단한다면 입법론적으로 해결해서 뇌물공여자의 범죄수익 역시 몰수 대상으로 포함시키는 노력이 필요하다.

셋째로는 엄한 기업형사책임과 뇌물공여자의 범죄수익 박탈 수단을 레버리지로 삼아서 기업 자율적인 사전 예방시스템 구축을 유도하고 나아가 궁극적으로는 기업문화를 개선시키는 방향으로 법과 실무를 정착해야 한다. 아무리 많은 수사 인력과 자원을 쏟아 부어도 모든 뇌물 사건을 밝힐 수 없을 뿐만 아니라 사후적인 처벌에 전적으로 의존하는 것은 국가·사회적으로도 효율적이지 않다. 따라서 서구 선진국들에서 기업형사책임의 논의는 이제 컴플라이언스 프로그램에 대한 논의로 넘어가는 추세이다. 우리 역시 뇌물공여죄에 엄한 기업형사책임을 도입하면서 한편으로는 기업 스스로 사전 예방시스템을 구축하도록 유인할 수 있는 우리 식의 방안을 강구해야 한다. 특히 우리 양벌규정의 과실책임주의를 천명한 헌법재판소 결정 취지를 잘 살려서 면책시유로서의 '상당한 주의와 감독'을 컴플라이언스 프로그램과 조화시킬 수 있는 해석이 필요하다. 특히 현재 학설이나 판례는 '상당한 주의와 감독'의 구체적 판단 기준으로 작동하기에 매우 부족한데, 이런 측면에서 컴플라이언스 프로그램은 '상당한 주의와 감독'의 의미와 내용을 풍성하게 하고 기업들에게 실질적인 지침과 가이드를 제공할 수 있다. 우리 법무부도 미국과 영국의 컴플라이언스 프로그램에 대한 가이드를 참고하여 우리식의 구체적인 가이드 마련을 고려할 필요가 있다.

넷째로는 이와 같은 기업의 컴플라이언스 프로그램 하에서 기업의 자발적 신고를 유도하는 한편 정식 기소를 하지 않으면서도 효율적으로 형사정책적 목적을 달성할 수 있는 시스템을 우리 법제와 현실에 맞게 개발하여야 한다. 우선 기업이 자체적으로 비리를 발견하였을 경우 이를 은폐하기보다 검찰에 자발적으로 신고하여 이를 통한 형의 감면 혜택을 받을 수 있는 실무 관행을 정착할 필요가 있다. 자발적 신고는 수사기관이 얻기 힘든 뇌물죄 단서[2]를 상대적으로 쉽게 취득할 수 있고 뇌물수수자에 대한 수사에 결정적인 도움이 될 수 있는 장점이 있다. 따라서 이를 적극적으로 장려하기 위해 기업의 자발적 신고를 우리식으로 어떻게 평가에 반영할지 고민할 필요가 있으며, 이런 차원에서 그 동안 논의가 많지 않았던 법인의 자수감면도 적극적으로 활용할 수 있다. 한편 DPA 같은 외국 협상시스템의 장점, 즉 정식 기소 및 재판을 거치지 않고도 형사정책적 목적을 보다 효율적으로 달성할 수 있는 장점을 우리의 현재 법체계 안에서 구현하는 방안도 강구할 필요가 있는데, 특히 현재 조건부 기소유예 제도를 활용하여 이러한 장점을 취하는 방안도 생각할 수 있다. 자발적으로 신고하고 수사에 협조하는 기업을 굳이 기소하기보다 뇌물제공으로 얻은 이익은 몰수를 통해 박탈하거나 국가 등 계약상대방에게 손해배상을 하게 하면서 컴플라이언스 프로그램 개선 등의 조건부로 기업에 대한 기소를 유예해 주는 조건부 기소유예를 잘 디자인한다면 현 제도하에서도 충분히 협상시스템의 장점을 살릴 수 있다.

끝으로 개선방안이 잘 실현된다면 우리 뇌물법 영역의 악순환 구조가 사라지고 오히려 선순환 구조의 생태계라는 전혀 새로운 전경이 펼쳐질 수 있다. 즉, 기업이 자율적으로 사전 예방시스템 구축에 인적·물적 자원을 투입하고, 강력한 컴플라이언스 프로그램을 통해 문제를 사전에 예방하거나 감지하며, 만약 혐의를 발견하면 기업 스스로 철저한 내부조사를 통해 실체를 파악하는 한편 필요시 검찰 등 관계 당국에 자발

---

2) 뇌물사건 등 공무원범죄의 수사단서를 살펴보면 고소·고발에 의한 것이 매우 낮고 수사기관의 인지에 의한 것이 매우 높다고 한다. 특히 뇌물사범의 경우 85% 정도가 인지사건이어서, 수사기관의 적극적인 의지가 뒷받침되어야 감소될 수 있는 범죄임을 알 수 있다고 한다. 한인섭(a), "권력형 부패에 대한 법적 통제 - 검찰의 역할과 한계를 중심으로 -", 한국행정학회 Conference 자료, 한국행정학회, (1999)

적으로 신고하고, 검찰의 수사도 이러한 기업의 협조 하에 보다 효율적
이면서 덜 침습적인 방법으로 진행되며, 결과적으로는 이러한 기업의 노
력과 협조가 자수감면, 컴플라이언스에 의한 감면, 조건부 기소유예 등
의 혜택으로 돌아가서 기업으로 하여금 자율적인 예방시스템의 중요성
을 다시 한 번 깨닫게 하는 선순환 구조의 생태계가 정착될 수 있다. 이
러한 뇌물법 영역의 새로운 생태계 구축을 위해 국가, 사회, 기업이 힘을
모아 모든 노력을 기울여야 할 때이다.

참고문헌

1. 國內文獻

가. 單行本

김일수, 형법총론, 박영사, 1989
남흥우, 형법강의(각론), 고대출판부, 1965
박상기, 형법총론(제6판), 박영사, 2004
배종대, 형법총론(제8전정판), 홍문사, 2005
배종대, 형법각론(제4판), 홍문사, 2002
백형구, 형법각론, 청림출판, 1999
서일교, 형법각론, 박영사, 1982
이재상, 신형사소송법(제2판), 박영사, 2009
이재상, 형법총론(제7판), 박영사, 2011
이재상, 형법각론(제5판), 박영사, 2006
이정원, 형법강론, 법지사, 2000
이형국, 형법총론(제4판), 법문사, 2007
정영석, 형법각론(5정판), 법문사, 1983
정영일, 형법총론(개정판), 박영사, 2007
정웅석, 형법강의(제6판), 대명출판사, 2005
황산덕, 형법각론(5전정판), 방문사, 1983
법무부, 자금세탁범죄 해설과 판례, (2011. 1.)
법무부, 독일 형법, (2008)
법무부, 프랑스 형법, (2008)

나. 論文

고창윤, "기업의 형사책임에 관한 연구 - 비교법적 고찰을 통하여 -", 석사학위논
    문, 관동대학교 대학원, (2006)
권수진, "기업처벌론", 형사정책연구원 연구총서 10-17-02, 한국형사정책연구원,
    (2010. 12)

권순건, "수수된 금품에 직무관련성이 있는 업무에 대한 대가와 직무관련성이 없는 업무에 대한 사례가 혼재되어 있는 경우의 형사상 취급 - 대법원 2011. 5. 26. 선고 2009도2453 판결을 중심으로 -", 형사판례연구 21, 형사판례연구회, (2013. 6.)

김경석, "영국에서의 기업의 뇌물제공에 대한 처벌규정에 관한 소고", 중앙법학 제18집 제2호, 중앙법학회, (2016. 6.)

김민이/성경숙, "조직범죄에 대한 형사제재로서의 범죄수익몰수", 법학논총 제25집, 숭실대학교 법학연구소, (2011년 1월)

김성돈(a), "기업에 대한 형사처벌과 양벌규정의 이론적 기초 - 법인의 행위성 문제를 중심으로 -", 형사법연구 제28권 제2호, 한국형사법학회, (2016)

김성돈(b), "기업형법과 양벌규정의 도그마틱 : 양벌규정상의 법인에 대한 형벌부과 요건을 중심으로", 형사정책연구 제27권 제2호, 한국형사정책연구원, (2016)

김성돈(c), "양벌규정과 책임주의원칙의 재조명", 형사법연구 제27권 제3호, 한국형사법학회, (2015)

김성룡/권창국(a), "기업·법인의 형사책임법제 도입가능성과 필요성", 형사법의 신동향 통권 제46호, 대검찰청, (2015. 3.)

김성룡/권창국(b), "외국의 기업책임법제 및 도입가능성 연구", 사단법인 한국형사소송법학회, (2014. 12.)

김성진/이선재, "미국 해외부패방지법의 집행동향과 국내기업의 대응방안", 중앙법학 제16집 제2호, 중앙법학회, (2014. 6.)

김수길, "뇌물죄에 관한 소고", 법과 정책 제10호, 제주대학교 법과정책연구소, (2004. 8. 30)

김재봉(a), "기업에 대한 보호관찰의 도입가능성 검토", 비교형사법연구 제8권 제2호, 한국비교형사법학회, (2006)

김재봉(b), "법인을 위한 행위와 행위자처벌의 근거", 법학연구 통권 제42집, 전북대학교 법학연구소, (2014. 9.)

김재봉(c), "양벌규정과 기업처벌의 근거·구조", 법학논총 제24집 제3호, 한양대학교 법학연구소, (2007)

김재봉(d), "양벌규정에서 법인과 행위자의 법정형 분리의 필요성", 법과 정책연구 제12집 제3호, 한국법정책학회, (2012. 9.)

김종범/김정환, "OECD 뇌물방지협정이 국내 뇌물죄에 주는 영향 - 국내규범의 국제규범으로서의 수렴화 -", 통상법률 제19호, 법무부, (1998)

김현수, "부패방지에 관한 형사법적 대응방안", 법과정책 제20집 제1호, 제주대학교 법과정책연구소, (2014. 3. 30.)

김혜경, "형법개정안상 공소제기 없는 몰수의 해석과 집행절차에 관한 연구 - 법적 성격과 적용범위를 중심으로 -", 형사정책연구 제26권 제2호, 한국형사정책연구원, (2015 여름)

김혜정, "양형기준의 시행결과를 통해 바라본 뇌물죄 처벌의 적정성에 관한 소고", 형사정책연구 제25권 제2호, 한국형사정책연구원, (2014 여름)

김호기/김택수/최준혁, "주요 국가의 기업의 형사처벌 방법에 대한 연구", 한국형사정책연구원 연구총서 10-17-05, (2010. 12.)

나채준, "미국의 공직자 부패방지 제도에 관한 비교법적 고찰", 영남법학 제42집, 영남대학교 법학연구소, (2016. 6.)

도중진/이천현/김한균, "부패재산의 몰수 및 회복에 관한 특례법 및 동 시행령 연구", 법무부 용역보고서, 한국형사정책연구원, (2008)

박경철, "영국의 반부패전략과 반부패법제", 강원법학 제47권, 강원대학교 비교법학연구소, (2016. 2.)

박기석(a), "벌금형 개선방안", 형사정책 제12권 제2호, 한국형사정책학회, (2000)

박기석(b), "판례와 사례분석을 통한 기업범죄 처벌의 개선 방안", 형사정책 제20권 제2호, 한국형사정책학회, (2008)

박달현, "형법 및 형사특별법상 '징역과 벌금의 병과'에 관한 연구, 형사정책 제25권 제1호, 한국형사정책학회, (2013. 4.)

박미숙(a), "몰수의 범위와 몰수에 관한 법령의 단일화", 형사법연구 제22호, 한국형사법학회, (2004. 겨울)

박미숙(b), "법인범죄 제재의 정책적 근거 및 제재 다양화 방안", 형사정책연구 제20권 제1호, 한국형사정책연구원, (2009. 봄호)

박봉진, "공무원 뇌물범죄와 대응방안", 법학연구 제51집, 한국법학회, (2013)

박선욱, "미국 해외부패방지법(FCPA)에 따른 관할권의 역외적용", 법과 정책연구 제13집 제3호, 한국법정책학회, (2013. 9)

박성민, "공무원의 유착비리 해결을 위한 뇌물개념의 패러다임 변화 - 청탁금지법 제8조와 뇌물죄의 비교를 중심으로 -", 법학연구 제23권 제4호, 경상대학교 법학연구소, (2015. 10.)

박승진/이기헌/최석윤, "각국의 몰수제도", 형사정책연구원 연구보고서 98-20, 한국형사정책연구원, (1998)

박은영, "부패라운드와 OECD 뇌물방지협정", 통상법률 제23호, 법무부, (1998. 10.)

서보학, "벌금형제도 소고: 비판과 입법론적 대안", 형사정책 제10호, 한국형사정책학회, (1998)

서정걸, "몰수·추징의 부가성의 의미 및 그 예외", 형사판례연구 제2권, (1994)

성낙현, "독일형법의 뇌물죄규정", 영남법학 제10권 제1호, 영남대학교 법학연구소, (2004. 6)

송기동, "영미 기업범죄 형사책임의 전개", 형사정책 제20권 제2호, 한국형사정책학회, (2008)

심호/이희선/오영근, "벌금형 관련 2011년 형법개정안 분석 연구", 한양법학, 제22권 제4집(통권 제36집), 한양법학회, (2011. 11.)

안경옥(a), "기업범죄의 내용 및 합리적 제재방안 - 행정적·자율적 규제를 중심으로", 비교형사법연구 제14권 제2호, 한국비교형사법학회, (2012)

안경옥(b), "특경법 제3조 제1항의 '이득액' 평가에 대한 검토", 경희법학 제45권 제4호, 경희대학교 법학연구소, (2010)

안경옥(c), "특정경제범죄가중처벌등에관한법률의 정비방안", 형사정책 제17권 제2호, 한국형사정책학회, (2005)

안상욱, "OECD 뇌물방지협약과 프랑스 정책", 한국행정학회 학술발표논문집, (2012)

안성수, "형사상 영업비밀 침해에 있어서 이익과 손해액 산정 - 올바른 양형기준의 정립과 관련하여 -", 정보법학 제11권 제1호, 한국정보법학회, (2011)

양천수, "기업의 사회적책임(CRS)과 법준수프로그램(CP)에 관한 연구", 형사정책연구원 연구총서 10-17-04, 한국형사정책연구원, (2010)

오경식, "일수벌금형제도의 도입방안에 대한 연구", 대검찰청 용역연구과제, (2012. 6)

오규진, "OECD 뇌물방지협약과 한·미의 국내법적 수용에 관한 연구", 석사학위논문, 연세대학교 법무대학원, (2011)

오영근, "현행 뇌물범죄 처벌규정의 문제점과 개선방안", 대검찰청 연구보고서, (2010)

오택림(a), "국내뇌물죄와 해외뇌물죄의 비교 연구 - FCPA, UK Bribery Act 등 외국법제로부터의 시사점을 중심으로 -", 법조 Vol. 685, 법조협회, (2013. 10.)

오택림(b), "미국 연방법상 mail and wire fraud에 관한 연구", 법조 Vol. 657, 법조협회, (2011. 6.)

오택림(c), "미국 Foreign Corrupt Practices Act에 관한 연구", 법조 Vol. 669, 법조협회, (2012. 6.)

우영기, "증뢰죄와 배임증재죄의 재검토 - 부정부패의 효율적 방지를 위한 제언 -", 법조 Vol. 523, 법조협회, (2000. 4.)

육태우, "미국에서의 기업 컴플라이언스의 발전", 강원법학 제39권, 강원대학교

비교법학연구소, (2013. 6)

윤지영/임정호, "기업의 불법행위에 대한 제재의 다양화 방안", 형사정책연구원 연구총서 16-AB-09, 한국형사정책연구원, (2016. 12.)

윤충원, "미국 FCPA 반뇌물규정과 미국기업의 실무적 대응", 무역학회지 제36권 제2호, 한국무역학회, (2011. 4.)

이동명/이중백(a), "뇌물죄에 있어서의 뇌물", 법학연구 제7집, 한국법학회, (2001)

이동명/이중백(b), "형법상 뇌물범죄에 관한 연구", 법학연구 제2집, 한국법학회, (1999)

이무선, "범죄수익 몰수에 대한 형사법적 검토", 경희법학 제49권 제1호, 경희대학교 법학연구소, (2014)

이상원(a), "몰수와 비례원칙, 형사판례연구12, 한국형사판례연구회, (2004)

이상원(b), "몰수의 법적 성격", 비교형사법연구, 제6권 제2호, 한국비교형사법학회, (2004)

이상원(c), "몰수의 제한법리에 관한 연구 - 비례원칙을 중심으로", 박사학위논문, 서울대학교 대학원, (2004)

이승현, "기업범죄에 대한 효율적 형사제재방안", 형사정책연구 제20권 제1호, 한국형사정책연구원, (2009)

이용식(a), "벌금형의 제도적 개선방안에 대한 연구", 법무부 형사법 개정연구 자료집, (2008)

이용식(b), "부패범죄의 의의와 반사회성 - 부패범죄의 보호법익 -", 비교형사법연구 제13권 제2호, 한국비교형사법학회, (2011)

이재상, "현행법상 조직범죄로부터 생겨난 불법수익의 몰수제도 - 우리나라와 독일의 입법례의 비교를 중심으로 -", 형사법연구 제10호, 한국형사법학회, (1998)

이정민(a), "기업범죄 억제를 위한 제안으로서 컴플라이언스 프로그램(Compliance Program)", 법학논총 제34권, 제1호, 단국대학교 법학연구소, (2010)

이정민(b), "기업범죄에 대한 새로운 제재 도입방안 연구", 형사정책연구원 연구총서 10-17-03, 한국형사정책연구원, (2010. 12.)

이진국(a), "기업범죄의 예방수단으로서 준법감시인제도(Compliance)의 형법적 함의", 형사정책연구 제21권 제1호, 한국형사정책연구원, (2010)

이진국(b), "조건부 기소유예의 도입에 관한 검토", 형사정책연구 제15권 제1호, 한국형사정책연구원, (2004)

이주희(a), "스위스 형법상의 기업책임", 법학논총 제23집 제3호(하), 한양대학교 법학연구소, (2006)

이주희(b), "양벌규정의 개선입법에 관한 고찰", 한양법학 제20권 제4집, 한양법학
회, (2009. 11.)

이주희(c), "양벌규정의 실효성 확보에 관한 고찰 - 법인에 대한 벌금형 중과를
중심으로 -", 법학연구 제47집, 한국법학회, (2012)

이천현, "법인의 범죄주체능력과 형사책임", 형사법연구 제22호, 한국형사법학회,
(2004. 겨울)

이천현/권수진, "행정형벌의 벌칙조항의 법정형 정비방안", 법무부 용역보고서,
한국형사정책연구원, (2009)

이천현/송효종, "기업범죄에 대한 제재체계의 현황과 개선방안", 형사정책연구원
연구총서 10-17-01, 한국형사정책연구원, (2010. 12)

이천현/윤지영/임정호, "불법행위로 이득을 취득한 기업의 형사책임에 관한 연
구", 형사정책연구원 연구총서 14-AB-04, 한국형사정책연구원, (2014. 12.)

임정호, "미국 해외부패방지법의 동향과 그 시사점 - 반부패행위를 중심으로 -",
법학연구 제22권 제2호, 연세대학교 법학연구원, (2012. 6.)

전훈, "프랑스에서의 부패방지 법제", 강원법학 제47권, 강원대학교 비교법학연구
소, (2016. 2)

정대익, "회사의 부패행위로 인한 민사법적 법률관계", 상사판례연구 제26집 제3
권, 한국상사판례학회, (2013. 9. 30.)

정성숙, "부패와 기업윤리", 영산법률논총 제5권 제1호, 영산대학교 법률연구소,
(2008. 9.)

정웅석(a), "기업범죄의 범죄수익에 관한 몰수 및 추징의 실효성 확보방안", 비교
형사법연구 제15권 제2호, 한국비교형사법학회, (2013)

정웅석(b), "유죄판결 없는 몰수제도 도입에 관한 연구", 형사법의 신동향 통권
제46호, 대검찰청, (2015. 3.)

정진수/강석구, "뇌물공여자 수익박탈 제도 연구", 대검찰청 용역과제, 한국형사
정책연구원, (2005. 10.)

조 국, "법인의 형사책임과 양벌규정의 법적 성격", 서울대학교 법학 제48권 제3
호, 서울대학교 법학연구소, (2007. 9.)

조균석, "범죄수익몰수제도의 문제점과 개선방안 - 2011년 형법일부개정법률안
에 대한 검토를 중심으로 -", 인권과 정의 Vol. 420, 대한변호사협회,
(2011. 9.)

조병선(a), "개정양벌규정에서의 기업의 형사책임 : 과실추정설에 대한 반론", 형
사정책 제21권 제1호, 한국형사정책학회, (2009. 6.)

조병선(b), "'신종'의 뇌물범죄에 대한 한국의 형법적 대처방안에 대한 고찰", 형

사법연구 제21권 제4호, 한국형사법학회, (2009)

조병선(c), "양벌규정과 법인의 형사책임", 형사판례연구 제3호, 한국형사판례연구회, (1995)

조인현, "기업의 부패범죄에 대한 형사처벌 제도 개선 방안 - 국제 반부패 규범상 뇌물거래 금지와 관련하여 -", 경찰법연구 제15권 제1호, 한국경찰법학회, (2017)

최대호, "법인의 형사책임 - 양벌규정의 법인면책사유로서 '상당한 주의와 감독'의 판단기준 -", 중앙법학 제13집 제1호, 중앙법학회, (2011. 3.)

표성수, "공직부패범죄의 본질과 그 폐해, 제도적 전환의 필요", 법조 Vol 716, 법조협회, (2016. 5.)

한인섭(a), "권력형 부패에 대한 법적 통제 - 검찰의 역할과 한계를 중심으로 -", 한국행정학회 Conference 자료, 한국행정학회, (1999)

한인섭(b), "권력형 부패의 구조와 통제의 범죄학", 법과 사회, 법과사회이론학회, (1996)

한정환, "뇌물죄의 보호법익 그리고 뇌물과 직무행위와의 대가관계", 형사법연구 제9호, 한국형사법학회, (1996. 12. 30)

허일태, "조건부 기소유예제도에 관한 연구", 법학연구 제33집, 전북대학교 법학연구소, (2011. 9.)

홍찬기, "독립몰수 도입에 관한 입법론적 연구 - 범죄수익 독립몰수를 중심으로 -", 형사소송의 이론과 실무 제6권 제2호, 한국형사소송법학회, (2014. 12.)

다. 기타 자료

법무부·전국경제인연합회, "문답식 국제상거래뇌물방지법 해설", (1999.2.)

국회 법제사법위원회, "범죄수익은닉의규제및처벌등에관한법률 중 개정법률안 (2004. 9. 30. 정성호 의원 발의) 검토보고", (2004. 12.)

국회 법제사법위원회, "범죄수익은닉의규제및처벌등에관한법률 중 개정법률안 (2004. 9. 30. 정성호 의원 발의) 심사보고서", (2005. 6.)

2. 國外文獻

가. 單行本

Donald Zarin, "Doing Business Under The Foreign Corrupt Practices Act", Practising Law Institute, (October 2016)

Jed S. Rakoff/ Jonathan S. Sack, "Corporate Sentencing Guidelines: Compliance And Mitigation", Law Journal Press, (2005)

Mark F Mendelsohn, "The Anti-Bribery And Anti-Corruption Review", Law Business Research(Fifth Edition), (2016)

O'Melveny & Myers LLP, "Foreign Corrupt Practices Act Handbook" (Seventh Edition, 2013)

나. 論文

Albert W. Alschuler, "Two Ways To Think About The Punishment Of Corporations", 46 Am. Crim. L. Rev. 1359, (Fall, 2009)

Alexandros Zervos, "Amending The Foreign Corrupt Practices Act: Repealing The Exemption For 'Routine Government Action' Payments", 25 Penn St. Int'l L. Rev. 251, (Summer 2006)

Amy Deen Westbrook, "Enthusiastic Enforcement, Informal Legislation: The Unruly Expansion Of The Foreign Corrupt Practices Act", 45 Ga. L. Rev. 489, (Winter, 2011)

Andrea Dahms/ Nicolas Mitchell, "Foreign Corrupt Practices Act", 44 Am. Crim. L. Rev. 605, (Spring, 2007)

Andrew Weissmann/ Alixandra Smith, "Restoring Balance: Proposed Amendments To The Foreign Corrupt Practices Act", The U.S. Chamber Institute for Legal Reform, (October, 2010)

Andrew Weissmann/ David Newman, "Rethinking Criminal Corporate Liability", 82 Ind. L. J. 411, (Spring, 2007)

Andrew Weissmann/ Richard Ziegler/ Luke McLoughlin/ Joseph McFadden, "Reforming Corporate Criminal Liability to Promote Responsible Corporate Behavior", The U.S. Chamber Institute for Legal Reform, (October, 2008)

Assaf Hamdani/ Alon Klement, "Corporate Crime And Deterrence", 61 Stan. L. Rev. 271, (November, 2008)

Brandon L. Garrett, "Structural Reform Prosecution", 93 Va. L. Rev. 853, (June, 2007)

Brennan T. Hughes, "The Crucial Corrupt Intent Element In Federal Bribery Laws", 51 Cal. W. L. Rev. 25, (Fall, 2014)

Charles Doyle, "Corporate Criminal Liability: An Overview Of Federal Law", Congressional Research Service, (October 30, 2013)

Charles J. Walsh/ Alissa Pyrich, "Corporate Compliance Programs As A Defense To Criminal Liability: Can A Corporation Save Its Soul?", 47 Rutgers L. Rev. 605, (Winter, 1995)

Charles R.P. Pouncy, "Reevaluating Corporate Criminal Responsibility; It's All About Power", 41 Stetson L. Rev. 97, (Fall 2011)

Cheryl L. Evans, "The Case For More Rational Corporate Criminal Liability: Where Do We Go From Here?", 41 Stetson L. Rev. 21, (Fall 2011)

Christopher A. Wray, "Corporate Probation Under The New Organizational Sentencing Guidelines", 101 Yale L. J. 2017, (June, 1992)

Christopher A. Wray/ Robert K. Hur, "Corporate Criminal Prosecution In A Post-Enron World: The Thompson Memo In theory And Practice", 43 Am. Crim. L. Rev. 1095, (Summer, 2006)

Dale Chakarian Turza, "A Guide To The Foreign Corrupt Practices Act - Elements, Due Diligence, And Affirmative Defenses", American Bar Association Center For Continuing Legal Education National Institute, (March 21-22, 2002)

Daniel Hays Lowenstein, "Political Bribery And The Intermediate Theory Of Politics", 32 UCLA. L. Rev. 784, (April, 1985)

Daniel R. Fischel/ Alan O. Sykes, "Corporate Crime", 25 J. Legal Stud. 319, (June, 1996)

David C. Weiss, "The Foreign Corrupt Practices Act, SEC Disgorgement Of Profits, And The Evolving International Bribery Regime: Weighing Proportionality, Retribution, And Deterrence", 30 Mich. J. Int'l L. 471, (Winter, 2009)

David Hess/ Robert S. McWhorter/ Timothy L. Fort, "The 2004 Amendments To The Federal Sentencing Guidelines And Their Implicit Call For A Symbiotic Integration of Business Ethics", 11 Fordham J. Corp. & Fin. L. 725, (2006)

David Isaak, "FCPA Compliance - Navigating The Minefield Of Intermediaries", International Trade Law Journal, (Winter, 2008)

David M. Uhlmann, "Deferred Prosecution And Non-Prosecution Agreements And The

Erosion Of Corporate Criminal Liability", 72 Md. L. Rev. 1295, (2013)

Diana E. Murphy, "The Federal Sentencing Guidelines For Organizations: A Decade Of Promoting Compliance And Ethics", 87 Iowa L. Rev. 697, (January, 2002)

Dominic Saglibene, "The U.K. Bribery Act: A Benchmark For Anti-Corruption Reform In The United States", 23 Transnat'l L. & Contemp. Probs. 119, (Spring, 2014)

Drury D. Stevenson/ Nicholas J. Wagoner, "FCPA Sanctions: Too Big to Debar?", Fordham Law Review(Vol. 80, 2011)

Duane Windsor/ Kathleen A. Getz, "Multilateral Cooperation To Combat Corruption: Normative Regimes Despite Mixed Motives And Diverse Values", 33 Cornell Int'l L. J. 731, (2000)

Edward B. Diskant, "Comparative Corporate Criminal Liability: Exploring The Uniquely American Doctrine Through Comparative Criminal Procedure", 118 Yale L. J. 126, (October, 2008)

Ellen S. Podgor, "A New Corporate World Mandates A Good Faith Affirmative Defense", 44 Am. Crim. L. Rev. 1537, (Fall, 2007)

Emmett H. Miller III, "Federal Sentencing Guidelines For Organizational Defendants", 46 Vand. L. Rev. 197, (January, 1993)

Eric Engle, "I Get By With A Little Help From My Friends? Understanding The U.K. Anti-Bribery Statue, By Reference To The OECD Convention And The Foreign Corrupt Practices Act", 44 Int'l Law. 1173, (2010, Winter)

Erik Paulsen, "Imposing Limits On Prosecutorial Discretion In Corporate Prosecution Agreements", 82. N. Y. U. L. Rev. 1434, (November, 2007)

Erin Sheley, "Perceptual Harm And The Corporate Criminal", 81 U. Cin. L. Rev. 225, (Fall, 2012)

Ethan S. Burger/ Mary S. Holland, "Why The Private Sector Is Likely To Lead The Next Stage In The Global Fight Against Corruption", Fordham International Law Journal(Vol. 30, 2006)

F. Joseph Warin/ Michael S. Diamant/ Veronica S. Root, "Somebody's Watching Me: FCPA Monitorships And How They Can Work Better", 13 U. Pa. J. Bus. L. 321, (2011)

Frank O. Bowman III, "Drifting Down The Dnieper With Prince Potemkin: Some Skeptical Reflections About The Place Of Compliance Programs In Federal Criminal Sentencing", 39 Wake Forest L. Rev. 671, (Fall, 2004)

Gabriel Markoff, "Arthur Andersen And The Myth Of The Corporate Death Penalty:

Corporate Criminal Convictions In The Twenty-First Century", 15 U. Pa. J. Bus. L. 797, (Spring 2013)

George D. Brown(a), "Putting Watergate Behind Us- Salinas, Sun-Diamond, And Two Views Of The Anticorruption Model", 74 Tul. L. Rev. 747, (February, 2000)

George D. Brown(b), "Stealth Statute - Corruption, The Spending Power, And The Rise of 18 U.S.C.§ 666", 73 Notre Dame L. Rev. 247, (January, 1998)

Gherhard O.W. Mueller, "Mens Rea And The Corporation: A Study Of The Model Penal Code Position On Corporate Criminal Liability", 19 U. Pitt. L. Rev. 21, (1957)

Gregory M. Gilchrist, "The Expressive Cost Of Corporate Immunity", 64 Hastings L. J. 1, (December, 2012)

Ilene H. Nagel/ Winthrop M. Swenson, "The Federal Sentencing Guidelines For Corporations: Their Development, Theoretical Underpinnings, And Some Thoughts About Their Future", 71 Wash. U. L. Q. 205, (Summer, 1993)

James D. Curran, "Probation for Corporations under the Sentencing Reform Act", 26 Santa Clara L. Rev. 785, (1986)

James Lindgren(a), "The Elusive Distinction Between Bribery And Extortion: From The Common Law To The Hobbs Act", 35 UCLA L. Rev. 815, (1988)

James Lindgren(b), "The Theory, History, And Practice Of The Bribery-Extortion Distinction", 141 U. Pa. L. Rev. 1695, (1993)

James R. Dorty, "Toward A Reg. FCPA: A Modest Proposal For Change In Administering The Foreign Corrupt Practices Act", 62 Bus. Law. 1233, (August, 2007)

James Tyler Kirk, "Deranged Disgorgement", 8 J. Bus. Entrepreneurship & L. 131, (2015)

Jennifer Dawn Taylor, "Ambiguities In The Foreign Corrupt Practices Act: Unnecessary Costs Of Fighting Corruption?", 61 La. L. Rev. 861, (Summer, 2001)

Jeffrey S. Parker, "Criminal Sentencing Policy For Organizations: The Unifying Approach Of Optimal Penalties", 26 Am. Crim. L. Rev. 513, (Winter, 1989)

Jessica A. Lordi, "The U.K. Bribery Act: Endless Jurisdictional Liability On Corporate Violators", 44 Case W. Res. J. Int'l L. 955, (2012)

Joe Albano/ Alexander Sanyshyn, "Corporate Criminal Liability", 53 Am. Crim. L. Rev. 1027, (Fall, 2016)

Joel M. Cohen/ Michael P. Holland/ Adam P. Wolf, "Under The FCPA, Who Is A Foreign Official Anyway?", 63 Bus. Law. 1243, (August, 2008)

John C. Coffee/ Jr. Richard Gruner/ Christopher D. Stone, "Standards For Organizational Probation: A Proposal To The United States Sentencing Commission", 10 Whittier L. Rev. 77, (1988)

John A. Gallagher, "Legislation Is Necessary For Deferred Prosecution Of Corporate Crime", Suffolk University Law Review(2010)

John Hasnas, "The Centenary Of A Mistake: One Hundred Years Of Corporate Criminal Liability", 46 Am. Crim. L. Rev. 1329, (Fall, 2009)

John Hogarth, "Bribery Of Officials In Pursuit Of Corporate Aims", 6 Crim. L. F. 557, (1995)

John S. Baker, Jr., "Reforming Corporations Through Threats Of Federal Prosecution", 89 Cornell L. Rev. 310, (January, 2004)

Jon Jordan(a), "Recent Developments In The Foreign Corrupt Practices Act And The New UK Bribery Act: A Global Trend Towards Greater Accountability In The Prevention Of Foreign Bribery", 7 N.Y.U.J.L.& Bus. 845, (spring 2011)

Jon Jordan(b), "The OECD's Call For An End To 'Corrosive' Facilitation Payments And The International Focus On The Facilitation Payments Exception Under The Foreign Corrupt Practices Act", 13 U. Pa. J. Bus. L. 881, (Summer 2011)

Julie R. O'Sullivan, "Some Thoughts On Proposed Revisions To The Organizational Guidelines", 1 Ohio St. J. Crim. L. 487, (Spring, 2004)

Justin A. Thornton/ Harry J. Stathopoulos, "Corporate Punishment: The New Federal Sentencing Guidelines For Organizations", 4-OCT S. C. Law. 29, (September/October, 1992)

Kathleen A. Lacey/ Barbara Crutchfield George/ Clyde Stoltenberg, "Assessing The Deterrent Effect Of The Sarbanes-Oxley Acts Certification Provisions: A Comparative Analysis Using The Foreign Corrupt Practices Act", 38 Vand. J. Transnat'l L. 397, (March, 2005)

Kevin E. Davis, "Why does the United States Regulate Foreign Bribery: Moralism, Self-interest, or Altruism?", 67 N.Y.U. Ann. Surv. Am. L. 497, (2012)

Kimberly D. Krawiec, "Cosmetic Compliance And The Failure Of Negotiated Governance", 81 Wash. U. L. Q. 487, (Summer, 2003)

Lauren Giudice, "Regulating Corruption: Analyzing Uncertainty In Current Foreign Corrupt Practices Act Enforcement", 91 B. U. L. Rev. 347, (January, 2011)

Lawrence Friedman, "In Defense Of Corporate Criminal Liability", 23 Harv. J. L & Pub. Pol'y 833, (Summer, 2000)

Lawrence J. Trautman/ Kara Altenbaumer-Price, "The Foreign Corrupt Practices Act: Minefield For Directors", 6 Va. L. & Bus. Rev. 145, (Spring, 2011)

Leonard Orland, "The Transformation Of Corporate Criminal Law", 1 Brook. J. Corp. Fin. & Com. L. 45, (Fall, 2006)

Lisa Kern Griffin, "Compelled Cooperation And The New Corporate Criminal Procedure", 82 N.Y.U. L. Rev. 311, (May, 2007)

Luca Enriques, "Bad Apples, Bad Oranges: A Comment From Old Europe On Post-Enron Corporate Governance Reforms", 38 Wake Forest L. Rev. 911, (Fall, 2003)

Lucian E. Dervan, "Reevaluating Corporate Criminal Liability: The DOJ's Internal Moral-Culpability Standard For Corporate Criminal Liability", 41 Stetson L. Rev. 7, (Fall 2011)

Lydia Segal, "Can We Fight The New Tammany Hall?: Difficulties Of Prosecuting Political Patronage And Suggestions For Reform", 50 Rutgers L. Rev. 507, (winter 1998)

Margaret Ryznar/ Samer Korkor, "Anti-Bribery Legislation In The United States And United Kingdom: A Comparative Analysis Of Scope And Sentencing", 76 Mo. L. Rev. 415, (Spring, 2010)

Marika Maris/ Erika Singer, "Foreign Corrupt Practices Act", 43 Am. Crim. L. Rev. 575, (Spring, 2006)

Mark A. Cohen, "Corporate Crime and Punishment: An Update on Sentencing Practice in the Federal Courts, 1988-1990", 71 B. U. L. Rev. 247, (March, 1991)

Markus D. Dubber, "The Comparative History And Theory Of Corporate Criminal Liability", 16 New Crim. L. Rev. 203, (Spring, 2013)

Martin Böse, "Chapter 8 Corporate Criminal Liability In Germany", 9 IUS Gentium 227, (2011)

Michael J. Gerardi, "The Person At Federal Law: A Framework And A Rico Test Suite", Notre Dame Law Review(Vol. 84:5, 2009)

Michael Primbs/ Clara Wang, "Notable Governance Failure: Enron, Siemens and Beyond", Comparative Corporate Governance and Financial Regulation, Paper 3, (2016)

Michael W. Carey/ Larry R. Ellis/ Joseph F. Savage, Jr., "Federal Prosecution Of State And Local Public Officials: The Obstacles To Punishing Breaches Of The Public Trust And A Proposal For Reform, Part One", 94 W. Va. L. Rev. 301, (1992)

Mike Koehler(a), "Big, Bold, And Bizarre: The Foreign Corrupt Practices Act Enters A New Era", 43 U. Tol. L. Rev. 99, (Fall, 2011)

Mike Koehler(b), "The Façade Of FCPA Enforcement", 41 Geo. J. Int'l L. 907, (2010)

Mike Koehler(c), "The Story of the Foreign Corrupt Practices Act", 73 Ohio St. L.J. 929, (2012)

Mike Koehler(d), "The Uncomfortable Truths and Double Standards of Bribery Enforcement", 84 Fordham L. Rev. 525, (November 2015)

Miriam Hechler Baer, "Governing Corporate Compliance", 50 B. C. L. Rev. 949, (September, 2009)

Nate Wright, "Domestic vs. Foreign Corrupt Practices: For Bribery, An International Mind Is More Guilty", 28 Geo. J. Legal Ethics 989, (Summer, 2015)

Nicholas Jarcho/ Neal Shechter, "Public Corruption", 49 Am. Crim. L. Rev. 1107, (Spring, 2012)

Pamela H. Bucy(a), "Carrots And Sticks: Post-Enron Regulatory Initiatives", 8 Buff. Crim. L. Rev. 277, (2004)

Pamela H. Bucy(b), "Corporate Criminal Liability: When Does It Make Sense?", 46 Am. Crim. L. Rev. 1437, (Fall, 2009)

Pamela H. Bucy(c), "Corporate Ethos: A Standard For Imposing Corporate Criminal Liability", 75 Minn. L. Rev. 1095, (April, 1991)

Pamela H. Bucy(d), "Trends In Corporate Criminal Prosecutions", 44 Am. Crim. L. Rev. 1287, (Fall, 2007)

Paul Fiorelli, "Will Us Sentencing Commission Amendments Encourage A New Ethical Culture Within Organizations?", 39 Wake Forest L. Rev. 565, (Fall 2004)

Paul V. Gerlach, "The SEC's Enforcement Of The Foreign Corrupt Practices Act", American Bar Association Center For Continuing Legal Education National Institute, (March 21-22, 2002)

Peter J. Henning, "Public Corruption: A Comparative Analysis Of International Corruption Conventions And United States Law", 18 Ariz. J. Int'l & Comp. L. 793, (Fall, 2001)

Peter W. Schroth, "The United States And The International Bribery Conventions", 50 Am. J. Comp. L. 593, (Fall, 2002)

Preet Bharara, "Corporations Cry Uncle And Their Employees Cry Foul: Rethinking Prosecutorial Pressure On Corporate Defendants", 44 Am. Crim. L. Rev. 53, (Winter, 2007)

Richard A. Posner, "An Economic Theory Of The Criminal Law", 85 Colum. L. Rev. 1193, (October, 1985)

Richard S. Gruner(a), "Beyond Fines: Innovative Corporate Sentences Under Federal Sentencing Guidelines", 71 Wash. U. L. Q. 261, (Summer, 1993),

Richard S. Gruner(b), "To Let The Punishment Fit The Organization: Sanctioning Corporate Offenders Through Corporate Probation", 16 Am. J. Crim. L. 1, (Fall, 1988)

Richard S. Gruner/ Louis M. Brown, "Organizational Justice: Recognizing And Rewarding The Good Citizen Corporation", 21 J. Corp. L. 731, (1996)

Robert E. Wagner, "Mortal Democracy: When Corporation Bribe", 13 N.Y.U. J. L. & Bus. 193, (Fall, 2016)

Robert W. Tarun/ Peter P. Tomczak, "A Proposal For A United States Department Of Justice Foreign Corrupt Practices Act Leniency Policy", 47 Am. Crim. L. Rev. 153, (Spring, 2010)

Roger M. Witten/ Kimberly A. Parker/ Jay Holtmeier/ Thomas J. Koffer, "Prescriptions For Compliance With The Foreign Corrupt Practices Act: Identifying Bribery Risks And Implementing Anti-Bribery Controls In Pharmaceutical And Life Sciences Companies", 64 Bus. Law. 691, (May, 2009)

Roland Hefendehl, "Corporate Criminal Liability: Model Penal Code Section 2.07 And The Development In Western Legal Systems", 4 Buff. Crim. L. Rev. 283, (2000)

Stephanie E. Lapidus/Mariya Mogilevich, "Public Corruption", 47 Am. Crim. L. Rev. 915, (Spring, 2010)

Stuart H. Deming, "The Foreign Practices Act: The Accounting And Record-Keeping Provisions", American Bar Association Center for Continuing Legal Education National Institute, (March 21-22, 2002)

Susanne Beck, "Mediating The Different Concepts Of Corporate Criminal Liability In England And Germany", 11 German L. J. 1093, (October, 2010)

Thomas McSorley, "Foreign Corrupt Practices Act", 48 Am. Crim. L. Rev. 749, (Spring, 2011)

Tor Krever, "Curbing Corruption? The Efficacy Of The Foreign Corrupt Practices Act", 33 N. C. J. Int'l L. & Com. Reg. 83, (Fall, 2007)

V.S. Khanna, "Corporate Criminal Liability: What Purpose Does It Serve?", 109 Harv. L. Rev. 1477, (May 1996)

William S. Laufer, "Corporate Liability, Risk Shifting and the Paradox of Compliance", 54 Vand. L. Rev. 1343, (1999)

다. 기타 자료

DOJ·SEC, "A Resource Guide To The U.S. Foreign Corrupt Practices Act", (2012)
Ministry of Justice, "The Bribery Act 2010 – Guidance", (2011, March), https://www.justice.gov.uk/downloads/legislation/bribery-act-2010-guidance.pdf
Stefan Cassella, ASSET FORFEITURE LAW IN THE UNITED STATES, http://assetforfeiturelaw.us/wp-content/uploads/2016/10/Chapter-for-Colin-King.pdf

찾아보기

오택림

서울대학교 법과대학 사법학과 졸업 ㅣ 서울대학교 대학원 법학석사 ㅣ 서울대학교 대학원 법학
박사 ㅣ Columbia Law School 연수(Visiting Scholar) ㅣ 사법연수원 수료 ㅣ 군법무관 ㅣ 검사 ㅣ 변호사

〈주요논문〉

- 「기업 뇌물과 형사책임 - 뇌물공여죄의 문제점과 개선방안을 중심으로 -」, 서울대학교 박사
  학위논문(2018. 2.)
- 「미국 Uniform Commercial Code상의 위험부담에 관한 연구」, 서울대학교 석사학위논문(1999. 2.)
- 「국내뇌물죄와 해외뇌물죄의 비교 연구 - FCPA, UK Bribery Act 등 외국 법제로부터의 시사점
  을 중심으로 -」, 법조 62권 10호, 법조협회(2013. 10.)
- 「미국 Foreign Corrupt Practices Act에 관한 연구」, 법조 61권 6호, 법조협회(2012. 6.)
- 「미국 연방법상 mail and wire fraud에 관한 연구」, 법조 60권 6호, 법조협회(2011. 6.)
- 「변호인의 피의자신문 참여권에 관한 연구(상, 하)」, 법조 57권 3, 4호, 법조협회(2008. 3.-4.)
- 「미국 White Collar Crime에 관한 연구」, 해외연수검사논문집(2006)

기업 뇌물과 형사책임
- 뇌물공여죄의 문제점과 개선방안을 중심으로 -

초판 인쇄 ㅣ 2019년 04월 9일
초판 발행 ㅣ 2019년 04월 19일

지 은 이　　오택림

발 행 인　　한정희
발 행 처　　경인문화사
총 괄 이 사　　김환기
편　　집　　김지선 박수진 유지혜 한명진
마 케 팅　　전병관 하재일 유인순
출판번호　　제406-1973-000003호
주　　소　　경기도 파주시 회동길 445-1 경인빌딩 B동 4층
전　　화　　031-955-9300 팩　스　031-955-9310
홈 페 이 지　　www.kyunginp.co.kr
이 메 일　　kyungin@kyunginp.co.kr

ISBN　978-89-499-4802-7 93360

값 28,000원